수행성의 미학

현대의 지성 165

수행성의 미학

현대예술의 혁명적 전환과 새로운 퍼포먼스 미학

에리카 피셔-리히테 지음

김정숙 옮김

문학과지성사

현대의 지성 165
수행성의 미학
현대예술의 혁명적 전환과 새로운 퍼포먼스 미학

제1판 제1쇄 2017년 8월 11일
제1판 제8쇄 2024년 9월 4일

지은이   에리카 피셔-리히테
옮긴이   김정숙
펴낸이   이광호
펴낸곳   ㈜문학과지성사
등록번호   제1993-000098호
주소   04034 서울 마포구 잔다리로7길 18(서교동 377-20)
전화   02)338-7224
팩스   02)323-4180(편집) 02)338-7221(영업)
전자우편   moonji@moonji.com
홈페이지   www.moonji.com

ISBN 978-89-320-2987-0 93680

이 도서의 국립중앙도서관 출판예정도서목록(CIP)은 서지정보유통지원시스템 홈페이지(http://seoji.nl.go.kr)와
국가자료공동목록시스템(http://www.nl.go.kr/kolisnet)에서 이용하실 수 있습니다.(CIP제어번호: CIP2017018773)

한국어판 서문

『수행성의 미학』의 한국어판에 인사말을 쓸 수 있게 되어 매우 기쁘고 영광스럽다. 필자는 이 책을 통해 연극, 오페라, 춤, 퍼포먼스아트와 같은 다양한 표현예술뿐 아니라 제의, 축제, 스포츠 경기 등 모든 문화적 공연 장르를 아우르는 공연 개념을 발전시켰다. 위의 것들이 비록 예술, 종교, 스포츠 등 다양한 제도적 맥락에서 일어난다 하더라도, 모두 공연으로서 비교할 만한 가치가 있다. 본질적으로 이러한 공연 장르는 경계에 존재하는Dazwischen-Sein 경험을 하게 한다. 이를 위해 참여자들은 일상적 삶에서 자신을 분리하고, 완전히 이질적인 경험을 촉발하는 공연에 들어서야 한다. 연극 공연인가, 제의인가, 축구경기인가에 따라 다르지만, 공연이 끝나면 관객은 특정한 의미에서 변신한 상태로 자신의 일상적 삶으로 돌아간다.

문화적 공연들은 참여자가 어떤 변화를 체험하는가에 따라 여러 종류로 나뉜다. 제의의 경우에는 참여자가 새로운 정체성을 획득하거나 지속적으로 활동하는 공동체가 형성될 수 있다. 반면에 연극 공연에서 이루어진 새로운 경험은 그다음의 일상에 규정적으로 영향을 미치지 않는다. 물론 여기에는 정도의 차이가 있다. 필자는 1998년 초 베를린 세계문화의 집에서 열린 한국연극축제 "호랑이의 해: 한국"에서 이런 차이에 대해 확인했다. 이 축제에서는 한국에서 온 네 개의 극단과 무용단이 자신들의 대표작을 선보였다. 이윤택의 연희단거리패는「오구: 죽음의 형식」과「햄릿」을 공연했다. 무용가 김현옥은「모듈과 트랜스: 기다리는 영혼의 섬」이라는 작품을 선보였으며, 1995년에 사망한 작곡가 윤이상의 음악에 맞추어「윤이상에게 보내는 찬사」라는 춤을 추었다. 홍신자와 웃는돌무용단은「순례와 묵상」이라는 무용을, 김아라의 극단은 '오이디푸스 3부작'의 1부를 공연했다. 또한 만신 김금화는 약 여섯 시간 동안 굿을 이행했다.

이 공연들을 보면서 필자는 일반적으로 시도되는 것처럼 연극 및 춤 공연과 제의의 경계를 분명하게 나눌 수 없다는 확신을 가지게 되었다. 이러한 두 종류의 공연에서 중요한 것은 연극성과 제의성이다. 물론 이들이 다양한 관계를 나타내기는 하지만 말이다. 두 경우 모두에서 참여자들은 두 세계에 빠진다. 즉 특별한 경험을 하고 변환을 겪는 문지방 상태에 빠지는 것이다. 물론 그들이 공연의 마지막에 이 문지방을 완전히 넘어서는지 아닌지는 다른 문제다. 연극과 종교는 서로 다른 영역이자 제도에 속하지만 많은 접점이 있다. 마치 이윤택이 다음과 같이 지적했듯이 말이다. "우리 선조들에게는 굿이 연극이었다. 제의 공간은 관객과 행위자가 함께 만드는 자연스러운 무대였다. 내가 원하는 연극은 바로 전통과 현재가 교차하는 자리다. '지금 이곳에 살아 있는 굿'이어야 한다." 앞서 언급한 공연들뿐 아니라 김아라, 오태석, 김정옥 등의 공연에서도 행위자나 관객과 같은 참여자가 문지방을 밟고 공연이 진행되는 동안 그 위에 머무르기를 요구받는 중간의 경계 공간이 생성된다. 참여자는 여기서 변신의 경험을 한다. 바로 이것이 공연을 가능케 하는 본질이다.

1998년 한국의 호랑이의 해를 맞아 베를린 세계문화의 집에서 개최된 공연에 필자가 관객으로 참여한 경험은 이 책『수행성의 미학』을 집필하는 데 중요한 계기가 되었다. 이 책에서 즐겨 인용한 인류학자 아르놀드 방주네프Arnold Van Gennep와 빅터 터너Victor Turner가 명명한 역치성과 같은 경계 경험이 그 공연들에 매우 강하게 존재했기 때문이다. 이 공연들은 베를린에서 이루어지는 동시대 연극과 마찬가지로, 필자가 위와 같은 경험(여기에는 몹시 불편했던 경험도 포함된다)에 주목하도록 이끌었다. 그리고 본질적으로 수행성의 미학, 특히 미학적 경험으로서의 문지방 경험이라는 이론을 정립하는 데 결정적인 기여를 했다. 필자는 이러한 특별한 경험을 자신들의 작업으로 발전시킨, 한국연극축제에 참여한 예술가들에게 깊이 감사드린다.

감사의 인사는 번역자에게도 향해야 한다. 필자는 「파토스와 엑스터시: 굿의 수행성과 몸의 연출, 그리고 한국 현대연극으로의 전이」라는 박사논문을 쓴 김정숙의 지도교수로서, 이 논문 덕분에 한국연극축제에서 연극과 제의의 관계를 누구보다 먼저 더 깊이 인식할 수 있었다. 필자의 이론에 따라 연구했기에 그녀는 이 책을 번역하기에 가장 적합한 사람이 아닐 수 없다. 그녀가 시간과 노력을 아끼지 않고, 독일어로 발전시키고 써 내려간 필자의 사유를 한국어로 다시 표현해준 것에 대해 깊이 감사한다. 우리들의 언어의 구조와 개념이 매우 다르므로, 분명히 이 번역은 힘든 일이 될 것이다. 그러나 필자는 김정숙이 이러한 도전을 훌륭히 해내리라고 믿어 의심치 않는다. 『수행성의 미학』이 한국어로 출간된다는 사실에 기쁨을 감출 수 없다. 그리고 이 책이 촉발할 담론을 열린 마음으로 기대한다.

베를린에서
에리카 피셔-리히테

차례

변경을 원하라, 타오르는 불꽃을 응시하라
변신으로 꿈틀거리는 그 무엇이 너를 비껴 나가네
지상의 것을 다스리고 세우는 저 사람의 정신은
솟아오르는 형상이 선회하는 그 지점을 그리워하네

머물러 갇히면, 그 순간 응고되네
보이지 않는 잿빛 가리개 뒤에서 은신처를 찾는가
기다려라, 멀리 있는 힘센 자들 중에서 그 우두머리가 올 것이다
아 벌써, 사라졌던 망치가 걸어온다!

샘물처럼 솟아오르는 자
시작은 끝이며, 끝은 시작인
창조의 길로 이끄는 표식을 황홀하게 발견하네

행복한 거실마다 아이나 손자는
이별을 아쉬워하며 지나가고, 명예를 알고부터
다프네는 그대도 바람결에 변신하기를 원한다네

라이너 마리아 릴케

제1장

수행성의 미학은 왜 필요한가

1975년 10월 24일 인스브루크의 크린칭거Krinzinger 갤러리에서 흥미로운 사건이 일어났다. 유고슬라비아 출신의 여성 예술가 마리나 아브라모비치Marina Abramović가 「토마스의 입술Lips of Thomas」이라는 퍼포먼스를 선보인 것이다. 예술가가 자신이 입고 있던 옷을 찢으며 퍼포먼스는 시작됐다. 그녀는 갤러리 뒤로 가서 자신의 사진이 담긴 별 모양의 액자를 핀으로 벽에 고정했다. 거기서 그리 멀지 않은 곳에는 하얀 보를 덮은 탁자가 있었다. 탁자 위에는 레드와인 한 병, 꿀 한 잔, 크리스털 유리잔, 은수저, 채찍이 놓여 있었다. 그녀는 탁자 앞에 놓인 의자에 앉아 꿀이 든 유리잔과 은수저를 들고 천천히 잔을 비웠다. 1킬로그램이 넘는 꿀을 모두 먹어 치울 때까지 이 행위는 계속됐다. 그 뒤 예술가는 레드와인을 유리잔에 붓고 천천히 마셨다. 와인 병이 빌 때까지 계속 마셨다. 그러고는 갑자기 오른손으로 유리잔을 깨부수었다. 손에서 피가 흐르기 시작했다. 예술가는 일어나 사진이 걸린 벽으로 걸어갔다.

그녀는 벽을 등지고 관객을 정면으로 바라본 뒤, 자신의 복부에 면도날을 그어 별 모양의 상처를 내기 시작했다. 배에서 피가 솟아올랐다. 곧이어 관객을 등진 채 액자 밑에 무릎을 꿇고 앉아 채찍으로 자신의 등을 때렸다. 등에 피멍이 들기 시작했다. 그다음에는 얼음으로 만든 십자가 위에 팔을 벌리고 누웠다. 천장에 설치된 온풍기가 그녀의 복부를 향했다. 온풍기의 열기가 상처에 전해지면서 다시 피가 흘러나왔다. 그러나 아브라모비치는 꼼짝하지 않고 얼음 위에 계속 누워 있었다. 이 고문은 온풍기의 열기로 얼음이 다 녹을 때까지 계속될 분위기였다. 30분 동안이나 얼음 십자가 위에서 예술가가 자신을 학대하자 관객은 더 이상 그 고통을 쳐다보고만 있지 않았다. 관객들은 서둘러 얼음 십자가로 가서 예술가를 일으켜 다른 곳으로 옮겼다. 이 행위로 인해 퍼포먼스는 끝났다.

이 퍼포먼스는 두 시간 동안 진행되었는데, 이 두 시간은 행위자와 관객에게는 하나의 사건이었다. 전통적이고 관습적인 시각에서 보면, 기존의 조형예술이나 표현예술에서는 볼 수 없고 정당화되지도 못할 사건이 여기서 일어난 것이다. 예술가는 이 행위를 통해 인공물, 즉 작품을 창조하지 않았다. 다시 말해 예술가의 손에서 벗어나 독립적으로 존재하며 고정된 형태로 남아 대대손손 물려줄 수 있는 작품을 창조하지 않았다. 그뿐 아니라 예술가는 특정 역할을 맡아서 극적 인물을 표현해내는 배우가 되지도 않았으며, 엄청난 양의 꿀을 먹고 와인을 퍼마시며 자신의 육체에 상처를 내는 인물을 재현하지도 않았다. 또한 이 예술가의 행위는 자해하는 인물을 의미하지도 않았다. 오히려 이 모든 행위를 통해 아브라모비치는 스스로 상처를 입었다. 일반적인 경계선을 넘는 폭력적인 행위로 자신의 육체를 학대한 것이다. 첫째, 예술가는 과도

한 양의 물질을 몸에 투입했다. 이것은 그저 먹고 즐기고 힘을 북돋는 정도가 아니라 의심할 바 없이 구토와 불쾌감을 일으키는 수준이었다. 그럼에도 얼굴이나 몸짓을 통해 이러한 증후를 전혀 드러내지 않았다. 둘째, 관객은 자해로 인해 그 예술가가 겪은 육체적 고통을 함께 체험했다. 여기서도 예술가는 고통을 드러내는 기호를 전혀 보이지 않았다. 신음을 내거나 소리를 지르거나 얼굴을 찡그리지 않았다. 불쾌감이나 고통을 드러내지도 않았고, 육체를 통해 표시하지도 않았다. 현상적 고통을 표현하는 것인지, 아니면 고통을 연기하는 것인지 관객이 정확하게 판단할 수 있는 상황도 아니었다. 관객에게 행위자의 육체에 일어나는 변화를 지각시키기 위해 예술가는 행위에만 초점을 맞추었다. 꿀과 와인으로 몸을 채우고, 눈으로 지각되는 외상外傷을 몸에 입히면서도, 이 행위로 일어나는 내적 상태는 전혀 드러내지 않았다.

예술가는 이를 통해 관객을 당황스럽고 불안하게 하며, 어떻게 보면 고통스러운 상태로 몰고 갔다. 이것은 마치 기존의 가치, 규범, 안정을 뒤흔드는 행위처럼 보였다. 갤러리 또는 극장 방문객은 일반적으로 관찰자나 관객으로 그 역할이 규정되어 있다. 방문객은 전시된 작품으로부터 멀거나 가까이 서서 결코 손으로 만지는 일 없이 관찰하기만 한다. 관객 역시 연극이 상연되는 동안 내적인 참여와 공감을 바탕으로 무대 위에서 일어나는 행위를 보지만, 결코 간섭하지는 않는다. 설사 무대 위에서 등장인물(가령 오셀로)이 다른 사람(이 경우에는 데스데모나)을 살해하더라도 개입하지 않는다. 왜냐하면 이 살인 행위는 연기일 뿐이며, 연극이 끝난 뒤 데스데모나 역의 여배우가 오셀로 역의 배우와 함께 무대 위에 올라 관객에게 공손히 인사를 하리라는 것을 알기 때문이다. 이와 반대로 일상적 삶에서 이러한 사태가 일어나면 당장 누군가가 간섭을 한다. 누군가가 자기 자신 혹은 다른 이를 해치려 할 때, 관찰자는 자신의 신체나 목숨이 위험에 빠지지 않는 한 개입한다. 그렇다면 관객은 아브라모비치의 퍼포먼스에 어떤 규범을 적용해야 하는가? 실제로 아브라모비치는 자기 몸에 뚜렷한 중상을 입혔고, 계속해서 고문과 학대를 가하려 했다. 만약 그녀가 이 행위를 다른 공공장소에서 수행했다면, 사람들은 주저하지 않고 그것을 중단시키려 했을 것이다. 그러나 여기서는 어떠한가? 한 예술가가 의도적으로 계획한 듯 보이는 행위를 하려 하는데, 이것을 존중해야 하지 않을까? 만약 중단시킨다면, '작품'을 손상시키는 위험한 일을 범하는 것은 아닌가? 그러나 인간의 도리로 봤을 때, 자해하는 상황을 가만히 지켜볼 셈인가? 예술가는 관객에게 관음주의자 역할을 맡길 셈이었던가? 혹은 관객이 행위자의 고통을 중단시키기 위해 직접 행동을 할 때까지 얼마나 시간이 걸리는지 실험을 한 것인가? 여기서 무엇이 옳은 판단인가?

아브라모비치는 이 퍼포먼스를 통해 관객으로 하여금 예술과 일상적 삶, 미학과 윤리적 규범 사이의 중간 상태에 빠지게 하는 상황을 만들었다. 이런 의미에서 그녀는 위기를 창출했다. 즉 일반적인 행위 규범으로 해결되지 않는 위기를 돌발시킨 것이다. 여기서 행위자는 내적인 심리 상태를 숨긴 반면, 관객은 가장 먼저 감정과 심리를 몸을 통해 드러냈다. 사람들은 행위자가 꿀과 와인을 먹고 마시는 것을 보고 깜짝 놀랐고, 유리잔을 손으로 깼을 때 경악했다. 필자는 아브라모비치가 자신의 살Flesh을 면도날로 긋기 시작했을 때, 이 행위가 야기한 충격 때문에 관객이 어떻게 숨죽이며 바라보는지를 말 그대로 보고 들을 수 있었다. 두 시간 동안 관객에게 어떤 변화가 일어났는지 모르겠지만, 중요한 건 어떤 변환Transformation[1]이 일어났다는 사실이다. 관객들이 행위자의 고통을 중단시키고 퍼포먼스를 종료시킨 것이다. 여기서의 변환은 참여한 관객이 행위자로 변화한 것이다.

오래전부터 예술은 예술가뿐 아니라 그 수용자도 변화시킨다고 했다. 이 말은 라이너 마리아 릴케Rainer Maria Rilke가 아폴로의 토르소를 보고 "너는 네 삶을 바꿔야 한다"라고 외쳤듯이, 예술가가 작품 수용자에게 영감에 사로잡히는 새로운 경험을 불러일으킨다는 뜻이다. 물론 자신의 몸에 상처를 입히는 예술가에 대한 이야기는 시대를 막론하고 널리 알려져 있다. 예술가에 대한 일화와 전기傳記는 그들의 불면증, 마약 혹은 알코올 중독, 기타 무절제한 행위와 자해에 대해 이야기한다. 물론 이때는 예술가가 자신의 몸에 자행한 폭력을 예술이라 하지 않았고, 다른 이들도 이를 예술로 받아들이지 않았다.[2] 19세기와 20세기의 예술가는 이와 같은 행위를 예술적 창조를 위한 영감의 원천으로 여겨 감수했거나 예술작품을 위한 과정으로 생각했지만, 이 행위 자체를 예술작품으로 여기지는 않았던 것이다.

이와 반대로 다른 문화 영역에서는 자해를 비롯해 자신을 위험한 상황으로 몰아가는 행위를 '정상'으로 취급할 뿐 아니라, 모범적 모델로 간주하기도 한다. 특히 이러한 행위는 대형 운동장에서 벌어지는 스펙터클 같은 종교 제의에서 많이 일어난다. 흔히 종교에는 신성神聖이 부여된 금욕주의자, 은둔주의자, 수도자, 요가 수행자가 많이 있다. 이들은

---

1) (옮긴이) 아르놀드 방주네프의 통과의례의 구조 중 두번째 단계를 설명하는 '변환' 개념으로서, 이 책의 제6장 3절 「역치성과 변환」에 설명되어 있다. 그러나 a 상태에서 b 상태로 넘어가는 경계선 넘기의 과정을 서술할 때는 문맥에 따라 '변환' 대신 '전이'로 번역하기도 했다.
2) 앙토냉 아르토Antonin Artaud는 예외다. 그가 고통으로서의 연극, 그리고 죽음 혹은 회복을 가져오는 페스트로서의 연극에 대한 자신의 생각을 현실화한 것은 무대를 통해서가 아니라, 마약 복용과 전기 충격에 혹사당한 자신의 육체를 통해서였다.

보통 사람은 엄두도 내지 못하는 위험을 자신의 육체에 가하고, 나아가 끔찍한 중상마저 입혔다. 더 놀라운 사실은 많은 사람이 그와 같은 행동을 특정한 시기에 이행했다는 건데, 그것은 바로 채찍으로 때리는 제의다. 이것은 11세기 이후 수녀나 수도승이 개인적으로 또는 집단적으로 받아들여 전개했고, 다시 여러 형식으로 수용되었다. 13세기 중반부터 14세기경까지 유럽 전역을 돌며 진행한 채찍질 행렬이 바로 그 예다. 그들은 구경꾼 앞에서 공개적으로 그 제의를 수행했다. 특히 라틴계 나라에 널리 퍼진 참회단체Bussgesellschaft는 특정한 시기가 되거나 계기가 있을 때면 집단적으로 자기 자신에게 채찍질을 가했다. 스페인이나 이탈리아 남부에 위치한 몇몇 지역에서는 성^聖금요일 행렬이나 세마나 산타Semana Santa(부활절) 예배 의식, 성체축제 행렬 때 자신의 육체에 채찍질을 하는 의식이 오늘날까지 이어지고 있다.

프랑스 콜마르에 있는 운터린덴Unterlinden 수도원의 도미니크회 수도사들의 생활을 묘사한, 카타리나 폰 게베르스바일러Katharina von Gebersweiler가 14세기 초에 남긴 기록을 보면 육체에 스스로 행하는 채찍질은 제의의 본질적 구성 요소였을 뿐 아니라 절정이기도 했음을 알 수 있다.

새벽 기도의 마지막에, 그리고 저녁 기도 때 수녀들은 다 함께 합창대에 서서 기도했다. 이 기도는 어떤 계시를 받으면 헌신적이고 열렬한 찬양으로 이어졌다. 신에 대한 찬미와 찬송이 이루어지는 동안 그들은 무릎을 꿇고 있는 데서 오는 고통을 감내해야 했다. 신에 대한 사랑의 불길에 사로잡혀 기진맥진한 상태로 끝없이 눈물을 흘리며 헌신적으로 호소하는 소리도 냈다. 수녀와 수도사 들은 새로운 은혜가 넘쳐흐를 때까지,

그들이 '사랑하는 영혼'(성가, 1장 6절)을 느낄 때까지, 그 자리에서 꼼짝도 하지 않았다. 한편, 어떤 사람은 가죽 끈으로, 다른 사람은 서너 개의 매듭이 있는 채찍 혹은 쇠줄로, 가시가 박힌 채찍으로 매일 자신의 육체를 강렬하게 학대했다. 강림절이나 사육제 동안 수녀들은 새벽 기도 이후에 수도원 회의실을 비롯해 자신의 육체를 가장 고통스럽게 때리기 좋은 장소에 모여 다양한 형태의 채찍으로 피가 솟을 때까지, 채찍 소리가 수도원에 울려 퍼질 정도로 이 행위를 이어갔고, 이때 다른 어떤 멜로디보다 더 달콤한 신의 소리에 귀 기울였다.[3]

채찍을 통한 자기 학대 행위는 수도회의 일상을 넘어 수녀들을 잠재적으로 변환시켰다. 그들은 자신의 살에 가한 고통과 육체에 가한 폭력을 통해서, 변화와 변환을 지각할 수 있을 정도로 이행했다. 이것은 다음 인용문에서 확인되듯이 영성靈聖의 변화 과정이다. "이렇게 다양한 방법으로 신에게 다가간 사람은 마음에 영성을 얻었고 생각은 순수해지며 감정은 불타올랐고 양심은 더 깨끗해지고 정신은 신을 지향했다."[4]

영적 변화를 일으키기 위해 자기 육체에 폭력을 가하는 채찍질은 오늘날까지도 가톨릭 교회에서 인정하는 속죄와 참회를 위한 행위다.[5]

---

3) Jeanne Ancelet-Hustache, "Les 'Vitae sororum' d'Unterlinden. Edition critique du manuscrit 508 de la bibliothèque de Colmar," *Archives d'histoire doctrinale et littéraire du Moyen Âge*, 1930, pp. 317~509, pp. 340 이하. 이 사례는 다음 책에서 인용했다. Niklaus Largier, *Lob der Peitsche. Eine Kulturgeschichte der Erregung*, München 2001, pp. 29 이하.
4) Jeanne Ancelet-Hustache, "Les 'Vitae sororum' d'Unterlinden," p. 341(Niklaus Largier, *Lob der Peitsche*, p. 30에서 재인용).
5) Émile Bertaud, "Discipline," *Dictionnaire de spiritualité*, 3, Paris 1957 참조. 이 책에서

자해나 자기 학대가 수용되는 또 다른 문화 영역은 대형 운동장에서 벌어지는 스펙터클이다. 여기서는 '보통' 사람이라면 중상을 입는 행위인, 불이나 칼을 삼킨다거나 바늘로 혀에 구멍을 내거나 하는 예술 혹은 기예를 선보이는 사람들이 있는데, 이들 예술가는 놀랍게도 상처 하나 입지 않는다. 이러한 예술가들은 목숨까지 위협하는 행위를 통해 대가大家로서의 능력을 증명하려 했다. 안전망 없이 외줄을 타거나 호랑이나 뱀 같은 동물을 조련할 때, 예술가가 단 1초라도 집중하지 않으면 도사리던 위험이 돌발한다. 줄을 타는 소녀는 떨어지고, 조련사는 호랑이에게 물리거나 뱀에게 목이 감긴다. 이것은 가장 무서운 순간인 동시에 관객이 열광하는 순간이며, 바로 관객의 깊은 두려움과 열광, 전대미문의 감각적인 볼거리에 대한 요구가 모두 작동하는 순간이다. 이 스펙터클에서는 행위자나 관객의 변신보다는 예술가의 비일상적인 육체와 정신의 영향력을 통해 관객의 감정을 흔들고 놀라거나 경이에 차게 만드는 것이 관건이다. 아브라모비치의 관객이 사로잡힌 감정적 흥분 역시 이러한 경우다.

앞에서 서술한 퍼포먼스의 두번째 특징인 관객을 행위자로 전이시키는 사례는 다른 문화 영역에서도 발견된다. 지금까지 한 이야기와 연관되면서도 흥미로운 사례는 바로 근대 초기의 처벌 제의Strafrituale다. 리하르트 판 뒬멘Richard van Dülmen의 설명에 따르면, 사형이 집행된 후 시

는 자신에 대한 채찍질이 다음과 같은 조건에 따라 이루어진다면 적절하다고 판단한다. "이 행위를 하는 사람들은 자신을 채찍질하면서 예수의 고통을 겸허하게 체험하고자 한다. [⋯⋯] 채찍질은 결코 초기 기독교나 원시적인 금욕적 신비주의에서 행해지지 않았다(초기 기독교의 참회 행위로는 사순절, 동정童貞, 밤새워 기도하기가 있다). 채찍질은 기독교의 확장 이후에 행해졌고, 오늘날까지 종교 생활을 위한 기본 요소로 자리 잡았다. 이런 의미에서 그것은 존중할 만한 가치가 있다"(p. 1310: Niklaus Largier, *Lob der Peitsche*, p. 40에서 재인용).

민들은 사형수의 시신 주변으로 몰려든다. 사형에 사용된 밧줄이나 사형수의 몸통, 사지, 피 등을 손으로 만지려는 것이다. 이러한 행위는 접촉을 통해 질병을 치료하거나 더 일반적으로는 건강을 회복하고 안전을 기원하기 위한 목적으로 이루어졌다.[6] 여기서 관객이 행위자가 되는 변환 현상은 자신의 육체가 나아지리라는 변화에 대한 희망과 기대 속에서 이루어진다. 이 경우의 변환 현상은 근본적으로 아브라모비치의 퍼포먼스에서 수행된 변환과는 완전히 다른 방향에서 이루어진 것이다. 아브라모비치의 관객에게는 본인의 육체적 건강이 문제가 아니었다. 그 중심에는 예술가 아브라모비치가 있었다. 관객들은 아브라모비치와 접촉함으로써 행위자로 변화했는데, 이러한 관객의 행위는 아브라모비치를 보호하는 의미의 신체적 회복이었다. 이것은 자기 자신이 아닌 다른 사람, 아브라모비치에 대한 윤리적 판단의 결과였다.

20세기 초의 미래주의 작품인 「세라테Serate」 「다다-소이렌Dada-Soiréen」, 그리고 초현실주의 작품인 「관광여행Besichtigungstouren」에서 관객을 행위자로 변화시킨 현상과 지금 다룬 사례는 여러 가지 측면에서 다르다. 이 예술가들은 면밀하게 준비하고 의도한 충격으로 관객의 행위를 불러일으켰다. 관객이 행위자로 변환한 것은 연출의 지시에 따른 자동주의Automatismus 성격을 나타낼 뿐, 관객이 의식적으로 판단한 결과는 아니었다. 이런 자동주의 성향은 공연 프로그램에 대한 기록이나 예술가들의 선언에서 어렵지 않게 발견된다. 「바리에테 연극Das Varietétheater」(1913)에서 필리포 톰마소 마리네티Filippo Tommaso Marinetti

---

6) Richard van Dülmen, *Theater des Schreckens. Gerichtspraxis und Strafrituale der frühen Neuzeit*, München 1988, 특히 pp. 161 이하 참조.

는 관객을 도발하기 위해 다음과 같은 제안을 한다.

1층 관객석, 특별석, 갤러리에 있는 관객이 놀라서 어쩔 수 없이 반응할 수밖에 없는 절대성을 제공해야 한다. 여기 몇 가지 제안이 있다. 몇몇 의자에는 접착제를 바른다. 신사숙녀 관객의 옷이 들러붙으면서, 우스꽝스러운 분위기가 생겨나게 한다. 〔……〕 하나의 좌석 티켓을 열 명에게 팔아서, 이들 사이에 밀고 당기는 신경전과 싸움이 일어나게 한다. 신경질적이고, 자기중심적이며, 어떤 면에서 미친 짓도 쉽게 할 만한 남녀 지인을 찾아 공짜로 티켓을 준다. 그들이 불쾌한 몸짓을 하거나 여자들이 떠들거나 쓸모없는 짓거리를 통해 상황이 엉망진창이 되도록 한다. 의자에 가려움증이나 재채기를 일으키는 가루를 뿌려놓는다.[7]

여기서 마리네티는 관객이 강한 충격과 도발에 의해 행위자로 변하는 예술적 스펙터클을 지시하고 있다. 이때 다른 관객들은 화가 나거나 흥분한 채, 또는 그런 상황을 우스워하거나 악의에 차서 그들을 지켜보았다. 아브라모비치가 선보인 퍼포먼스에서도 몇몇 관객이 행위자로 변환된 것에 다른 관객은 모순적인 감정을 느꼈다. 아브라모비치가 자기 자신에게 가하는 고문을 끝까지 지켜보려고 한 관객은, 눈앞에서 일어나는 일에 개입할 용기가 없었다는 사실에 부끄러움을 느끼거나, 퍼포먼스가 빨리 끝나버렸다는 사실, 그리고 그 마지막을 목격하지 못했다는 데 화를 내거나 분노했다. 다른 누군가는 이러한 고통 — 행위자의

---

7) Filippo Tommaso Marinetti, "Das Varietétheater," Umbro Apollonio, *Der Futurismus. Manifeste und Dokumente einer künstlerischen Revolution. 1909~1918*, Köln 1972, pp. 175 이하.

고통, 추측하건대 그것을 바라보는 관객의 고통[8] — 을 끝내는 판단과 행위가 일어난 데 대해, 마음이 가벼워지고 만족해하는 긍정적인 감정도 느꼈을 것이다.

관점에 따라 차이가 있기는 하겠지만 아브라모비치의 퍼포먼스는 끊임없이 제의와 스펙터클을 오갔다. 이 퍼포먼스는 마치 제의처럼 아브라모비치라는 예술가와 몇몇 관객의 변환에 영향을 미쳤고 — 물론 다른 제의[9]처럼 공적 지위나 정체성에 변화를 일으키지는 않았다 — 스펙터클에서처럼 관객은 경이와 놀라움에 빠졌다. 예술가는 그들에게 충격을 주었을 뿐 아니라 그들을 관음증으로 유도했다.

지금까지 내려오는 미학 이론으로는 이러한 퍼포먼스를 설명하지 못한다. 해석학적 미학은 이러한 현상이 지닌 여러 사항과 걸맞지 않다. 여기서는 예술가의 행위에 대한 이해가 중요한 게 아니라, 예술가의 경험과 관객에게 불러일으킨 경험이 중요하다. 한마디로, 퍼포먼스 참여자의 변환에 관한 문제다.

이 말은 관객이 해석할 내용이 없다는 뜻도 아니고, 사용된 물건이나 이행된 행위가 기호로 의미화되지 않는다는 뜻도 아니다. 가령 별 모양은 신화, 종교, 문화사, 그리고 정치적인 맥락 — 무엇보다 이것은 사회주의 국가인 유고슬라비아의 상징으로 해석된다 — 에서 다양하게 해

---

8) 퍼포먼스 예술가 레이철 로젠탈은 관객의 고통을 다음과 같이 실현시키고자 했다. "퍼포먼스아트에서 학대음란증 환자의 역할을 맡았던 관객은 점차 희생자가 된다. 즉 관객은 예술가의 힘든 상태를 참아내거나 관음증을 함께 즐겼고 혹은 자신의 자부심이나 우수성을 강제로 시험받았다. 〔……〕 어쨌든 공연의 고삐는 행위자가 쥐고 있다. 〔……〕 관객들은 일반적으로 예술가 앞에 '무기력하게' 노출되어 있다." Rachel Rosenthal, "Performance and the Masochist Tradition," *High Performance*, Winter 1981/82, p. 24.

9) 제의 개념에 대해서는 제6장 3절 「역치성과 변환」을 참고하라.

석할 수 있다. 아브라모비치가 사진 액자를 별 모양으로 만들었을 때, 그리고 배에 별 모양으로 면도날을 그었을 때, 이 행위는 국가가 개인을 법, 규칙, 그리고 불평등한 행위로 묶는 구속력에 대한 기호 혹은 국가가 개인에게 저지를 수 있는 폭력이 신체에 기입되는 기호로 해석할 수 있다. 아브라모비치가 흰색 식탁보가 깔린 탁자 위의 은수저와 크리스털 유리잔을 손으로 잡았을 때, 관객은 이것을 부르주아 가정의 일상적 행위로 지각했을 수 있다. 꿀을 과도하게 섭취하고 와인을 즐기는 행위는 부르주아적이고 자본주의적인 소비사회, 낭비사회에 대한 비판을 담고 있다. 하지만 이것은 최후의 만찬에 대한 암시로도 볼 수 있다. 즉 관객은 채찍질을 국가적 차원에서 이루어지는 형벌과 고문, 아니면 학대음란증Sadism이나 피학대음란증Masochism과 같은 성행위와 연관시켜 예수가 핍박당하는 종교적 성도착으로 해석할 수 있다. 아브라모비치가 얼음으로 된 십자가 위에 팔을 벌리고 누웠을 때, 관객이 십자가에 못박힌 예수를 연상했을 가능성이 다분하다. 아브라모비치를 십자가에서 끌고 내려왔을 때는 희생적 죽음의 역사적 반복에 대한 방어, 그리스도를 십자가에서 내리는 행위의 반복으로도 추론할 수 있다. 관객은 이 퍼포먼스를 폭력에 대한 논쟁으로 해석할 수도 있다. 폭력에는 국가를 비롯해 정치적 혹은 종교적 공동체가 개인에게 가하는 폭력과, 개인이 스스로에게 직접 가하는 폭력이 있다. 관객은 개인이 국가에 의해 희생당해야 하는 사회적 상황과 개인이 스스로 희생해야만 하는 사회적 상황에 대한 비판으로 이 퍼포먼스를 이해했을 수도 있다.

이러한 해석들은 설득력 있게 들릴지라도, 퍼포먼스의 사건을 설명하기에는 충분하지 않다. 이러한 방식의 의미화는 퍼포먼스가 이루어지는 동안 제한된 범위 안에서 일어난다. 왜냐하면 행위자가 한 행동은

'엄청난 양을 먹고 마신다' '배에 별 모양으로 면도날을 긋는다' '자신을 채찍으로 때린다'만을 의미하지 않기 때문이다. 즉 이 행위를 통해 예술가뿐 아니라 관객과 퍼포먼스에 참여한 다른 모든 사람에게 그들만이 공유하는 새로운 현실세계가 구성된다. 이 현실은 관객에 의해 의미화되었을 뿐 아니라, 무엇보다 관객에게 영향을 미쳤다. 이렇게 구성된 세계는 관객에게 경이로움, 놀라움, 경악, 경멸, 구토, 현기증, 매혹, 호기심, 연민, 고통을 일으켰고, 이 퍼포먼스는 관객에게 새로운 현실을 만들어내는 행위를 수행하게 했다. 여기서 촉발된 흥분된 감정은 강력했으며, 결과적으로 관객이 개입하는 상황에 이르게 했다고 유추된다. 이 행위는 성찰이나 의미 구성, 해석 가능성을 벗어난다. 여기서 핵심은 특정 퍼포먼스에 대한 이해가 아니라, 그 체험과 현장에서 미처 성찰하지 못한 체험들을 어떻게 할 것인가다.

이 퍼포먼스는 그 자체로 두 가지 상관관계를 새롭게 규정하는 상황을 창출했다. 즉 해석학적 미학과 기호학적 미학에 근거한 새로운 상황을 형성했다. 첫째, 주체와 객체, 관찰자와 관찰 대상자, 관객과 연기자의 관계가 서로 연관성을 맺는다. 둘째, 신체의 물질성과 기호성의 관계, 그리고 기표와 기의의 관계가 서로 연관성을 맺는다.

해석학적 미학이나 기호학적 미학은 주체와 객체의 분명한 분리를 기초로 한다. 예술가인 주체 1은 예술작품을 창조한다. 이 예술작품은 그 창조자로부터 떨어져 독립적으로 존재하는 인공물Artefakt로서, 고정된 형태를 지닌 물질이며 증여가 가능하다. 이는 다음 사항을 전제한다. 즉 임의의 수용자인 주체 2는 그것을 객관물로 지각하고 해석한다. 고정된 사물이며 전통적으로 물려줄 수 있는 ─ 이것이 바로 예술작품의 객관적 특성이다 ─ 인공물을 수용자는 객관물로서 다시 분석하고,

끊임없이 새로운 연관관계를 찾아내며, 항상 새롭고 다른 의미를 부여한다.

그러나 아브라모비치의 퍼포먼스는 이러한 가능성을 열지 않았다. 앞에서 말했듯이, 그녀는 인공물을 생산하지 않았다. 그녀는 관객 앞에서 자신의 육체에 손을 대고, 자신의 육체를 변화시켰다. 예술가 자신이나 수용자와 무관하게 그것 자체로 존재하는 예술작품이 아니라, 거기에 있었던 사람들이 하나로 휘말려드는 사건을 창출한 것이다. 그러니까 관객에게 그 자체로 존재하며, 언제나 새롭게 지각되고 의미화되는 객관물은 없었다. 오히려 **지금 여기**hic et nunc, 즉 같은 공간과 같은 시간에 같이 존재하는 공동 주체Ko-Subjekte만이 있었다. 아브라모비치의 행위는 물리적이고 감정적이며, 의지와 에너지가 충만하고 역동적인 반응을 촉발시켰고, 이 반응은 행위를 불러일으켰다. 이러한 과정을 통해 이분법적인 주체–객체 관계가 서로 영향을 끼치며 상호작용하는 관계로 넘어갔다. 즉 주체와 객체의 자리가 분명하게 규정되거나 구별되지 않았다. 아브라모비치를 얼음 십자가에서 끌어내리면서 그녀와 접촉한 관객은 공동 주체적인 관계를 만든 것인가? 아니면 행위자가 끌어내주기를 원하지도 않았고 승인하지도 않은 상태이기 때문에 관객은 그녀의 행위를 객관물로 본 것인가? 아니면 그와 반대로 관객은 예술가의 객관물로서 인형처럼 움직였는가? 이 질문들에 대한 확실한 정답은 없다.

이러한 주체와 객체의 관계 변화는 물질성과 기호성의 관계, 기표와 기의의 관계 변화와 연관된다. 해석학적·기호학적 미학에서는 예술작품의 모든 요소를 기호로 이해한다. 그렇다고 이러한 미학 이론들이 예술작품의 물질성을 간과하지는 않는다. 그와 반대로 질료의 모든 세부사항이 분석된다. 그러나 물질Material에서 지각되는 모든 현상은 기호로서 설명되고 의미화된다. 회화에서 두터운 붓이 지나간 흔적, 특별한 색조와 색감, 혹은 시詩의 소리, 운율, 리듬 등은 의미를 부여하는 기표가 된다. 이러한 이론에서는 예술작품에서 기표와 기의의 관계로 설명할 수 없는 것은 존재하지 않으며, 같은 기표에서 다양한 기의가 생성될 수 있다고 본다.

물론 아브라모비치의 퍼포먼스에서도 관객은 각각의 대상물Object과 행위에 의미를 부여하거나, 의미가 구성되는 과정을 스스로 체험할 수 있다. 위에서 열거한 여러 가지 해석에서 알 수 있듯이 말이다. 여기서 중요한 것은 관객의 반응이 아브라모비치의 행위를 지각함으로써 이루어졌지, 그 행위가 함유한 의미에 근거해서 이루어진 것이 아니라는 점이다. 아브라모비치가 면도날로 배에 별 모양을 그렸을 때, 관객이 숨을 죽이고 구토증을 느낀 이유는 국가적 폭력을 몸에 새긴다고 해석했기 때문이 아니다. 그것은 관객이 피를 보았기 때문이며, 그 육체적 고통을 자신의 육체를 통해서 상상했기 때문이다. 즉 그러한 현상의 지각이 직접적으로 관객의 육체에 영향을 미쳤기 때문이다. 여기서는 행위의 육체성과 물질성이 기호성을 압도적으로 누르며 우선한다. 그렇다고 이러한 현상이 육체적 과잉은 아니다. 즉 풀리지 않은 어떤 잔여로 파악해서는 안 된다. 이것은 의미가 아니라 행동으로 파악된다. 육체성과 물질성은 행위의 자기 지시성Selbstreferentialität을 넘어서며, 의미화보다 우선한다. 여기서는 행위가 촉발하는 육체적 영향에 그 우선권이 있다. 물질성이 기호의 지위로 넘어가지 않으며, 그 물질성 속에서 끝나지도 않는다. 이 행위는 기호성에서 연유하지 않는 고유의 영향력을 불러일으킨다. 여기서 영향력은 숨을 참고 속이 메슥거리는 것일 수 있는데, 이것은 성찰을 불러일으킨다. 그러나 이때 성찰이란 어떤 행동의 의미 부여를 뜻하지 않는다. 오히려 이것은 이런 행위가 왜 그러한 반응을 불러일으켰는지에 대한 질문과 관계된다. 그렇다면 여기서 영향력과 의미 사이에는 어떤 관계가 있는가?

이러한 주체 대 객체, 물질/육체 대 기표의 관계에서 일어난 관점의 이동을 통해, 한편으로는 아브라모비치의 퍼포먼스 「토마스의 입술」에서 드러난 바와 같이 느낌, 생각, 행위가 새로운 관계를 맺는 것처럼 보인다. 이에 대해서는 나중에 더 자세하게 설명할 것이다. 어쨌든 관객은 여기서 느끼고 생각하는 주체일 뿐 아니라 행동하는 행위자다.

다른 한편, 기호성에서 물질성으로의 이동으로 인해 미학을 생산미학Produktionsästhetik, 작품미학Werkästhetik, 수용미학Rezeptionsästhetik으로 나누는 전통적 분류는 인식적 기준으로서의 정당성을 의심받고, 더 나아가 시대착오적으로 보이게 된다. 여기에서는 생산자, 수용자, 예술작품이 더 이상 독립적으로 분리되어 존재하지 않기 때문이다. 정도와 기능이 다르다 할지라도, '생산'과 '수용'이 같은 공간과 시간 안에서 이행된 **사건**을 생산미학, 작품미학, 수용미학으로 분리된 채 발전된 여러 매개변수, 범주와 기준으로 분석한다면, 큰 문제임에 틀림없다. 기준이 되는 개념의 유효성을 우리는 새롭게 검토해야 한다.

이러한 개념의 재검토는 시급하다. 「토마스의 입술」이 작품의 생산과 수용의 관계가 새롭게 규정된 유일한 사례도, 최초로 일어난 예술-사건Kunstereignis도 아니기 때문이다. 1960년대 초, 서구의 문화예술계에는 각 분야마다 퍼포먼스가 중심이 되는 수행적 전환Performative Wende[10]이 눈에 띄게 늘어났고, 이를 통해 행위예술Aktionskunst 또는 퍼포먼스아

---

10) 여기서 이론의 근거가 되는 수행 개념에 대해서는 제2장을 참고하라.

트Performancekunst와 같은 새로운 예술 장르가 형성되었다. 그러면서 다양한 예술 분야 간의 경계선은 점차 유동적이게 되었다. 점차 작품 대신 사건을 구성하는 경향이 나타났고, 이러한 현상은 현실적으로 공연에서 눈에 띄게 드러났다.

조형예술에서는 액션페인팅action painting과 바디아트body art, 나중에는 조명 조형물Lichtskulptur, 비디오 설치예술Videoinstallation 등에서 이미 공연의 성격이 더 큰 비중을 차지했다. 예술가는 관객 앞에서 직접 무엇인가를 보여주는 행위, 가령 그림을 그리는 등 특별한 형식의 행위를 하며 자신의 육체를 보여주었고, 그렇지 않으면 관객에게 전시물을 이리저리 움직이게 하거나 관객과 함께 '놀기'를 시도했다. 이런 행위는 다른 관객이 관극하는 동안 이루어졌다. 이렇게 전시회를 방문하는 것은 점점 공연에 참여하는 것으로 변했다. 더 나아가 전시회를 방문한다는 것은 다양한 공간의 특수한 분위기를 느끼는 행위가 되었다.

1960년대에 새로운 형식의 행위예술과 퍼포먼스아트를 창출한 예술가는 요제프 보이스Joseph Beuys, 볼프 포스텔Wolf Vostell, 플럭서스 그룹Fluxus-Gruppe, 빈 행동주의자Wiener Aktionisten였다. 1960년대 초부터 헤르만 니치Hermann Nitsch는 양 도살 행위를 했는데, 이 퍼포먼스는 지금까지도 이어지고 있다. 여기서 행위자뿐 아니라 참여자도 보통 때는 금기시된, 여러 물건을 손으로 만지는 감각적 체험을 했다. 니치의 행위예술에서 관객은 항상 육체적으로 연루되었고, 결국은 스스로 행위자가 되었다. 행위자는 관객에게 피, 토사물, 쓰레기 또는 다른 액체를 뿌리고, 관객과 함께 피에 질척거리며, 양의 내장을 들어내고, 고기를 먹고 포도주를 마셨다.[11]

플럭서스 그룹의 예술가들 역시 1960년대 초에 작업을 시작했

다. "행위Actions/아지트팝Agit Pop/콜라주De-collage/해프닝Happening/
사건Events/반예술Antiart/자폐L'autrisme/종합예술Art total/리플럭서스
Refluxus — 새로운 예술 축제"라는 제목의 세번째 모임은 1964년 7월 20
일 독일 아헨 공과대학의 대강당에서 개최되었다. 이 공연에는 에릭 앤
더슨Eric Andersen, 요제프 보이스, 바존 브로크Bazon Brock, 스탠리 브
라운Stanley Brouwn, 헤닝 크리스티안젠Henning Christiansen, 로베르 필
리우Robert Filliou, 루트비히 고제비츠Ludwig Gosewitz, 아르투르 쾨프케
Arthur Køpcke, 토마스 슈미트Tomas Schmit, 벤 보티에Ben Vautier, 볼프 포
스텔, 에밋 윌리엄스Emmett Williams 등이 참여했다. 「내가 보기엔 쇼핑
사절이야! 갈색 십자가, 기름덩어리의 모서리, 기름덩어리 모서리의 견
본Kukei, akopee—Nein!, Braunkreuz, Fettecken, Modellfettecken」이라는 이름의
행위예술에서 요제프 보이스는 능숙한 몸짓으로 펠트 담요로 감싼 청
동 막대기를 머리 위에 수평으로 들어올렸고, (1964~65년 검찰에 출두
해 진술한 바에 따르면) 염산을 떨어뜨리면서 소란을 일으켰다. 이때 학
생들이 무대 위로 몰려들었고, 그중 한 명은 주먹으로 여러 차례 보이
스의 얼굴을 때려 결국 보이스의 흰 셔츠에 코피가 흘렀다. 코피가 계
속 흘러 셔츠가 피에 물들어가는 와중에도, 보이스는 커다란 상자에서
초콜릿을 꺼내 앞으로 들고 와서 관객에게 던지며 대응했다. 그리고 광
적인 소란과 소요 속에서 그는 왼손으로 마치 주술을 걸듯 십자가 상을
잡아 들고, 오른손은 멈추라는 듯 높이 뻗었다.[12] 이 사건에서도 본질적

---

11) Erika Fischer-Lichte, "Verwandlung als ästhetische Kategorie. Zur Entwicklung einer
    neuen Ästhetik des Performativen," Erika Fischer-Lichte 외(eds.), *Theater seit den
    sechziger Jahren*, Tübingen/Basel 1998, pp. 21~91, 특히 pp. 25 이하 참조.
12) Uwe M. Schneede, *Joseph Beuys—Die Aktionen. Kommentiertes Werkverzeichnis mit
    fotografischer Dokumentation*, Ostfildern-Ruit 1994, 특히 pp. 42~67 참조.

인 문제는 참여자 간의 관계 규정이며, 신체와 물질의 지위가 기호의 지위를 덮어버린다.

음악에서는 이미 1950년대 초부터 존 케이지John Cage가 「이벤트Events」 「작품Pieces」을 선보이면서 수행성이 강조된 퍼포먼스화 현상이 일어났다.[13] 이 공연에서는 청중이 만들어내는 다양한 행위와 소리, 즉 청중의 소리가 사건이 되었다. 피아니스트 데이비드 튜더David Tudor가 작품 「4분 33초」(1952)에서 피아노 앞에 앉아 단 하나의 음도 내지 않은 것이 그 예다. 1960년대에는 많은 작곡가가 청중 앞에서 연주자가 어떻게 움직여야 할지를 미리 악보에 지시했다. 그들은 연주회의 성격을 점점 더 의식하기 시작했다. 그중에는 새로운 작곡가가 만들어낸 '장면적 음악szenische Musik'(카를하인츠 슈토크하우젠Karlheinz Stockhausen), '시각 음악sichtbare Musik'(디터 슈네벨Dieter Schnebel), '연주 연극instrumentales Theater'(마우리시오 카겔Mauricio Kagel) 같은 개념도 있다. 이를 통해 음악가와 청중 사이에 새로운 관계가 성립되어야 했다.[14]

문학에서는 퍼포먼스화가 문학작품 내적으로 일어난다. 가령 독자를 작가로 만드는 미로와 같은 소설들이 있는데, 이러한 소설은 독자들이 마음대로 조합할 수 있는 소재를 제시한다.[15] 수행성으로의 이동은

---

13) 1952년 블랙마운틴 대학에서 개최한 「무제 이벤트」에 관해서는 Erika Fischer-Lichte, "Grenzgänge und Tauschhandel. Auf dem Wege zu einer performativen Kultur," Erika Fische-Lichte 외(eds.), *Theater seit den sechziger Jahren*, pp. 1~20.

14) Christa Brüstle, "Performance/Performativität in der neuen Musik," Erika Fischer-Lichte & Christoph Wulf(eds.), *Theorien des Performativen*(=*Paragrana*, Bd. 10, H. 1), Berlin 2001, pp. 271~83 참조.

15) Monika Schmitz-Emans, "Labyrinthbücher als Spielanleitungen," Erika Fischer-Lichte & Gertrud Lehnert(eds.), *[(v)er]SPIEL[en] Felder—Figuren—Regeln*(=*Paragrana*, Bd. 11, H. 1), Berlin 2002, pp. 179~207 참조.

낭독회에서 특히 많이 일어났다. 낭독회에는 시인이나 작가의 목소리를 듣기 위해 관객이 몰려들었는데, 가령 귄터 그라스Günter Grass가 스펙터클하게 「넙치Der Butt」를 낭독할 때는 타악기 반주가 깔렸다(함부르크 탈리아Thalia 극장, 1992년 6월 12일). '살아 있는 작가'의 낭독뿐 아니라 이미 오래전에 작고한 작가의 작품 낭독회도 인기가 있었다. 가장 좋은 예로는 에디트 클레버Edith Clever가 진행한 「마르키제 폰 오Marquise von O.」(1989), 베른하르트 미네티Bernhard Minetti가 그림 형제의 동화를 낭독한 「베른하르트 미네티의 동화 이야기Bernhard Minetti erzählt Märchen」(1990), 혹은 1986년 앙겔루스 노부스Angelus Novus 그룹이 빈 예술가의 집Wiener Künstlerhaus에서 상연한 「호메로스 읽기Homer lesen」가 있다. 이 그룹의 구성원은 『일리아스Ilias』의 1만 8천 줄을 교대해가면서 22시간 동안 쉬지 않고 낭독했다. 그리고 다른 공간에서는 『일리아스』의 다른 텍스트를 해독했다. 그들은 낭독하는 목소리의 울림에 매료된 청중을 고유의 해독으로 초대하듯 이끌었다. 문학 낭독에서 가장 특별한 점은 바로 읽기와 듣기의 차이가 명확하게 드러난다는 데 있다. 즉 텍스트 해독을 위한 읽기와 공연을 위한 '읽기'에는 분명한 차이가 있다. 우선 청중은 앞에서 낭독하는 다양한 목소리의 특수한 물질성, 즉 음색, 성량 등에 주목했으며, 낭독자가 바뀔 때마다 매번 저마다의 소리가 지닌 물질성이 여지없이 드러났다. 여기서 문학은 공연으로 곧장 현실화되었다. 문학은 물리적으로 현존하는 낭독자의 목소리를 통해 생명을 얻었고, 이것이 다양한 의미로 호소됨으로써 물리적으로 현존하는 청중이 상상력을 펼치게 해주었다. 여기서 목소리의 역할은 단지 텍스트의 내용을 전달하는 매체로 한정되지 않았다. 낭독자가 계속 교체되었기 때문에 저마다의 목소리가 개성을 드러냈고, 그들이 무엇을 이야기하든 청중에게 매우 직접적인 영향을 끼쳤다. 나아가 이 공연에는 시간이라는 요소가 매우 중요했다. 22시간이라는 오랜 시간은 참여자들의 지각 상태를 바꾸었을 뿐 아니라, 무엇보다 이러한 지각의 변화를 의식하게 했다. 시간이 흐른다는 사실을 지각의 조건으로, 무엇보다 변화의 조건으로 의식하게 된 것이다. 나중에 참여자들은 이 사건이 진행되는 동안 자신의 느낌이 변화해갔다고 진술했다.[16]

연극에서도 1960년대에 이러한 퍼포먼스화 현상이 일어났다. 여기서는 연기자와 관객의 새로운 관계 규정이 핵심이었다. 첫번째 '실험 Experimenta'(프랑크푸르트, 1966년 6월 3~10일)이 일어난 곳은 프랑크푸르트 투름Turm 극장으로, 페터 한트케Peter Handke의 「관객모독 Publikumsbeschimpfung」이 클라우스 파이만Claus Peymann의 연출로 처음 공연되었다. 이 연극은 행위자와 관객의 관계를 새롭게 규정하고자 했다. 연극이 '다른 세계'의 표현을 통해 스스로를 정의하거나 정당화해서는 안 된다고 여겼기 때문이다. 그들은 연극을 더 이상 관객이 보고 의미를 해석하고 이해해야 하는 허구적 세계의 재현으로 파악하지 않았다. 이 연극에서는 행위자와 관객 **사이의** 특별한 관계 성립이 관건이 되었다. 여기에서 중요한 것은 바로 행위자와 관객 사이에 **어떤 것이** 일어나고 있다는 것이지, **무엇이** 일어나고 있는지는 — 적어도 첫인상만으로는 — 그리 중요하지 않았다. 등장인물들 사이의 무대 내적 소통은 무대와 관객, 즉 연기자와 관객 사이에 일어나는 무대 외적 소통의 토대가 된다. 하지만 이런 무대 내적 소통을 통한 허구적 세계의 창출은 더

---

16) Reiner Steinweg, "Ein 'Theater der Zukunft.' Über die Arbeit von Angelus Novus am Beispiel von Brecht und Homer," *Falter*, 23, 1986 참조.

이상 목표가 아니었다. 핵심은 바로 행위자와 관객 사이의 관계였다. 배우들은 관객에게 직접 말을 걸거나, "바보 같은 놈" "후레자식" "근본 없는 자식" "떠돌이 거지" "사기꾼" 등이라며 관객을 공격하고, 육체를 움직여 특수한 공간을 창출해냄으로써 관객과의 새로운 관계를 시험했다. 관객은 박수를 치거나 일어서거나 극장을 나가버리거나 비난을 하거나 무대에 기어오르거나 배우와 맞잡고 싸우는 행위로 이에 반응했다.

연극은 그 과정성Prozeßhaftigkeit에 따라 성격이 달라진다는 사실을 모든 참여자가 이해했음이 틀림없다. 이 과정성은 관객과 특정한 관계를 맺기 위해 이루어지는 행위자의 행위를 통해서, 그리고 배우가 제시하는 관계 맺기에 호응하거나 그 관계를 변주시키거나 보완하는 관객의 행위를 통해서 형성된다. 여기서는 행위자와 관객 사이에 맺어지는 교섭 관계가 관건이다. 이러한 방법으로 행위자와 관객은 연극의 현실을 구성한다. 여기서 배우와 관객의 행위는 그들의 행위 자체 외에 다른 것을 의미하지 않는다. 이런 의미에서 이 행위는 자기 지시적이다. 지금까지 든 사례가 묘사한 자기 지시적이고 현실 구성적인 행위는 존 오스틴John L. Austin의 개념으로 말하면 '수행적'이다.[17]

「관객모독」은 초연 때 관객과 배우의 관계 맺기 과정에서 합의점을 찾았다. 관객은 행동이나 말을 통해서 배우와 다른 관객의 시선을 끌었고, 이를 통해서 행위자의 역할을 수행했다. 이때 관객은 극장을 떠나버림으로써 배우와의 교섭 관계를 부인하거나, 수차례에 걸친 배우의 요구에 따라 다시 앉음으로써 배우와 합의점을 발견했다. 이와 반대로 두

---

17) 제2장을 참고하라.

번째 저녁 공연에서는 주목할 만한 소동이 일어났다. 관객이 무대 위에 기어오르고, 거기서 함께 '연극하려' 한 것이다. 그러나 배우와 연출가가 그 제안에 응하지 않았다. 연출가는 교섭 관계를 중단하고 관객을 무대에서 끌어내림으로써 자신이 생각하는 관객과 무대 혹은 관객과 배우의 관계를 이행하려 했다.[18]

여기서 무슨 일이 일어났는가? 무대에 들이닥친 관객과 연출가 클라우스 파이만은 완전히 다른 전제에서 출발했음이 분명하다. 파이만은, 쉽게 이야기하면 배우와 관객의 관계를 주제로 취급하는 문학 텍스트를 연출했다. 이 텍스트의 내용이 단순히 연기되는 것이 아니라 행위자와 관객의 관계를 새롭게 규정하는 진지한 제의가 될 가능성을 연출가는 미처 생각하지 못했다. 다시 말해 이 텍스트를 연출함으로써 일어날 결과를 수용할 준비를 갖추지 못했다. 연출가의 생각대로라면, 그는 관객 앞에 선보이는 '작품' 한 편을 창조했을 뿐이다. 관객이 박수갈채를 보내거나 혹은 '작품'이 마음에 안 들어 야유를 보내며 소리를 지르거나 휘파람을 불고 욕설을 해도 상관없었다. 그러나 관객이 자신의 '작품'을 침해하고, 행위를 통해 작품을 변화시킬 권리는 인정할 수 없었다. 파이만은 몇몇 관객이 무대로 넘어온 사실을 자신이 그어놓은 경계선을 침범하는 행위로 받아들였고, 자신이 연출한 작품의 성격을 훼손하고 저작권을 공격하는 것으로 이해했다. 결국 그는 전통적인 주체와 객체의 관계를 유지하려 한 것이다.

이와 대조적으로 관객은, 이 연극이 배우와 관객의 관계를 통해 구성

---

18) Henning Rischbieter, "EXPERIMENTA. Theater und Publikum neu definiert," *Theater heute*, 6, Juli 1966, pp. 8~17.

되고 정의된다는 외면적 합의에 따라, 텍스트가 어떻게 무대에 '옮겨졌고' 이때 어떤 연극적 도구를 이용했는가를 평가하는 작품이 핵심이 아니라 배우와 관객의 관계를 근본적으로 새롭게 규정하는 것을 목적으로 하고 이를 통해 역할 바꾸기Rollenwechsel의 가능성을 여는 사건이 공연의 핵심이라고 결론지었다. 사건으로서의 공연은 관객의 처지에서 보면, 관객이 배우와 같은 권리를 가지고 참여할 때만 가능하다. 관객 편에서 볼 때 공연에서 요구되는 수행성Performativität이란 박수 치기, 휘파람 불기, 비난하기 같은 관습적인 행위를 이행하는 것이 아니라, 새로운 관계를 실제로 규정할 때 일어난다. 새로운 관계의 규정이란 그 결말이 완전히 열려 있는, 즉 역할 바꾸기가 가능한 상태를 의미한다.

　파이만의 무대 개입은 연출가의 '작품'을 회복하려 한 행위지만, 그로 인해 무대 밖으로 밀려난 관객에게는 '사건'이 되지 못했다. 실패한 사건이 된 것이다. 이와 반대로 미국의 아방가르드 연극에서는 '관객의 참여'가 주요 프로그램으로 강조되었다. 줄리언 벡Julian Beck과 주디스 멜리나Judith Malina의 '리빙시어터Living Theatre'(1963년 「브릭The Brig」 이후) 또는 리처드 셰크너Richard Schechner와 그의 퍼포먼스 그룹Performance Group(1967년 창단)이 펼친 「환경연극Environmental Theater」이 그런 경우였다. 여기서는 관객의 참여를 허락하는 정도가 아니라 적극적으로 장려하고 촉진했다. 말하자면, 관객이 배우를 만지거나 관객과 배우가 서로 접촉하도록 구성되었다. 이러한 현상은 리빙시어터의 「지금은 낙원Paradise Now」(아비뇽, 1968), 퍼포먼스 그룹의 「디오니소스 69Dionysus in 69」(뉴욕, 1968)에서 대표적으로 찾아볼 수 있는데, 이 공연들은 마치 공동체적 제의처럼 이행되었다.[19] 이 공연들에서는 행위자와 관객의 관계 규정에 있어서 그 주도권이 이동했다. 즉 행위에 대한 의미의 기호적 지위가 주도적이었던 상황에서 참여자의 심리, 감정, 에너지, 자동반사, 그리고 감각적 경험 같은 육체성과 그것이 모든 참여자에게 끼치는 영향력으로 그 주도권이 넘어갔다.

20세기, 특히 1960년대 이후 예술가, 비평가, 예술 이론가, 철학자 들은 예술 영역 간의 경계를 허물어야 한다고 주장했으며, 이를 현실에서 실천했다. 이러한 현상과 관련된 경향과 흐름을 수행적 전환이라 부른다. 사람들은 조형예술, 음악, 문학, 연극 등 많은 예술을 **공연**Aufführung으로 파악하기 시작했다. 이 시대의 예술가는 작품을 만드는 것이 아니라 점점 더 **사건**Ereignis을 일으켰다. 이러한 사건에서는 예술가뿐 아니라 수용자, 관찰자, 청중, 관객이 모두 연계되어 하나를 이루었다. 이러한 경향은 예술을 생산하고 수용하는 조건이 결정적으로 달라졌음을 의미한다. 예술작품은 더 이상 예술 생산자와 수용자를 분리하는 독립적인 매체가 아니게 되었다. 즉 기존의 예술작품에 대한 인식은 더 이상 유효하지 않다. 예술작품이란 예술가 주체가 창조적으로 행위함으로써 생성된 객관물이라거나, 예술작품은 수용자 주체의 지각과 의미에 의해 온전히 평가되어서는 안 된다는 기존의 작품 개념 대신에 바로 사건 개념이 들어온다. 사건이란 다양한 예술가 주체와 청중, 관객의 행위를 통해서 시작되고 진행되며 끝난다. 이러한 사건을 통해 공연 중에 이용된 사물이나 이행된 행위가 드러내는 물질과 기호의 지위 관계가 변한다. 물질은 반드시 기호를 의미하지 않는다. 사건에서는 오히려 물질과 기호가 서로 분리되고, 제각기 고유한 의미를 창출한다. 다시 말해, 사

---

19) Julian Beck, *The Life of the Theatre*, San Francisco 1972; Julian Beck & Judith Malina, *Paradise Now*, New York 1971; Richard Schechner, *Environmental Theater*, New York 1973; Richard Schechner, *Dionysus in 69*, New York 1970 참조.

물이나 행위의 직접적인 **영향력**은 의미에 달려 있는 것이 아니라 의미를 벗어나 그 자체로 존재한다. 즉 의미란 미리 규정되지 않는다. 이러한 성격을 드러내는 사건을 통해 예술 공연의 참여자인 예술가와 관객은 변환의 체험, 즉 자신을 변화시키는 잠재력을 발휘하게 된다.

1960년대 이후 나타난 예술의 수행적 전환은 전통적 미학 이론으로는 정확하게 분석할 수 없다. 물론 전통적 미학 개념은 일정 부분 계속 사용할 수 있다. 그럼에도 전통적 미학 이론은 수행적 전환의 결정적인 요소를 파악하기에 한계가 있다. 따라서 주체 대 객체, 물질성 대 기호성의 관계에 의지하는 작품 개념에서 사건 개념으로 넘어가는 교차점을 예민하게 관찰하고 연구하고 설명하기 위해 새로운 미학, 수행성의 미학의 전개가 반드시 필요하다.

제2장

개념 설명

1. 수행성

   '수행적performativ'이라는 개념은 존 오스틴에 의해 널리 알려졌다. 오스틴은 1955년 『말과 행위How to do things with Words』[1]라는 하버드 대학 강의를 엮은 책에서 언어철학적 의미로 이 개념을 사용했다. 이 개념이 널리 알려질 무렵, 필자는 예술에서의 수행적 전환 현상에 대해 그와는 별개로 분석한 적이 있다. 오스틴은 초기 논문에서 '수행하는performatorisch; performatory'이라는 표현을 사용했지만, 이 책 『말과 행위』에서는 의식적으로 '수행적performativ'이라는 표현을 선택했다. 이 표현이 "더 짧고, 그렇게 나쁘게 들리지 않으며, 발음하기도 더 쉽고, 무엇보다 이미 쓰이고"[2] 있기 때문이다. 오스틴은 1년 후 쓴 논문 「수행적 발화」에서 자신의 새로운 개념에 대해 다음과 같이 기술한다. **"수행**

---

1) (옮긴이) 오스틴의 언어 이론에 관한 용어는 한국어판을 참고했다. 존 오스틴, 『말과 행위: 오스틴의 언어철학, 의미론, 화용론』, 김영진 옮김, 서광사, 2005.

2) John L. Austin, *Zur Theorie der Sprechakte*, Stuttgart 1979, p. 29, n. 7.

적이라는 단어의 의미를 몰라도 문제될 것은 없다. 새로운 단어이고, 어찌 보면 쓸모없는 말이다. 그리고 특별히 큰 의미를 지니지도 않는다. 어찌 됐건 이 단어가 그렇게 깊은 의미로 들리지 않는다는 사실은 확실하다."[3] 이 어휘는 동사 '행위하다vollziehen: to perform'에서 비롯되었다. 즉 "행위를 '이행'하다"라는 뜻이다.[4]

오스틴에게는 새로운 개념이 필요했다. 언어철학적 의미에서 거의 혁명적일 정도로 새로운 발견을 했기 때문이다. 이 발견이란 바로 언어가 사실관계를 묘사하거나 한 가지 사실을 주장할 뿐 아니라 행위를 이행하기도 한다는 것이다. 그러니까 언어는 참과 거짓을 표현할 뿐 아니라 수행적 기능도 한다. 후자의 기능이 지닌 특성을 설명하기 위해 오스틴은 소위 말하는 근원적 수행문을 예로 든다. 어떤 사람이 진수식에서 뱃머리에 병을 부딪쳐 깨뜨리며 "이 배를 퀸 엘리자베스로 명명하노라"라고 발화한다면, 혹은 주례자가 신랑과 신부의 이름을 부른 뒤 "이 두 사람은 부부임을 선언합니다"라고 말한다면, 그들은 이 문장을 통해 이미 존재하는 사실관계를 묘사한 것이 아니라 ─ 따라서 이 문장은 '참' 또는 '거짓'으로 분류할 수 없다 ─ 새로운 사실관계를 창출한 것이다. 바로 그 순간부터 그 배는 '퀸 엘리자베스'라는 이름으로 불리고, 신랑과 신부는 부부가 된다. 이 문장의 발화가 세계를 변화시킨 것이다. 이 문장은 어떤 사실에 대해 말할 뿐 아니라 말하는 대상에 대해 행위한다. 다시 말해, 이 문장은 발화된 행위 자체를 의미한다는 점에서 자기지시적이며, 이 문장이 말하는 사회적 현실을 구성한다는 점에서 현실

---

3) John L. Austin, "Performative Äußerungen," *Gesammelte philosophische Aufsätze*, Joachim Schulte(trans.), Stuttgart 1986, p. 305.

4) John L. Austin, *Zur Theorie der Sprechakte*, p. 30.

구성적이다. 이 두 가지는 바로 수행문의 성격을 드러낸다. 이것은 모든 언어의 발화자가 직관적으로 알며 이미 수행하고 있는 것이지만, 언어 철학적 의미에서는 오스틴이 처음으로 다음과 같이 규정했다. 발화는 세상을 변화시키는 힘을 발휘하며 변환을 불러일으킨다.

위에서 인용한 사례는 대부분 형식적인 경우다. 그러나 형식적인 상황에서 이 문장을 사용한다고 해서 항상 수행적인 성공을 거두는 것은 아니다. 여기에는 어떤 비언어적인 조건이 충족되어야 한다. 그렇지 않으면 이 말은 이루어지지 않거나 빈말이 된다. 예를 들어 "이 두 사람은 부부임을 선언합니다"라는 문장을 주례자나 목사, 혹은 다른 권위 있는 사람──먼 바다의 선장과 같은──이 발화한 것이 아닌 경우, 아니면 다른 결혼식 절차를 가진 공동체에서 발화된 경우 부부 관계는 성립되지 않는다.

수행적 성공을 위해서는 언어적 조건뿐 아니라 무엇보다 제도적, 사회적 조건이 충족되어야 한다. 수행문은 항상 저마다의 현존하는 사람들에 의해 대표되는 공동체를 대상으로 한다. 이런 의미에서 이것은 사회적인 행위다. 이를 통해 결혼이 성립되었을 뿐 아니라 동시에 결혼식이 이행된 것이다.

오스틴은 대학에서 강의하던 시절 초기에 도입한 진위적 진술문 Kontativa과 수행문Performativa의 대립적 성격을 거부하고 발화 행위, 즉 화행을 발화lokutionäre 행위, 발화 수반illokutionäre 행위, 발화 효과 perlokutionäre 행위의 세 가지로 나누었다. 이를 통해 그는 발화란 항상 행위임을 증명하려 했고, 어째서 성공하거나 실패할 수 있는지, 왜 수행적 발화가 옳거나 틀릴 수 있는지 증명하고자 했다.[5] 이렇게 봤을 때 오스틴이 처음에 했던 분류, 즉 진술문과 수행문이라는 분류는 부적절했다. 지빌레 크래머Sybille Krämer가 지적했듯이, 오스틴이 이분법적 분류가 부적절함을 증명한 사례들은 "실제적 삶과 연관된 결정할 수 없는 것, 잴 수 없는 것, 다양성들로 대표되는 것에 대한 모든 기준의 취약성과 모든 개념 규정의 허약점"[6]을 드러낸다. 여기서 오스틴은 역동성을 가동시키는 것은 바로 "이분법적 개념 체계를 불안정하게 하는"[7] 수행적 힘이라고 지적한다.

수행성의 미학의 관점에서 볼 때 이러한 시각은 특히 주목할 만하다. 앞에서 퍼포먼스나 행위예술, 그리고 다른 공연을 통해 보여줬듯이 주체/객체 혹은 기표/기의 같은 이분법적 개념은, 이 이론에서 그 극단적 양극성과 분리성을 잃어버리고 흔들리며 무너지기 시작한다. 하지만 오스틴이 진술문/수행문 같은 이분법적 개념 분리가 부적절함을 증명했다고 하더라도, 오스틴의 수행적이라는 개념 규정은 틀리지 않았다. 바로 이러한 (발화) 행위는 자기 지시적이고 현실 구성적이며, 그것 자체로 제도적, 사회적 조건에 따라 적절할 수도 부적절할 수도 있다(물론 여기서 오스틴은 부적절한 경우를 더 매력적으로 제시한다. 이것은 그의 정치하고 자세한, 부적절한 경우에 대한 이론에서 알 수 있다). 여기서 수행성의 미학이 주목해야 할 특징은 바로 수행적이라는 개념이 지닌, 이분법적 개념 형성을 불안정하게 하고 충돌하게 하는 힘과 가능성이다.

5) Shoshana Felman, *The Literary Speech Act. Don Juan with J. L. Austin or Seduction in Two Languages*, Ithaca/New York 1983; Sybille Krämer & Marco Stahlhut, "Das 'Performative' als Thema der Sprach- und Kulturphilosophie," Erika Fischer-Lichte & Christoph Wulf(eds.), *Theorien des Performativen*(=*Paragrana*, Bd. 10, H. 1), Berlin 2001, pp. 35~64 참조.
6) Sybille Krämer & Marco Stahlhut, "Das 'Performative' als Thema der Sprache- und Kulturphilosophie," p. 45.
7) 같은 책, p. 56.

오스틴은 수행적이라는 개념을 절대적으로 발화 행위와 연관지어 사용한다. 그렇다고 「토마스의 입술」에서처럼 육체를 통해 이루어진 행위를 제외하지도 않는다. 오히려 수행 개념을 육체와 연관시키는 응용은 핵심적인 부분이다. 필자가 지금까지 이야기한 바와 같이, 여기서의 행위는 자기 지시적이고 현실 구성적이며(행위는 근본적으로 항상 그래왔다), 그 결과 예술가와 관객에게 — 무엇이든 간에 — 변환을 가져올 수 있기 때문이다. 그렇다면 이것은 변환의 성공 혹은 실패와 어떤 관계를 맺는가? 분명한 사실은 아브라모비치가 실제로 엄청난 양의 꿀과 와인을 마셨으며, 면도날과 채찍으로 자해를 했다는 것이다. 관객이 그녀를 얼음 십자가에서 구해냈을 때 이 예술 행위는 끝났다. 그렇다면 이것은 성공했는가, 아니면 실패했는가? 이 공연의 '성공'과 '실패'를 평가하는 데 제도적으로 충분하거나 불충분하게 하는 조건은 무엇인가?

지금 우리는 예술적 퍼포먼스를 다루고 있으므로, 제도가 예술에 어떤 조건을 부여하는지를 먼저 생각해보자. 이 퍼포먼스에서는 공연 장소가 된 예술 전시관이 결정적인 예술의 제도적 조건이며, 이것은 모든 참여자에 대해 공연이 이루어지는 틀로 작용한다. 그러나 여기서 어떤 결론이 나오는가? 1970년대 초에는 무엇이 예술의 제도적 조건으로 작용했는가? 이 시기에는 예술이 새롭게 규정되고, 그 구조가 내적으로 변했으며, 외적으로는 주변 영역이 예술로 진입했고 이 과정은 권력에 의해 진행되었다. 그러나 지금 여기에서 제도적 조건이란 사실상 결혼식이나 세례처럼 그렇게 명료하게 드러나지 않는다. 관객이 퍼포먼스에 개입한 것이 예술을 평가하는 기준, 즉 예술적 성공과 실패를 평가하는 기준이 되는지 여부는 제도적 조건에서는 유추할 수 없다.

이것만이 문제가 아니다. 왜냐하면 퍼포먼스는 제도권 예술의 틀 속에서만 이루어지는 것이 아니기 때문이다. 이미 지적한 바와 같이 퍼포먼스는 제의적 성격도 지니고 스펙터클의 성격도 지닌다. 여기서 문제는 '제의'와 '스펙터클'이라는 틀이 예술적 퍼포먼스로 얼마나 변환되었는가다. 예술적 퍼포먼스에서, 그리고 '예술'이라는 틀과 그에 충돌하는 틀 사이에서 성공이냐 실패냐 하는 질문을 어떠한 관점에서 고려해볼 수 있는가?[8]

　오스틴이 나열한 수행적 발화를 위한 충분 조건[9]을 수행성의 미학에서 그대로 수용할 수 없음은 분명하다. 「토마스의 입술」이 보여주듯이, 여기서 중요한 요소는 참여자가 변환을 경험하는 데 중요한 의미를 갖는 다양한 틀 사이의 조화와 충돌이다. 그러나 이 퍼포먼스에서 변환이 성공했다거나 실패했다고 누가 감히 판단할 수 있는가? 성공과 실패에 대해 이런 식으로 질문하는 것 자체가 옳지 않아 보인다. 수행 개념은 수행성의 미학의 맥락에서 새로운 변화와 수정 보완이 필요하다.

---

8) '틀'이라는 개념에 대해서는 다음을 참고하라. Gregory Bateson, "Eine Theorie des Spiels und der Phantasie"(1955), *Ökologie des Geistes. Anthropologische, psychologische, biologische und epistemologische Perspektiven*, Frankfurt a. M. 1985, pp. 241~61; Erving Goffman, *Rahmen—Analyse. Ein Versuch über die Organisation von Alltagserfahrungen*, Frankfurt a. M. 1977.

9) "(A. 1) 관습적 효과를 지닌 관습적 절차가 있어야 하며, 그 절차는 어떤 상황 아래서 어떤 사람에 의해 어떤 말이 발화되는가를 포함한다. (A. 2) 관련되는 특정한 사람과 상황은 부가된 특정 절차를 밟는 것을 소명으로 받아들여야 한다. (B. 1) 모든 참여자는 이 절차를 정확하고 (B. 2) 완전하게 집행해야 한다."

　이 조건들은 제의의 성공을 위해서 충족되어야 한다. 이것이 언어적 행위든 육체적 행위든 아니면 둘 다든 마찬가지다. 그와 반대로 다음 두 가지 조건은 다르게 이루어져 있다.

　"(Γ. 1) 흔히 그렇듯이 그 절차가 어떤 생각이나 감정을 지닌 사람에 의해 사용될 목적으로 만들어졌거나 또는 발화가 해당 참여자가 뒤에 하는 행위를 규정할 경우, 특정 절차에 참여하고 또 그 절차를 발동하는 사람은 그러한 생각이나 감정을 실제로 가져야 하며, 또 참여자는 이에 맞게 행위하려고 의도해야 한다. 또한 (Γ. 2) 그 절차에 참여하는 사람은 그 후 실제로 그렇게 행동해야 한다"(J. L. Austin, *Zur Theorie der Sprechakte*, p. 37).

수행 개념은 원래 언어철학에서 화행론이 발전하면서 ― 그리고 행위로서의 발화에 관한 확고한 신념이 확산되면서 ― 그 빛이 바랬다가 1990년대에 문화철학과 문화 이론을 통해 새롭게 거듭났다. 1980년대 후반까지만 해도 문화학에서는 마치 '텍스트로서의 문화'라는 저 유명한 은유가 설명해주듯이, 전반적으로 문화를 텍스트로 이해했다. 각각의 문화 현상과 전체 문화를 특정한 의미가 부여되는 기호의 구조적 연관관계 속에서 파악한 것이다. 그리하여 문화에 관한 다양한 의미화와 서술 작업을 '교본Lektüren'이라고 명명했다. 이렇게 문화를 이해함에 따라, 문화학의 과제로 텍스트가 가장 우선시되었으며, 텍스트를 낯설고 거의 이해할 수 없을 정도의 어려운 언어로 해독하고 의미를 부여하거나, 널리 알려진 텍스트의 독해 과정에서 숨겨진 함의를 읽어내거나 해체했다.

1990년대에는 연구 대상에 대한 시각이 변하기 시작했다. 지금까지 간과해왔던 문화의 수행적 성격에 시선을 돌리기 시작한 것이다. 그 결과 이미 존재하거나 존재 가능한 현실과 '실제로' 연계를 맺는 토대가 만들어졌고, 전통적 텍스트 모델로는 파악할 수 없었던 문화적 행위나 사건에 현실성이 부여되었다. '퍼포먼스로서의 문화'라는 은유가 이때부터 상승세를 달렸다. 그와 함께 육체에 의한 행위, 행동, 동작을 절대적으로 포함하는 수행 개념이 확립되었다.

주디스 버틀러Judith Butler는 1988년에 쓴 「수행적 행위와 젠더의 구성: 현상학과 페미니즘 이론에 근거한 에세이」[10]에서 수행 개념을 문화

---

10) Judith Butler, "Performative Acts and Gender Constitution: An Essay in Phenomenology and Feminist Theory," Sue-Ellen Case(ed.), *Performing Feminism. Feminist Critical Theory and Theatre*, Baltimore/London 1990, pp. 270~82.

철학과 연결시켜 도입했다. 이 논문은 오스틴을 인용하지 않았지만, 성 정체성, 즉 젠더gender ——사실상 어떤 정체성이라도 마찬가지다—— 란 태어날 때부터 존재론적으로나 생물학적으로 주어진 것이 아니라 특정한 문화적 구성 행위를 통해 이루어진 결과라고 설명했다. "이런 의미에서 젠더란 고정된 정체성이거나 다양한 행위 과정을 통해 이루어진 상태가 아니다. 오히려 젠더란 **인습화된 행위의 반복**을 통해 만들어진 제도적 정체성이다."[11] 이러한 행위를 버틀러는 '수행적'이라고 명명하고, "'수행성'은 그 자체로 '극적인 것'과 '비지시적인 것'이라는 이중의 의미를 지닌다"[12]라고 했다. 이러한 개념 정의가 첫눈에는 오스틴의 개념과 상당히 거리가 먼 것처럼 보이지만, 자세히 보면 큰 차이가 나지 않는다. 이것은 무엇보다 버틀러가 화행이라는 개념을 쓰지 않고 육체에 의한 행위라고 표현한 사실에 기인한다.

(육체적 행위로서의) 수행적 행위는 이미 주어진 것, 내적인 것, 실체, 심지어는 그 행위가 외부로 표현한 것과도 연관되지 않는다는 점에서 '비참조적non-referential'이다. 말하자면 외부로 표현 가능한, 고정적이고 불변하는 정체성은 없다. 이런 의미에서 표현성Expressivität이란 수행성 Performativität과 대립 관계에 있다. 수행적인 육체의 행위는 이미 주어진 정체성을 표현하는 것이 아니라, 오히려 정체성 그 자체의 의미를 만들어낸다.

'극적dramatic'이라는 용어는 이러한 생산 과정을 의미한다. "극적이란 내 생각에 다음과 같은 의미다. 〔……〕 육체란 단순한 물질이 아니

---

11) 같은 책, p. 270.
12) 같은 곳.

라 여러 가능성이 부단하고 지속적으로 **물질화된 것**이다. 이것은 단순한 몸이 아니라, 짧게 이야기하면, 누군가에 의해 만들어진 몸이다. [……]"[13] 즉 육체 역시 특정한 몸짓, 움직임의 반복이 만들어낸 결과물이다. 이러한 육체적 행위들이 육체를 개인적이고 성적이며 인종적·문화적으로 만들고, 그러한 것으로 드러나게 한다. 정체성은—육체적, 사회적 현실로서—바로 수행적 행위에 의해 서서히 구성된다. 버틀러에게 '수행'의 의미는 오스틴이 말한 '현실 구성적'이며 '자기 지시적'인 것과 결국 같은 것이다.

물론 논리의 초점을 화행론에서 육체의 행위로 옮기면, 오스틴과 버틀러의 개념은 중요한 차이를 드러낸다. 오스틴이 '성공과 실패'의 기준을 강조하며 이에 상응하게 성공의 기능적 조건에 대해 물었다면—물론 아브라모비치의 퍼포먼스에 적용하기에는 근본적으로 부적절함을 앞에서 확인했지만—버틀러는 현상적 체화(체현)Verkörperung의 조건에 대해 질문을 제기한다.

모리스 메를로-퐁티Maurice Merleau-Ponty는 육체를 역사적 이념의 관점에서 바라보고 이를 가능성의 보고寶庫라고 파악했다. 즉 육체를 "특정한 문화와 역사에 존재하는 모든 가능성이 적극적으로 드러나는 상징화 과정"[14]이라고 보았다. 이와 반대로 버틀러는 정체성의 수행적 생산 과정을 체현embodiment 과정이라고 설명한다. 그러면서 체현 과정[15]이란 "행동 양식이며, 역사적 상황을 극적으로 **재생산**하는 방법"[16]이라

---

13) 같은 책. p. 273.

14) 같은 곳.

15) (옮긴이) 저자는 체화, 체현을 독일어 Verkörperung과 영어 embodiment를 구분하지 않고 사용한다. 옮긴이는 이를 대부분 체현으로 번역했다.

16) 같은 곳.

고 규정한다. 양식화된 수행적 행위의 반복에 의해 특정한 문화와 역사의 가능태가 체현되고, 이러한 방식으로 신체뿐 아니라 역사적·문화적 특징을 드러내는 정체성이 생성된다.

체현 과정은 개인의 권력이나 권위에 의해 단독으로 규정되지 않는다. 즉 개인은 자기 정체성 규정을 위해 체현을 이루는 요소를 마음대로 선택할 수 없다. 그렇다고 체현 과정이 사회에 의해 완전히 규정되지도 않는다. 사회가 모든 변수 행위에 대해 조치를 취하고 통제를 가함으로써 의도된 체화를 시도할 수 있지만, 일반적으로 모두 막을 길은 없다. 다시 말하면 버틀러의 수행성 개념에서도 오스틴이 말하는 수행적인 것의 힘, 즉 이분법을 무너뜨리는 힘이 중요하다. 젠더 ─ 일반적 정체성 ─ 를 구성하는 수행적 행위 속에서 혹은 수행적 행위를 통해 공동체는 (여성이나 남성) 개인에게 육체적 폭력을 행사한다. 그와 동시에 개인은 수행적 행위 속에서 혹은 수행적 행위를 통해 자기 자신을 드러낼 수 있다. 사회적 압박과 제약을 감수하면서 공동체의 지배적인 사상에서 자신을 변별시킬 수 있다는 것이다.

버틀러는 체현의 조건을 연극 공연의 조건과 비교한다. 연극 공연에서도 성별을 드러내고 성을 구분하는 행위가 일어나며 그런 성역할은 "당연하게 누군가에 의해 홀로 일어나지 않는다." 여기서는 '공유된 체험'과 '집단적 행위'가 그 핵심이다. 사람들이 이행하는 행위는 특정 의미에서 이미 시작된 행위, 바로 그 행위자가 개체로서 사람들 앞에 나타나기 전에 이미 시작된 행위다. 이러한 행위의 반복은 '재연re-enactment'이며, 이미 사회적으로 통용되는 고정된 의미를 '재경험re-experiencing'하게 한다. 여기서는 문화적 코드가 수동적인 육체에 기입되지 않으며, 이미 체현된 자아가 육체에 의미를 부여하는 문화적 관습을 넘어서지도 않는다. 버틀러는 정체성의 구성을, 주어진 텍스트가 연출을 통해 체현되는 것과 비교한다. 마치 텍스트가 여러 가지 양식과 방법으로 연출될 수 있고, 배우가 텍스트의 틀 안에서 자유롭게 자신의 역할을 새롭고 다르게 디자인하고 현실화하는 것처럼, 특정한 성별을 지닌 육체는 그 육체가 존재하는 공간 속에서 반응한다. 이 공간은 특정한 지시에 의해 제한되며, 해석 역시 주어진 지문에 따라 이루어지고, 주어진 경계선 안에서 무대화된다. 성적 정체성 혹은 다른 정체성을 사람들 앞에서 드러내는 체현 과정은 마치 연극 상연처럼 이행된다. 이런 의미에서 체현의 조건은 연극 공연의 조건과 마찬가지로 더 자세하게 서술하고 규정되어야 한다.[17]

버틀러가 초기 논문에서 지적한, 육체적이면서 수행적인 행위와 체현 과정에 초점을 둔 수행에 관한 이론[18]은 수행성의 미학의 관점에서 오스틴이 말한 성공 조건이 가진 문제를 보완해준다. 그럼에도 버틀러의 개념은 마치 아브라모비치의 퍼포먼스에 대한 검토와 성찰이 입증한 것처럼, 지금의 맥락 속에서는 변화를 필요로 한다.

육체를 특정한 역사적 가능성의 체현으로 규정하는 사유는 의심의 여지 없이 아브라모비치가 자신의 육체에 가한 행위에도 적용할 수 있다. 이것은 더욱이 생산적이기까지 하다. 왜냐하면 아브라모비치는 퍼

---

17) 물론 버틀러의 연극 개념은 현대 연극과 맞지 않다. 어떤 결론을 내린 건 아니지만, 버틀러는 스스로 리처드 셰크너의 연극을 언급하며 이를 지적했다. 무대 위에서의 복장 도착자 Transvestiten와 일상적 사회 공간 속에서의 복장 도착자에 대한 비교는 정확하게 맞아떨어진다. 그러나 체현의 조건과 공연의 조건에 대한 비교는 그렇지 않다.

18) 그보다 조금 뒤에 출간된 『젠더 트러블 *Gender Trouble*』에서 이미 중요한 수정이 이루어졌다. 그러나 이것은 지금 우리가 다루는 개념 정의와 모순되는데, 버틀러의 후기 출판물에서 다시 수정된다.

포먼스가 이루어지는 과정에서 일어날 수 있는 다양한 역사적 가능성을 체현했기 때문이다. 이것은 퍼포먼스가 이행된 바로 그 시점에만 관련된 것이 아니라 실제로 역사적으로 일어난 일이 높은 비중을 차지했다. 예컨대 아브라모비치의 퍼포먼스에서 채찍질의 경우, 역사적인 것(수녀들의 채찍질)과 동시대의 가능성들(체벌, 고문 행위, 피학대음란증, 학대음란증 같은 실제 성적 행위) 사이를 오갔다. 아브라모비치의 수행적 행위는 역사적 사례를 단순하게 반복하는 의미에서 재연출한 것이 아니라, 바로 그 역사적 사례를 결정적으로 변화시킨 것이었다. 퍼포먼스 행위자인 아브라모비치에게 가해진 모든 폭력과 고통은 그녀가 수동적으로 감내해야 하는 것이 아니라 오히려 그녀 스스로 언제나 적극적인 원인 제공자였다. 여기서 우리는 버틀러의 중심 관심사였던 수행적 행위의 반복에 관한 문제에 당면하지 않았다. 각각의 행위는 퍼포먼스의 진행 과정에서 단 한 번만 이루어졌다. 「토마스의 입술」이나 다른 퍼포먼스, 행위, 연극 공연에서 이루어지는 체현 과정은 버틀러의 수행 개념과는 다른 조건이나 규정이 절대적으로 필요하다. 여기서는 미학적 혹은 특정한 방법에 의한 재연에 그 본질이 있기 때문이다. 반면, 버틀러는 좁은 의미에서의 미학적 과정과는 전혀 상관없는 일상적 행위에 대해 논하고 있다.

버틀러는 체현의 조건을 '사람들 앞에서 드러내기'로 설명함으로써, 자신의 이론과 오스틴의 이론 사이에서 흥미로운 공통점을 발견한다(물론 오스틴을 언급하지는 않았다). 두 사람은 수행적 행위의 이행을 제의화된 공개적 공연으로 본다. 두 사람에게는 수행성과 공연(퍼포먼스)[19]의 밀접한 관계가 더 설명할 필요도 없이 명확한 것이었다. '퍼포먼스performance'와 '수행적performative'이라는 말이 둘 다 동사 '행위하다to perform'에 그 어원을 둔다는 사실은 다음을 더 분명하게 한다. 수행성은 공연을 통해 나타난다. 즉 수행성은 수행적 행위의 공연적 성격으로 표명되고 현실화된다. 앞에서 확인한 예술의 수행성으로의 이동은 수행성 자체가 공연으로 현실화되거나, 그 이름에서 이미 행위와 공연의 성격을 분명하게 드러내는 '퍼포먼스아트'나 '행위예술'과 같은 새로운 예술적 형태로 나타난다. 이런 점에서 오스틴과 버틀러 둘 다 비록 공연이라는 개념을 직접적으로 언급하지 않았더라도 공연을 '수행적인 것' 혹은 '수행성의 하위 개념'으로 포함시켰다고 볼 수 있다.

그런 의미에서 수행성의 미학은 공연 개념을 그 토대로 삼을 수 있다. 그 말은 기존의 수행성에 대한 이론에 새로운 퍼포먼스/공연의 미학적 이론이 첨부되어야 한다는 것이다.

퍼포먼스 이론은 1960년대와 1970년대에 무엇보다 사회과학에서, 특히 민속학과 사회학에서 다양하고 풍성하게 생성되었다. 오늘날 "가장 논쟁적인 개념"[20]이 **퍼포먼스**라고 할 정도였다. 이 개념은 문화학에서는 델 하임스Dell Hymes가 이미 1975년에 다음과 같은 불만을 토로할 만큼 포괄적인 상위 개념이 되었다. "일부 문법학자들이 '퍼포먼스' 아래 자신들이 관심 없는 것을 모두 함께 묶음으로써 [⋯⋯] 문제를 오인하고 있었다면 [⋯⋯] 문화인류학자와 민속학자는 이러한 상황을 명확히 하려는 시도를 하지 않았다. 한편 우리는 '퍼포먼스' 아래 우리가 관심 있는 것을 모두 묶어 넣으려는 경향이 있다."[21] 그 이후 상황은 더 혼란스

---

19) (옮긴이) 이 책에서 저자는 공연에 해당하는 단어로 독일어 Aufführung을 주로 사용하되, 때에 따라 영어인 Performance도 함께 사용하고 있다.

20) Marvin Carlson, *Performance. A critical introduction*, London/New York 1996, p. 5.

21) Dell Hymes, "Breakthrough into Performance," Dan Ben-Amos & Kenneth S. Goldstein(eds.), *Folklore: Performance and Communication*, The Hague 1975, p. 13.

럽게 되었다.[22]

　필자는 사회학, 민속학, 그리고 일반 문화 이론에서 비롯된 연구를
언급하기 전에, 필자가 알기로는 공연을 이론화하려는 첫 시도가 있었
던 1910~20년대로 돌아가 보는 것이 수행성의 미학을 살펴보는 데 더
의미 있다고 생각한다. 당시 그들의 목표는 새로운 예술학, 즉 연극학의
설립에 있었다.

---

22) 특히 Jon McKenzie, *Perform—or else. From discipline to performance*, London/New
　　York 2001 참조. 매킨지는 문화학에서 퍼포먼스 개념을 체계적으로 파악하기 위한 놀라운
　　제안들을 내놓았다.

2. 공연

    20세기 초 독일에서 연극학이 독립적인 분과 학문이자 새롭고 필수적인 예술학으로 선언되면서, 연극에 대한 기존 관념에 균열이 생겼다. 18세기 문학화 경향 이후 연극은 독일에서 도덕적 공공시설에서 행해지는 것이자 '텍스트'에 의한 예술로 자리 잡았다. 19세기 후반에 와서는 연극의 예술적 성격을 거의 단독적으로 희곡 예술, 즉 문학작품에서 찾았다. 괴테Johann Wolfgang von Goethe는 1798년에 이미 『예술작품의 진실과 개연성*Über Wahrheit und Wahrscheinlichkeit der Kunstwerke*』에서 **공연**에 예술적 성격을 부여해야 한다고 피력했다. 리하르트 바그너Wilhelm Richard Wagner 역시 1849년에 쓴 『미래의 예술작품*Das Kunstwerk der Zukunft*』에서 공연 개념을 소개하고 지속적으로 발전시켰다. 그와 동시대를 산 19세기의 수많은 사람들은 공연된 텍스트를 통해 공연의 예술성을 인정했다. 1918년 연극 비평가 알프레트 클라르Alfred Klaar는 점점 더 자리를 잡아가는 연극학에 대한 논평에서 다음과 같이 썼다. "무대란 문학적 내용이 수반될 때 완전한 가치를 발휘한다."[23]

오늘날까지도 이러한 생각에서 벗어나지 못한 채 연극은 문학의 연구 대상이라고 여겨져왔다. 이와 반대로 중세와 근대 초기에 관한 전문가이자 독문학자이면서 베를린 연극학의 창시자인 막스 헤르만Max Herrmann은 공연에 더 많은 관심을 보였다. 그는 새로운 예술학, 즉 연극학을 다음과 같은 논리로 주장했다. 연극을 예술로서 구성하는 것은 문학이 아니라 공연이다. "〔……〕 공연이 가장 중요하다. 〔……〕"[24] 그러나 여기서 헤르만은 텍스트와 공연 중 어느 한쪽에 무게를 싣지 않고, 오히려 두 매체의 대립 관계에 대해 주장했다. "연극과 희곡은 〔……〕 근원적으로 대립한다. 이 대립은 겉으로 드러나지 않지만, 그 본질을 이룬다. 〔……〕 희곡이란 개인의 언어 능력으로 이행하는 창조다. 그러나 연극은 관객과 관객을 섬기는 자들의 행위다."[25] 그런데 기존의 어떤 학문도 공연을 연구 대상으로 삼지 않고, 단지 텍스트나 고정된 사물만을 연구 대상으로 삼고 있기 때문에 새로운 학문 분야가 생겨나야 했다. 이렇게 연극학은 독일에서 공연에 대한 학문으로 창립되었다.

헤르만은 연극을 텍스트가 아니라 공연으로 파악하는 새로운 학문 분야의 개설을 지지하기 위해 텍스트와 공연의 위치 전도를 시도하는데, 이는 20세기 초의 다른 분과 학문의 개설과도 흥미로운 공통점이 있다. 그것은 바로 제의 연구의 창시다. 19세기에 신화와 제의 사이에는

---

23) Alfred Klaar, "Bühne und Drama. Zum Programm der deutschen dramatischen Gesellschaft von Prof. Max Herrmann," *Vossische Zeitung*, 18. Juli 1918.

24) Max Herrmann, *Forschungen zur deutschen Theatergeschichte des Mittelalters und der Renaissance*, Berlin 1914, Teil II, p. 118.

25) 클라르 교수에게 보내는 답변. Max Herrmann, "Bühne und Drama," *Vossische Zeitung*, 30. Juli 1918.

분명한 서열이 있었고, 신화가 더 우위에 있었다. 제의는 신화를 이미 지화하고 설명하며 '공연'되었다. 그러나 이러한 관계는 19세기 말에 뒤바뀌었다. 윌리엄 로버트슨 스미스William Robertson Smith는 자신의 저서 『셈족의 종교에 대한 강의』에서 다음과 같은 명제를 세웠다. 신화란 제의의 의미 해석에 복무할 뿐이다. 따라서 이것은 이차적이다. 일차적으로 중요한 것은 바로 제의다.

신화를 제의적인 관습의 해석으로 파악하면, 그것의 가치는 이차적일 뿐이다. 우리는 신화가 제의에 근거한다고 거의 확정적으로 말할 수 있다. 제의는 신화에 근거하지 않는다. 제의는 고정적으로 규정되어 있고, 신화는 유동적이고 변화 가능하기 때문이다. 제의적 행위는 종교적 의무 행위의 문제이고, 신화에 대한 믿음은 인간의 뜻과 지향에 달려 있다.[26]

종교학의 관심은 그래서 제의로 돌아섰다. 왜냐하면 종교의 근본적인 원리는 행위에 있지, 도그마Dogma나 지식에 있지 않기 때문이다. 특히 프로테스탄트 문화에서 지금까지도 지속되고 있는 종교적 텍스트(성서)의 지배적 위치에 대해 질문이 제기되었다. 스미스는 낙타 희생제의와 같은 희생제의를 연구했다. 4세기경 어느 작가가 남긴 기록에 의하면 낙타 희생제의는 닐루스Nilus라고 불렸는데, 이것은 아랍계 부족이 일반적으로 이행한 제의로서 구약성서에서 확인되는 유대인의 희생제의와 비슷하다. 스미스는 낙타 희생제의를 토테미즘을 원형으로 하는

---

26) William Robertson Smith, *Lectures on the Religion of the Semites*, First Series: *The Fundamental Institutions*(Burnett Lectures 1888/89), London 1889, 제2판: 1894. 〔독일어판: *Die Religion der Semiten*(1899), Nachdruck Darmstadt 1967, p. 13〕.

실제로 파악하고, 희생이란 바로 성찬식과 같다는 이론을 세웠다. 즉 희생제물의 피와 살을 섭취하거나 하나되는 행위—스미스는 토테미즘의 의미에서 이를 신성한 것으로 파악했다—를 집단적으로 함께 수행함으로써 모든 참여자의 사회적 연대의식을 강화했다는 것이다. 행위를 함께 수행하는 것은 공동체를 식사 공동체로 형성하며, 제의적 집단을 정치적 공동체로 거듭나게 한다. 우리는 여기서 수행적 행위가 관건임을 어렵지 않게 인식할 수 있다. (식사) 공동체라는 사회적 현실이 구성된 것이다.

스미스의 희생제의 이론이 종교학뿐 아니라 민속학, 사회학, 고고학에도 커다란 영향력을 미쳤음이 이미 입증되었다. 인류학자 제임스 조지 프레이저James George Frazer는 『황금가지The Golden Bough』(1890)의 서문에서 자신의 가장 중심적 사고, 즉 못 박혀 죽었다가 부활한 신에 대한 개념은 사실상 스미스 덕분이라고 고백한다. 사회학자 에밀 뒤르켐Emile Durkheim 역시 스미스에게 거의 절대적인 영향을 받았다. 그는 스미스의 책을 통해 사회생활에서 종교가 중심적 역할을 한다는 것을 처음으로 의식하기 시작했다고 말한다.[27]

제의 연구와 연극학의 정당성에 관한 논증은 그 전제조건이 비슷하다. 두 경우 모두 서열 체계상의 위치가 전도된다. 즉 신화에서 제의로, 문학적 텍스트에서 연극 공연으로 전도된다. 두 경우 모두 텍스트의 우선권이 공연의 우선권에 의해 밀려났다. 그런 의미에서 20세기 유럽 문화에서 처음 수행적 전환을 맞은 것은—1960년대와 1970년대의 퍼포

---

27) 신화와 제의의 위치 전도에 관해서는 Hans G. Kippenberg, *Die Entdeckung der Religionsgeschichte, Religionswissenschaft und Moderne*, München 1997 참조.

먼스 문화에서가 아니라——제의 연구와 연극학이 설립되었을 때부터라고 말할 수 있다.[28]

　고문헌학자들의 모임인 소위 케임브리지 제의 이론가 그룹의 수장 격인 제인 엘런 해리슨Jane Ellen Harrison은 제의와 연극 사이에 직접적인 계보 관계가 생성됨을 증명하고, 이를 통해 공연의 우선권을 증명하려 했다. 해리슨은 폭넓은 연구서인『테미스: 그리스 종교의 사회적 기원 연구Themis: A Study of the Social Origin of Greek Religion』(1912)에서 그리스 연극의 원형이 제의에서 나왔다는 이론을 전개했다. 해리슨은 디오니소스 이전의 에니아우토스 다이몬eniautos daimon이라는 봄의 신을 추앙하는 제의를 통해 자신의 가설을 세웠다. 그는 디오니소스 제의도 고대 봄의 신령들을 위한 제의의 한 가지로 추정했다. 해리슨은 이런 측면에서「디티람보스Dithyrambus」——아리스토텔레스에 따르면 여기서 비극이 발전되었다——가 에니아우토스 다이몬 축제를 위한 노래, 즉 에니아우토스 다이몬을 기리는 제의의 구성 요소였음을 증명하고자 했다. 길버트 머리Gilbert Murray는「비극 속에 보존된 제의 형식에 대한 여담Excursus on the Ritual Forms Preserved in Tragedy」이라는 논문을 통해 해리슨의 연구에 동참했다. 그는 다양한 비극, 특히 에우리피데스Euripides의『바쿠스의 여신도들』——후기 비극들 중 하나다——과 관련지으며 에니아우토스 다이몬 축제에서 비롯된 제의의 구성 요소, 즉 경기의 투쟁agon, 애도가threnos, 사자의 보고Botenbericht, 현현Epiphanie이 비극에서

28) 그러나 이것이 유럽에서의 첫번째 수행적 전환은 아니다. 오히려 1910년대를 그 시기로 꼽을 수 있다. 인쇄술의 발달과 확산 이후 19세기 말까지를 문화적 퍼포먼스Cultural Performance나 공연의 특출한 문화적 기능에 의거한 수행적 전환의 시기라고 규정할 수 있는지에 대해서는 아직 논쟁 중이다.

도 제의와 비슷한 기능을 충족시켰음을 증명하고자 했다.

해리슨의 이론은 그리스 문화와 관련한 동시대인들의 기본적인 신념을 완전히 뒤흔들었다. 그들은 자신들의 문화가 그리스 문화의 표준이나 모델에 따라 고유의 문화로 형성되었고, 이 그리스 문화는 텍스트적 문화였다고 믿었던 것이다. 하지만 해리슨의 이론에 따르면 그리스 비극이나 희극 같은 훌륭한 텍스트는 계절 신을 섬기는 축제에서 이행된 제의적 행위의 결과였다. 원형적으로 제의가 있었고, 그 제의에서 비로소 연극과 공연을 위해 텍스트가 작성되고 발전되었다는 것이다.

해리슨의 이론은 오늘날 학문사적 의미에서도 높이 평가받지만, 무엇보다 수행적 전환을 위한 중요한 증거를 남기고 있다는 점에서 가치 있다고 평가된다. 그것은 바로 해리슨이 공연을 중심 개념으로 잡았다는 데에서 기인한다. 물론 이것은 더 섬세한 이론적 규정을 필요로 한다. 이러한 이론적 작업은 1910년부터 1930년 사이에 막스 헤르만에 의해 이행되었다.

흥미로운 점은 그가 연기자와 관객의 관계에서 생각의 단서를 잡았다는 데 있다.

연극의 근본적 의미는 [……] 연극이 사회적 놀이였다는 데 있다. 연극은 모든 이를 위한 모든 이의 놀이다. 그것은 무대 위의 참여자와 관객 모두 참여자인 놀이다. [……] 관객은 놀이의 한 구성 요소로 참여한다. 관객은 바로 연극예술의 창조자인 것이다. 따라서 모두가 연극 축제 Theater-Fest를 구성하는 대변자로 남으며, 결과적으로 연극의 사회적 성격은 손실되지 않는다. 연극에는 항상 사회적 집단이 존재한다.[29]

행위자와 관객의 신체가 공동으로 현존하는 것, 즉 그들의 공동 현존Ko-präsenz이 공연을 가능하게 하고 공연을 구성하는 토대다. 공연이 이루어지기 위해서는 행위자와 관객이 특정 시간대에 특정 장소에 모여 함께 무언가를 해야 한다. 헤르만은 이것을 "모든 이를 위한 모든 이의 놀이"라고 규정했다. 이를 통해 그는 행위자Akteuer와 관객의 관계를 기본적으로 새롭게 정의했다. 지금까지는 관객을 무대 위에서 일어나는 행위의 관찰자 이상으로는 생각하지 않았다. 즉 관객은 거리를 둔 채 행위를 보거나 감정이입을 하거나 자신의 관찰을 토대로 특정한 의미를 부여하거나 배우Schauspieler의 행위에 나타나는 메시지를 지적으로 해석하는 사람으로만 여겨졌다. 하지만 공연이란 관객이 행위자를 관찰 대상으로 파악하는 주체/객체 관계도 아니고, 행위자가 자신을 주체로 보고 관객을 객체로 여긴 채 의미의 교환 없이 관객을 대하는 것도 아니다. 행위자와 관객의 신체적 공동 현존이란 오히려 공동 주체Ko-Subjekt의 관계다. 관객은 놀이Spiel의 참여자로, 그러니까 관객이라는 물리적 현존과 지각, 그리고 반응을 통해서 공연을 구성하는 놀이 참여자Mitspielen로 간주되었다. 공연이란 바로 연기자Darsteller와 관객의 상호작용의 결과물이다. 이러한 상호작용은 놀이의 규칙을 통해서 이루어지는데, 이 규칙은 모든 참여자들 ── 행위자와 관객 ── 사이에서 협상과 교섭에 따라 만들어지며, 중단될 수도 있다. 다시 말하자면 공연은 행위자와 관객 **사이에서** 일어나고 그들에 의해 공동으로 창조된다는 것이다.

---

29) Max Herrmann, "Über die Aufgaben eines theaterwissenschaftlichen Instituts"(27. Juni 1920), Helmar Klier(ed.), *Theaterwissenschaft im deutschsprachigen Raum*, Darmstadt 1981, pp. 15~24, p. 19.

그러나 헤르만은 이러한 연극의 특수한 **매체성**Medialität을 단지 순수한 이론이나 연극사에서 유추해 규정하지 않았다. 그의 이론은 오히려 동시대 연극 공연을 토대로 만들어졌다. 그중에서도 연출하는 작품마다 항상 새로운 공간을 창출한 막스 라인하르트Max Reinhardt를 들 수 있다. 라인하르트는 공간을 매개로 관객을 국카스텐 무대Guckkastentheater의 관찰자적 입장에서 벗어나게 했고, 관객과 배우가 새로운 형태로 상호작용할 수 있도록 했다. 가령 「스무룬Sumurun」(1910)이라는 작품에서 라인하르트는 일본의 가부키 연극에서 일반적으로 이용하는 넓은 단인 하나미치[30]를 베를린 독일극장Deutsches Theater 캄머슈필Kammerspiel(주로 실내극을 상연하는 소극장)의 관객석을 가로질러 설치했다. 이것은 관객에게 사건이었다. 무대와 하나미치를 사용한 라인하르트의 공연이 뉴욕에 초청되었을 때 비평가들이 지적했듯이, 배우들은 하나미치를 통해서 '각 장면마다 활기차게' 등장했다.[31] 이런 구조 때문에 관객이 배우가 등장하는 모습을 보려면 고개를 돌려야 했고, 그러면 무대에서 일어나는 일을 볼 수 없었다. 반대로 무대에 시선을 두면 하나미치를 통해 등장하는 배우를 볼 수 없었다. 이러한 방식, 즉 자동적인 감각적 지각이 선택되고 차단되는 조건 때문에 관객은, 조금 강조해서 이야기하면, 공연의 "창조자"가 되었다. 결국 공연의 진행은 배우

---

30) (옮긴이) 가부키 극장에서 무대가 연장된 것으로서 객석을 가로지르는 배우들의 출입로다. 원래 배우들에게 주는 꽃을 가져가기 위한 길로 사용되었으며, 이름의 유래에 대해서는 여러 설이 있다. 무대 왼쪽을 향한 것을 혼하나미치本花道, 오른쪽 것을 가리하나미치假花道라고 한다.

31) "왜 롯의 아내는 「스무룬」이 끝나기를 기다릴 수 없었을까. 다리 위 보행자들에 대한 호기심을 못 이긴 그녀는 스무 개의 소금기둥이 되어버렸다." 누가 쓴 것인지 알 수는 없지만 뉴욕 비평가들의 비평 중 하나로 빈 연극박물관의 아카이브에서 발췌했다.

와 연출가, 다른 한편으로는 관객에 의해 정해졌다. 이것은 원칙적으로 상호 협의가 가능했다.

이러한 시도는 베를린의 슈만 서커스단Zirkus Schumann에서 라인하르트가 연출한 「오이디푸스 왕König Ödipus」(1910)과 「오레스테이아Orestie」(1911)에서 본격화되었다. 여기서 합창단은 관객을 향해 움직였고, 배우들은 뒤에서 혹은 관객 사이에서 등장했다. 비평가 지크프리트 야콥슨Siegfried Jacobsohn은 "관객의 머리는 단역 배우들의 머리와 전혀 구분되지 않았다. 왜냐하면 단역 배우들이 실제로 관객 사이에 서 있었기 때문이다"[32]라고 지적했다. 막스 헤르만과 대립적 논쟁을 펼치며, 문학적 텍스트를 공연보다 우선순위에 두었던 알프레트 클라르는 「오레스테이아」에 대해 다음과 같이 비난했다.

배우들이 우리 앞, 사이, 밑, 그리고 뒤에 배치되었기 때문에 끊임없이 시선을 옮겨야 하는 조건, 배우들이 등장인물의 의상을 그대로 입고 가발과 분장을 한 채 관객의 신체 사이로 비집고 들어오는 행동, 먼 거리를 사이에 두고 오가는 대사, 갑작스럽게 모든 방향에서 들려오는 소리, 이것들에 우리는 놀라고 당황했다. 이 모든 것은 분산되어 있었고 환영을 형성하는 데 아무런 도움도 주지 않았을 뿐 아니라 오히려 파괴했다.[33]

여기서 관객이 거리감을 두거나 흥미로워하거나 이야기에 몰입하는

---

32) Siegfried Jacobsohn, *Das Jahr der Bühne*, Bd. 1, Berlin 1912, p. 51.
33) Alfred Klaar, *Vossische Zeitung*, 14. Oktober 1911.

것은 명백하게 불가능했다. 그들은 배우나 다른 관객에 대해 새로운 태도를 취해야 했다. 여기서 공연은 말 그대로 행위자와 관객 **사이**, 무엇보다 관객 사이에서 일어나고 있었다. 관객과 행위자의 새로운 관계를 가능하게 하고 창출하기 위해 라인하르트는 배우와 관객의 신체적 공동 현존에 근거하는 연극의 특수한 매체적 조건을 다양한 형식으로 이용할 줄 알았다.

라인하르트는 공연이 행위자와 관객 사이에서 **일어나며**, 따라서 공연은 고정되거나 물려줄 수 없으며, 찰나적이며 변환되는 것임을 인식했다. 이에 따라 헤르만은 공연 개념을 규정할 때 상연되는 텍스트나 소품 같은 인공물은 포함시키지 않았다. 그는 사실주의적이거나 표현주의적인 무대장치—많은 경우 예술적 가치를 지니고 있는 것들—에 대해 문제를 제기하며, 이것을 "가장 결정적이며 근본적인 오류"[34]라고까지 평가했다. 이 모든 것은 공연의 본질이 아니었다. 공연의 특수한 성격, 바로 찰나적 **물질성**은 공간 속에서 공간을 가로지르며 움직이는 배우의 육체를 통해 구성되는 것이었다. "연극을 결정하는 힘은 바로 〔……〕 연기술에 있다." 이것만이 "연극을 만드는 가장 본질적인 것이며, 순수한 예술작품을 생성한다."[35] 이러한 맥락에서 헤르만은 연기술을 통해 드러나는 허구 세계의 허구적 인물에 관심을 두지 않았다. 오히려 그는 '실제적 육체'와 '실제 공간'[36]에 대해 더 많이 언급했다. 18세기 이후 배우의 육체를 무대 공간에서의 순수한 의미 전달자로 보는 것이 정착되

34) Max Herrmann, "Das theatralische Raumerlebnis," *Bericht vom 4. Kongreß für Ästhetik und Allgemeine Kunstwissenschaft*, Berlin 1930, pp. 152 이하.
35) 같은 곳.
36) 같은 곳.

었지만, 이와 달리 헤르만은 허구적 인물이나 허구적 공간이 아니라 신체와 공간의 특수한 물질성이 공연을 구성한다고 보았다.

이러한 관점은 막스 라인하르트의 연극에서도 나타난다. 가령 하나미치 혹은 아레나 극장Arenatheater과 같이 슈만 서커스단이 형성한 새로운 연극적 공간들은 특정한 허구적 장소를 새로운 형태로 표현하는 데 복무하지 않았다. 오히려 이러한 공간은 ─'실제적 공간으로서─ 배우들이 등장하고 움직이며 연기를 펼치는 데 있어 새로운 가능성을 열어 주었고, 관객에게는 완전히 낯선 지각과 경험을 가능하게 했다.

라인하르트가 연출한 다른 많은 사례에서도 연기술에 관한 유사한 관점이 적용되었다. 가령 후고 폰 호프만스탈Hugo von Hofmannsthal이 각색한 소포클레스Sophocles의 「엘렉트라Elektra」가 1903년 베를린 클라이네 극장에서 공연되었을 때, 「오이디푸스 왕」과 「오레스테이아」와 마찬가지로 배우의 육체가 자기 고유의 육체성을 드러내며 전면에 드러났다. 이처럼 배우의 육체 자체가 주목받자, 비평가들은 형상화된 인물이 전면에 드러나는 것을 방해했다며 많은 비판을 가했다. 특히 엘렉트라 역을 맡은 거트루드 아이솔트Gertrud Eysoldt의 형편없는 왜소함과 그녀의 육체가 발하는 알 수 없는 고도의 집중력을 비판했다. 그러한 특성이 공연, 무엇보다 그리스 비극에서의 '권력' '품위' '카랑카랑한 음성'과 같은 일반적인 규범과 충돌한 것이다. 그 대신 '신경증' '걷잡을 수 없는 열정' '미친 듯한 고함' 같은 것이 드러났으며,[37] 그것은 '건강한' 상태에서 '병적인' 상태로, '병리학적인' 상태로 그 경계를 넘어간 것이라고 비판했다. "안절부절못한 채 난리법석 떠는 것, 공포, 끔찍한 것에

---

37) Fritz Engel, *Berliner Tageblatt*, 31. Oktober 1931.

대한 과민반응"[38] "무의미한 격정" 같은 것은 많은 비평가들에게는 "단지 병리학적이라고 설명할 수밖에 없는"[39] 것이었다. 따라서 비평가들에게 거트루드 아이솔트의 움직임은 '기준'도 '절제'도 없으며 텍스트를 제대로 형상화하지 않은 채 배우의 육체에만 주목하도록 한 것이었으며, 아울러 배우가 병리학적인 상태로 경계선을 넘는 것, 즉 등장인물이 아닌 배우로서의 자아의 경계선을 풀어버리는 것을 '참을 수 없는 것'으로 보고 부정했다.[40]

「오이디푸스 왕」이나 「오레스테이아」의 연출에서도 비평가들은 배우가 단지 육체를 이용해 관객의 시선을 모았다고 비난했다. 그중에 '나체 질주자'인 단역들이 "횃불을 들고 오케스트라 사이를 가로질러 궁전의 계단을 오르내리며 야만인을 사냥했다"는 부분에 대한 지적이 있는데, 지크프리트 야콥슨은 이것이 「오이디푸스 왕」에 어떤 기능도 의미도 부여하지 못한다고 피력했다.[41] 알프레트 클라르 역시 「오레스테이아」에 대해 불평했다. 그는 "아름다운 몸의 유연성, 대중 참여 놀이는 이미 아이스킬로스Aeschylos가 시를 짓던 시절의 연출이 되었다"고 불만을 털어놓으며 다음과 같이 비웃었다. "상의를 벗은 사람들은 한바탕 질주한 뒤 바닥에 엎드림으로써 체조 경기 같은 인상을 주는 볼거리를 만들었다."[42]

---

38) 리하르트 노르트하우젠Richard Nordhausen의 비판으로. 더 자세한 내용은 쾰른 연극박물관 아카이브에서 찾을 수 없었다.

39) H. E., *Freisinnige Zeitung*, 3. November 1903.

40) 파울 골드만Paul Goldmann의 비판으로. 더 자세한 내용은 쾰른 연극박물관 아카이브에서 찾을 수 없었다.

41) Siegfried Jacobsohn, *Die Schaubühne* 46, 17. November 1910.

42) Alfred Klaar, *Vossische Zeitung*, 14. Oktober 1911. 야콥슨은 이 질주자에 대해 "역사적으로 충실하지도 않을 뿐 아니라 새로운 고전도 아니다"라고 불만을 털어놓았다. 그리고 그

다른 한편으로는 주인공의 연기에 대한 비평이 있었는데, 가령 야콥슨은 "투우 경기를 본 듯 흥분된 관객의 웅성거림"에 대해 불평했다.[43] 야콥슨은 놀랍고 끔찍한 사례로 다음과 같은 장면을 들었다.

> 오레스테이아가 자신의 어머니를 폭행하는 순간은, 가령 오레스테이아가 궁전의 문 밖으로 튀어나와 그녀를 향해 달려가서 그녀를 꽉 잡은 채 말싸움을 벌인 뒤 궁전 쪽으로 밀어버리기만 해도 충분했다. 하지만 여기서 그는 원형극장의 계단 밑으로 그녀를 몰아붙이고, 거기서 갈기갈기 찢겨질 정도로 싸움을 한 뒤, 그녀를 다시 계단 위로 천천히 끌고 온다. 정말 끔찍하기 그지없다.[44]

이 모든 사례는 배우가 자신의 육체를 이용해서 자신의 '실제적 육체'에 주목하게 한 경우다. 이러한 육체는 극적 인물에 초점을 맞춘 의미를

것은 "옛 그리스 연극에 접근하고자 법석을 피웠으나 접근하려는 시도"에 지나지 않은 "유감스럽지만 힘만 빼는" 일일 뿐이라고 결론지었다(*Die Schaubühne* 46, 17. November 1910). 그러나 제인 해리슨Jane E. Harrison에 우호적이었던 길버트 머리는 이것을 완전히 다르게 평가했다. 그는 라인하르트의 「오이디푸스 왕」을 런던에서 공연했을 때 번역을 맡은 사람이었다. 그는 런던 비평가들이 비판한 질주자 문제와 관련해서, 이 연출은 '그리스적이지 않다'는 힐난이 옳지 않다고 지적했다. "라인하르트 교수는 솔직히 말해 (오이디푸스 이야기 그 자체처럼) 헬레니즘 이전 사람이다. 부분적으로는 크레타와 미케네 문명이, 또 부분적으로는 동양이 보이며, 그리고 부분적으로는 ─내가 존경해 마지않는─그저 야만인이다. 거의 반라로 허리에 두르는 간단한 옷만 걸친 채 길고 검은 머리를 한, 횃불을 손에 든 사람들을 보고 내 가슴은 기쁨으로 뛰었다. 그것은 학교나 예술작업실의 그리스가 아니라 진정한 초기 그리스를 느끼게 했다"(Huntly Carter, *The Theatre of Max Reinhardt*, New York 1914, pp. 221 이하에서 재인용). 분명한 것은 라인하르트의 연출에서 몸을 이용하는 방식은 머리나 해리슨의 그리스 문화에 대한 생각, 다름 아닌 수행적 문화와 완전히 일치한다는 것이다.

43) Siegfried Jacobsohn, *Das Jahr der Bühne*, Bd. 1, Berlin 1912, p. 49.
44) 같은 책, pp. 49 이하.

전달하기보다 배우의 육체 자체 및 그 이용을 통해 관객이 확실히 느낄 수 있는 감각이 방출되는 순간으로 작용했다. 여기에 거의 모든 비평가는 부정적인 반응을 보였으나 이와 반대로 다른 관객들에게는 이 연출이 성공하는 데 큰 기여를 했다.

막스 헤르만이 규정한 공연 개념은 막스 라인하르트가 실제 공연을 통해 보여준 것만큼 급진적이거나 혹은 훨씬 더 급진적인지도 모른다. 헤르만은 육체에 대한 초점을 표현과 특정 의미의 매개체이자 기호로서의 육체에서 '실제적 육체'로 옮겼다. 즉 기호적 위상에서 물질적 위상으로 중심을 옮긴 것이다. 비평가들이 배우는 자신의 육체를 통해 텍스트에 주어진 의미를 표현하고 관객에게 전달해야 한다고 전제한 반면— 이런 의미에서 텍스트를 공연보다 우선시했다— 헤르만은 재현, 즉 무대 위에서 형상화되는 허구적 세계에 대한 질문이나 배우들의 외적 현상이나 움직임에 따라 해석 가능한 의미들을 전혀 염두에 두지 않았다. 이것은 다음과 같은 이유와 연관되어 있다. 이런 질문이나 문제 제기는 당대의 연극 비평가나 문학가에게 중요한 기준이었고, 그래서 그들은 공연의 기호적 관점만을 매우 중요하게 여겼는데 헤르만은— 주디스 버틀러와 마찬가지로— 표현과 행위를 상호 배제하는 대립적 개념으로 파악한 것이다. 그가 전개한 공연 개념은 다음과 같은 독해를 하게 한다. 헤르만은 행위자와 관객의 신체적 공동 현존과 그들 사이에 일어나는 공연, 그리고 그들의 육체적 행위를 가장 본질적 정의로 강조하면서, 그러한 역동적인 과정에서 표현이나 주어진 고정된 의미 전달을 배제한다. 이러한 과정에서 떠오르는 의미는 우선적으로 그 과정 안에서, 그리고 그 과정을 통해 일어나는데, 헤르만은 이를 간과한 것이다. 그렇기 때문에 공연의 특수한 **기호성**Semiotizität과 그 특수한 의미 생성 방법에 대한 연구는 헤르만이 공연 개념을 규정하는 데 중요하지 않았다.

헤르만이 공연을 '축제'와 '놀이'로, 배우와 관객 사이에 일어나는 어떤 것으로 파악하면서 공연의 특수한 물질성을 인공물이 아닌 순간적이며 역동적인 과정으로 보았다면, 그는 '작품'이라는 용어를 사용할 근거를 잃는다. 당시에는 예술을 주로 작품 개념으로 파악했기 때문이다. 비록 헤르만이 연극을 독립적인 예술로 인정하기 위해 배우의 연기를 "연극을 만들고 이루게 하는" "본질적인" 것이자 "순수한 예술"로 파악했더라도 말이다. 오늘날의 시각으로 보면 헤르만의 공연 개념은 작품 개념을 포함하지 않는다. 공연의 예술성 — 즉 **미학성**Ästhetizität — 은 작품에 근거해서 생성되지 않는다. 오히려 그것은 수행되는 사건Ereignis에 근거한다. 왜냐하면 헤르만이 설명하는 것처럼, 공연에서는 일회적이고 반복될 수 없는, 대부분 부분적으로 영향을 끼치거나 조정 가능한 상황이 일어나기 때문이다. 이 상황으로부터 어떤 특별한 일이 일어나는데, 이것은 단 한 번 일어난다. 만약 한 무리의 행위자가 특정 시간과 장소에서 다양한 기분, 기대, 생각, 지식을 지닌 특정 수의 방문자들 앞에 서게 된다면, 특별한 일이 일어나는 것을 피할 수 없다. 여기서 헤르만은 무엇보다 이 두 그룹 사이에서 발생하는 행위, 행동성, 역동적 과정에 관심을 나타낸다.

헤르만은 관객이 "배우의 연기를 다시 한 번 희미하게나마 모사해봄으로써, 표정을 지각할 뿐 아니라 **몸의 느낌**Körpergefühl(강조는 필자)을 수용함으로써, 같은 동작을 하고 싶고 같은 목소리를 내고 싶은 비밀스러운 욕구 속에서"[45] '창조적' 행위성을 창출한다고 보았다.

---

45) Max Herrmann, "Das theatralische Raumerlebnis," p. 153.

또한 공연의 미학적 경험에서 "연극적으로 결정적인 것은 실제의 육체와 공간을 같이 경험하는 것"[46]이라고 강조했다. 그리고 관객의 행위성은 텍스트 내용을 듣는 순간에 발생하는 판타지나 상상력에만 존재하는 것이 아니라 신체적 과정이라고 보았다. 이 과정은 공연에 참여함으로써 진행된다. 그리고 이것은 눈과 귀를 통해 일어나는 감각과 지각 현상일 뿐 아니라 온 육체에 공감각적으로 일어나는 '몸의 느낌'을 통해 나타난다.

여기서 관객은 행위자의 육체적 행동뿐 아니라 다른 관객의 행위에 대해서도 반응한다. 헤르만은 관객석에 "관객이 배우의 연기를 내적으로 따라 하는 체험을 방해하는 요소가 있다. 이것은 평상시라면 긍정적으로 작용하겠지만, 여기서는 불리하게 작용한다. 관객 전체의 몸에 흐르는 영혼의 전염으로 인해, 내적으로 따라 하는 체험의 능력을 삭감하게 하는 요소가 항상 존재한다"[47]라고 지적한다. 여기서 '전염'이라는 은유를 통해서 다시 한 번 분명하게 강조하는 것은 공연에서의 미학적 경험이란 '작품'이 아니라, 참여자들 사이에서 일어나는 일에서 발생한다는 것이다. 여기에서는 일어나는 것에 대한 의미의 창발Emergenz이 일어난 것의 내용보다 중요하며, 작품에 부여되는 의미보다도 중요

---

46) 같은 곳.

47) 같은 곳. '영혼의' 추체험, '배우의 연기를 희미하게나마 모사해봄' '같은 동작을 하고 싶고 같은 목소리를 내고 싶은 비밀스러운 욕구'와 같은 헤르만의 주장은 1990년대에 비토리오 갈레세Vittorio Gallese와 앨빈 골드먼Alvin Goldman이 세운 소위 거울 뉴런 이론에서 놀랍고도 중요한 이론적 근거들을 발견한다. 가령 어떤 사람이 특정한 행동을 하면, 그것을 본 사람도 그 행동을 따라 한다는 것이다. 물론 이 관찰자는 완전히 충동적으로 반응하지 않도록 절제하기도 하지만 말이다. Vittorio Gallese & Alvin Goldman, "Mirror neurons and the simulation theory of mind-reading," *Trends in Cognitive Sciences*, vol. 2, no. 12, Dec. 1998, pp. 493~501.

하다. 아브라모비치가 갑자기 면도날로 자신의 살을 베었다는 **사실**은 그녀가 다섯 꼭짓점의 별을 그렸다는 것, 혹은 별에 부가되는 의미보다 더 높은 비중을 차지한다. 어떤 일이 **일어나는 것**과 **무언가**가 일어난다는 것, 이 모두는 공연 참여자들에게 정서적 영향을 미친다. 물론 이것은 다양한 방법과 정도로 일어난다. 헤르만이 '내적인 추체험' '공동 체험' '영혼의 전염' 같은 표현을 사용할 때 공연에서 일어나는 관객의 변환을 목표로 하는지는 그 자신의 언급에서는 증명할 수도, 부정할 수도 없다.

헤르만의 공연 개념은 본질적으로 작품 개념에서 사건 개념으로의 변화를 내포한다. 그에게는 해석학적 미학, 생산미학, 작품미학, 수용미학 같은 인식론적 분리가 들어맞지 않는다. 오히려 공연 특유의 미학성은 사건성에서 나온다.

지금까지 필자는 헤르만의 다양한 저서와 ―그의 제자들이 남긴― 강의 기록을 재구성했는데,[48] 이를 통해서 헤르만의 공연 개념은 오스틴이나 훗날 버틀러보다 더 선구적으로 수행성 개념을 내포하고 있었음을 알 수 있었다. 공연을 재현 혹은 그 이전의 것이나 주어진 것의 표현으로 규정하지 않고, 순수한 구성 능력으로 파악한다는 점에서 헤르만의 공연 개념은 수행적이라는 개념과 맞아떨어진다. 공연 그 자체와 그 특유의 물질성은 무엇보다 모든 참여자가 행위를 이행하는 과정에서 드러난다. 헤르만의 공연 개념은 공연에서 주체와 객체, 물질성과 기호성의 차별적 관계를 없애버림으로써 오스틴과 버틀러의 수행성 개념을

---

48) 이를 위해 다음 책도 참고했다. Rudolf Münz, "'Theater — eine Leistung des Publikums und seiner Diener,' Zu Max Herrmanns Vorstellungen von Theater," Erika Fischer-Lichte 외(eds.), *Berliner Theater im 20. Jahrhundert*, Berlin 1998, pp. 43~52.

앞서간다. 그러나 공연에 의해, 그리고 공연을 통해 만들어지는 의미 생산의 문제를 제외시켜버리면, 공연 개념은 수행성이라는 개념 뒤에 묻혀버린다. 전체적으로 보면 헤르만의 이론은 필자의 연구에 흥미로운 많은 시사점을 준다. 미학의 전개 과정이라는 관점에서 볼 때 작품 개념에서 사건 개념으로의 변화를 내포하기 때문이다. 물론 이 개념이 변환 가능성에 대해 언급하지 않더라도 마찬가지다. 따라서 ― **전체적으로 보면** ― 공연 개념을 기초로 하여 수행성의 미학에 대한 이론을 세우는 것은 전망 있는 생산적 작업이다.

이러한 미학의 성립이 1960년대부터 각종 예술의 수행적 전환에 의해 요구되어왔기 때문에, 공연 개념 ― 수행적이라는 개념까지 포함해서 ― 이후 예술이 어떻게 달라져왔는가 하는 질문을 가장 먼저 제기해보는 것은 의미 있는 일이다. 이런 관점에서 이 책은 예술학적 접근법과 흡사한 방식을 채택하고 있다. 그러나 이 책에서 현대예술의 발전과 연관된 각각의 사례들을 설명, 수정, 논박하는 것은 다양한 미학 이론의 논의에서 끌어온 것이 아니다. 오히려 그 출발점은 다양한 이론들과 반대편에 위치한, **있는 그대로의 예술**the state of the arts이다.

헤르만이 재구성한 공연 개념에서 나타났듯이, 공연의 사건성 안에서 밀접하게 연관된 채 서로 영향을 주고받는 조건으로 작용하는 관점들, 즉 매체성, 물질성, 기호성, 미학성을 개별적으로 분석해보는 것은 새로운 인식 체계를 가져올 생산적인 논의로 이어질 것이다. 물론 그 관점들의 상호작용을 간과해서는 안 된다. 이에 상응하여 앞으로 이어질 네 개의 장에서는 1960년대 이후의 공연에서 예술이 어떻게 이러한 관점들을 현실화했는가와 같은 질문들을 다루었다. 특히 연극 공연과 행위예술, 퍼포먼스아트에 주목했다. 연극 공연은 헤르만이 자신의 공연 개념을 연극적 측면을 통해 발전시켰기 때문이고, 행위예술과 퍼포먼스 아트는 작품 개념에서 공연 개념으로 조형예술의 변화를 가져왔기 때문 이다.

제3장

행위자와 관객의 신체적 공동 현존

헤르만이 논증했듯이 공연의 매체적 조건은 행위자와 관객의 신체적 공동 현존에 있다. 이런 현상이 일어나려면 '행위하는 자'와 '관극하는 자'에 해당하는 사람들이 특정한 시간과 장소에 모여 긴장된 시간을 함께 보내야 한다. 공연은 바로 이들의 만남에서 비롯되며, 그들이 서로 부딪히고 상호작용하는 데서 생성된다.

　이와 같이 공연에는 ─ 전통적인 용어를 군이 사용하자면 ─ '생산'과 '수용'을 위한 특별한 조건이 필요하다. 행위자가 행동하는 동안 ─ 몸짓을 하거나 얼굴을 찡그리거나 소품을 움직이거나 말을 하거나 노래하는 등 ─ 관객은 그들의 행위를 지각하고 이에 반응한다. 이 반응은 '내적으로' 일어나기도 하지만, 중요한 부분은 눈으로 확인된다. 관객은 웃고 탄식하고 한숨 쉬고 신음하고 훌쩍거리고 울고 발을 동동 구르고 의자를 삐거덕거리며, 긴장된 얼굴로 상체를 앞으로 숙이거나 긴장을 푼 채 뒤로 기대기도 하고, 숨을 죽이고 있거나 얼어붙은 채 응시만 하기도 한다. 관객은 시계를 반복해서 보거나 하품을 하고 졸거나 코를 골며 자기도 한다. 또는 기침이나 재채기를 하고 종이를 꾸깃거리기도 한다. 먹고 마시거나 귓속말을 주고받기도 하고, 거리낌 없이 무대를 향해 험담을 하기도 한다. 그들은 '브라보' 또는 '앙코르'라고 외치기도 하고 박수를 치거나 휘파람 소리를 내고, 일어서거나 자리를 박차고 일어나 문을 '쾅' 닫고 나가버리기도 한다.

이러한 반응은 다른 관객뿐 아니라 배우도 지각한다. 그들은 이러한 반응을 보고 듣고 느낀다. 이러한 감각이나 지각은 배우나 다른 관객에게 계속 지각 반응을 불러일으킨다. 행위자는 집중력을 잃거나 집중력이 더 강해진다. 목소리는 더 커지고 불쾌한 티가 나거나, 그 반대로 더욱 매력적으로 바뀌기도 한다. 관객의 반응에 따라 배우는 갑자기 농담이나 즉흥 연기를 할 수 있을 만큼 기분이 좋아지기도 하고, 아니면 등장이나 퇴장 시점을 놓쳐버리기도 한다. 그들은 관객과 직접 대면한 채 연기하기 위해, 또는 관객의 행동에 주의를 주거나 밖으로 내보내기 위해 무대 앞으로 온다. 관객 반응에 대한 지각은 다른 관객의 참여 정도와 흥미, 긴장감의 정도를 높이거나 낮춘다. 가령 관객은 다른 관객 때문에 더 크게 웃거나 심한 경우에는 발작하듯 웃기도 하고, 웃음을 참아야 하거나 조용히 하라고 요구하거나 싸우거나 욕설을 내뱉기도 한다. 행위자가 무엇을 하든 그것은 관객에게 영향을 미치고, 관객이 무엇을 하든 그것은 행위자와 다른 관객에게 영향을 미친다. 이런 의미에서 공연은 공연 자체에서 생성되었으나 점점 변화하며 되돌아와 연결되는 고리, 즉 피드백 고리feedback-Schleife[1]로 채워진 현상이 된다. 따라서 공

---

1) (옮긴이) 이 용어는 저자가 무대에서 행위자 사이, 행위자와 관객 사이, 관객과 관객 사이에

연 과정은 완벽하게 계획되거나 예측될 수 없다.

18세기 이후 이러한 불확실성은 실수, 그러니까 화를 낼 만한 일로 여겨졌으며, 어떤 경우에도 일어나지 않도록 제거하거나 최소한으로 줄여야 한다고 생각되었다. 이를 위해 다양한 전략이 시도되고 발전되었는데, 18세기 후반과 19세기에는 연극을 문학화하는 것 말고도 관객을 훈련시키는 것을 주된 목표로 삼았다. 연극에 방해가 되고 서로에게 쉽게 전염되는 '잘못된 행동들'을 금하는 연극관계법도 시행되었다. 따라서 공연에 늦거나 술을 마시는 것 혹은 '대부처럼 말하는 것'은 금지되었다. 가스등이라는 조명의 발명은 가장 빈번하게 일어나는 문제를 제거하려는 목적에 이용되었는데, 그것은 배우가 관객을 볼 수 없게 하고, 무엇보다 관객끼리 서로 보지 못하게 하는 데 유용했다. 찰스 킨Charles Kean은 1840년대부터 객석의 조명을 어둡게 했고, 리하르트 바그너는 제1회 바이로이트 축제Bayreuthe Festspiele(1876)에서 관객을 완전히 어둠 속에 가두었다. 이 모든 조처는 피드백 고리를 끊기 위한 것이었다. 보이거나 들리는, 그래서 공연에 방해가 될 수 있는 관객의 감각적 반응은 알아챌 수 있을 만큼 '내적으로' 변해야 했다. 이에 상응하여 관객의 '감정이입'이 요청되었는데, 프리드리히 테오도어 피셔Friedrich Theodor Vischer는 감정이입을 "영혼을 안겨주는 행위"[2]로 개념화했다. 베를린 민

일어나는 상호적이며 재귀적인 순환 현상을 'feedback'이라는 영어 단어와 리본 혹은 고리를 의미하는 'Schleife'라는 독일어 단어를 조합해 만든 것이다. 영어로는 'feedback loop'로 번역된다.

2) Friedrich Theodor Vischer, "Das Symbol"(1887), Robert Vischer(ed.), *Kritische Gänge*, Bd. 4, München 1922, p. 435; Friedrich Theodor Vischer, *Ästhetik*(1846~48), Bd. 2, München 1922; Robert Vischer, "Der ästhetische Akt und die reine Form"(1874), Robert Vischer(ed.), *Drei Schriften zum ästhetischen Formproblem*, Halle 1927 참조.

간극단Freie Bühne Berlin에서 게르하르트 하웁트만Gerhart Hauptmann이 선보인 초연 공연「해돋이Vor Sonnenaufgang」(1889년 10월 20일)와 같은 전대미문의 사건을 통해 알 수 있듯이, 이러한 전략들은 부분적으로 성공을 거두었다.

20세기 초에 연출가가 '조명을 받기' 시작하자 기본적인 전략의 교체가 일어났다. 이제는 눈에 띄는 관객의 반응을 제거하려 하는 대신, 오히려 관객의 반응을 세밀한 연출 전략으로 먼저 촉발하고자 했다. 즉 관객의 행위에 맞추어 연출 작업을 진행하며, 피드백 고리를 구성하고 조종하고자 했다. 이러한 문제에 대해서는 세르게이 예이젠시테인Sergei M. Eizenstein이 분명하게 표현했다. 알렉산드르 오스트롭스키Alexandr Ostrovskii의「구렁텅이에 빠진 자도 멍청한 짓을 한다Eine Dummheit macht auch der Gescheiteste」(1922/23)를 연출한 것을 계기로, 예이젠시테인은 『매혹적 몽타주Montage der Attraktionen』(1923)라는 책에서 관객을 "연극의 주요 소재"라고 부르고, 연극 공연의 주요 과제를 "관객을 원하는 방향으로 구성하기"라고 규정했다.[3] 이러한 연출 전략은 1920년대뿐 아니라 구소련과 독일의 연극, 가령 1930년대 나치스의 팅슈필Thingspiel에서도 증명된다. 이것은 앞에서 인용한「바리에테 연극」에 관한 글에서 지적했듯이, 이미 이탈리아 미래파들이 시도했으며 그전에는 막스 라인하르트가 시도했던 것이다. 하나미치와 원형 무대를 이용하고, 배우의 육체성을 감각적으로 활용하는 연출 방법에서도 그러한 시도가 확인된다. 이러한 장치는 관객에게 지각에 대한 새로운 양식과 관점을 매우 노

---

3) Sergei M. Eisenstein, "Montage der Attraktionen," Hans-Joachim Schlegel(ed.), Schriften, Bd. 1, München 1974, p. 217.

련하게 열어주었을 뿐 아니라, 실제로 지각할 수 있는 반응을 불러일으켰다. 그러나 모든 경우에 해당하지는 않았다. 에르빈 피스카토르Erwin Piscator가 연출한 「에구머니, 우리가 살아 있네!Hoppla, wir leben!」(1927)에 관해 한 비평가는 다음과 같이 지적했다. "이런 식의 공연이 관객에게 지나치게 신체적인 긴장감을 불러일으킬지 어떨지는 시간이 지나면 알게 될 것이다."[4]

1960년대의 수행적 전환은 우연성에 대한 새로운 생각을 낳았다. 우연성을 공연의 조건이자 가능성으로 받아들였을 뿐 아니라 기꺼이 활용하게 된 것이다. 이를 통해 원리적으로는 열린 채 끝이 정해지지 않은, 즉 연출 전략에 따라 실제로 중단시키거나 마음대로 조종할 수 없는, 자기 지시적이고 자동 형성적인 시스템으로서의 피드백 고리로 관심이 향했다. 관심의 초점이 시스템의 조정, 관리에서 자동 형성 Autopoesis[5]의 방식으로 넘어간 것이다. 그렇다면 공연에서 행위자와 관객의 행위와 행동 방식은 서로에게 어떠한 방식으로 영향을 끼치는가? 그러한 상호작용의 기본 토대를 이루는 조건은 무엇인가? 공연의 과정과 결말은 어떤 요소에 달려 있는가? 공연은 과연 미학적 과정인가, 아니면 사회적 과정인가?

이러한 질문은 1960년대 이후 공연들에서 제기되었을 뿐 아니라, 대부분의 공연이 이러한 질문에 대한 답을 발견하고자 하는 실험으로 이

---

4) Monty Jacobs, *Vossische Zeitung*, 1927. 9. 5. 이는 다음에서 재인용했다. Günther Rühle, *Theater für die Republik*, 2 Bde. Frankfurt a. M. 1988, Bd. 2, 1926~33, pp. 792~94, 특히 p. 794.

5) 자동 형성 개념에 관해서는 다음을 참고하라. Humberto R. Maturana & Francisco J. Varela, *Der Baum der Erkenntnis. Die biologische Wende des menschlichen Erkennens*, Bern/München 1987, 제2판: Bern/München/Wien 1989.

행되었다. 공연은 단지 이색적인 방법으로 행위자와 관객의 행위와 행동 방식이 서로 영향을 끼치는, 그들 사이에 관계가 교섭되는 장소로 파악되는 것에 그치지 않고, 상호작용의 기능, 관계의 교섭 과정과 조건이 연구되는 장소로 보였다. 연출가의 과제는 성공률이 높은 실험 방법을 구상하고 만들어보는 것, 즉 연출 전략들을 전개, 발전시키는 것이었다. 이것은 피드백 고리가 작동하는 데 결정적인 단서가 된다. 이러한 연출 전략들은 개개의 변수나 구성 요소를 고립시키거나 그에 집중하며, 혹은 배경에서 발생하는 낯선 것은 소멸시키거나 특정한 매개 변수의 상호작용에 집중한다.

물론 연출 전략의 성과를 평가하기는 매우 어렵다. 일반적으로 공연에서의 교섭 과정은 같은 방식으로 연출한다 해도 동일하게 일어나지 않기 때문이다. 때로는 현저한 차이를 드러내므로 그에 대해 아주 유효한 진술을 하는 건 어려운 일이다. 따라서 공연이 실제로 자동 형성적 시스템의 기능을 연구하는 실험인지, 아니면 다양한 변수와 구성 요소, 그리고 매개변수Parameter에 의해 굴러가는 놀이인지를 정확하게 구분할 수 없다는 것은 놀라운 일이 아니다. 어찌 됐든 실험이 지닌 놀이성과 놀이가 지닌 실험성은 서로를 보완하고 강화한다.

이러한 연출 전략은 실험을 위해서건 놀이를 위해서건, 항상 서로 밀접하게 연결된 세 가지 요소를 지향한다. 첫째는 행위자와 관객의 **역할 바꾸기**이고, 둘째는 그들 간의 **공동체 형성**, 셋째는 다양한 형태로 드러나는 상호 간의 **접촉**, 즉 멀거나 가까운 거리, 공적이거나 사적인 관계, 시선이나 몸의 접촉 등이다. 매우 다양한 전략들이 ─ 하나의 공연 속에, 혹은 한 명의 연출가가 만든 여러 공연 연출들에, 서로 다른 연출가가 만든 공연 연출 속에 ─ 존재하지만, 거기에는 공통점이 있다. 연출은 역할 바꾸기, 공동체의 형성과 해체, 가깝거나 먼 거리감을 표현하고 의미할 뿐 아니라, 실제로 역할 바꾸기를 이행하게 하고, 공동체를 형성하고 다시 해체하며, 가까운 것과 먼 것을 형성해낸다는 것이다. 관객들은 역할 바꾸기, 공동체 형성과 해체, 가깝거나 먼 거리를 보게 될 뿐 아니라 참여자로서 자신의 신체를 통해 공연을 직접 경험하게 된다.

1. 역할 바꾸기

아브라모비치의 퍼포먼스 「토마스의 입술」을 사례로 필자는 역할 바꾸기Rollenwechsel를 연극에서 — 특히 조형예술을 포함하여 — 전통적으로 통용되듯 주체와 객체가 명확하게 구분되는 관계에서 모호한 관계로 이전하는 과정으로 평가했다. 그렇다면 이것은 공동 주체와 관련된 것인가, 아니면 기존의 관계가 단지 다른 방식으로 현실화된 것인가?

이 질문은 대부분의 역할 바꾸기에는, 즉 관객 참여에 관한 문제에는 정답이 없다는 식으로 논의되어왔다. 그럼에도 역할 바꾸기는 다양한 방식으로 가치를 부여받으며 강조되어왔다. 역할 바꾸기는 주체/객체 관계를 끊임없이 변화하게 하는 원동력으로서, 행위자와 관객의 행위와 행동 방식이 상호작용하는 자동 형성적 피드백 고리autopoietische feedback-Schleife를 연구하는 데 있어 매우 유용하다.

리처드 셰크너는 '퍼포먼스 그룹'과 함께 1960년대 말에서 1970년대 초 사이에 다양한 형식으로 관객 참여에 대해 실험했다. 여기서 그는 행위자와 관객의 교섭 과정을 위해 매번 각기 다른 매개변수를 적용했다. 이 그룹이 처음 만든 「디오니소스 69」(1968, 원작은 에우리피데스의 『바쿠스의 여신도들』)는 평등한 공동 주체적 관계를 확립하는 데 중점을 두었다. 셰크너는 관객의 역할 바꾸기에 관해 다음과 같은 두 가지 조건을 내세웠다.

첫째, 연극이 연극이기를 중단하고 사회적 사건이 되는 지점에서, 그리고 관객이 자신들도 퍼포먼스에 자유롭게 참여할 수 있다고 느낄 때 관객 참여가 일어난다. 〔……〕 둘째, 「디오니소스」에서 대부분의 참여는 민주주의 모델을 따른다. 사람들을 연극 속에 들여놓고 행위자가 하는 것처럼 '스토리에 가담하게' 해야 한다.[6]

관객의 역할 바꾸기는 이미 그들이 입장하는 순간부터 시작되었다. 이는 셰크너가 아르놀드 방주네프의 『통과의례 *Rites de passages*』(1909)에 나오는 '개회식 openning ceremony'을 수용해 독특하게 다시 구성한 덕분이다. 여기서 관객은 디오니소스 탄생 의식이 시작할 때부터 펜테우스의 죽음 의식을 거쳐 마지막 바쿠스 신의 춤에까지 참여했다. 이것은 다음의 인용문에서 확인된다. "하나 되세 하나 되세. 우리 함께 축제를 열어보세. 한판 즐겁게 놀아보세. 〔……〕 이리 와서 동참하시오. 내 생일 제단을 돌며 성스러운 원무를 춥시다"(디오니소스).[7]

---

6) Richard Schechner, *Environmental Theater*, p. 44.
7) Richard Schechner, *Dionysus in 69*.

이러한 제의 연출은 다양한 문화권에 실제로 존재하는 여러 제의를 묘사하는 데 그 본질이 있었다. 이 공연의 주를 이루었던 탄생과 죽음의 제의는 뉴기니 아스마트Asmat족의 입양 의식을 모델로 했다. 이 공연이 처음 시작될 때는 행위자가 가벼운 옷차림을 하고 있다가 뒷부분에서는 완전히 나체로 공연했으며, 관객 역시 나체로 입장해도 되었다. 퍼포먼스 그룹의 남자들은 땅바닥에 옆으로 나란히 누웠고, 여자들은 그 위로 다리를 넓게 벌린 채 서서 상체를 앞으로 살짝 굽혀 터널 모양을 만듦으로써 자궁 입구를 표현했다. 공연 초반부에 디오니소스 역을 맡은 연기자는 신으로 다시 태어났다. 그는 엉덩이들의 리듬감 있는 움직임을 따라 '자궁 입구'를 통과해 빠져나왔다. 펜테우스의 죽음의 제의에서는 이 움직임이 반대 방향으로 되풀이되었다. 이 공연은 통합의 제의Inkorporationsritual로 끝났다. 이후 행위자와 관객은 함께 모여서 행렬을 구성한 뒤 퍼포먼스 창고라고 불리는 공연장을 나와 뉴욕 거리를 행진했다.

이런 식의 관객 참여에 대한 셰크너의 평가는 무엇보다 두 가지 측면에서 주목할 만하다. 첫째, 셰크너는 평등한 공동 주체적 관계를 강조한다("퍼포먼스에 자유롭게 참여할 수 있다" "대부분의 참여는 민주주의 모델을 따른다"). 둘째, '연극Play'의 미학적 과정과 '사회적 사건Social Event' 사이의 대립이라는 공연의 변환은 바로 관객의 참여에 의해 형성된다.

위의 연출 전략이 관객을 공동 주체로서 '평등하게' 만나려고 시도했음에도 관객은 퍼포먼스아트의 행위자를 마치 사물처럼 평가절하하는 자유권을 행사했다. 행위자들은 거의 매춘이라도 하는 것처럼 계속해서 관객에게 함부로 취급된다고 느꼈다.[8] 좀더 설명하자면, 한 무리의 대학생들이 펜테우스 역할을 맡은 퍼포먼스 예술가의 의사를 무시한 채 디오니소스에 의한 펜테우스의 희생을 막으려고 그를 유인했다. 이 과정에서 행위자(윌리엄 셰퍼드William Shephard)는 상해를 입었다. 즉 공동 주체로서 행사한 관객의 '자유'는 종종 그들 마음대로 행위자를 억압하고 폭력을 가하는 행위로 귀결되곤 했다.

후기 작품에서 셰크너는 다른 방식의 관객 참여 모델을 실험했는데, 여기에서는 퍼포먼스 예술가가 관객에게 어느 정도 압력을 가하고 그들을 뒤에서 조종하고 강제력을 행사했다. 「코뮌Comune」(1970~72)이라는 베트남전쟁에 관련된 작품, 더 자세히 말하자면 미라이My Lai 사건[9]과 관련된 이 작품에서 퍼포먼스 예술가(제임스 그리피스James Griffith)는 열다섯 명의 관객을 무작위로 선발했다. 그는 미라이 마을 사람들을 표현하기 위해 공간의 중앙에 관객을 원형으로 모여 서게 했다. 대부분의 관객은 이 지시를 따랐다. 그러나 거부하는 사람도 있었다. 이런 경우 퍼포먼스 예술가는 상의를 벗고 이렇게 말했다.

여러분, 퍼포먼스가 지금 중단되었다는 표시로 제가 상의를 벗었습니다. 여러분에게는 다음과 같은 선택지가 있습니다. 첫째, 만약 여러분이 원 안으로 들어오시면 퍼포먼스는 계속 진행됩니다. 둘째, 이 공간에 있는 아무에게나 가서 그 자리를 대신해줄 수 있는지 물어보세요. 만약 그들이 좋다고 하면 퍼포먼스는 계속 진행됩니다. 셋째, 당신이 있는 자리에 머물러도 됩니다. 대신 퍼포먼스는 중단됩니다. 넷째, 집으로 돌아가

---

8) Richard Schechner, *Environmental Theater*, p. 42 참조.
9) (옮긴이) 미라이 사건은 1968년 3월 16일 베트남에서 일어난 미군의 민간인 학살 사건이다. 약 500여 명에 이르는 비무장 민간인들이 살해되었다고 추정된다.

셔도 무방합니다. 그러면 퍼포먼스는 당신 없이 진행됩니다.[10]

여기서는 관객에게 그들 스스로 행위자가 될 수 있는 선택의 여지가 주어졌다. 관객은 자기 자리에 머물 때조차 퍼포먼스 중단의 책임을 져야 했다. 선택권은 관객에게 주어졌지만, 자신을 드러내지 않은 채 계속해서 관객으로서 퍼포먼스 예술가의 행위를 보는 것은 금지되었다. 여기서 주체와 객체가 더는 구분되지 않는 상황이 생성되었다. 누가 누구에게 압박을 가하고 폭력을 행사하는가? 관객을 행위자로 만들려 한 퍼포먼스 예술가인가, 아니면 예술가의 지시를 거부함으로써 공연을 중단시키고 예술가가 그들의 계획과 약속과는 반대로 행동하게 하여 결국 스스로 행위자가 되는 관객인가? 모든 참여자가 주체적 위치를 요구했고, 다른 사람을 객체의 위치로 몰아갔다. 이러한 사실은 이어서 실행된 셰크너의 오랜 교섭에서도 완전히 해소되지 않고, 오히려 강화되었다. 말하자면 여기서 연출에 의해 세워졌던 모든 놀이의 규칙이 무너지는 딜레마를 확인하게 되었다.

셰크너가 자신의 일기에서 묘사했던 이 독특한 사례[11]는 그 과정에서 자동 형성적 피드백 고리의 기능에 대한 놀라운 통찰력을 얻게 한다. 여기에서 고려해야 할 것은 바로 역할 바꾸기가 앞으로 진행될 과정에 대한 예측 가능성을 현저히 떨어뜨린다는 사실이다. 그렇다면 역할 바꾸기에서 일어나는 피드백 고리 현상을 더 자세히 들여다보자. 그리피스가 뽑은 열다섯 명의 관객 중 원 안으로 들어오기를 거부한, 즉 행위자

---

10) 같은 책, p. 49.
11) 같은 책, pp. 49~54 참조.

가 되기를 거부한 네 명은 다른 참여자들의 주목을 받았다. 그럼으로써 그들은 역설적으로 행위자가 되었다. 그들이 원하든 원하지 않았든 말이다. 여기서 수행적 모순이 생겨났다. 그들의 거부 표시가 정확하게 그들이 거부한 결과를 초래했기 때문이다. 다시 말하면, 교섭을 촉발한 것은 바로 이 네 명의 관객이었다. 그들은 교섭 과정에 적극적으로 나서 공연을 보는 관객으로서만 참여하겠다고 태도를 고수한 행위자였다. 계속되는 교섭 과정에서 몇몇 퍼포먼스 예술가가 다른 관객에게 공연에 참여할 의사가 있는지, 아니면 자유의사에 따라 그 공간을 떠날 것인지 물었는데, 이는 퍼포먼스 예술가도 앞에서 언급한 평등의 원칙에 따라 질문할 권리가 있다는 데서 비롯되었다. 두 예술가는 공연에 참여할 의사가 있는 관객을 발견했다. 하지만 이들도 남은 공연에서 자신들의 '역할'이 무엇인지 전혀 모르고 있었다. 이러한 예측 불가능성은 연이어 배로 늘어났다.

세 시간의 토론 끝에 네 명의 거부자 중 세 명이 그곳을 떠나기로 결정했고, 한 사람은 자신이 원 안에 들어가야 하는 이유에 대한 설명을 들은 뒤 결국 함께 놀mitspielen 준비가 되었음을 밝혔다(그의 여자 친구가 행위자로 참여했기 때문으로 추측된다). 공연은 세크너가 표현했던 것처럼 계속 진행되었다. 필자라면 교섭에 걸린 세 시간을 공연에 포함시킬 것이다. 그리고 이런 상황에서는 오히려 계속된 공연 과정으로 볼 것이다. 세크너는 행위자로 데뷔한 두 명의 관객에게 무대 뒤에서 그들이 해야 할 대사를 속삭여주었다. 공연은 결국 각본상의 대화를 한 뒤 뉴욕 거리를 행진하는 것으로 끝났다.

공연이 진행되는 동안에는 앞으로 공연이 어떻게 진행될지 예측이 불가능했다. 관객의 거부로 인해 공연이 특정 방향으로 계속 전개된다고도 할 수 없었다. 거부권 행사는 앞으로 일어날 모든 가능성을 배가시켰을 뿐이다. 이런 의미에서 거부권 행사는 마치 나비의 끊임없는 날갯짓처럼 그 과정을 계속해서 진행시키는 원동력이 되면서, 결국 회오리바람을 일으키거나 이러한 현상을 예방한다. 모든 교섭 과정에서 창출된 상황은 다시 다른 전환으로 연결될 수 있다. 여기서 역할 바꾸기를 통해 분명해지는 것은 바로 피드백 고리다. 즉 관객의 반응을 예측할 수 없고 그들을 완전히 통제할 수도 없으며, 이를 통해서 발휘되는 관객 혹은 행위자에 대한 영향력도 예측과 통제가 불가능하다. 이때 관객이 지각할 수 없을 만큼 작은 역할 바꾸기가 일어나도 그것은 공연 전체에 영향을 미친다. 공연은 행위자와 관객의 신체적 공동 현존으로 구성되는데, 이것은 공연을 돌이킬 수 없는 지경으로 몰고 간다. 인간이 신체적으로 만나는 곳에서 그들은 언제나 서로에게 반응한다. 비록 눈이나 귀로 지각하지 못하더라도 말이다. 마치 변화에 관한 파울 바츨라빅Paul Watzlawick의 유명한 격언처럼, 인간은 서로 반응하지 않을 수 없다.[12]

인간의 모임은 항상 사회적 상황을 창출한다. 그런데 셰크너가 공연을 사회적 사건과 대비시킨 것은 놀라운 일이다. 셰크너는 「디오니소스」 공연을 계기로 관객 참여를 위한 조건에 대해 "연극이 연극이기를 중단하고 사회적 사건이 되는" 것으로 정식화한다. 셰크너는 공연을 미학적 과정과 사회적 사건이라는 이분법으로 파악함으로써, 자신의 퍼포먼스 그룹에서 실행된 관객 참여를 특별한 성과로 잘못 파악했다. 셰크너의 퍼포먼스 그룹에서 실행된 관객 참여는 단지 주체와 객체라는

---

12) (옮긴이) 바츨라빅은 그의 커뮤니케이션 이론에서 가족 관계를 모빌에 비유한다. 가족 구성원은 모빌처럼 각각의 개체로 존재하지만 가족은 서로 밀접하게 연관되어 반응하는 섬세한 조직이다. 그래서 가족 내에 발생하는 문제는 공동으로 대응해야 변화할 수 있다고 말한다.

이분법적 관계뿐 아니라, 예술/연극 사건과 사회적 사건을 동시에 역동적으로 이끌었다. 이것은 모든 참여자에게 공연은 항상 사회적 사건을 표현한다는 것을 체험하게 했다. 즉 드러나 보이지 않을지라도 공연에서는 위치와 관계의 교섭 내지 결정과 그로 인한 역학관계가 나타난다는 것이다. 공연에는 미학적, 사회적, 정치적인 것이 분리되지 않고 함께 얽혀 있다. 이러한 연관성은 정치적 주체나 정치적 프로그램에 의해 생성되는 것이 아니라, 신체적 공동 현존에 의해 그 토대가 만들어지고 형성된다. 공연에서 정치적인 것과 미학적인 것의 풀기 힘든 관계에 대한 지식은 암묵적으로나마 항상 존재해왔다. 19세기 독일에서 연극이 예술로 인정받기 어려웠고, 경찰이 연극을 통제한 이유 중 하나가 바로 이것이다. 그리고 1960년대 이후의 예술이 작품 대신 공연을 강조하는 경향을 보이는 이유 중 하나도 바로 이것이다(이것은 또한 철학적 미학에서 사건 개념이 중요한 자리를 차지하는데도 왜 연극을 결코 끌어들이지 않는지를 설명해준다). 신체적 공동 현존을 조건으로 하는 역할 바꾸기는 미학적인 것과 정치적인 것의 표면적인 이분법을 무너뜨린다. 이것은 공연에서 미학적인 것과 정치적인 것의 특수한 연관성을 드러나게 한다. 그러나 행위자와 관객의 공동 주체적 관계를 요구하는지, 서로를 투사하는지, 부분적으로 현실화시키는지, 행위자와 관객이 서로를 조작할 수 있는 가능성을 제시하는지와는 무관하게, 역할 바꾸기는 미학적인 것이 항상 동시에 정치적이며, 이러한 분리가 더 작동하지 않음을 공공연하게 드러나게 한다. **그리고** 이것을 경험하게 한다.

이처럼 1960년대 말과 1970년대 초의 실험들이 획득한 인식은 후기의 역할 바꾸기와 같은 실험과 놀이에 중요한 단서를 제공했다.

콜럼버스의 아메리카 대륙 발견 500주년이 되는 해(1992)에 아메리카 출신의 두 예술가 코코 푸스코Coco Fusco와 기예르모 고메즈-페냐Guillermo Gómez-Peña는 다양한 장소에서 「두 아메린디언의 방문Two Amerindians Visit...」이라는 퍼포먼스를 선보였다. 런던의 코번트가든Covent Garden이나 마드리드의 크리스트발콜론 광장Plaza Cristbal Colón을 비롯해 미국 어바인, 뉴욕, 시카고에 있는 예술박물관이나 미술관, 그리고 워싱턴, 미니애폴리스, 시드니에 있는 자연사박물관이 그 무대였다. 이 퍼포먼스는 다른 이가 바라보는 행위는 이미 그 자체로 정치적 행위임을, 타자에 대한 서구의 시선은 오늘날에도 여전히 식민지 정책 담론하에 있다는 테제를 증명하기 위한 실험의 하나로 시행되었다.

모든 공연 장소에서 푸스코와 고메즈-페냐는 무려 500년 동안 유럽인들에 의해 발견되지 않고 방치되었던 멕시코 만의 작은 섬에서 온 아메린디언이라고 자신들을 소개하며 황금색 철창 속에 '살았다.' 두 사람은 자신의 고향을 과티나우Guatinau라고 했고, 서로 과티나우 사람이라고 불렀다. 퍼포먼스에서 두 사람은 모두 환상적인 아메린디언으로 멋스럽게 차려입었다. 푸스코는 나무껍질로 만든 치마를 입었고, '호피' 브래지어를 찼으며, 목에는 거대한 동물 발톱으로 만든 목걸이를 걸고, 선글라스를 끼고, 운동화를 신었다. 고메즈-페냐는 얼굴을 마치 타이거마스크를 쓴 것처럼 분장했으며 —'험악한 멕시코 레슬링 선수'라는 전형적인 스타일에 대한 암시였다 — 눈이 보이지 않게 선글라스를 착용했다. 그는 이마에서 머리끝까지 각종 무늬로 꾸며지고 인디언 추장의 그림이 달린 머리장식을 썼고, 목에는 가슴까지 덮는 화려한 보석들을 차고 있었다. 허리에는 진주가 박힌 끈으로 묶은 가죽 앞치마를 둘렀다. 종아리에도 진주가 박힌 끈으로 장식했고 샌들을 신었다. 푸스코와 고메즈-페냐는 둘 다 목줄을 매고 있었다. 그들이 화장실에 갈 때는 철창 앞에 서 있는 감시원이 목줄을 끌고 화장실로 데려갔다.

두 사람은 자신들이 '전통적 과제'라고 명명한 행위를 했는데, 그것은 역기를 들고, 부두인형을 꿰매고, 텔레비전을 보고, 노트북으로 일하는 것이었다. 철창 앞에는 조그만 모금함과 함께 푯말이 달려 있었는데, 거기에는 약간의 돈을 내면 푸스코는 춤을 추고(랩 음악에 맞춰 춤을 추었다), 고메즈-페냐는 진짜 아메린디언의 이야기를 들려주며(가공의 언어를 사용했다), 두 사람 모두 방문자가 원하면 함께 사진을 찍는다고 적혀 있었다.

철창 앞에는 다음과 같은 정보가 담긴 커다란 알림판이 설치되었다. 첫째, 비서구권 문화에서 온 이 두 사람을 볼 수 있는 주요한 전시 기록. 둘째, '아메린디언'이라고 가짜로 등록된 『브리태니커 백과사전』의 항목, 그리고 이에 맞게 위조한 멕시코 만의 지도.

식민화된 시선에 대한 명제를 설득력 있게 제시하기 위해 이 두 예술가는 세 가지 연출 전략을 사용했다. 첫째, 식민지 정책 담론을 연출했다. 즉 두 사람의 외모, 행위, 행동 양식은 '말 없고 비문명적인 타자'의 전형이었으며, 서구 문화권에 속한 사람들이 이들을 문명화하고 해석하며 대변하게 했다. 동시에 식민지 정책 담론의 연출은 위에서 서술한 전형성뿐 아니라 신빙성 있는 사실들을 극단적으로 문제 삼았으며, 그럼으로써 식민지 정책 담론의 시각에서 이 퍼포먼스를 바라보는 것을 거부하거나 더 어렵게 하는 요소를 지니고 있었다. 둘째, 두 예술가는 일반적인 지각 방식을 피하게 하고 퍼포먼스가 지각되는 특정한 맥락을 제공하는 다양한 공간과 장소를 선택했다. 그리하여 공연은 퍼포먼스 예술로(미술관이나 예술박물관에서), 인종 전시회로(자연사박물관에서), 아니면 아메리카 '발견'에 대한 기념으로(크리스트발콜론 광장에서)

이루어졌다. 이 두 가지 전략은 주의 깊은 관객에게는 이 퍼포먼스를 식민지 정책 담론이라는 안경을 통해서가 아니라, 오히려 그에 대한 논쟁으로 인식시켰다. 셋째는 가장 중요한 연출 전략인데, 바로 역할 바꾸기다. 행위자들은 ── 관객이 눈치채지 못하게 조금씩 ── 관객의 태도를 취했다. 그들은 관객의 태도, 반응, 말, 행위를 관찰하고 기록한 다음 그것을 공개했다. 또한 관객을 직접 도발함으로써 관객 스스로 행위자가 되도록 퍼포먼스를 연출했다. 만약 관객이 예술가들의 철창 속 일상을 더 많이 보려면, 무언가를 수행해야만 했다. 즉 관객은 말 그대로 대가를 지불해야만 했는데, 그것은 단지 관람료를 내는 것에 그치지 않았다. 관객들은 푸스코에게 먹을거리를 줘도 되는지 감시원에게 묻거나, 고메즈-페냐의 다리를 만져보기 위해 고무장갑을 요청하거나, 전시된 두 사람이 철창 안에서 성관계를 하는지 알아본다거나, 푸스코에게 바나나를 먹이거나 푸스코가 추는 춤을 보기 위해 혹은 고메즈-페냐가 가공의 언어로 전하는 이야기를 듣기 위해 지정된 요금을 냈다. 이 과정에서 관객들은 두 예술가뿐 아니라 다른 관객에게도 보여졌다. 즉 자신을 행위자로 만드는 행동을 한 것이다.

두 예술가는 행위자로 등장한 관객을 관찰하여 그들의 인식과 태도를 세 종류로 구분했다.

1. 동료 예술가와 문화행정가 들의 반응. 그들은 이 퍼포먼스를 예술로 인정하기는 하지만 예술적, 윤리적 이유와 그 밖의 다른 이유로 비판을 가했다. 가령 그들이 사실상 인종 전시회를 연 것이며, 이는 관객을 기만하는 것이라며 바로 그 자리에서 큰소리로 비난했다.

2. '역할 바꾸기'의 성격을 분명하게 파악하고, 예술가와 함께 놀고자 하는 관객. 이들은 마드리드와 런던에서 우연히 지나가던 사업가, 뉴욕

화랑의 방문객 등으로, 코코 푸스코에게 바나나를 먹이려 했고 이 장면을 촬영하고 싶어 했다.

3. 퍼포먼스를 공연 장소와 무관하게 인종 전시회의 일종으로 지각하는 관객. 그들 중 일부는 연민을 나타내고 항의하는 듯했으며, 다른 일부는 호기심을 드러내고 이 이슈에 동의하며 반응했다.

두 퍼포먼스 예술가는 약간 거리를 둔 채 '피실험자'가 특정 조건하에서 어떻게 행동하는지 실험하듯, 그들의 행동을 조종하고 관찰하는 입장을 취했다. 퍼포먼스 예술가들이 특정 무리의 관객을 다른 관객이 바라보는 대상물로 객관화함으로써 처음에 식민지 정책 담론에서 상정되었던 예술가들의 입장이 거꾸로 뒤바뀌었다. 관객은 자신의 의지와 무관하게, 또는 자신도 모르는 사이에 부분적으로 다른 관객에 의해 감시되고 의미가 정해지는 '야만인'이 되었다.

여기서 퍼포먼스 예술가들의 시선 교환 놀이와 끊임없이 입장을 바꾸는 연출 방법에 주목해야 한다. 첫째, 식민지 담론을 바탕에 깐 채 예술가들을 바라보는 시선(동료 예술가와 문화행정가)으로, 거의 감시하는 듯했다. 그다음은 퍼포먼스 예술가와 관객 사이에 오가는 '만약 ~라면'이라는 가정 아래 이루어지는 놀이 차원의 시선 교환(사업가들), 부분적으로는 '비문명화된 야만인'으로서 물건처럼 취급되는 퍼포먼스 예술가에 대한 연민의 시선인데 이것은 더 발달되고 문명화된 문화의 일원으로서 관객이 가졌던 정체성이 발동한 것으로 보인다(믿는 사람들). 그다음은 타인의 시선을 의식하면서도 (성희롱과 같은) 욕망에 찬 시선, 그리고 관객 중 한 무리가 나타냈던 타인을 감시하는 시선(믿지 않는 사람들이 믿는 사람들을 바라보는 시선)이다. 또한 퍼포먼스 예술가가 관객을 냉정하게 관찰하며 지켜보는 시선도 있다. 이를 통해 예술가들은 서구 문화에서 지속되는 식민지 담론을 재확인했고, 그러한 신념과 함께 그들 스스로 '타자'로서의 정체성을 확인했다.[13]

두 예술가는 다양한 장소와 관객 앞에서 퍼포먼스를 진행하면서, 자신들의 처음 명제가 옳았음을 확인했다. 그러나 지금까지 우리의 모든 생각을 종합해보면 의문스러운 점이 있다. 퍼포먼스 예술가의 객관적이고 관찰자적인 시선에서 비롯된 모든 주장이 경험적 인식이 아닐까 생각되기 때문이다. 이것은 이 퍼포먼스 예술가들이 그전에 선보인 모든 퍼포먼스와 다른 방식으로 피드백 고리를 풀어낼 수 있음을 암시한다. 물론 이 퍼포먼스는 다른 사람을 지각하고 다른 사람에게 지각당하는 행위는 언제나 정치적 행위임을 보여줬고 경험하게 했다. 타자를 지각하는 행위는 타자나 자신을 규정하게 하고, 지배와 통제의 메커니즘을 작동시키기 때문이다. 이러한 지각은 예술가가 관객을 통해서뿐 아니라 ― 푸스코가 공연에서 했듯이 ― 관객이 다른 관객을 통해서, 또는 관객이 예술가를 통해서도 작동되었다. 그들의 지각과 그와 연관된 행위, 행동 방식은 피드백 고리의 상호작용을 가동시킴으로써 공연에 대한 정확한 계획을 불가능하게 했다. 따라서 관객의 반응을 식민지 정책에 기인한 기질Mentalität의 표현으로 해석하면 잘못일 것이다. 이 공연은 기존의 식민지 담론과 현저히 차이가 날 뿐 아니라 도발적이기까지 한 행위를 인용하고 재연출했다. 다시 말해 퍼포먼스 예술가가 도입했던 세밀한 풍자적 연출뿐 아니라 관객들이 '만약 ~라면'의 견지에서 장난

13) 이 퍼포먼스에 관해서는 Erika Fischer-Lichte, "*Rite de passage* im Spiel der Blicke," Kerstin Gernig(ed.), *Fremde Körper. Zur Konstruktion des Anderen im europäischen Diskurs*, Berlin 2001, pp. 297~315; Coco Fusco, "The other History of Cultural Performance," *The Drama Review* 38, 1, spring 1994, pp. 145~67 참조.

스럽게 함께한 행위, 아니면 반대로 관객이 예술가들의 실제 이름을 공개적으로 부름으로써 '만약 ~라면'이라는 놀이를 가로막는 행위까지 나타났다.

퍼포먼스 예술가뿐 아니라 관객 역시 그들이 놓인 상황과 의미화되는 맥락에서 다른 이에 대한 지각과 담론을 규정할 권리와 힘을 강화하기 위해 역할 바꾸기를 이용했다. 미학적인 것이 실제로 가장 정치적인 것으로 드러났다. 공연에서 끊임없이 이어지는 주체와 객체의 역동적인 관계는 행위자와 관객의 입장이 계속해서 바뀌면서 일종의 권력 투쟁처럼 이행되었다. 공연과 그에 수반된 피드백 고리는 그 특정한 정의와 의미를 둘러싼 논쟁으로 이어졌다. 퍼포먼스 예술가들은 일련의 퍼포먼스가 끝난 뒤 『드라마 리뷰*The Drama Review*』에 자신들의 작품 해석을 기고했고 다른 방식으로도 논쟁은 계속되었다.

「두 아메린디언의 방문」은 다양한 공연 장소와 계기에 의해 주어진 맥락과 틀을 중요한 연출 전략으로 사용했다. 이 틀은 퍼포먼스를 서로 구별되는 다양한 방식으로 지각하게 했고, 관객에게도 매번 행위자로 행동할 수 있는 가능성을 열었다. 다양한 공연 장소의 선택과 함께 푸스코와 고메즈-페냐는 여러 틀의 영향력을 제각기 분리해서 연구할 수 있는 방법을 선택했다.

이와 반대로 크리스토프 슐링엔지프Christoph Schlingensief는 1990년대에 자신이 제작한 공연을 다양한 틀과 맥락 속에서 서로 충돌하게 하는 방법을 사용했다. 1998년 베를린 로자룩셈부르크 광장에 있는 민중극장Volksbühne에서 개최된 「기회 2000 ─1998년도 선거 서커스Chance 2000—Wahlkampfzirkus '98」[14]에서 관객은 도대체 어떤 종류의 공연이 열리고 있는 것인지 정확하게 인식할 수 없었다. 이 공연은 다음 중 무엇일까? 연극 공연(민중극장에서 제작되었다는 사실과 매표소에서 입장권을 판매하는 점이 연극 공연임을 증명한다), 서커스 공연(공연 장소와 상황이 마치 서커스 원형극장과 비슷했고, 공연 중 슈페어리히Sperlich 서커스단 단원들이 돌아가며 기예를 선보였다), 프릭쇼Freak Show(정신적으로나 육체적으로 장애를 가진 사람들이 등장했다. 또한 일부는 거친 대우를 받았다고 상황에 따라 해석할 수 있었다), 토크쇼Talk Show(공연 과정에서 다양한 대화와 인터뷰가 이어졌다), 정치적 집회, 더 정확히 말하면 정당 창당대회(공연장에 명단이 놓여 있었고, 슐링엔지프는 관객들에게 공연장에 들어가 '기회 2000'이라는 정당에 당원으로 가입하라고 요청했다는 데서 정당 창당대회로 해석할 여지가 있다). 대체로 두세 가지 서로 다른 유형의 사건이 동시에 일어나는 것으로 보였다. 이처럼 서로 다른 장르가 투영되고 반영되면서 의문이 제기되었다.

가령 많은 관객들이 슐링엔지프의 요구에 따라 당원에 가입하기 위해—그럼으로써 자신의 정치적 운명을 결정하기 위해—원형극장으로 몰렸을 때, 배우 마르틴 부트케Martin Wuttke는 공연장 입구에서 극도로 분노한 상태로 선생님이 하라는 대로 하는 고분고분한 대중이라며 관객을 공격했다. 그리고 약 15분 동안 확성기로 다음과 같은 말을 반복했다. "나는 민중 선동가다. 그리고 당신들은 자발적인 스트레스 덩어리다!" 지속적인 틀의 충돌과 그로 인해 방금 만들어진 틀의 끊임없는 파괴는 눈에 띄게 관객을 불안하게 하고 다양한 반응을 촉발시켰다. 이를 통해 관객은 끊임없이 행위자가 되었다. 틀의 충돌과 파괴는 가장 효

14) 이 작품에 대한 훌륭한 논문인 Sandra Umathum, *Der Zuschauer als Akteur. Unter-suchungen am Beispiel von Christoph Schlingensiefs 'Chance 2000—Wahlkampfzirkus '98,'* FU Berlin 1999 참조.

과적인 연출 전략으로 나타났다. 이것은 관객 역할을 행위자로 바꿈으로써 행위자를 관객으로 변화시켰고, 자동 형성적 피드백 고리의 예측 불가능성을 현저히 높였다.

공연은 일련의 번호들로 구성되었는데, 이것은 임의로 선택되어 상연되었을 뿐 아니라 편집하고 중단하거나 새로 확장해도 아무런 문제가 없었다. 배우는 언제라도 특정 번호를 이행하지 않거나 마음 내키는 대로 새로운 것을 찾아 넣을 권리가 있었다. 이것은 바로 '연극 공연' 혹은 '서커스 상연'이라는 틀의 파괴를 의미했다. 이러한 권리는 역시 관객에게도 인정되었는데, 그들은 점점 더 열정적으로 이 기회를 이용했다. 행위자나 다른 '상대'가 거부해 비는 시간이 생겼을 때 ─ 가끔은 특정 번호가 진행되는 순간에도 ─ 관객은 공연장에 와서 '자신이 만든' 번호를 보여주었다. 이런 경우 슐링엔지프와 다른 행위자들은 무대 뒤로 물러나 해당 관객을 보는 데 집중했다. 슐링엔지프가 관객의 용기를 북돋아주는 것처럼 지켜보다가 거칠게 막아서는 경우, 관객은 적극적이고 동등한 권리의 소유자로서 관계 교섭에 적극적으로 참여하고자 했다. 슐링엔지프는 ─ 극소수의 예외를 제외하고는 ─ 공연의 전 과정에 참여하며 그 진행 과정을 조종하려는 인상을 주려 했지만, 그것은 주어진 놀이 규칙으로는 전혀 가능하지 않았다. 모든 행위자와 관객은 기본적으로 공연의 매순간 간섭할 권리가 있었으며, 여기서 피드백 고리가 우연의 법칙을 따르는 것은 분명했다. 언제든 그리고 어떤 식으로든 관객은 개입했고, 한 행위자가 특정 번호를 거부하면 공연은 예측할 수 없는 새로운 전환점을 맞았다. 그리하여 슐링엔지프를 포함한 모든 참여자들은 새로운 전환에 자연스럽게 반응해야 했으며, 이것은 그 공연의 끝을 임의로 정해 알릴 때까지 계속되었다. 극단적으로 말한다면, 「기회 2000」의 매 공연은 바로 피드백 고리를 구성하는 우연의 법칙에 따라 이행하고 이를 경험하게 하는 것만이 유일한 목표였다고 할 수 있다.

끊임없는 틀의 충돌과 파괴는 일련의 주어진 규칙에 따라 '자동으로' 반응할 수 없는 상황으로 관객들을 몰아넣었다. 오히려 관객들은 어떤 틀을 적용할 것인지 스스로 선택해야 했다. 가령 슐링엔지프가 슈페어리히 서커스단, 배우 마르틴 부트케, 베른하르트 쉬츠Bernhard Schütz를 비롯한 소위 슐링엔지프 사단의 공연에서 이들을 배제하고 장애인들을 거칠게 다뤘을 때, 관객은 이러한 폭력을 연극 공연으로 봐야 할지 아니면 사회적 상호작용의 틀, 즉 개인 혹은 시민으로서 슐링엔지프가 장애인을 부적절하게 대하는 것으로 봐야 할지 스스로 정해야 했다. 이것이 연극이라고 규정한 사람은 조용히 자리에 앉아 있었고, 그 반대로 '사회적 상호작용'이라고 본 사람은 거세게 항의했다.

틀의 충돌과 파괴는 관객을 '위기Krise'[15]에 빠뜨렸다. 그 이유는 그들이 어떤 틀을 적용해야 할지 불분명해 끊임없이 새로운 결정을 요구했기 때문만이 아니라, 틀과 틀 사이의 경계가 점점 구분하기 모호해지고 결국 지워지기도 했기 때문이다. 정치적 모임과 연극 공연은 어떻게 구별되는가? 정당의 창당대회는 서커스 상연과 무엇이 다른가? 이 모든 경우 관건은 바로 참여자들 사이에 관계가 정해지고 교섭되며, 다양한 종류의 '예술작품'이 공연되는 데 있는 것은 아닌가? 그것은 언제나 행

---

15) Irene Albers, "Scheitern als Chance: Die Kunst des Krisenexperiments," Johannes Finke & Matthias Wulff, *Chance 2000. Die Dokumentation — Phänomen, Materialien, Chronologie*, Neuweiler 1998 참조. 저자는 가핑클의 인종학 방법론의 시각에서 「기회 2000」을 위기의 실험으로 해석한다. 그녀는 이 실험을 미디어와 정치의 완벽한 연출로 보지만, 그 메커니즘은 오히려 이 매체를 통해 노출되고 또 생산적으로 방해되고 파괴된다. 필자는 물론 이러한 연관관계를 일차적으로 상정하지 않는다.

위하는 자와 바라보는 자의 관계가 아닐까?[16] 누가 행위자가 되고 누가 관객이 되는지는 어떤 조건과 결과에 따라 결정되는가? 누군가를 행위자나 관객으로 만들 수 있는 권한은 누구에게 주어지는가? 누가 혹은 어떤 기관이 부여하는 것인가?

역할 바꾸기는 공연의 불확정성을 높일 뿐 아니라, 피드백 고리의 예측 불가능성을 아주 뚜렷하게 증가시킨다. 또한 이러한 예측 불가능성을 통해 역할 바꾸기에 내재된 정치적 잠재력이 노출된다. 슐링엔지프는 역할 바꾸기를 통해 행위가 공연의 진행에 어떤 영향을 미치는지 관객에게 경험시키려 했다. 그러나 오히려 관객은 다음과 같은 좌절을 감수해야 했다. 첫째, 관객은 공연에 대한 자신의 개입이 다른 관객이나 배우의 이어진 개입으로 무산되는 과정을 보게 되었다. 둘째, 끊임없는 틀의 충돌로 인해 관객이 어떻게 행동하든— 직접 개입하거나 다른 사람의 눈에 띌 정도로 행위자가 되거나 절망으로 고통스러워하거나 혹은 약간 거리를 두고 자기 자리를 지키더라도— 관객의 행위는 공연 진행에 영향을 미친다는 것을, 그리고 피드백 고리의 방향이 자신에게 달렸음을 관객들은 알게 되었다. 관객은 여기서 자신의 힘과 무력함을 동시에 경험했고, 이러한 경험에 대해 어떻게든 행동을 취해야 했다. 관객은 공연의 진행을 지배하는 우연의 법칙을 무효화시킬 수 없었지만, 제한된 범위 안에서 사용하려고 시도했다.

앞에서 언급한 역할 바꾸기의 세 가지 사례는 매우 다른 미학적 맥락과 정치적 맥락에서 비롯되었다. 셰크너는 서구 전반에 걸쳐 프로시니

---

16) Uri Rapp, *Handeln und zuschauen. Untersuchungen über den theatersoziologischen Aspekt in der menschlichen Interaktion*, Darmstadt/Neuwied 1973 참조.

엄 무대로 행위자와 관객이 분명히 분리되고 관객석이 어둠 속에 놓이는 연극 모델이 지배하고 있을 때, 퍼포먼스 그룹을 창단했다. 물론 존 케이지는 이미 약 15년 전부터 '이벤트'나 '콘서트'를 선보이고 있었지만 말이다.[17] 당시 미국에서는 베트남전쟁이 진행 중이었고, 시민운동이 형성되고 있었다. 셰크너의 「디오니소스 69」는 이러한 미학적, 사회적, 정치적 상황에 대항하고 논쟁한 것으로 이해된다. 역할 바꾸기는 사람 간의 관계, 공동 주체의 관계가 완벽한 균형을 이루는 이상적 관계를 모색함으로써 ── 혹은 「코뮌」에서처럼 상호 작동하고 조종하는 메커니즘을 탐구함으로써 ── 미학적 경험의 새로운 가능성을 열었다.

예술의 수행적 전환은 이미 1990년대에 이루어졌다. 퍼포먼스아트는 이미 그 위치를 확고히 했고, 일반적으로 인정받는 예술이 되었다. 연극과 퍼포먼스아트 사이에 활발한 교환이 이루어지면서 두 예술 장르가 상당히 가까워졌다. 연극은 벌써 오래전부터 퍼포먼스아트 안에서 전개되었고 검증된 방법들 ── 낯선 장소 혹은 새로운 공간에서 공연하거나, 병들거나 쇠잔한 또는 살찐 신체를 무대 위에 세우거나, 자해 혹은 다른 식의 폭력을 행위자의 신체에 가하는 행위 ── 을 받아들였다. 이와 대조적으로 퍼포먼스아트 예술가들은 이전에는 냉소적으로 취급되었던 방법, 즉 스토리 위주의 이야기나 환영幻影의 형성, 그리고 '마치 ~처럼'의

17) 블랙마운틴 대학에서의 「무제 이벤트」와 「4분 33초」라는 콘서트는 1952년에 공연되어 성공을 거두었다. 이에 관해서는 다음을 참조하라. Erika Fischer-Lichte, "Grenzgänge und Tauschhandel. Auf dem Wege zu einer performativen Kultur," Uwe Wirth(ed.), *Performanz. Zwischen Sprachphilosophie und Kulturwissenschaften*, Frankfurt a. M. 2002, pp. 277~300. 수정본은 동명의 제목으로 다음에 실렸다. Erika Fischer-Lichte 외(eds.), *Theater seit den sechziger Jahren*, pp. 1~20; Petra Maria Meyer, "Als das Theater aus dem Rahmen fiel," Erika Fischer-Lichte 외(eds.), *Theater seit den sechziger Jahren*, pp. 135~95.

상태를 도입해서 작업하기 시작했다. 미국이 모든 소수인종의 평등 정책을 공식적으로 지향하는 상황에서, 푸스코와 고메즈-페냐는 「두 아메린디언의 방문」으로 역할 바꾸기를 했다. 그들은 타인을 바라보는 시선에는 이미 상대를 대상화하며 가치를 절하하거나 혹은 주체로 인정하는 가치 판단이 내포되어 있음을 참여자들이 자신들의 몸으로 직접 경험하게 했다. 공연은 행위자와 관객, 그리고 관객과 관객의 관계를 끊임없이 다시 정의했다. 이를 통해서 끊임없는 시선의 교환뿐 아니라 그들의 입장과 정체성의 교환을 유도했다.

독일 통일 8년 후이자 헬무트 콜Helmut Kohl 총리의 16년간의 임기가 끝나고 선거를 치르는 해인 1998년, 크리스토프 슐링엔지프는 로자 룩셈부르크 광장에 있는 민중극장에서 자신의 작품을 발표했다. 지붕에 OST라는 글자[18]가 빛나는 네온사인 간판으로 설치된 이 극장은, 독일 연극계에서 뛰어난 실험정신과 혁신 사례로 명성 있는 곳이었다. 이 극장에서 역할 바꾸기는 가장 일반적으로 실천된 레퍼토리였다. 1993년 이후 슐링엔지프는 이곳에서 역할 바꾸기를 실험하는 네 편의 작품을 이미 연출한 적이 있었다. 또한 역할 바꾸기를 통해 관객을 도발하는 것은 오랫동안 민중극장의 예술감독 프랑크 카스토르프Frank Castorf의 상징이기도 했다. 「기회 2000」 공연이 있기 한 해 전에 그는 「트레인스포팅Trainspotting」(어빙 웰시Irving Welsh의 동명 소설로, 1996년 데니 보일Danny Boyle이 영화로 제작했다)을 연출했다. 공연은 무대에서 이루어졌다. 배우가 연기하는 '전통적인' 장소에서 이루어진 것이다. 관객을 위해서는 무대 뒤편에 앉을 수 있는 구조물이 설치되었다.[19] 관객은 그 자리

---

18) (옮긴이) 동쪽이라는 뜻이다. 민중극장은 구동독 지역에 있다.

로 가기 위해 작업등이 달려 있는 무대 뒤편, 즉 뒷무대를 통과해야 했다. 이미 의자에 앉은 관객이나 그 뒤에 온 관객들은 뒤이어 들어오는 관객이 뒷무대를 통과할 때 작업등에 걸려 넘어지는 모습이나, 이때 작업등이 분리되는 모습도 관찰할 수 있었다. 관객이 들어올 때부터 이렇게 역할 바꾸기가 시작된 것이다. 나중에 들어온 관객은 그들이 원하든 원하지 않든 먼저 온 관객을 상대로 행위자의 역할을 맡아야 했다. 관객이 되기 위해 그들은 먼저 행위자가 되어야 했으며, 관객으로서 (뒷)무대에 존재해야 했다. 나아가 카스토르프는 그의 많은 레퍼토리 중 관객에게 역할 바꾸기를 고무하거나 이행시키는 전략을 더 흥미로운 변수로 확장시켰다. 슐링엔지프의 공연에서 선보인 역할 바꾸기는 현저하게 다른 양식이나 변수를 사용했다 하더라도 새로운 미학적 혁신이 아니었다. 이 공연은 헬무트 콜이 16년간 독일 총리로 재임하는 동안 무력화된 시민에게 다시 힘을 실어주고, 시민들을 행동하는 주체로 드러내기 위한 시도로 구성되었다.

세 가지 사례는 서로 변별되는 정치적, 미학적 맥락을 지니고 있다. 그렇지만 이들은 주목할 만한 공통점을 지닌다. 그것은 바로 민주화 과정이나 공동체 구성원의 관계를 새로 규정하는 일이라 할 수 있는 교섭이다. 여기서는 시민의 권리를 실현하고 잠재적 차별대우를 없애며 모든 참여자가 힘을 나누어 갖는다. 하지만 이것은 누군가가 권력이나 특권을 양도할 때, 즉 다른 이에게 권력을 부여할 때만 이루어질 수 있다. 이러한 관점에서 볼 때 역할 바꾸기는 연극에 관계된 예술가와 관객 모

---

19) (옮긴이) 관객이 볼 수 있는 무대 뒤의 공간을 독일어로 Hinterbühne라고 하는데, 여기에 관객석이 설치되었다.

두에게 해당되는 권력의 양도와 부여 과정이다. 예술가는 공연의 유일한 창조자라는 위상을 스스로 놓아버렸다. 물론 그 정도는 사람마다 달랐지만 예술가들은 창작자로서의 자격과 권한을 관객과 나누려 했다. 그러나 이것은 예술가들이 더 많은 힘을 지니고 관객을 무력화함으로써 이루어졌다. 즉 예술가들은 관객에게 새로운 행동 방식을 강요하거나 관객이 거리를 두고 바라만 보는 관찰자로서 존재할 가능성을 빼앗음으로써 그들을 위기에 빠뜨렸다.

지금까지 열거한 사례들을 통해 본 역할 바꾸기는 공연의 특징을 집약적으로 보여준다. 이것은 실제로 수행성의 미학의 모델이 된다. 역할 바꾸기를 통해 공연의 미학적 과정은 자기 생성적이고 끊임없이 변화하는 자동 형성적 피드백 고리에 의해 이루어진다는 것을 알 수 있었다. 자기 생성성은 모든 참여자가 함께 만들어내는 것으로, 어느 한 사람이 독단적으로 계획하고 조정하고 생산하는 것이 아니며 개인이 처분권을 행사하지도 못한다. 따라서 생산자나 수용자를 이야기하는 것은 별로 도움이 되지 않는다. 오히려 여기서의 주체는 다양한 방식과 수준으로 공연의 구성에 함께 영향을 끼치기는 하지만 홀로 결정하지는 못하는 공동 생산자Mit-Erzeuger라고 할 수 있다. 이렇게 공동 생산자가 서로 상호작용하며 공연을 구성해나가는 과정에서, 공동 생산자는 거꾸로 행위자와 관객을 드러낸다. 행위자와 관객은 그들의 행위나 행동 방식을 통해 공연이 스스로 생산해내는 피드백 고리의 요소가 된다. 그러므로 이것은 근본적으로 '이해'될 수 없다. 그렇다고 각각의 요소나 시퀀스, 절차에 아무런 의미가 없다는 것은 아니다. 예를 들어 역할 바꾸기에 대해 공동 주체가 완전히 균형 잡힌 대칭적인 관계의 이행으로 해석할 수 있다. 그러나 어떤 경우에도 공연을 주어진 의도나 주어진 의미의 표현으로 파악할 수는 없다.

공연의 돌발성이란 행위자나 무엇보다 관객으로부터 독립적인, 관객이 접근할 길 없는 '신'이나 '성인' 같은 위상을 의미하지 않는다. 오히려 이것을 통해 모든 참여자가 휘말려드는 상태가 더 명확하게 드러난다. 정도의 차이는 있겠지만 공연이 진행되는 동안 일어나는 영향력의 관점에서 보면, 그리고 그들 스스로 영향을 끼치는 일에 노출된다는 점을 생각해보면 더 그러하다. 왜냐하면 이것은 상호작용에 관한 문제이기 때문이다.[20] 피드백 고리는 변신Verwandlung을 수행성의 미학의 기본적 범주로 드러낸다.

이런 의미에서 돌발성 개념은 공연이란 계획할 수 있다는 생각에 반론을 제기한다. 따라서 연출과 공연이라는 개념은 엄격하게 구분되어야 한다. '연출'이라는 개념은 한 명 혹은 여러 명의 예술가가 공동으로 작업하거나, 리허설 중에도 끊임없이 바뀌는 콘셉트와 계획을 포함한다(여기서 우리는 또 다른 피드백 고리를 발견한다). 여기서 계획이란 어떤 요소를 언제 어디서 어떤 형태와 방식으로 투입할지를 미리 정하는 것이다. 그리고 이러한 계획을 매 공연마다 정확하게 그대로 따를지라도 모든 공연이 늘 같지는 않다. 소위 반복이 일어날 때마다 ─역할 바꾸기라는 렌즈를 통해 볼 수 있듯이─ 어느 정도 크거나 작은 차이가 생긴다. 이 차이는 행위자의 상태나 기분에 기인할 뿐 아니라, 자동 형성

---

20) 이 관점은 정치적 연출의 영역에서 더욱 주목해야 한다. 특히 뉘른베르크 정당대회 같은 나치 대중선동 집회에 관한 논쟁을 참고하라. 여기에서는 행위자나 관객에게 특정한 방식으로 영향을 끼치고 그들을 조종하는 연출 전략이 분명히 투입되었다. 그렇다고 해서 이러한 연출 전략이 반드시 효과를 보는 것은 아니다. 실제로 효과는 공연 중에 먼저 일어났다. 이러한 과정─계획된 것이 아닌─에 대한 증거를 찾는 일에 관심을 두어야 한다. 공연에서 일어난 일은 관객들에게도 책임이 있다.

적 피드백 고리 때문에 생겨나기도 한다. 이것이 매번 다른 공연이 이루어지는 데 중요한 역할을 하며, 이런 의미에서 각각의 공연은 일회적이고 비반복적이다.

요약하자면, 수행성의 미학의 관점에서 보면 예술, 사회적 삶, 정치라는 영역들은 결코 분명하게 분리되지 않는다는 것을 알 수 있다. 따라서 공연에 근거한 수행성의 미학은 콘셉트, 범주, 매개변수를 함께 전개시켜야 하며, 공연의 과도기적이며 경계를 넘나드는 불분명한 현상, 폭발적인 혼동까지도 파악 가능하게 하는 이론적 논쟁을 도입해야 할 것이다.

2. 공동체

피드백 고리가 의도적으로 노력해서 이루어지는 경우는 미학적인 것이 사회적, 정치적인 것과 직접 연결되는 현상과 관련이 있다. 이때 행위자와 관객 사이에는 신체적 공동 현존을 토대로 공동체가 형성된다. 이러한 가능성은 20세기 초부터 논의되고 추정되어왔다. 연극 이론가와 연극 실무자가 벌인 논쟁은 다음과 같은 제의 연구 및 사회학의 쟁점과 아주 밀접한 관계가 있다. 이들은 개인이 모여 공동체가 형성되는지, 혹은 먼저 공동체가 있었고 그 속에서 개인이 분리되어 나왔다고 가정해야 하는지 등에 대해 논의했다. 에밀 뒤르켐은 로버트슨 스미스의 (희생)제의 이론을 연관시키면서 다음과 같이 말한다. "집단적 삶은 개인적 삶에서 비롯된 것이 아니라, 오히려 〔……〕 그 반대로 이루어졌다. 이러한 조건 아래서만, 어떻게 사회가 해체되지 않은 채 개인성이 형성되고 확장되는지 설명할 수 있다."[21] 이러한 공동체 형성에 관한 관심은 19세기에서 20세기로 넘어가는 전환기에 나타났다. 이 시기는 뒤르켐이 "개인이 [……] 종교적 대상"이 될 정도라고 표현하듯 산업화와 도시화의 결과로 익명의 대중이 대량으로 출현하면서 개인주의가 가속화되던 때였다.[22] 이러한 맥락에서 연극은 많은 이들에게 그 과정을 관찰할 수 있을 뿐 아니라 실험해볼 수 있는 장소로 떠올랐다. 게오르크 푹스Georg Fuchs는 "배우와 관객, 무대와 객석은 [……] 그 기원과 본질에서 서로 대립하지 않고 하나다"[23]라고 주장했다. 푹스는 다른 많은 연극 혁신가나 전위주의자Avantgardist와 마찬가지로 돌출 무대Rampe를 제거해야만 '하나됨'이 이루어진다고 믿었는데, 이에 대해서는 프세볼로트 메이에르홀트Vsevolod E. Meyerhold도 다음과 같이 지적했다. "오늘날 [……] 서로 다른 두 낯선 세계로 분리된 연극이, 즉 단지 행동만 하는 세계와 그것을 수용만 하는 세계"[24]가 "다시" 형성될 수 있는 것처럼 보인다. 라인하르트의 하나미치를 사용한 실험, 그리고 슈만 서커스단의 원형극장은 관객과 배우가 하나의 공동체를 형성하는 것을 목표로 했다. 라인하르트의 「오레스테이아」를 각색한 카를 폴뮐러Carl Vollmoeller는 1919년 베를린의 슈만 서커스 원형극장을 재건축한 대형 극장의 개장식 때 다음과 같이 지적했다. "오늘날 민중 집회는 가능하다. 제정 시대의 50년간 정부가 민중의 비정치화를 목적으로 방해해왔지만 오늘날은 가능하다. 즉 수많은 사람이 모인 극장 공간에서 함께 행동하고 감동하고 공

---

21) Emile Durkheim, *Über soziale Arbeitsteilung. Studie über die Organisation höherer Gesellschaften*(1893, 개정판: 1903), Frankfurt a. M. 1988, pp. 339 이하.

22) 같은 책, p. 227.

23) Georg Fuchs, *Die Revolution des Theaters. Ergebnisse aus dem Münchener Künstlertheater*, München/Leipzig 1909, pp. 63 이하.

24) Vsevolod E. Meyerhold, "Zur Geschichte und Technik des Theaters," *Schriften*, 2 Bde., Berlin 1979, Bd. 1, p. 131.

감하는, 시민과 동시대 민중이 이루는 공동체로의 연대는 오늘날 가능하다."[25] 이런 극장에서 개최되는 공연은 행위자와 관객을 개별적 인간에서 공동체의 구성원으로 변화시킬 수 있어야 한다.

물론 공동체 형성의 기본 토대에 대한 개념은 이론가마다 현저히 달랐다. 푹스는 프리드리히 니체Friedrich Nietzsche에 의거하여 새로운 극장의 건축과 이에 상응하는 새로운 연기술[26]을, 즉 다음과 같이 배우와 관객이 함께 '독특한 황홀감'에 빠지는 상태를 원했다. "만약 우리가 한 덩어리가 되어 움직인다고 느낀다면 […] 우리가 수많은 다른 이와 열정적으로 하나라는 일체감을 느낀다면, 우리는 분명히 전율에 사로잡히게 될 것이다."[27] 에르빈 피스카토르는 1925년 정치 풍자극「그 모든 것에도 불구하고!Trotz alledem!」를 발표하고 발터 그로피우스Walter Gropius와 함께 총체적 연극Totaltheater[28]을 위한 극장 설계를 발전시켰는데, 그는 푹스와 반대로 공동체를 정치적 집단, 계급 투쟁 집단으로 파악했다.[29] 지금까지 30년 넘게 논란이 되고 있는 나치의 국가사회주의

---

25) Carl Vollmoeller, "Zur Entwicklungsgeschichte des Großen Hauses," *Das Große Schauspielhaus. Zur Eröffnung des Hauses*, Deutschen Theater Berlin(ed.), Berlin 1920, pp. 15~21, p. 21.

26) 푹스는 초기작 『춤*Der Tanz*』(Stuttgart 1906)에서 새로운 연기술에 대해 다음과 같이 정의한다. "공간에서 인간 신체의 리듬감 있는 움직임은 창조적 열정에 의해 수행되며 신체라는 표현 수단을 통해 감정을 표현해낸다. 그리고 이 과정에서 내적 충동을 풀어냄으로써 다른 사람들도 이와 같거나 비슷한 리듬의 진동 속으로, 나아가 황홀경 속으로 빠지게 한다"(p. 13).

27) Georg Fuchs, *Die Revolution des Theaters*, pp. 4 이하.

28) 총체적 연극에 대해서는 다음 책을 참고하라. Stefan Woll, *Das Totaltheater. Ein projekt von Walter Gropius und Erwin Piscator*(=Schriften der Gesellschaft für Theatergeschichte e. V., Bd. 68), Berlin 1984.

29) Erwin Piscator, *Zeittheater. "Das Politische Theater" und weitere Schriften von 1915 bis 1966*, Reinbek bei Hamburg 1986 참조.

적 팅슈필 운동Thingspielbewegung에서는 그리스 연극을 연상시키는 공론장들Thingstätte을 건축했다. 여기서 그들은 라인하르트나 피스카토르가 각기 발전시킨 연출 전략을 사용하면서, 공연을 통해 행위자와 관객을 '민족 동지volksgenosse'로 변화시키고 전형적인 '민족 공동체'로 만들고자 했다.[30]

나치의 국가사회주의는 개인을 공동체로 체화시킨다는 개념을 개인을 무시하고 결국은 말살하는 것으로 변질시켰고, 제2차 세계대전 이후 '공동체'라는 용어를 공식적으로 사라지게 만들었다. 연극은 다시 모든 정치적, 사회적 문제를 등한시하는 예술 공간 혹은 성소가 되었다.

1960년대에 이루어진 예술의 수행적 전환은 예술과 비예술의 경계, 미학적인 것과 정치적인 것의 경계선을 넘어서거나 지워버렸다. 그리고 행위자와 관객의 공동체에 대한 논의가 새롭게 떠올랐다. 소위 제의적 연극이 다양한 형태로 나타나 논의를 앞당기는 역할을 했다. 이것은 산업사회에 대한 급진적 비판에서 출발했다. 왜냐하면 산업사회는 개인에게 '총체성, 유기적 성장과 그 과정, 구체성, 종교적 초월 경험'[31] 같은 것을 허락하지 않기 때문이다.

산업사회와 비산업사회 간에, 개인주의적 문화와 공동체적 문화 간에 연결 고리가 발견 혹은 구축되어야 한다. 아울러 공동체는 그 발전 방향

---

30) 이 프로그램에 대해서는 나치 제국의 드라마투르기였던 라이너 슐뢰서의 다음 연설을 보라. Rainer Schlösser, "Vom kommenden Volksschauspiel"(1934), *Das Volk und seine Bühne*, Berlin 1935. 팅슈필에 대한 일반적인 지식은 다음을 참고하라. Gaetano Biccari, *"Zuflucht des Geistes?": konservativ-revolutionäre, faschistische und nationalistische Theaterdiskurse in Deutschland und Italien, 1900~1944*, Tübingen 2001.
31) Richard Schechner, *Environmental Theater*, p. 197.

에서 거대한 혁신이 ─ 아니면 최소한 개인주의에 대한 수정이 ─ 필요하다. 이러한 혁신과 수정은 경제, 정부, 사회적 삶, 개인적 삶, 미학 등 현대 사회의 면면을 그대로 남겨두지 않을 것이다. 연극은 이 운동에서 중추적인 위치를 차지한다. 시선을 집중시키고 변화를 요구한다는 점에서 이러한 운동 자체가 연극적이기 때문이다.[32]

행위자와 관객의 공동체 형성을 통해 참여자들은 지금까지 불가능했던 경험을 할 수 있게 되었다. 그리고 이에 상응하는 변화의 과정을 겪어야 했다. 빈 행동주의자 헤르만 니치의 「난장-신비-연극Orgien—Mysterien—Theater」이나 셰크너의 퍼포먼스 그룹이 선보인 것과 같은 연극은 그들의 작업을 제의와 연관시켰다. 이미 10여 년 전의 로버트슨 스미스와 에밀 뒤르켐이 그랬던 것처럼 이들 역시 공동체란 바로 공동의 제의를 이행하면서 드러난다고 믿었기 때문이다. 니치는 ─ 신의 희생적 찢김과 부활은 보편적 제의라고 주장한 프레이저와 마찬가지로 ─ 기독교적/가톨릭교적이며 고대 신화적인 제의에 영향을 받았고, 셰크너는 방주네프가 설명한 통과의례를 토대로 삼았다. 이들은 공동체의 생성을 위한 중요한 전제조건으로 행위자와 관객이 함께 특정 제의를 수행하는 것을 꼽았다. 이것을 위해 이들은 주로 두 가지 전략을 사용했다. 첫째는 역할 바꾸기로, 이것 없이는 공동의 이행은 생각할 수 없었다. 둘째는 예술의 성소인 전통적 극장 건물을 피하는 것으로, 그들은 그 대신 현실 사회로부터 유리되지 않은 장소를 선택했다. 니치의 양 도살 행위는 그의 집이나 동료 예술가의 집에서, 갤러리에서, 후기에는 프

---

32) 같은 곳.

린첸도르프Prinzendorf 성의 넓은 대지에서 이루어졌다. 셰크너는 「디오니소스 69」를 다양한 환경을 조성할 수 있는 퍼포먼스 창고Performance Garage라 불리는 옛 작업장에서 이행했다.

　이 예술가들은 공연을 통해서 공동체라는 개념을 극단적으로 새롭게 정의했다. 라인하르트의 "5천 명의 연극Theater der Fünftausend"과 달리 푹스의 "황홀경 속의 대중Masse im Rausch," 피스카토르의 프롤레타리아를 위한 연극 또는 팅슈필의 "50명에서 10만 명까지의 연극Theater der Fünfzigbis Hunderttausend"에서는 오히려 소수의 사람들이 임시 공동체를 형성한다. 그리고 이러한 공동체는 다른 참여자가 공동체에 체화되도록 강요하지 않는다. 여기서는 개개인이 언제 참여할 것인지 혹은 하지 않을 것인지 스스로 결정하도록 했다. 리처드 셰크너가 설명하듯이 공동체는 "개인 혼자 하는 것과 타자와 함께하는 것 사이의 실현 가능한 변증법"[33]을 가능하게 해야 한다. 이처럼 모든 참여자의 개인성을 존중하는 공동체——즉 공동 주체적 공동체——란 제한된 시간이라는 조건 아래 가능하다. 이것은 공연 시간 내내 지속적이지 않고, 찰나와도 같은 시간의 섬들 속에서 이루어질 뿐이다.

　니치뿐 아니라 셰크너의 경우에도 공동의 행위와 경험을 통해서 공동체를 형성하고자 했다. 가령 「디오니소스 69」에서의 탄생과 죽음의 제의나 디오니소스의 탄생 이후 추는 광란의 춤과 함께 흘러나오는 다음과 같은 노래(하나 되세 하나 되세, 우리 함께 축제를 열어보세. 한판 즐겁게 놀아보세. 이리 와서 동참하시오. 내 생일 제단을 돌며 성스러운 원무

---

33) 데이비드 쿠퍼David Cooper의 말이다. Richard Schechner, *Environmental Theater*, p. 255에서 재인용.

를 춥시다)가 이를 증명한다. 이 덕에 행위자와 관객이 공동체를 형성할 수 있었다. 이 공동체는 무엇이라고 정의할 수 없는 희한한 중간적 공간에 자리한다. 이 공동체는 아직 여기에 통합되지 못한 관객도 '연극play'의 한 부분으로서 허구적 이야기로 이끌었고, 이런 의미에서 허구적 공동체인 동시에 공동 행위를 통해서 행위자와 관객의 사회적 공동체를 현실적으로 형성했다. '현실적' 공동체는 공동 행위에 말려들 듯 참여한 사람들의 관점에서만 형성되었다. 이 공동 행위는 허구적 '연극'의 맥락에서 디오니소스의 탄생이나 펜테우스의 죽음을 불러왔고 그 결과 허구적이면서 현실적인 공동체가 형성되었다. 다른 관점의 사람들, 특히 공동체에서 소외감을 느낀 사람은 이 공동체가 허구적인 것인지, 연출된 것인지, 혹은 실제 공동체인지 판단할 수 없었다. 역할 바꾸기는 행위자나 '연극'의 공동 참여자에게 관점을 바꾸기 위한 전제조건으로 기능했고, 이를 통해서 공동체 경험을 가능하게 했다. 요약하자면 여기서 관건은 행위의 이행 과정, 그리고 공동체의 형성 과정에서 생성되는 경험이다. 따라서 여기서 '마치 ~처럼'이라는 방식이 어떤 역할을 하는지, 그리고 행위자와 관객이 참여하는 공동체 경험이 실제로 형성되었는지, 형성되었다면 그것이 어떻게 전개되고 침해당했는지에 관해서는 끝내 설명되지 못한다.

니치가 1960년대부터 이행한 양 도살 행위는 행위자와 관객의 공동 행위가 이루어질 수 있는 다른 조건을 제공했다. 이 조건은 바로 이들이 사용했던 일부 구성 요소들이 고도의 상징성이 있었음에도 허구적 '연극'의 맥락에 따라 이행되지 않았다는 데 있다. 이것은 무엇보다 행위의 중심 요소였던 양에 대한 문제다. 1960년대 기독교적-가톨릭교적인 빈에서 이것은 의심할 여지 없이 '주님의 양'을 상징했다. 니치가 양을 십자가에 매단 행위는 그리스도를, 특히 그가 십자가에 못 박힌 사실을 떠올리게 했다. 이때 예술가의 행위와 사회적 사건 사이에 분명하게 경계를 그을 수 없는 것은 당연했다. 그래서 니치는 신성모독죄로 법정에 서야만 했다.

행위자와 관객은 자신이 원하는 한 많은 행위를 함께할 수 있었다. 그들은 서로에게 피를 퍼부었고, 피, 더러운 물, 그리고 다른 액체 위에서 철벙거렸고, 내장과 배설물을 맨발로 뭉개고 짓밟았으며, 양의 내장을 함께 들어냈다. 이 행위는 와인과 고기로 함께 식사를 하는 것으로 끝났다. 행위자와 관객이 여기서 사용한 요소들은 1960년대 서구 문화에서는 금기의 영역에 속했다. 니치의 행위는 모든 참여자에게 지금까지 조심스럽게 유지되고 보호되어온 금기의 영역을 공개적으로 넘어서게 했으며, 일반적으로 닫히고 금지되었던 감각적 표현과 신체적 경험을 함께 해볼 기회를 제공함으로써, 일종의 '원형적 해방감Urexzess'[34]을 불러일으켰다.

우리의 문화를 구성하는 상징 질서는 오래전에 구체적인 사물이나 신체적 경험으로부터 떨어져 나왔다. 처음에는 이들을 통해 상징화 과정이 전개되었지만 말이다. 니치의 행위는 참여자들이 공동 행위를 실행하는 동안 다시 개인의 신체적 경험을 환기시켰다. 이러한 행위는 동시에 두 가지 기능을 한다. 우선 행위가 이행되는 동안 우연히 모였던 개인들 사이에 공동체를 형성한다. 이 공동체는—다른 사람들이 보는 앞에서—공개적으로 금기를 깬다. 다음으로 이 공동체는 개개인을 지

---

34) Hermann Nitsch, *Das Orgien—Mysterien—Theater. Die Partituren aller aufgeführten Aktionen 1960~1979*, Neapel/München/Wien 1979, Bd. 1, p. 87.

금까지 근접할 수 없었던 '해방감Exzeß'으로 이끄는 경계 경험을 하게 하고, 그 결과 '카타르시스'를 불러일으키는 행위를 실천하는 개인으로 변화시킨다. 즉 이를 통해 신체적 경험과 상징의 형성이 자유롭게 결합된다. 모두 모여 고기와 와인을 먹는 것은 일종의 '정화된' 개인들로 이루어진 공동체를 새롭게 하고 강화시킨다. 이것은——니치가 분명하게 지적하듯이——성찬을 떠올리게 한다. 성찬에서 신자들은 예수 그리스도의 피와 살을 성체로서 상징적으로 체화한다. 이를 통해 그들은 예수 그리스도의 공동체로서 새롭게 만들어지고 인정받는다. 이것은 사냥꾼무리가 모여 가장 먼저 의식Ritual을 치르고 그 뒤에 정치적 공동체가 되는, 로버트슨 스미스가 말한 식사 공동체를 상기시키기도 한다.[35] 니치의 양 도살 행위를 통해 형성된 공동체를 어떤 의미에서는 제의적 공동체로, 어떤 의미에서는 상징적이며 사회적인 공동체로 규정할 수 있는 것은 분명하다.

「디오니소스 69」와 마찬가지로 이 행위 역시 양이라는 제물을 통해, 그리고 개인에 대한 집단의 폭력을 통해 공동체가 형성되고 보존되는 희생제의를 반영한다.[36] 그렇지만 이들이 형성한 공동체는 그것을 구성하는 개인과 갈등을 일으키지 않았을 뿐 아니라——개인과 개인 사이에 갈등은 있을 수 있다——이 공동체에 연대하지 못하는 사람과도 갈등을 일으키지 않았다. 즉 이들은 공동체의 구성원에게 무엇도 강요하지 않았으며, 오히려 각 개인에게 경계 경험과 변환 경험을 제시했을 뿐이다.

---

35) 니치의 「난장-신비-연극」에 대해서는 Erika Fischer-Lichte, "Verwandlung als ästhetische Kategorie," Erika Fischer-Lichte 외(eds.), *Theater seit den sechziger Jahren*, Tübingen/Basel 1998, 특히 pp. 25~33, 45~49 참조.

36) René Girard, *Das Heilige und die Gewalt*(1972), Frankfurt a. M. 1992.

나아가 이들은 공동체에서 제외된 사람들에게도 아무런 폭력을 가하지 않았다. 상대방을 적대화하고 소외시키며 개인을 추방하는 행위는 일어나지 않았다. 이러한 관점에서 보면 이러한 종류의 수행적 공동체는 이상적 순간을 내재한다. 물론 여기서 간과해선 안 될 사항은, 그들이 공동으로 이행한 행위는 바로 르네 지라르René Girard가 희생제의에 대해 설명했듯이, 전체가 하나 ― 희생물 ― 를 대상으로 '카타르시스적' 폭력을 체화시킨 것이라는 사실이다. 가령 양 도살 행위에서는 전통적인 희생제물이며 예수 그리스도의 희생적 죽음의 상징인 양을 희생물로 내세웠다. 그리고 「디오니소스 69」에서 공동체는 '마치 ~처럼'의 양식으로 상징적 폭력 ― 공동체를 다스리고 유지하기 위해 펜테우스를 공동체에서 추방한 것 ― 을 행사했다.

이러한 공동 행위로 인해 형성된 공동체를 '허구로' 파악해선 안 된다. 이것은 사회적 현실이다. 그러나 이 사회적 현실은 다른 사회적 공동체와 달리 아주 짧은 시간 동안만 존재한다. 이것은 공동 행위가 끝나는 순간 사라진다. 이 공동체가 만들어지기 위한 조건으로 공동체의 모든 참여자가 받아들여야 하는, 오랫동안 유지되어온 성향 혹은 신념이 반드시 필요하지는 않다. 보통 때는 행위자와 관객으로 분명하게 구분되었던 두 구성원이 한 공연 안에서 주어진 시간 동안 함께하는 행위를 통해 고유의 형식으로 공연을 형성하고 이행한다는 사실을 정확히 인식한 것일 뿐이다. 이러한 기준은 행위자와 관객의 공동체 형성을 가능하게 했고, 동시에 왜 이 공동체가 짧은 시간이 지난 뒤 다시 사라지는지에 대한 근거를 제시해주었다.[37]

---

37) 바티모에 의하면 이것은 '미학적 공동체'의 키워드다. Gianni Vattimo, *Die transparente*

이처럼 짧은 생명력을 지닌, 행위자와 관객으로 이루어진 연극적 공동체는 수행성의 미학에서 무엇보다 두 가지 이유에서 매우 흥미롭고 중요하다. 하나는 이 연극적 공동체가 사회적인 것과 미학적인 것의 혼합을 필연적으로 드러낸다는 점이다. 특정한 미학적 원리에 따라 이루어진 행위자와 관객의 공동체는 그 구성원에게 항상 사회적 현실로 경험된다. 만약 공연에 휘말리지 않은 관객이 이 공동체를 허구적 혹은 순수 미학적 공동체로 관찰하고 파악하더라도 말이다. 다른 하나는 이 공동체는 1910년대처럼 몇몇 영리한 사람들이 설계한 연출 전략과 작업 전략의 결과로 생성되지 않았으며, 자동 형성적 피드백 고리를 특수하게 응용하여 생성되지도 않았다는 점이다. 행위자의 특정 행위는 역할 바꾸기를 통해 — 물론 특정한 연출 전략이 사용되면서 — 관객 개개인에게 반응을 일으킬 수 있었다. 역할 바꾸기가 관객이 행위자와 함께 특정 행위를 이행할 가능성을 열어준 것이다. 이것은 관객에게 — 행위자와 마찬가지로 — '본래' '근본적으로' 여기에 속하지 않는 개개의 타자들과 함께 자신의 신체에, 그리고 자신의 신체로 공동체의 경험을 하게 한다. 이러한 경험은 공동체의 구성원 — 행위자와 '관객' — 의 행위를 통해서, 혹은 공동체에 포함되지 않은 개인의 행위를 통해서 언제라도 무효화될 수 있다. 공동체는 허물어진다. 피드백 고리는 다른 방향점을 찾는다.

앞서 열거한 사례들을 보면, 행위자와 관객이 공동체를 형성하기 위한 필수적인 전제조건은 관객의 능동적인 역할 바꾸기였다. 여기서 제기되는 질문은 피드백 고리가 역할 바꾸기 같은 전제 없이도 공동체를

Gesellschaft, Wien 1992, 특히 pp. 90 이하 참조.

형성하는가이다. 그러니까 협소하게 보았을 때 누구나 인정할 수 있는 역할 바꾸기가 없어도 행위자와 관객의 상호 관계가 구성되는지, 무엇보다 역할 바꾸기라는 렌즈를 통해 관찰된 것이 지각되고 인식될 수 있는지에 관한 것이다. 이에 대해서는 아이나 슐레프Einar Schleef의 연극과 연계해 생각해보자.

슐레프는 1980년대 중반부터 이른 나이로 세상을 떠난 2001년 여름까지 새로운 합창 연극을 만들고 실험했는데, 여기서 강력한 공동체들이 형성되었다. 그것은 합창단 공동체, 그리고 행위자와 관객이라는 공동체였다. 그럼에도 슐레프의 합창 연극은 니치의 「난장−신비−연극」이나 세크너의 퍼포먼스 그룹과 첨예하게 대비된다. 슐레프는 전통적인 연극 공연장에서 공연을 했을 뿐 아니라 ── 물론 그는 극장의 구조를 크게 바꾸었다. 그러나 1990년대 말부터 2000년대 초반까지의 마지막 연출작들(1996년 베를린 앙상블에서 연출한 「푼틸라Puntila」, 1998년 빈 부르크 극장에서의 「스포츠 작품Sportstück」, 그리고 2002년 베를린 독일극장에서 연출한 「배반당한 민중Verratenes Volk」)에서는 프로시니엄 무대를 그대로 사용했다 ── 행위자와 관객의 역할 바꾸기를 시도하지 않았다.[38] 슐레프가 행위자와 관객이 함께하는 행위를 사용한 경우가 있

---

38) 주목할 만한 예외는 그가 뒤셀도르프에서 이행한 「살로메Salome」(1997) 공연이다. 여기서는 극장이라는 틀과 갤러리 혹은 박물관 방문객에 해당하는 틀 사이에 충돌을 일으키는 역할 바꾸기가 이루어졌다. 철벽같은 무대 커튼이 올라간 뒤 무대에서 관객에게 선보인 것은 활인화tableau vivant였다. 푸르스름한 새벽빛이 무대 공간에 퍼졌고, 18명의 회색 혹은 검은색 의상을 입은 형상들이 아무런 움직임 없이 마치 회화에서와 같은 자세와 위치로 배치되어 있었다. 매우 아름답고 깊은 음영을 드리운 균형감 있는 이미지가 관객에게 10분 동안 보여졌다. 그 후 무대 커튼은 내려가고 휴식 시간이 주어졌다. 필자는 이 공연을 1998년 베를린 연극제에서 관람했는데, 여기서 관객들은 무대 커튼이 올라간 후 저마다 놀라움의 환성을 지르기 시작했다. 그러나 이것이 1분 이상 지속되자 관객들은 다양한 행위 양상을 보였다. 일부는 일반적으로 극장에서 이루어지는 행위 양상, 즉 박수를 치고 휘파람을 불고 '브

다면, 그것은 일종의 아이러니를 지닌 인용에 지나지 않았다. 프랑크푸르트 극장에서 1987년 공연한 「새벽이 오기 전에Vor Sonnenaufgang」에서는 배우가 관객에게 동전 초콜릿을 주었고, 1988년 공연한 「배우Die Schauspieler」에서는 플라스틱 컵에 따른 차를, 1989년 공연한 「괴츠 폰 베를리힝겐Götz von Berlichingen」에서는 찐 감자를 나누어주고 '공동 식사'로 초대했는데, 결과적으로 이것은 역설적이게도 로버트슨 스미스가 이야기하는 식사 공동체를 연상시켰다.

슐레프가 니치 및 셰크너와 유사한 점은 이 세 사람이 만들어낸 새로운 형식의 연극은 모두 그리스 비극과 관련되거나 최소한 그리스 신화에서 발전되었다는 데 있다. 즉 니치는 "디오니소스의 찢어발기기/맹인이 되는 오이디푸스/ 〔……〕 /오르페우스의 죽음/아도니스의 죽음/아티스의 추방/ 〔……〕"에 기초한다.[39] 셰크너의 「디오니소스 69」는 에우리피데스의 『바쿠스의 여신도들』에 기초하며—이 작품과 관련하여 길버트 머리는 그리스 비극의 원형이 제의라는 것을 논증했다—슐레프의 첫 합창극인 「어머니Die Mütter」는 에우리피데스의 『탄원하는 여인들Hiketides』과 아이스킬로스의 『테바이를 공격한 일곱 장수Hepta epi Thēbas』에 근거한다.[40] 아테네에서는 디오니소스 신을 모시는 크고 도회

라보'나 '앵콜'을 외쳤다. 이와 반대로 다른 관객들은 배우 대신에 행위자의 역할을 이행했다. 그들은 어느 정도 그럴싸한 코멘트를 하여 다른 관객들의 이목을 끌었다. 또 다른 사람들은 활인화를 좀 조용히 감상했으면 좋겠다고 주위 사람들을 꾸짖었다. 관객이 어떻게 행동하든—이때 객석은 훤히 밝았다—배우들은 아무런 미소나 헛기침, 움직임도 없이 관객을 관찰했다. 그러나 앞서 언급한 대로 배우들은 무대 위에 존재했기 때문에 아무런 행위를 하지 않는다고 할 수 없었다. 수동적으로 보이는 그들의 행위는 몇몇 관객에게는 적극성을 유발했을 뿐 아니라, 도발적이기까지 했다. 이에 상응하게 여기서 나타나는 피드백 고리 기능은 매우 특수한 조건 속에서 파악되어야 한다.

39) Hermann Nitsch, *Das Orgien—Mysterien—Theater*, Bd. 1, p. 87.
40) 수행적 전환 이후의 연극에서 그리스 연극이 어떤 의미를 갖는지에 대해서는 Edith Hall

적인 디오니소스 축제의 일환으로 비극 공연이 기획되었다. 이 축제는 거리 행렬이나 제물 바치기 같은 공동의 제의 행위로 시작되었다. 그러나 공연 중에 배우와 관객은 분명하게 분리되었는데, 이들은 오케스트라에서 춤추고 노래하는 합창단에 의해 연결되었다. 그리스 연극에서 행위자와 관객의 공동체 형성은 오히려 거리 행렬이나 제물 바치기, 그리고 국가를 상징하는 행위를 통해 폴리스라는 공동체를 강화하고 새롭게 하는 것을 목적으로 했다. 연극은 정치적 공동체에서 비롯되었다. 연극은 ─니치나 셰크너의 경우처럼─정치적 공동체를 보완하거나 대치하는 것이 아니었고, 정치적 공동체의 미학적 이상향 출현을 위한 것도 아니었다.

슐레프는 오히려 니체의 의미에서 그리스 연극을 받아들였다. 니체의 『음악의 정신으로부터의 비극의 탄생*Die Geburt der Tragödie aus dem Geiste der Musik*』(1872)에서 슐레프는 노래하고 춤추는 사티로스의 합창에서 그리스 비극의 원형을 찾을 수 있다는 명제를 발견했다. 아폴로의 원리가 개인화를 목적으로 하는 반면, 디오니소스의 원리는 개인화를 지양하고 개인들을 황홀경 속에서 춤추고 노래하는 공동체의 구성원으로 변화시킨다. 니치와 셰크너가 그들의 공연에서 일시적이지만 갈등이 없는 공동체를 형성한 것과는 달리 슐레프의 공동체는 개인과 공동체 간에 항상적인 갈등으로 구성된다. 슐레프는 자신의 저서 『마약 파우스트 파르지팔*Droge Faust Parsifal*』에서 다음과 같이 말한다.

(ed.), *Dionysus since 69: Greek Tragedy and the Public Imagination at the End of the Second Millenium*, Oxford 2003 참조.

고대의 합창단은 끔찍한 이미지를 지닌다. 등장인물들은 마치 다른 사람이 흑사병을 옮기기라도 할 것처럼 서로를 강하게 밀어내면서도, 한편으로 떼를 지어 엉겨 붙어서 보호받기를 바란다. 이를 통해 이 무리는 위험에 빠지고 모든 공격에 노출된다. 그들은 여기서 벗어나기 위해 두려움에 떨면서 필요한 희생을 재빨리 받아들이고, 결국 한 명을 밖으로 추방한다. 여기서 합창단은 자신의 배반을 의식하면서도 자신의 입장을 바꾸지 않고, 오히려 그 희생자를 죄인으로 만들어버린다. 이것은 고대 합창단에 대한 관점일 뿐 아니라, 오늘날까지도 반복되는 과정이다. 합창단의 적은 수백만의 유색인종, 짐승 같은 사람들, 전쟁 약탈자들, 망명자들이 아니라, 무엇보다 다른 언어를 구사하는 반대자다. 이러한 사람이 가장 먼저 제거해야 되는 대상이었다. 제거 방법은 상관없었다.

고대의 상황은 지금도 유효하다. 합창단과 개인은 지금도 투쟁한다. 합창단과 그 밖의 사람들의 관계, 무엇보다 서로 협력하여 그들에 저항하는 소외된 자들과의 관계는 여전히 불협화음을 낸다.[41]

슐레프가 여기서 합창단의 성격을 드러내기 위해 말한 관계의 문제는 행위자와 관객의 관계에도 적용할 수 있다.

그는 프랑크푸르트 극장에서 공연한 「어머니」에서 매우 독특한 공간을 창조했다. 그는 객석에서 (노인과 장애인을 위해 예약된 뒷좌석 세 줄을 제외하고) 의자를 모두 치우게 했다. 관객석의 바닥은 평평한 계단으로 되어 있었다. 관객은 뒤쪽부터 차례대로 자리를 잡았다. 무대에서부터 객석의 중간을 관통해서, 뒷벽까지 이어지는 넓은 계단식 판자 다리

---

41) Einar Schleef, *Droge Faust Parsifal*, Frankfurt a. M. 1997, p. 14.

가 놓였다. 연출가는 다른 무대도 만들었다. 관객석 뒤에 남긴 세 줄의 좌석과 벽 사이에 폭이 좁고 긴 무대를 설치한 것이다. 결론적으로 관객 앞과 뒤에, 그리고 관객석 중앙에 배우를 위한 놀이 공간이 만들어졌고, 관객들은 배우들에게 둘러싸이거나 거의 포위되었다. 물론 출입문 쪽으로 난 '비상구'는 열려 있었다.

이런 구조로 된 공연장 바닥 위에 세 무리의 여성 합창단이 자리했다. 검은색으로 분장한 채 손에 도끼를 들고 테세우스(마르틴 부트케 분)에 맞서는 과부들의 합창단, 그리고 1부에서 흰색 옷을, 2부에서 붉은 망사로 된 원피스를 입고 나오는 젊은 여성들의 합창단, 군수공장에서 일하는 노동자처럼 검은 작업복을 입은 여성들의 합창단이 그들이었다. 이들은 모든 공간을 차지하고 지배했다. 특히 2부에서, 이들은 발을 구르며 객석 앞의 무대를 오르내렸고, 관객 뒤쪽 무대에서도 금속징이 박힌 검은 구두를 신고 쿵쿵거리며 뛰어다녔다. 합창단의 모든 구성원은 같은 리듬으로 움직이고 말하며, 고함지르고 소리치고, 개처럼 킹킹거리고, 훌쩍거리며 울고, 속삭이듯 같은 음으로 소곤거렸다. 그럼에도 이는 합창단 구성원의 개체적 개인성은 사라진 채 다른 이와 함께 묶어버리는 집단적 신체로서의 합창이 아니었다. 오히려 이것은 자신의 고유한 성격을 포기하지 않은 채 공동체에 체화되려는 개인, 그리고 모든 구성원의 총체적 체화를 위해 개인성을 주장하는 개인을 거부하는 공동체와의 일종의 지속적인 투쟁이자 싸움이었다. 이에 상응하게 합창단 안에서는 각 구성원과 공동체 사이에 공통 언어와 육체적 행위를 통해 긴장감이 구성되고 드러나고 유지되었다. 이러한 긴장감은 합창단을 지속적인 흐름의 상태로 밀어 넣었고, 공동체의 개인에 대한 입장과 태도의 측면에서, 그리고 그 반대의 경우의 측면에서도 변환적 역동성을 형성하는 데 영향을 미쳤다. 이러한 긴장은 결코 풀리지 않았다. 즉 이 합창단은 결코 단 한 번도 조화로운 공동체로 변하지 않았다. 긴장감은 오히려 더 커졌다. 한 공동체가 개인에게 행사하고 또 거꾸로 개인이 공동체에 가하는 폭력적 행위가 계속해서 감지되었다.

이러한 폭력은 공동체가 개성이 강한 인물 — 테세우스 혹은 에테오클레스(하인리히 기스케스Heinrich Giskes 분) — 과 대면할 때마다 더 강력하게 드러났다. 가령 테바이의 여인들과 에테오클레스 사이의 갈등은 판자 다리 위에서 서로의 위치를 계속 바꿔가면서 이루어졌다. 즉 에테오클레스가 판자 다리 위에 똑바로 서 있는 동안 여성들은 계단에 누워 있다거나, 에테오클레스가 쪼그리고 앉아 있는 동안 여성들이 몸을 굽혀 그를 바라보는 식이었다. 남성인 개인과 (여성) 합창단의 권력 투쟁은 공간 속에서의 부단한 위치 변화와 목소리 크기의 변화를 통해 이루어졌다. 여성들이 갑자기 일어섰을 때 에테오클레스는 말 그대로 여성들의 호령 소리에 눌려 무릎을 꿇고 웅크려 앉았다.

지속적인 긴장감은 행위자와 관객의 관계에서도 유발되었다. 관객 주위에서 혹은 관객 사이에서 배우가 연기하는 공간적 설정은 행위자와 관객의 근본적 융합이라는 이미지를 가져다주었다. 그러나 이러한 이미지가 허상임이 곧 밝혀졌다. 하나 되는 융합이 일어나더라도 그것은 곧 해체되었다. 참여자들은 일체감 대신 서로 투쟁하는 힘을 느꼈다. 이것은 또한 어느 정도 두 가지 의미를 창출시키는 공간의 설정에서 비롯된 것이기도 했다. 판자로 만들어진 다리는 객석 중간을 관통했기 때문에 행위자들은 관객에 둘러싸여 연기했다. 이때 관객은 항상 위험에 직면했다. 왜냐하면 이 판자 다리가 관객이라는 집단적 육체를 분리하고 갈라놓았기 때문이다. 여기에 공간적 조건 역시 관객을 보호하지 못하며,

합창단이 행사하는 폭력에 노출되게 만들었다. 즉 합창단이 관객의 머리 바로 위에서 계단식 무대를 발로 쿵쿵거리며 뛰어오르고, 관객을 위에서 내려다보며 고함지르거나 서로 호령을 할 때, 결과적으로 관객은 물리적 공격을 받는다고 느꼈다. 따라서 그들은 물러서거나 앞을 방어하며—가령 배우들이 발로 쿵쿵대는 리듬에 맞춰 손뼉을 치거나 고함을 지르며—반응했다. 여기서도 행위자와 관객 간에 권력 투쟁이 일어났다. 황홀경에 빠진 합창단은 관객을 장악하려 했고, 관객들도 황홀경에 들어와 그 공동체에 휩쓸리도록 유도했다. 그러나 일부 관객은 큰 목소리로 자신을 방어하거나 그 자리를 피하기 위해 객석을 떠났다. 객석을 떠난 사람들과 달리 남은 사람들은 두려워하거나 재미있어하면서 합창단과 하나 되는 데 몰입했다. 합창단과 관객이 조화로운 공동체를 이루는 순간은 물론 몹시 드물었다. 이것은 일종의 경계선을 넘어서는 찰나적 순간, 즉 두 편의 무리 사이에서 갈등을 일으키는 권력 투쟁이 새롭게 일어나면서 극장 안이 어느 순간 소요의 도가니로 변하는 순간이었다.

　이러한 싸움과 통일이 일어나는 동안 행위자와 관객의 공동 행위는 나타나지 않았고, 한 그룹의 구성원이 다른 그룹 구성원을 장악하는 일도 없었다. 행위자와 관객 사이에 싸움은 계속 이어졌지만, 시간이 갈수록 그들 사이에 공동체가 형성되는 순간은 퍽 줄어들었다. 관객은 관객으로 머물렀고, 배우는 배우로 머물렀다. 어떻게 이런 일이 가능했을까? 행위자의 행위와 관객의 지각과 행위 사이에 상호작용하는 피드백 고리가 모든 참여자에게 공동체를 형성하는 어떤 독특한 에너지를 발산시킨 것처럼 보인다. 여러 측면에서 (슐레프가 힘주어 강조하는) **리듬**이 여기서 결정적인 기능을 했다고 할 수 있다.

일찍이 게오르크 푹스는 "공간 속에서 인간 육체의 리듬감 있는 움직임은 다른 사람을 같은 혹은 비슷한 리듬의 율동 속으로, 그리고 그와 동시에 같거나 비슷한 황홀경 속으로 빠지게 할 수 있다"[42]고 말했다. 따라서 푹스는 리듬의 원리에 근거한 새로운 연기술을 만드는 것이 ─ 더불어 프로시니엄 무대를 없애는 것이 ─ 행위자와 관객의 공동체를 형성하는 지름길이라고 믿었다. 그는 또한 리듬감 넘치는 움직임이 에너지를 자유롭게 방출하고 전달할 수 있음을 분명히 인식하고 있었다. 슐레프에게서 리듬감 넘치는 움직임이 흥미로운 이유는 바로 황홀경의 공동체를 형성하는 잠재력 때문이었다.

「어머니」에서는 반대로 황홀경이 생성되지 않았다. 여기서는 무엇보다 순환 과정 자체, 즉 공간에서 행위자가 보이는 리듬감 있는 움직임뿐만 아니라, 리듬감 있는 말하기로 생성된 에너지의 방출과 전달, 교환이 중요한 관심사였다. 물론 극장에 흐르는 에너지는 보거나 들을 수 없다. 그럼에도 이것은 지각된다. 리듬은 우리의 호흡과 심장박동을 조절하는 신체적, 생리적 원리다. 이런 의미에서 인간의 몸은 리듬에 따른다. 따라서 리듬은 외면적 원리이자 내적 원리로 지각할 수 있다. 우리는 특정한 움직임을 보고, 특정한 말, 소리, 운율을 듣고, 그것을 리듬으로 지각한다. 하지만 에너지의 원리로서 리듬은 ─ 마치 우리 신체의 리듬처럼 ─ 우리가 직접 신체/몸으로 느낄 때만 그 영향력을 발휘한다.

만약 우리가 시각과 청각뿐 아니라 온몸으로 리듬을 체감한다면, 그러니까 공감각적으로 리듬을 지각한다면 무슨 일이 일어나는지를 「어머니」 공연을 통해 파악할 수 있다. 행위자의 리듬감 있는 움직임과 발

---

42) Georg Fuchs, *Der Tanz*, p. 13.

128

화를 통해 발생한 에너지는 행위자와 관객 사이를 순환했다. 다시 말해 행위자와 관객이 서로 돌아가며 에너지를 발산하고 강화했다. 이러한 에너지는 서로 만나서 결과적으로 합창단과 관객 사이에 '투쟁'으로 나타났다. 그럼에도 이들은 어느 순간 서로 하나 될 수 있었고 짧은 순간이나마 행복감을 자아내는, 그래서 관객이 빠져나가지 못하게 하는 공동체를 형성했다. 공연이 어디로 흘러갈지는 미리 예측할 수 없었다. 이것은 한편으로는 행위자가 매 공연에서 매 순간 발생시키는 에너지의 강도에 달려 있으며, 다른 한편으로는 많은 요소가 있지만 주로 공간을 유동하는 에너지에 대한 관객의 감응성Responsivität과 이러한 것을 몸으로 느끼고 자신을 감염시키며 열린 상태에 민감하게 반응하는 관객의 능력에 달려 있다. 다시 말해 이것은 감응적 에너지와 에너지 순환을 거부하는 에너지 사이의 힘의 문제다. 이러한 의미에서 에너지는 관객에게 공연 과정에 영향을 미치는 능력을 부여하며, 피드백 고리를 세밀하고 섬세한 차원에서 유지시키는 특별한 종류의 지각이라고 주장할 수 있다. 관객은 행위자로부터 전달되는 에너지[43]를 몸으로 체감한다.

이러한 에너지에는 특별한 공간적 설정도 필요하지 않다. 행위자와 관객이 국카스텐 연극의 프로시니엄 무대를 통해 만난다 하더라도 에너지를 주고받을 수 있다. 이것은 아이나 슐레프가 연출한 엘프리데 엘리네크Elfriede Jelinek의 「스포츠 작품」에서 강하게 입증된다. 여기서 행위자들은 45분 동안 육체적으로 힘든 연습을 완전히 지칠 때까지 최고 강도로 반복했고, 그러면서 다양한 목소리 높낮이와 크기로 같은 문장

---

43) 여기서 에너지라는 개념은—마치 물리학에서처럼—명료하게 정의되는 개념으로 사용되지 않았다. 오히려 여기서는 어느 정도 모호함을 허용했다. 에너지를 직접적 체험의 한 형태로 파악하고자 의식적으로 이러한 모호함을 감수한 것이다.

을 계속 반복해 합창했다. 여기서 에너지가 어떻게 발생하고 순환하는지 체험할 수 있었다. 공연 시작 몇 분 만에 몇몇 관객은 이러한 행위를 부담스럽게 느끼고 공연장을 나가버렸다. 반대로 이 현장을 끝까지 견뎌낸 사람은 어떻게 행위자와 관객 간에 에너지의 장이 형성되는지, 그리고 그것이 시간이 지날수록 얼마나 더 밀도 있게 강화되는지를 실감했다.

슐레프의 합창 연극에서 생성된 연극적 공동체는 수행성의 미학에 중요한 관점을 부여한다. 이 공연은 자동 형성적 피드백 고리가 관찰 가능한, 즉 보고 들을 수 있는 행위자와 관객 간의 행위나 태도뿐만 아니라, 이들 사이에 순환하는 에너지에 의해서도 진행되고 유지된다는 것을 잘 보여줬다. 이러한 에너지는 헤르만 슈미츠Hermann Schmitz가 설명하듯, 머릿속에서만 일어나는 허구적인 것이 아니다.[44] 이것은 매우 특별한 방법으로 지각할 수 있다. 즉 신체적으로, 몸으로 느낄 수 있는 것이다.

니치와 셰크너의 경우, 행위자와 관객이 함께 수행한 행위로 인해 공동체가 생성된 반면, 슐레프의 경우에는 행위자와 관객 상호 간에 발산하고 순환시킨 에너지에 대한 지각이 공동체 경험을 촉발했다. 역할 바꾸기에서 피드백 고리를 작동하게 하는 것은 관찰 가능한 행위와 태도다. 우리는 이처럼 자동 형성적 피드백 고리에서 지각이 매우 중요한 기능을 한다는 것을 가장 먼저 인식해야 함에도 쉽게 간과했는데, 바로 이러한 지각의 기능이 슐레프의 합창 연극에서 주목을 받은 것이다. 관객은 지각을 통해서 공연 과정에 영향을 주며, 관객 스스로도 에너지

---

44) Hermann Schmitz, *System der Philosophie*, 특히 II. 1. *Der Leib*, Bonn 1965 참조.

를 이동시키고 순환시킴으로써 다시 행위자와 관객에게 영향을 미친다.

「아메린디언의 방문」이라는 사례에서는 타인에 대한 시선이 지닌 변환의 힘이 잘 드러났다. 시선을 통해 타자가 공동 주체로 인정되거나 객체로 격하되는 것은 물론, 시선이 정체성을 부여하고 감시하며 통제하고 욕망하기도 한다. 시선이 가진 변환의 잠재성이 타자와 직접 마주하면서 전개되는 반면, 에너지의 잠재성은 방향성이 없다. 이것은 특정한 행위자 X와 특정한 관객 Y 사이에서만 순환하는 것이 아니라 전체 행위자와 관객 사이에서도 순환한다. 공연에서의 지각은 ─시선이든 육체적 체감이든─ 잠재적 영향력 없이는 생각할 수 없다.

따라서 관객을 함께 행위하는 사람, 즉 행위자로 만드는 데 역할 바꾸기가 첫번째로 필요한 것은 아니다. 행위하는 것과 관극하는 것의 대립은 여기서 붕괴한다. 슐레프의 합창 연극에서 생성된 연극적 공동체가 보여주듯이 관객은 지각하는 자로서 관객이며, **동시에** 공연 과정에서 그가 취하는 행동과 그에게 일어난 일을 통해 영향을 끼친다는 점에서 행위자다. 이에 상응하게 ─공간적 배치를 통해서든 다른 특수한 표현 양식을 통해서든─ 공연을 위해서 만들어지는 것은 바로 지각의 조건이다. 이러한 지각은 피드백 고리가 지닌 각각의 가능성에 따라 역동성을 준비시키고 열어주지만 사전에 규정할 수는 없다.

3. 접촉

　행위자와 관객이 펼치는 신체적 공동 현존이 두 그룹 사이의 공동체 형성을 위한 조건이 되었던 것처럼, 행위자에 의한 관객 접촉, 그리고 그 반대의 경우도 공동체 형성의 가능성을 내포한다. 그러나 두 그룹이 동시에 같은 공간에 있으면 공동체가 생성되고 정당화된다고 생각하는 동안——그리스 오케스트라 극장, 중세의 시장에 세워진 무대, 엘리자베스 시대의 연극 혹은 하나미치를 이용한 일본 가부키 연극 같은 특정한 연극 공간들은 두 그룹의 조화에 대한 공간적 표현으로 해석된다——에는 행위자와 관객의 상호 접촉에 대한 생각은 터무니없는 것으로 여겨졌다. 연극이라는 말의 어원이 시사하듯(그리스어로 theatron은 '보기 위한 공간'이라는 뜻이며, theasthai는 보다/쳐다보다, thea는 바라봄을 뜻한다), 연극은 눈으로 멀리 바라봄, 즉 시각에 맞추어진 매체다. 1만 명이 넘는 관객을 수용하는 거대한 그리스 연극만이 이것을 증명하지는 않는다. 유럽의 연극 역사상에서 행위자가 관객과 접촉한 많은 사례를 빼놓을 수 없다. 가령 중세의 부활절 의식에서 행위자가 관객을 접촉했음은 충분히 짐작 가능하다. 예수가 지옥에 잡힌 영혼을 자유롭게 한 이후, 악마가 지옥을 다시 들끓게 하기 위해 혈안이 되는 악마 놀이 Teufelspiel에서 그들은 관객을 잡거나 실제로 만졌을 것이다. 물론 이것을 증명할 길은 없다. 그러나 「한여름 밤의 꿈Midsummer Night's Dream」에서 연극이 끝나기 직전에 장난꾸러기 요정이 관객을 향해 하는 말에서 실제로 배우가 몇몇 관객과 악수를 하고 헤어졌음은 충분히 짐작할 수 있다. "여러분! 모두 편안히 주무세요. 우리가 친구라면 제게 손을 주세요. 로빈은 더 나아질 거예요"(V. 1, 425~27). 그러나 이것도 사실 증명할 수는 없다. 다른 한편으로 접촉이 몇몇 사례에서 실제로 일어났다는 사실이 연극에서 시각과 접촉의 명백한 대립 관계를 뒤집지 못한다.

여기서 대립이 일어나는 원인은 바로 연극은 공공 매체인 반면, 접촉은 사적 영역에 속하기 때문이다. 연극에 비판적인 사람들은 18세기 후반까지, 연극이 공공적 성격을 가져야 함에도 불구하고 ─ 불경스럽게도 ─ 관객들이 서로 접촉할 기회를 제공하거나 이를 조장한다고 비난했다. 물론 이러한 문제는 공연 도중 행위자와 관객 사이에서 일어난 게 아니라 관객들 사이에서 일어난 것이다.[45]

18세기 환영연극illusionstheater의 발전은 행위자와 관객의 접촉을 막는 또 다른 원인을 제공했는데, 이 원인 역시 시각과 접촉의 대립성에 근거한다. 요한 야코프 엥겔Johann Jakob Engel이 『표정술Mimik』(1784/85)에서 지적했듯이 관객이 배우 혹은 여배우의 육체를 등장인물에 대한

---

45) 배리시가 다음 책에서 언급한 관련 진술들을 참조하라. Jonas Barish, *The Antitheatrical Prejudice*, Berkeley/Los Angeles/London 1981 참조.

기호로 지각하지 않고 실제적 육체로 지각하고 느끼기 시작하면, 환영이 깨지기 마련이다. 이러한 위험은 특히 접촉했을 때 크다. 허구에 대한 현실의 침입이라고 간주되기 때문이다. 반대로 시각은 환영을 생성하고 관객에게 배우가 아닌 등장인물에 대한 감정을 촉발시킨다. 헨리 홈Henry Home은 1762년에 출간되고 1763년에 독일어로 번역된 『비평의 원리Elements of Criticism』에서 '표정과 몸짓'의 중요성을 강조했다. 표정과 몸짓은 배우의 육체를 통해 드러나며, '마음의 문을 여는 지름길'[46]로, 관객에게 재현하는 인물에 대한 감정을 촉발시킨다.

드니 디드로Denis Diderot는 1751년에 펴낸 『농아에 관한 편지Lettre sur les sourds et muets』에서——이 책이 출판된 같은 해에 레싱Gotthold Ephraim Lessing이 독일어로 번역했다 —— 환영의 생성과 지속을 위한 시각적 감각의 기능과 의미에 관해 증명하고자 스스로 실험했던 내용을 보고했다. 그에 따르면 시각적 감각은 허구적 인물을 생성시키는 감정의 전제가 된다. 이 실험을 위해 디드로는 극장에서 귀를 막고 연극을 보았다고 기술했다.

연기자들의 행위와 연기가 내가 기억하는 그대로 대사와 맞아떨어지는 한 〔……〕 공연을 보는 동안 내가 줄곧 귀를 막고 있었음에도, 감동스러운 장면에서 눈물을 흘리는 것을 보고 〔……〕 나의 지인들이 놀라워하던 경험을 여러분에게 이야기하고자 합니다.[47]

46) Henry Home, *Grundsätze der Kritik*, Bd. 1, Leipzig 1772, p. 582.
47) Denis Diderot, "Brief über die Taubstummen," F. Bassenge(ed.), *Ästhetische Schriften*, 2 Bde., Frankfurt a. M. 1968, Bd. 1, pp. 27~97, p. 38.

18세기의 다른 이론가들과 마찬가지로 디드로 역시 연기자가 관객의 환영을 깨지 않는 표현과 연기를 통해 관객의 시선 속에 환영이 생기고 인물과 연관된 감정이 촉발된다고 보았다. 이런 맥락에서 접촉은 단지 은유적인 차원에만 존재했다. '마음에 와닿는rührenden,' 감정을 건드린다는 뜻의 '감동적인berührenden'[48] 같은 표현들이 이럴 때 쓰인다. 시각적 지각 방법, 즉 시선을 통해 관객을 '접촉'하고, 관객들에게 형상화된 인물에 대한 감정을 생성시키는 것은 배우의 '표정과 몸짓'이었다. 배우와 물리적으로 가까워지거나 실제로 접촉하는 것은 이러한 관객의 감정을 중단시키며, 그 결과 환영과 등장인물에 대한 모든 감정을—시선에 의해 촉발된 그들과 접촉하고 싶은 욕구 또한—파괴한다. 따라서 환영연극은 실제 접촉, 즉 행위자와 관객 간에 직접적인 육체 접촉을 막았다.

이러한 원칙이 20세기 초에 얼마나 끈질기게 적용되었는지는 라인하르트가 연출한 팬터마임 「스무룬」과 「오레스테이아」에 대한 비평이 증명한다. 뉴욕에 초청 공연된 「스무룬」을 보고 한 비평가는 놀라움을 금치 못했다. 그는 관객이 배우와 육체적으로 가까이 있었음에도, 그리고 무엇보다 하나미치 위에서 공연이 이루어졌음에도 어떻게 관객이 환영에서 빠져나오지 않을 수 있었는지 경탄했다.

「스무룬」을 소개하고 무대에 올린 독일 극단에게 찬사를 보낸다. 배우가 지나갈 때 몇몇 관객들이 손을 내밀어 배우의 의상을 만질 수 있었지

---

48) (옮긴이) 독일어로 '만지다' '접촉하다'는 berühren이며 이 동사의 과거분사인 berührt는 '만져진' '더듬어진'이라는 뜻뿐 아니라 '감동한' '감동적인'이라는 의미를 지닌다.

만, 무대 위 배우들을 감싼 마법은 그들이 통로를 지나가거나 〔……〕 되돌아가도 사라지지 않았다.[49]

앞서 인용한 라인하르트의 「오레스테이아」에 대해 알프레트 클라르는 다음과 같이 비평했다. "등장인물의 의상을 그대로 입고 가발과 분장도 한 채 배우들이 객석으로 들어오는 것"은 "환영을 파괴했다."[50]

두 비평가 ── 한 사람은 감탄하고, 다른 사람은 화를 냈다 ── 는 육체적 근접이 환영을 방해하거나 심지어 파괴한다고 전제하며, 결과적으로 연극에서는 '의상' '가발' '분장' 등을 알아볼 수 있어야 하며, 배우와 관객 사이에 공간적 거리가 필요하다고 했다.

보는 것과 접촉하는 것 사이의 이분법은 다른 이분법들과 연결되는데, 그것은 공공성 대 친밀성, 거리 두기 대 인접, 허구/환영 대 현실 같은 것들이다. 이러한 이분법의 근본적인 토대가 바로 시각과 접촉 사이의 견고한 구분이다. 그러나 이러한 토대는 모리스 메를로-퐁티 사후에 출간된 미완성 저서 『교차대구법 Der Chiasmus』에서 다음과 같이 극복되었다.

시선은 〔……〕 보이는 사물을 덮는다. 시선은 그것을 더듬거리면서 친밀함을 나눈다. 〔……〕 우리는 다음의 생각에 익숙해져야 한다. 즉 볼수 있는 모든 것은 만질 수 있는 것으로 빚어졌으며, 모든 촉각적 존재에는 보여질 수 있음이 고려되었다. 한 손을 다른 손 위에 덮어서 잡는 것

---

49) Joseph Gollomb, *New York City Call*, 4. Februar 1912.
50) Alfred Klaar, *Voissische Zeitung*, 14. Oktober 1911.

Übergreifen과 손을 가로질러 교차하는 것Überschreiten은 만지는 것과 만져지는 것 사이에 존재할 뿐 아니라, 만질 수 있는 것과 볼 수 있는 것 사이에도 존재한다. 이처럼 볼 수 있는 것에는 만질 수 있는 촉각적인 것이 이미 전제되어 있다. 그리고 그 반대로 촉각도 시각적 존재 없이는 존재할 수 없다. 즉 같은 신체가 보고 또 만진다. 따라서 볼 수 있는 것과 만질 수 있는 것은 같은 세계에 속한다.[51]

접촉은 근접성과 친밀성을 생성할 뿐 아니라 두 사람 사이에 교환되는 시선을 형성한다. 시선은 접촉하고자 하는 욕구를 유발하고 다른 이를 ─더듬듯이─ 접촉하는 것이다. 메를로-퐁티가 자세히 설명했듯 시각과 촉각 사이의 이분법적 대립이 유지될 수 없다면, 그와 연관된 다른 대립이 존재하는가, 존재한다면 무슨 일이 일어날까?

이 질문에 대한 답은 1960년대 말 행위자가 관객을, 관객이 행위자를 접촉한 공연에서 구할 수 있다. 「디오니소스 69」에는 셰크너가 '애무 신Caress-scene'이라고 부른 장면이 있다. 여기서 행위자인 퍼포먼스 예술가들은 관객 옆으로 가서 쪼그려 앉거나 누워서 관객을 쓰다듬기 시작한다. 이들은 노출이 심한 옷, 특히 여성들은 비키니 수영복을 입었다. 관객의 반응은 다양했다. 몇몇 관객, 특히 여성 관객은 애무의 부드러움을 가만히 소극적으로 즐겼다. 반대로 다른 관객들, 대체로 남성 관객들은 이 애무에 적극적으로 호응하며 퍼포먼스 예술가가 고의적으로 피했던 신체 부위를 건드리게 했다. 관객은 예술가가 미리 제시한 규칙과

---

51) Maurice Merleau-Ponty, *Das Sichtbare und das Unsichtbare*, München, 제2판, 1994, 4. Die Verflechtung—Der Chiasmus, pp. 172~203, pp. 175, 177.

규정을 무시하고, 그 상황을 친밀함에 관한 '연극play'이 아니라 실제 상황으로 받아들였다. 퍼포먼스 예술가들은 관객의 이러한 행위를 부적절한 침해로 파악했으며, 자신이 성욕의 대상으로 격하된 것처럼 느꼈다. 연이은 공연에서 행위자와 관객의 관계와 상황에 대한 합일점을 찾지 못하자 결국 이 장면은 빠지게 되었다.

이 공연에서 접촉 행위는 행위자와 관객 사이에 현저한 오해를 불러일으켰고, 이를 통해 자동 형성적 피드백 고리가 만들어지지도 않았다. 여기서 퍼포먼스 예술가는 겉으로 보기에는 '연극'과 아무런 상관도 없어 보이는 '장면'에서 관객과 접촉했다. 이것은 행위자의 입장과 관련된 새로운 미학적 원리에 따른 결과였다. 행위자들은 허구――연극――와 현실 사이의 경계를 허물고, 행위자와 관객 사이를 '인간화'[52]하고자 했다. 그 말은 바로 관객을 공동 주체로 인정하려 했다는 것이다. 이와 반대로 관객에게는 모호한 상황이 벌어졌다. 퍼포먼스 예술가의 노출 의상――이것은 1960년대 말 청교도적인 미국에서는 과감한 도전이었다――과 '연극'하고는 아무런 관계도 없어 보이는 '애무 신'은 관객에게 무엇보다 행위자의 실제 육체에 주목하게 했고, 이를 통해 그들이 (갑자기) 현실로 들어오는 것처럼 보였다. 관객은 애무 신을 육체적으로 접촉하고 친밀한 상황으로 들어오라는 일종의 제안으로 받아들였다.

여기서 분명한 사실은 행위자는 접촉을 통해 현실과 허구, 공공성과 친밀성 사이의 이분법적 관계를 흔들어 해체하고자 했으며, 이렇게 관객을 누구나 아는 영역으로 이끌어서 새로운 경험을 하게 할 의도였다는 점이다. 그러나 관객은 이 접촉 행위를 오히려 이분법적으로 이해했

52) Richard Schechner, *Environmental Theater*, p. 60.

다. 접촉 행위는 관객에게 현실의 친밀한 상황이라는 분명하게 선이 그어진 영역을 의미했고, 그래서 관객은 일반적으로 잘 알려진 고정관념화된 경험을 기대했다. 그 결과, 관객은 행위자와 마찬가지로 자신이 남용되고 매춘을 하는 듯한 느낌을 받았다. 결과적으로 행위자는 이분법적으로 구조화된, 사실상 그들이 해체하려 했던 사회적 현실에 부딪히고 말았다. '애무 신'은 실패했다. 접촉을 통해 특정한 이분법을 약화시키려는 시도는 이 공연에서 결국 성공하지 못했다.

그러나 요제프 보이스가 헤닝 크리스티안젠과 함께 1971년 4월 5일 바젤에서 했던 「켈트족+~~~」 공연에서는 이 시도가 성공한 것처럼 보인다. 이 공연은 촉각적인 접촉 행위를 통해서 공공성과 사적 친밀성이라는 이분법을 제거하는 데 성공했다. 오래된 벙커에서 열린 이 행위를 보기 위해 약 500명에서 800명이 모였는데 ― 참고하는 자료마다 다르게 나와 있어 정확한 수치는 알 수 없다 ― 너무 많은 사람들이 몰리는 바람에 참여자들의 육체가 밀착되었고 서로 간에 원치 않는 접촉이 일어났다. 특히 보이스를 가장 잘 볼 수 있는 자리를 차지하기 위해 몸싸움이 벌어지기도 했다.[53] 보이스가 퍼포먼스 행위에 참여할 사람의 수를 정확하게 예측하지 못하고 완벽한 계획을 세우지 못한 데서 비롯된 위와 같은 퍼포먼스의 출발 조건에서 우리는 공공성과 친밀성, 거리두기와 인접, 시각과 접촉의 긴장된 관계를 엿볼 수 있다. 이렇게 밀고 당기는 동안 보이스는 군중 사이를 뚫고 지나가기 위해 참여자들에게

---

53) Uwe M. Schneede, *Joseph Beuys—Die Aktionen*, pp. 274~85; Mario Kramer, *Joseph Beuys 'Das Kapital Raum 1970~1977*,' Heidelberg 1992 참조. 또한 바바라 그로나우Barbara Gronau의 훌륭한 석사학위논문인 *Zur ästhetischen Erfahrung bei Joseph Beuys*, MA-Arbeit FU Berlin 2002, pp. 29~75 참조.

말을 건넸을 뿐 아니라 그들과 실제로 접촉해야 했다.

이 공연의 공공성은 요제프 보이스와 헤닝 크리스티안젠의 예술 행위로 발표된 데서 담보되기도 하지만, 엄청난 참여자 수 때문에 생겨나기도 한다. 이렇게 많은 사람이 모이면 일반적으로 은밀성이나 친밀성은 일어나지 않는다고 여겨진다. 그러나 이 공연에서는 참여자 간의 접촉으로 인해—연극을 적대시한 교회 대부들 이후 거듭 비난을 받아온—육체의 밀착이 허용되고 가능해졌으며, 심지어 피할 수도 없었다. 이러한 상황에서 공공성은 친밀성을 포함한다. 더 좋은 자리에서 예술가의 행위를 보기 위해 이동하거나 자기 자리를 지키려고 접촉하는 것에서부터 밀고 밀치는 폭력적인 상황까지 이어졌다. 그 공간에는 몇 개의 나무의자가 있었지만, 거기서는 시야가 가려져서 예술가의 행위를 제대로 볼 수 없었다. 또한 보이스가 이리저리 자주 이동했기 때문에 군중도 그에 따라 움직여야 했다. 사람들은 계속 새로운 중심점을 향해 밀착되고 서로 밀고 당겼다. 여기서 본다는 것은, 나무의자에 올라가 먼 거리에서 조망하지 않는 한, 신체의 근접을 통해서만 가능했다. 무대 위에서 일어나는 일은 소동과 혼잡 속에서만 볼 수 있었다. 시야를 확보하려면 접촉이 불가피했다. 두 예술가뿐 아니라 모든 참여자들의 공간적 움직임이 이 공연 행위를 구성했다. 이 공연에는 어느 정도 모순적이고 긴장감 넘치는, 그렇지만 어떤 형식으로든 절대 이분법적으로 파악할 수 없는 공공성과 친밀성, 거리 두기와 인접, 시각과 접촉이 존재했다.

요제프 보이스는 이러한 경험을 더 강화하고 참여자들이 더 잘 인식하도록 눈에 띄는 방식으로 각각의 관객과 접촉했다. 그는 몇몇 관객의 발을 씻었다. 발을 씻는 행위는 서구 문화에서 매우 강도 높은 상징적 행위다. 이것은 처음에는 낮은 자가 높은 자에게 복무하는 의무 행위로 인식되고 표현되었다. 그러다 예수가 제자의 발을 씻기고 교황이 이 행위를 매년 되풀이하게 되자, 발을 씻는 행위는 자신을 낮추는 일종의 상징적 행위로 이해되기 시작했다. 그러나 보이스는 이것을 상징적 행위로서가 아니라, 실제로 발을 말끔히 씻는 청결 행위로서 수행했다. 그는 나무의자 앞에 무릎을 꿇고 앉아서, 라크 칠을 한 최신 유행 롱부츠를 신고 있는 여성에게 말을 걸었다. 그 여성은 미소를 지으며 고개를 끄덕였고, 보이스는 그 여성의 부츠를 신발 가게 점원처럼 매우 사무적이고 전문적으로 벗겼다. 그리고 에나멜 칠을 한 물 양동이에 여성의 발을 담갔다. 보이스는 한쪽 발에 비누를 칠하고 거품이 풍성히 나도록 문지른 다음 다시 양동이 안으로 발을 집어넣었다. 그러고 나서 보이스는 자신의 어깨에 걸쳐두었던 리넨 수건으로 발가락 사이사이까지 물기를 닦아냈다. 다른 쪽 발에도 똑같은 순서로 반복했다. 발을 씻는 동안 보이스는 이 여성과 시선을 맞추지 않았다. 그는 여성의 발에만 시선을 두거나 주변을 둘러싼 관객들과 웃으며 농담을 했다. 두 발을 씻은 뒤 그는 수건을 다시 어깨에 걸치고 양동이를 들고 일어났다. 그리고 창가로 가서 물을 밖으로 부어 버렸다. 그는 길다란 호스를 가져와 다시 양동이에 물을 채워 넣었다. 보이스는 이러한 발 씻기 행위를 이미 서술한 절차대로 다른 여섯 명의 참여자에게도 연이어 실행했다.[54]

　의심할 여지 없이 이 발 씻기는 공공성을 지닌다. 보이스는 자신과 그 여성을 둘러싼 관객들을 바라보며 말을 걸고 그들과 함께 웃음으로

---

54) 이 행위는 베른트 클뤼저Bernd Klüser가 약 25분 동안, 한스 에머링Hans Emmerling이 약 40분 동안 녹화한 필름에 담겨 있다. 이 필름은 베를린에 위치한 함부르크 반호프 현대미술관의 보이스 미디어 아카이브에 소장되어 있다.

써 공공성을 강조했다. 일반적인 생각과 달리 보이스는 발 씻기를 상징적 행위가 아닌 친밀한 행위로 수행했다. 그러니까 모든 더러움, 땀, 냄새 등을 제거하는 데만 관심이 있다는 듯 발을 씻었다. 그의 발 씻기 행위는 시선이 마주치는 것을 피함으로써 아무런 에로틱한 성격도 지니지 않았다. 참여자들은 이 행위를 이상하고 혼란스러운 것으로 인지했다. 보이스가 이행한 특수한 방식은 공공성과 개인성/친밀성의 이분법을 무너뜨리는 데 성공했으며, 참여자들이 특별한 의식 없이도 서로 좋은 자리를 차지하기 위해 밀고 당기는 몸싸움에서 실제로 경험했듯이, 참여자들을 분명하게 규정된 영역과 입장들 사이의 상태에 놓이게 했다. 이러한 발 씻기 행위가 이루어지는 동안, 그리고 이 행위를 통해 빅터 터너가 명명한 것 같은 '이도 저도 아닌betwixt and between'[55] 상황이 만들어졌다. 관객들은 여기서 서구 문화에서 확고했던 이분법이 흔들리는 경험을 했고, 그때뿐일지라도 변환을 체험했다.

보이스의 행위에서는 예술가가 각각의 관객/참여자와 접촉한 데 비해, 제1장에서 언급했듯이 마리나 아브라모비치는 관객/참여자가 자신을 만지도록 도발하는 양상을 자주 보였다. 결국 「토마스의 입술」에서 접촉은 역치적liminal 상태[56]의 결과로서 일어났다. 관객들은 예술가의 행위에 대해 혹은 다른 사람들이 예술가에게 가한 공격적 행위에 대해

---

55) Victor Turner, *The Ritual Process — Structure and Anti-Structure*, London 1969, p. 95 참조.

56) (옮긴이) 이 개념은 빅터 터너의 liminality에서 비롯되었다. 이는 영어 발음 그대로 리미널리티로 번역되거나 경계성 혹은 역치성으로 지금까지 번역되어왔다. 여기서는 liminality를 역치성으로, liminal은 역치적으로 번역했다. 경계성/경계적이라는 어휘는 저자가 일반 개념으로도 사용하기 때문에, 터너의 역치성과 일반적 개념으로 사용되는 경계성을 구분한 것이다.

미학적으로 반응해야 할지, 윤리적으로 반응해야 할지 알 수 없었다. 1974년 나폴리에 있는 갤러리아 스튜디오 모라에서 행해진 「리듬 O」의 경우, 아브라모비치는 우연히 거리를 지나가던 사람들로부터 여러 시간 동안 학대와 고통을 당했다. 관객들은 보는 동안에는 '미학적'인 태도를 보였다. 물론 이것은 학대음란증 혹은 피학대음란증이었음이 밝혀졌다. 그러나 관객이 접촉을 시도하면 바로 '윤리적' 혹은 '비윤리적' 결정의 범주로 넘어간다. 관객은 예술가에게 고통과 상처를 주거나, 「토마스의 입술」이나 「리듬 O」의 또 다른 관객들처럼 예술가의 고통을 종결시켰다. 이 모든 경우에도 미학적인 것과 윤리적인 것의 대립은 유지되지 못한다.

이와 반대로 「측정할 수 없는 것Imponderabilia」(1977년 볼로냐 시립 현대미술관에서 열린 '오늘날의 퍼포먼스: 국제 퍼포먼스 주간' 때 공연되었다)에서 아브라모비치와 그녀의 동료인 울레이Ulay는 관객이 그들을 접촉하도록 유도했다. 그들은 이 접촉을 통해 공공성 대 사적 친밀성, 그리고 보는 것 대 만지는 것 사이에 존재하던 대립에 근거해서 관객을 역치적 상태에 빠지게 했다. 아브라모비치와 울레이는 출입구의 좁은 문 앞에 나체로 마주 보고 섰다. 두 사람 사이의 공간이 매우 좁았기 때문에, 그 문을 통해서 지나가려는 사람은 누구든지 아브라모비치 혹은 울레이의 알몸과 접촉해야만 했다. 전체적으로 여성은 아브라모비치와 접촉하는 것을 선호했고, 남성은 울레이와 접촉을 하며 문을 지나가는 경향을 보였다. 통행자들의 시선은 아래를 향했고, 행위자와 시선을 마주치려 하지 않았다. 이미 문을 통과했거나 통과하기를 주저하던 통행자들은 다른 통행자를 관찰했다. 접촉은 공적 행위로 수행되었지만 ─ 어쨌든 알몸 접촉이었으므로 ─ 친밀성을 부정할 수 없었다. 이것은 공적인 동시에 은밀했다. 문지방Schwelle을 통과하는 순간 실제로 일종의 붕 뜬 상태Schwellenzustand가 형성된다. 말 그대로 지금까지 형성된 모든 대립을 무효화시키는 '이도 저도 아닌' '사이' 상태가 일어난 것이다.

1960년대 말과 1970년대의 연극 공연 혹은 퍼포먼스아트나 행위예술에서는 행위자와 관객의 접촉이 18세기 시민사회의 발전과 함께 생성된 공공성과 개인성 간의 이분법을 흔들고 결국 붕괴시키는 데 기여한 반면, 1990년대 말부터는 이러한 이분법 자체가 그 유효성을 잃는 상황이 창출되었다. 지하철이나 고속철도에서, 공항이나 다른 공공 장소에서 우리는 다른 사람들이 휴대전화로 가장 은밀한 사생활을 거리낌 없이 큰소리로 이야기하는 것을 듣는다. 또 빌 클린턴Bill Clinton과 모니카 르윈스키Monica Lewinsky의 스캔들 같은 은밀한 사생활도 공적 행위가 되었다. 텔레비전에 방영되고 인터넷에 올라온 덕에 사람들은 세세한 부분까지 모두 알 수 있었다. 간통과 같은 도덕 문제, 미국 대통령의 대중 기만이라는 문제가 공개적으로 논의되었을 뿐 아니라 오럴섹스가 이루어진 것까지 포함해서 스캔들의 모든 요소가 낱낱이 논의되었다. 1960년대에는 공적 공간과 사적 공간 사이의 경계가 엄격했지만 — 이 시기에 어떤 의원이나 어떤 기자도 존 F. 케네디John F. Kennedy의 스캔들을 공개적으로 문제삼는 것은 감히 생각하지도 못했다 — 1990년대 이후에는 점점 희미해졌다.

이러한 상황은 공연에도 새로운 조건을 창출했다. 그러나 공적인 것과 사적인 것의 대립을 약화시키려는 의지는 이제 낡은 것이 되어버려 새로운 경험의 가능성을 제시하지 못한다. 만약 오늘날 공연에서 행위자와 관객 사이에 접촉이 이루어진다면, 이것은 공동의 합의를 바탕으로 한 것이다. 공적인 것과 사적인 것의 대립은 사라지고 과거의 것이 되었다. 그렇다면 접촉은 오늘날 어떤 영향력을 지니는가?

베를린의 안무가 펠릭스 루커르트Felix Ruckert는 1980년대에 장–프랑수아 뒤루르Jean-François Duroure, 마틸드 무니에Mathilde Mounier, 반다 골롱카Wanda Golonka와 작업하고, 1992년에서 1994년 사이에 피나 바우슈Pina Bausch의 부퍼탈 탄츠테아터Wuppertaler Tanztheater의 구성원이었던 인물이다. 그는 최근작 「시크릿 서비스Secret Service」(2002)[57]에서 행위자와 관객 간에 이루어지는 접촉의 가능성과 영향력을 믿을 수 없을 만큼 놀라운 방식으로 실험했다. 이것은 필자가 아는 바로는 서구 연극사에서 처음으로 관객의 시각을 차단한, 즉 관객이 보지 못하게 한 첫 사례다. 공연이 진행되는 동안 관객의 눈은 천으로 가려졌다. 단지 행위자만이 볼 수 있었다.

이 공연은 2부로 나뉘어 있었다. 공연을 시작하기 전에 한 무용수가 관객/참여자에게 규칙을 설명했다. 그들은 공연이 진행되는 동안 언제라도 자신이 원하면 무용수에게 중단해 달라는 신호를 보낼 수 있었다. 관객은 신발과 양말을 벗었고 눈이 가려진 상태로 무용수의 손을 잡고 공연장으로 안내되었다.

뒤에서 어떤 손이 갑자기 내 상체를 더듬더니 어느 공간으로 밀어 넣었고 내 손을 높이 올렸다가 놓아버렸다. 〔……〕 나는 그 손에 이끌려서 원을 돌기 시작했다. 갑자기 누군가 내 몸을 어깨에 둘러메더니 공간을 빙빙 돌았다. 어느새 나는 바닥에 눕혀졌고, 여러 발들이 내 몸을 쿡쿡

---

57) 이 제목은 두 가지 의미를 나타낸다. 하나는 성매매처럼 비밀스럽게 행하는 일이고, 다른 하나는 가장 은밀한 행위를 감시하거나 고문 등을 하는 행위다.

밀고 누르기 시작했다. 다음 순간 누군가가 내 위에 누웠다. 그리고 데굴 데굴 굴러 내 몸 위를 지나갔다. 그리고 발가락을 쥐고 발바닥을 간질이기 시작했다. 관객은 이처럼 행위자 말고는 자신을 볼 수 없는 섬세한 안무의 일부분이었다. 〔……〕 여기서 주체는 누구인가? 그리고 객체는 누구인가? 이러한 분리는 아무런 의미가 없다. 나 역시 다른 몸을 만지고, 테크노 음악의 박자에 맞춰 다른 몸을 밀고 부딪치며 반응하기 때문이다. 이 다른 몸이란 무용수 중 한 명인가, 아니면 또 다른 관객인가? 도대체 한 사람이 맞기는 한가? 이 마지막 질문보다 더 적절한 질문은 상상할 수 없었다.[58]

여기서는 공적인 것과 사적인 것의 대립적 이분법을 전혀 적용할 수 없다. 사적 친밀성은 공적인 것이 되었다. 1부가 끝나고 쉬는 시간이 있었는데, 2부에 참여하려는 관객은 다시 들어가기 전에 눈을 가렸다. 그 외에도 관객은 자신이 원하는 만큼 옷을 벗으라는 요청을 받았다. 그다음 관객들은 다시 공연장으로 안내되었다. 이번에는 움직일 수 있는 공간이 훨씬 제한적이었다.

〔……〕 내 눈은 가려졌고 팬티만 입은 채 나는 어떤 틀에 묶였다. 1부에서는 움직임에 대한 경험이 그 중심이었다면, 여기서는 아픔부터 간지러움, 그리고 성적 흥분까지 포함하는 욕망과 고통에 찬 육체, 몸의 병리 현상에 대한 경험이 중점이었다. 어떤 손이 내 몸통, 팔, 얼굴을 쓰다듬

---

58) Peter Boenisch, "ElectrONic Bodies. Corpo-Realities in Contemporary Dance"(미출간), 2002, pp. 10 이하. 독일어 버전에서 인용.

었다. 또 누군가 내 목 뒷덜미와 귀에 바람을 불어넣었다. 깃털로 내 겨드랑이를 쓸었다. 누군가의 손이 내 팔, 가슴, 다리, 엉덩이를 찰싹찰싹 때렸고, 그 뒤에는 채찍으로 때렸다. 마지막에 누군가가 내 팬티를 완전히 벗겨버린 후, 두 사람의 육체가 나에게 밀착해왔다.[59]

여기서 관객은 앞선 다른 사례들과 마찬가지로 역할 바꾸기를 했다. 하지만 완전히 다른 조건하에서였는데, 즉 관객은 시각을 포기해야 했다. 관객은 청각, 후각, 그리고 무엇보다 촉각 등의 다른 감각에 의지해야 했고, 나아가 볼 수 있고 이 행위를 조정하고 통제하는 행위자에게 의지해야 했다. 이를 통해서 '관객'은 전대미문의 도전을 감수해야 하는 극단적인 역치성에 빠졌다. 한편으로 관객은 말 그대로 머리부터 발끝까지 무슨 일이 일어날지도 모르는 채 자신을 낯선 행위자에게 완전히 맡겨야 했다. 이러한 방식 때문에 관객은 일종의 수동성을 드러냈다. 이 수동성은 역사적 전위예술을 대표하는 예술가들이 그토록 비난했던 프로시니엄 무대의 수동성보다 그 정도가 훨씬 높았다. 다른 한편으로 관객은 공연의 전 과정에 그들의 촉각, 즉 접촉을 통해서 적극적으로 영향을 끼치도록 요청받았다. 만지고 밀고 밟고 쓰다듬고 자기 몸을 밀착시키는 등의 행위는 공연에 새로운 전환을 가져왔다. 행위자들은 관객의 반응을 미리 예측하거나 계획, 조종할 수 없었다. 비록 행위자만이 공연의 전 과정을 조망하고 감시할 수 있었다 해도 말이다. 이 공연에서 '관객'은 다른 공연과 달리 공연의 전 과정에 육체를 통해 영향을

---

59) 같은 글, p. 11. 여기서 S/M 장면의 전형적인 사례가 실제로 이용되었다는 것을 간과해서는 안 된다. 앞의 57번 주석 참고.

끼쳤다. 말하자면 바로 이 공연에서는 자동 형성적 피드백 고리를 경험하는 것이 관건이었다. 이것은 '관객'을 역치성의 상태로, 더 이상 생각할 수 없는 극단적인 '이도 저도 아닌' 상태로 빠지게 했는데, 이어지는 관객의 진술에 따르면, 그들은 이 상태를 매우 흥미롭게 여겼다.[60]

「시크릿 서비스」에서 행위자와 관객의 접촉은 자동 형성적 피드백 고리의 작용, 그리고 변환을 유발할 수 있는 역치성 경험 사이의 비밀스러운 관계를 드러낸다. 이 관계는 공연에 대한 적극적 참여 가능성 — 순환하는 에너지를 몸으로 느끼는 것, 그리고 '같이 하고' '같이 노는' 등의 에너지 발산에 이르기까지 — 과 공연에서의 예측 불가능한 경험 사이에 있는, 겉으로 보기에 모순적인 것이다. 공연의 예측 불가능한 돌발성의 경험은 관객을 역치적 상태로 빠뜨리고, 공연이 지속되는 동안 붕 뜬 상태로 있게 한다. 이 상태는 문지방의 이쪽에 있는 것도, 저쪽에 있는 것도 아닌 상태다. 이것은 공연의 과정을 규정하지도 않고, 그 영향권을 벗어나서 이행되지도 않는다. 이것은 모든 가능성과 입장 사이를 왔다 갔다 한다. 이들은 바로 '사이' 상태에 있다. 이러한 사이 상태를 가능하게 하고 조건지으며 이끄는 것이 바로 행위자와 관객의 신체적 공동 현존이다.

---

60) http: www.dock11-berlin.de/pressecreto2.html에 올라온 관객의 편지를 보면 1960년대 말부터 지금까지 육체에 대한 인식이 어떻게 변화해왔는지에 관한 매우 흥미로운 역사문화적 흐름을 알 수 있다. 1960년대에 셰크너의 「알몸으로 간다going naked」를 비롯해 대중 앞에서 몸을 노출하는 행위는 헤르베르트 마르쿠제Herbert Marcuse의 의미에서 보면 문화혁명적 행위였으며, 헤르베르트 블라우Herbert Blau는 이를 '몸의 해방liberation of the body'으로 파악했다. 반면 오늘날 육체에 대한 인식은 헬스, 웰빙, 뷰티 등 이상적 몸을 만들고자 노력하는 자기 몸에 대한 나르시시즘적 집중, 이러한 노력의 성과를 공개적으로 보여주고 싶어 하는 욕구로 정리할 수 있다. 이러한 욕구는 「시크릿 서비스」에서 관객이 비록 자신의 육체에 다른 사람이 어떻게 반응하는지 볼 수 없었지만 이러한 특별한 변차 속에서 나타난다.

4. '라이브니스'

문화가 점점 매체화Medialisierung[61]되어가는 1990년대 들어, 특히 미국을 중심으로 연극의 특수한 매체적 조건, 즉 행위자와 관객의 신체적 공동 현존, 소위 라이브니스liveness[62]에 대한 논쟁이 다시 강하게 일어났다. 여기서는 이전의 논의보다 훨씬 극단적으로 행위자와 관객의 신체적 공동 현존에 근거한 공연의 잠재적 영향력을 문제시하거나 반대로 '해방'이라도 되는 것처럼 축하했다. 이런 논의는 20세기 초에 처음 이루어졌는데, 이 시기가 영화라는 새로운 매체가 등장해 서구 문화에서 승승장구할 때와 맞물린다는 사실은 결코 우연의 일치가 아니다. 먼저 연극예술의 영화적 재생산이 지닌 가능성은 ——막스 헤르만이 추적

---

61) (옮긴이) 여기서는 Media를 미디어 혹은 매체로 번역하고, Medialisierung은 매체화로 번역했다.

62) '라이브'는 독일의 담론에서는 오해할 여지가 있다. 이 개념은 텔레비전 방송의 맥락에서 사용되며, '실시간' 방송을 의미하기 때문이다. 이와 반대로 여기서 라이브 개념은 촬영하거나 녹화한 공연과 대립되는, 우리가 공연이라고 부르는 것을 지칭한다.

하는 것처럼──'현실적 육체'와 '현실적 공간'을 구분하고 제한하며, 개념화하는 중요한 기준이 되었다. 기술적이고 기계적이며 전기電氣를 이용한 공연 녹화의 가능성이 라이브 공연이라는 말의 의미를 성립시킨 것이다. 필자는 이에 대한 필립 오슬랜더Philip Auslander[63]의 의견에 동의한다. 녹화 기술의 발명과 발전 이전에는 라이브 공연이 아니라 그저 공연으로만 표기했는데, 라이브 공연이라는 개념은 라이브 외에 매체화된 공연이 있을 경우에만 의미가 있기 때문이다. 따라서 철저하게 매체화된 서구 문화에서는 이러한 구별이 필수적이게 된다. 왜냐하면 오늘날에는──연극 공연이나 퍼포먼스아트, 록이나 팝 콘서트 공연, 정당대회나 미국 대통령 취임식, 제의와 장례식(가령 다이애나 왕세자비 장례식), 그리고 "전 세계 어디든 축복합니다urbi et orbi"라고 말하는 교황의 축원, 올림픽 같은 스포츠 경기 등──텔레비전으로 방송되고 매체화되어 수백만 명의 관객이 볼 수 없는 공연은 더 이상 없기 때문이다. 이제 새로운 대립 구도가 생긴 것 같다. 즉 행위자와 관객의 신체적 공동 현존으로 구성되고 자동 형성적 피드백 고리를 형성하는 라이브 공연, 그리고 생산과 수용이 분리된 채 진행되는 매체화된 공연 사이의 대립이다. 후자에서는 피드백 고리가 나타나지 않는다.

지금까지 필자가 열거한 연극, 행위예술, 퍼포먼스아트의 사례는 이러한 차이를 무시하지 않고, 오히려──매우 본질적인 차이로──강조하는 듯한 인상을 준다. 행위자와 관객의 역할 바꾸기, 행위자와 관객으로 이루어진 공동체의 형성, 행위자와 관객의 접촉은 단지 '라이브'라

---

63) Philip Auslander, *Liveness—Performance in a mediatized culture*, London/New York 1999, pp. 51 이하 참조.

는 조건 속에서만 가능하다. 여기에는 행위자와 관객의 신체적 공동 현존이 필요하다. 가령 셰크너의 퍼포먼스 그룹, 니치나 보이스가 유럽에서 선보인 행위, 아브라모비치의 퍼포먼스와 같은 1960년대와 1970년대에 이루어진 공연들은 이미 진행되고 있는 서구 문화의 매체화에 대한 직접적이고 명백한 반응이며, '직접성'과 '진실성'에 대한 요구로 매체화와의 전쟁에 일종의 무기로 투입된 것이었다고 해도 과언이 아니다. 이러한 공연들은 기존의 이분법들을 무너뜨렸고, 문화산업에 대한 전쟁이라는 이름으로 새로운 대립을 형성하는 데 상당한 역할을 한 것으로 보인다.

이러한 공연에서 생성된 입장은 1990년대 퍼포먼스 이론가들에 의해 대변되고 옹호되었다. 페기 펠란Peggy Phelan은 매체적 재생산을 허락하지 않는 공연의 사건성에 관해 말했다.

공연은 저장이나 녹음 혹은 영상 기록이 불가능하고, 다른 방식으로는 재현의 재현이라는 순환에 참여하지 못한다. 만약 그러한 일이 생길 경우 그것은 공연과 다른 무엇이 된다. 공연이 재생산의 경제 논리에 포섭되는 한, 그것은 스스로 존재해야 할 근거를 저버리고 약화되는 것이다.[64]

이런 의미에서 펠란은 '라이브' 공연의 진실성과 전복성Subversivität에 동의한다. 극도로 상업화되고 매체화된 문화에서 '라이브' 공연은 시장과 미디어에 저항할 수 있는 ——그럼으로써 지배적인 문화에 반하는——

---

64) Peggy Phelan, *Unmarked: The Politics of Performance*, London/New York 1993, p. 146. 공연의 찰나성과 기록 문제에 대해서는 제4장의 도입부를 참고하라.

마지막 잔류를 형성했다. '라이브' 공연에서만 '진실성' 있는 문화의 흔적을 볼 수 있다. 상업화된 상품을 표현하고 시장의 이익을 대변하는 매체화된 퍼포먼스와의 대립은 이제 불가피하다.

이와 반대로 오슬랜더는 펠란이 높이 평가한 대립적 차이를 인정하지 않고, '라이브' 공연이 오늘날 매체화된 공연에 이미 편입되어 사라져버렸다고 보았다.

> 라이브와 매체화된 사건 사이의 변별점이 무엇이라고 생각하든 〔……〕 변별점은 사라지고 있다. 라이브 사건과 매체화된 사건이 점점 더 비슷해지기 때문이다. 〔……〕 아이러니하게도 친밀성과 직접성은 정확하게 텔레비전에 귀속되었고, 이러한 측면에서 라이브 퍼포먼스는 텔레비전에 자리를 빼앗기고 있다. 규모가 큰 사건(스포츠 경기나 브로드웨이 쇼, 록 콘서트와 같은)의 경우, 〔……〕 라이브 공연은 텔레비전으로 살아남았다.[65]

오슬랜더는 이러한 현상의 원인이 대부분 매체화를 통해 생성되고 가치의 재편성을 이룬 문화역사적 변혁에 있다고 본다.

> 서구 문화에서 모든 종류의 공연이 도처에서 재생산되면서 라이브의 존재 가치를 절하했다. 이것은 매체화를 통한 지각적 경험만큼 가능한 한 많은 라이브의 지각적 경험을 만들어야만 보완될 수 있다. 라이브 사건이 아주 흡사한 종류의 경험을 제공하더라도 마찬가지다.[66]

---

65) Philip Auslander, *Liveness*, p. 32.

펠란과 오슬랜더의 글에서 알 수 있듯이, 이론가들은 무엇보다 이념적 관심을 나타낸다. 이들은 '라이브'와 매체화된 공연 중 무엇이 문화적으로 우수한지를 증명하기 위해 이 둘의 근본적 대립을 주장하거나 부인한다. 오슬랜더가 지적하는 매체화된 공연의 대중적 확산 능력과 수시적 근접성을 유도하는 재생산성에 대해 필자는 확실히 동의한다. 그러나 오슬랜더가 미국의 사례를 통해 확신하듯이, 이것이 꼭 특정 문화의 우월성을 드러내는 것은 아니다. 물론 '라이브' 공연을 가능하게 하는 경험은 언제든 누구에게나 일어나지 않고 아무 때나 재생산할 수 없기 때문에, 사람들은 당연히 라이브 공연을 매체화된 공연보다 문화적으로 더 높이 평가할 수 있다. 이른바 문화적 우월성은 오슬랜더가 부인하거나 펠란이 치켜세웠다는 차이에 곧바로 기인하지 않는다.

물론 그렇다고 해서 '라이브'와 매체화된 공연의 동일함과 차이에 대한 논쟁을 무효화할 수는 없다. 오슬랜더는 오히려 두 가지 명제를 이야기하는데, 이것은 논증을 지속하는 데 매우 중요하다. 첫번째 명제는 '라이브' 공연과 매체화된 공연의 차이는 일반적 매체화의 경향에 따라 이미 없어졌다는 것이다. "[……] 라이브 사건 자체가 매체화의 요구에 걸맞게 형성되었다. [……] 라이브 공연은 지금 매체화된 재현과 경쟁할 수 있을 정도로 그 자체가 매체화를 통해 파생되는 간접적 재현이 되었다."[67] 두번째 명제는 재생산과 연계된 기술 투입에 관한 문제다. "대부분의 라이브 공연은 현재의 재생산 기술을 이용한다. 최소한 전기 증

---

66) 같은 책, p. 36.
67) 같은 책, p. 158.

폭을 사용하며 때로는 절대 라이브가 안 될 지점까지 이용한다."[68] 결국 '라이브' 공연에서 재생산 기술의 과도한 투입은 라이브 공연과 매체화된 공연의 차이를 거의 없애거나 완전히 제거하기까지 한다.

　그러나 지금까지 필자가 열거한 사례들은 오슬랜더의 첫번째 명제와 모순되는 것처럼 보인다. 그 사례들은 행위자와 관객의 신체적 공동 현존에 근거한 절차를 투입하는데, 그 고유한 성질은 바로 재생산 기술에 영향을 받지 않는다는 것이다. 이러한 공연들이 매체화된 공연의 모델에 따라 만들어졌다는 것은 아무리 확대해석한다 해도 증명되지 않는다. 그렇다고 해서 이러한 공연들이 문화의 매체화에 아무런 반응을 하지 않는다는 의미는 아니다. 이미 암시한 대로 1960~70년대의 공연은 점점 증가하는 문화의 매체화에 대한 반응으로 생성되었지만, 그렇다 하더라도 이러한 기능에 머무르지 않았다. 1940년대와 1950년대는 '라이브'와 매체화된 공연의 차이가 전혀 부각되지 않았고, 따라서 결코 대립적이지도 않았다. 무엇보다 텔레비전은 가장 먼저 프로시니엄 무대의 극장 관객들이 가진 지각의 습관을 우선적인 기준점으로 삼았고, 광고 효과를 목적으로 연극과의 유사성을 분명하게 이용했다. 극장 객석에 앉아 있는 관객처럼, 정장을 차려입은 채 거실 텔레비전 앞에 앉아 있는 부부가 나오는 유명한 광고가 그 사례다. 그러나 그 발전 과정에서 매체적 차이, 그리고 이와 연계한 이념적 차이가 점점 더 강하게 현상적으로 나타났다. 이러한 발전은 의심할 여지 없이 예술에서의 수행적 전환과 관련이 있다. 즉 인공물이나 상품으로서의 작품을 만드는 것을 멈추고, 고정되거나 전통적으로 물려줄 수 없는 찰나적 공

---

68) 같은 곳.

연으로 예술을 창출한 전환을 말한다(여기서는 '라이브' 공연이 어떤 한도 안에서 '상품'이 될 수 있는지에 대해 논의하지 않겠다). 여기 열거한 1960~70년대의 사례들은 분명하게 우리 문화 속에서 발전한 '라이브'와 매체화된 퍼포먼스의 대립을 강조한다. 물론 이에 참여한 예술가들은 새로운 매체에 대해 아무런 두려움도 없었고, 오히려 매체화를 통해서 찰나적이고 시간이 지나면 소멸해버리는 공연을 기록하고 이용할 수 있는 가능성을 인식했다. 예를 들어 오늘날 중요한 연극사적 자료가 될 뿐 아니라 영화로서도 고유한 가치를 지니는 「디오니소스 69」와 「켈트족+~~~」의 기록영화가 이렇게 만들어졌다. 이 예술가들은 '라이브' 공연과 그 매체화의 차이를 엄격하게 의식했고, 그 차이에서 기인하는 특수한 예술적 가능성을 이용해 예술 작업을 풍부하게 만들 줄 알았다.

1990년대의 공연은 라이브 공연과 매체화된 공연의 대립에 대해 오히려 더 장난스럽게 대응했다. 심지어 부분적으로는 그런 대립을 무너뜨리기도 했다. 그러나 이것은 오슬랜더가 주장한 의미에서가 아니었다. 슐링엔지프와 루커르트의 공연은 ─ 부분적으로는 매우 아이러니하게도 ─ 새로운 매체의 요구나 실제적 상호작용에 기초했다. 「빅 브라더Big Brother」 같은 텔레비전 쇼에서 시청자는 표를 던짐으로써 방송 과정에 영향력을 행사할 수 있었고, 다수결의 원리로 탈락자를 선정할 수 있었다. 물론 시청자는 일어나는 사건에 직접적으로 개입할 수 없다. 시청자의 개입은 오직 방송 책임자가 정한 관점에 따라 이루어졌다. 투표를 거부하는 시청자는 아무런 영향력도 없었다. 이 시청자들은 그들의 결정이 실제로 시청자의 투표에 따라 정해진 것인지, 아니면 방송 책임자가 정했지만 마치 시청자 투표에 따른 것처럼 한 것인지 확실히 알 수 없었다. 그러나 어쨌든 이것은 매체적 행위로서——설사 한계가 있다 하더라도——상호작용이 요구됐고, 실제로 상호작용이 이루어졌을 가능성도 부정할 수 없다.

슐링엔지프는 2000년 빈 축제를 위해 연출한 「오스트리아를 사랑해주세요! 제1회 유럽연합 주간Bitte liebt Österreich! Erste europäische Koalitionswoche」에서 다음과 같은 아이러니한 일을 벌였다. 빈 오페라극장 앞에 컨테이너를 세우고, 거기에서 망명 신청자들이 지내게 하고는 종종 배우 제프 비르비힐러Sepp Bierbichler 같은 유명인사들이 방문해 인터뷰를 하게 했다. 컨테이너에서 일어나는 일은 대형 스크린으로 중계되었다. 컨테이너 옆에는 "외국인은 나가라!"라는 문구가 걸려 있었다. 관객/통행자들은 매일 컨테이너에 사는 두 명의 거주자를 뽑아 말 그대로 오스트리아에서 추방하기 위한 투표를 했다. 슐링엔지프는 매우 의식적으로 거주자가 실제로 추방되는지, 그리고——다른 사람의 운명이 달린——이 일을 공연에서 정할 수 있는 건지 관객이 모르도록 했다. 하지만 공연이 이루어지는 동안 어찌 됐든 관객들은 영향을 끼쳤다. 「기회 2000」에서도 상호작용은 주도적인 원리였다. 말하자면 연극이나 텔레비전은 둘 다 그 자체로 상호작용적인 매체일 수 있지만, 연극이 텔레비전보다 훨씬 더 분명하고 강한 상호작용 효과를 낳는다.[69]

오늘날 컴퓨터가 상호작용적 매체로 자리 잡았다면, 루커르트의 「시크릿 서비스」는 시각을 제외한 다른 모든 감각체계들을 통합하며, 보

---

69) 「빅 브라더」와 연극, 특히 슐링엔지프의 연극과의 비교에 대해서는 다음을 참고하라. Jens Roselt, *"Big Brother—Zur Theatralität eines Medienereignisses,"* Matthias Lilienthal & Claus Philipp(eds.), *Schlingensiefs AUSLÄNDER RAUS*, Frankfurt a. M. 2000, pp. 70~78.

란 듯이 '라이브' 공연이 제시하는 가능성들이 아직 유효함을 ─거의 논증적으로─ 보여준다. 그리고 이것과 비교하자면 데이터글러브 Dataglove가 제시하는 가능성이란 매우 빈약해 보인다. 슐링엔지프와 루커르트의 경우에도, '라이브' 공연이 매체화된 공연과 존재론적 차이가 있다고 가정하지 않았고, 전자 매체에 대립하는 개념으로 연극을 실행하지도 않았다. 반대로 두 예술가는 차이가 있을 가능성을 경시했다. 연극뿐 아니라 전자 매체도 상호작용적 매체로 전제되었고, 이 매체들 간에 어떠한 근본적 대립도 상정되지 않았다. 물론 엄격하게 따졌을 때, '라이브' 공연이 매체화된 공연보다 상호작용의 측면에서 우월함은 간과할 수 없다. 따라서 상호작용의 측면에서 전자 매체의 지속적 발전은 '라이브' 공연의 본질을 이루는 자동 형성적 피드백 고리에서 많은 것을 배움으로써 가능하다. 오슬랜더의 첫번째 주장, 즉 일반적 매체화 현상 탓에 '라이브' 공연과 매체화된 공연 사이에 차이가 없어졌다는 것은 위에서 언급한 공연의 사례를 보면 전혀 설득력이 없다.

오슬랜더의 두번째 주장은 '라이브' 공연에서 재생산 기술의 과도한 사용으로 인해 '라이브'의 위상이 흔들리고 매체화되어버린다는 것이다. 프랑크 카스토르프는 재생산 기술을 자주, 그리고 대규모로 사용하기를 즐긴 연출가다.[70] 가령 카스토르프는 「백치Der Idiot」에서 재생산 기

---

70) 가령 「트레인스포팅」에서는 무대와 객석을 가르는 스크린에 달리는 기차 속에서 촬영한 봄의 경치를 담은 사진을 보여주거나 벨벳언더그라운드라는 그룹의 스타 니코 아이콘Nico Icon의 다큐멘터리 영상, 그 외에도 벨벳언더그라운드, 이기 팝Iggy Popp, 로우 리드Lou Reed, 캐럴 고트Karel Gott, 아르놀트 쉰베르크Arnold Schönberg 등의 뮤직비디오를 보여주었다. 테네시 윌리엄스Tennessee Williams의 『욕망이라는 이름의 전차』를 각색한 「미국이라는 이름의 전차Endstation America」(2000)에서는 사방이 꽉 막힌 화장실에서 이루어진 장면을 비디오카메라로 촬영해서 모니터로 상영했다. 「악령들Dämonen」(1999)과 「굴욕과 모욕Erniedrigte und Beleidigte」(2001)에서 카스토르프는 많은 장면을 일부가 가려

술을 사용했는데, 이것은 카스토르프가 지금까지 이 영역에서 한 실험과 관객이 예상 가능한 수준을 훨씬 뛰어넘을 정도였다. 따라서 이 공연은 오슬랜더가 말한 두번째 명제를 검토하기에 특히 적절하다.

카스토르프의 무대 디자이너인 베르트 노이만Bert Neumann은 이 공연을 위해서 베를린 민중극장에 일종의 '새로운 도시' 같은 환경을, 즉 관객석까지 포함한 극장 전체를 무대화한 연극 공간을 창출했다. 회전무대 위에는 마치 공사장의 일용직 노동자들이 거처할 것처럼 보이는 3층짜리 컨테이너 건물을 세웠다. 이 안에는 약 200개의 관객석이 마련되었다. 무대 앞 객석은 높이 쌓아올린 계단으로 경사지게 만들어졌다. 이 계단은 무대에서 관객석 뒤쪽 벽까지 이어져 있었고, 거기에는 음료수 마시는 곳, 여행사, 변변찮은 물건을 파는 가게 등이 설치되었다. 무대에서 바라보면 관객석의 오른쪽 벽에는 미용실이 들어서 있었고, 그 옆에는 '영화관Kino'이라는 간판이 걸린 입구가 있었다. 건물 뒤쪽 너머로는 특정 도시라기보다 현대적 대도시를 표시하는 스카이라인을 볼 수 있었다. 무대 뒤에 있는 백스테이지 양쪽에는 다양한 높낮이의 아파트가 설치되었다. 일층에는 낡고 퇴폐해 보이는 '라스베이거스Las Vegas'라는 이름의 술집이 있었다. 백스테이지의 깊은 공간을 이용하여 상트페테르부르크와 도스토옙스키를 연상시키는 검은 복층 집도 만들어졌다. 공연을 시작하기 전과 휴식 시간에 관객은 이 '새로운 도시' 속을 자유롭게 다닐 수 있었다. 그리고 일층부터 들어가고픈 공간 안으로 들어가서, 섬세하게 작업된 디테일, 벽지, 침대보 혹은 홀바인Hans Holbein의

지거나 전혀 볼 수 없는 컨테이너 내부에서 연기하게 했다. 「미국이라는 이름의 전차」에서는 비디오카메라로 현장에서 촬영하는 것과 이미 촬영해놓은 영상 자료를 바꾸어가며 컨테이너 지붕에 달린 스크린을 통해 보여주었다.

그리스도 회화 복제품까지 자세히 들여다볼 수 있었다. 공연이 이루어지는 동안 관객은 측면으로 절단된 컨테이너 안이나 밑에 앉거나 새 도시가 설치된 빙빙 돌아가는 회전무대에 자리 잡았다.

이 공연장의 모든 자리에서 관객의 시야는 어느 정도는 가로막혀 있었다. 어떤 자리에서도 이 거대한 환경 속에 이루어지고 있는 모든 것을 다 볼 수는 없었고, 계단식 좌석이 아니라 일렬로 배열한 의자에 앉으면 앞 사람에 시선이 가려졌다. 그러나 시야가 가려지는 이유는 차라리 다른 데 있었다. 많은 장면이 상대적으로 잘 보이는 건물 앞에서 펼쳐지지 않고, 모든 건물의 방 안에서 이루어진 것이다. 방에서 일어나는 일에 대한 시선의 차단은 창문의 블라인드나 커튼 때문에 더욱 심해졌다. 그래서 배우들의 몸은 일부분만 보이는 경우가 잦았고 관객의 시선에서 멀어져갔다. 이렇게 배우의 몸을 인지할 수 없는 상태는 재생산 기술의 도입으로 보완되었다. 즉 각 공간에 새로운 행위자로서 카메라맨 얀 스페켄바흐Jan Speckenbach가 등장해—관객이 볼 수 있도록—모든 장면을 비디오카메라로 촬영했다. 이렇게 녹화된 것은 관객의 머리 위에 일렬로 달린 작은, 매우 작은 모니터들과 다양한 크기의 스크린으로—라이브 방송 같은 방식으로—전송되었다(이 공연은 5유로를 내면 가장 높은 층의 컨테이너 안에서 매우 큰 스크린을 통해 관람할 수 있었다). 객석의 관객 절반은 커튼으로 가려진 창을 통해서 미시킨Myschkin 공작(마르틴 부트케 분)의 등 혹은 예판치나Jepantschina 부인(소피 로이스 Sophie Rois 분)의 손을 바라보는 동시에 모니터를 통해 이 배우들의 얼굴을 보았다. 공연이 진행될수록, 배우의 '실제' 몸—특히 전신—을 볼 수 없는 시간이 길어졌고, 관객은 모니터를 통해서 분절되고 파편화된 몸을 보는 데 만족해야 했다. 마지막 한 시간 동안은 모니터가 배우를 지각하는 유일한 길이었다. 즉 마지막 장면이 펼쳐지는 방의 창문 커튼은 완전히 닫혔고, 블라인드는 내려졌다. 관객의 시선은 공간 속을 떠돌다가 다른 관객을 향했다. 공연의 진행을 알기 위해 관객은 결국 모니터에 의지해야 했다. 그러나 작은 틈새로도 내부 공간을 들여다볼 수 없었는데, 도대체 이 비디오가 '라이브'라고, 그러니까 거기서 배우가 계속 연기하며, 모니터를 통해 바로 전달되고 있다고 관객은 어떻게 확신할 수 있는가? 배우들이 휴식을 취하는 동안 미리 찍어둔 영상물을 보여주었을 가능성도 얼마든지 있지 않은가? 혹은 그럴 확률이 더 높다고 말할 수 있지 않은가? 그렇다면 이것은 '라이브' 공연인가? 아니면 컨테이너에서 일어나는 일을 공연 중에 보여준 영화의 경우처럼 일종의 매체화된 공연으로 변화한 것인가?

그러나 공연의 끝은 모니터의 끝에 보여준 부분과 일치하지 않는다. 그 대신 모니터가 꺼진 다음에 배우들은—일반적인 연극적 틀에 맞게—인사를 하기 위해 그 생생한 신체성으로 건물 앞에 나타났다. 박수를 치는 관객 앞에 서서 허리를 굽히고 감사 인사를 하는 관례적 몸짓이 완전히 새로운 가치로 나타났다. 거의 한 시간 넘게 사라졌던 배우들의 육체가 조명 아래로 들어오자, 말 그대로 공연 내내 피곤해져 있던 관객에게 이 조명 밑에 선 신체는 거의 신성해 보였다. 사실적이고 중립적인, 브레히트Bertolt Brecht의 의미에서 단조로운 조명이었음에도 불구하고 말이다. 배우의 육체가 긴 시간 동안 무대 위에서 사라짐으로써, 커튼콜을 위한 단순한 육체의 출연이 완전히 새로운 가치로 거듭난 것이다.

이 커튼콜 장면에서 관찰했듯이 관객은 '라이브' 공연의 비디오 녹화를 좋아하거나 우선시하지 않았다. 그들은 오히려 점점 더 거부감을 가지거나 공격적으로 되어갔다. 관객은 여기서 금단현상 비슷한 것을 보였다고도 할 수 있다. 비디오 영상이 나오는 매 순간마다 배우의 '실제' 몸에 대한 갈구가 높아졌다. 그리고 이는 매번 실망과 욕구불만을 안겨줬다. 몇몇 사람은 배우들의 신체적 회귀에 대한 기대를 결국 완전히 포기하고 '새로운 도시'를 떠났다. 비디오 녹화가 결코 아마추어 수준이 아니라 매우 전문적으로 이루어졌음에도, 그리고 가장 높은 층에서 '영화'를 본 관객들이 거의 끝까지 사로잡힌 듯 관람한 데 비해서, '라이브'를 본 관객들은 재미없어하거나 한숨을 늘어놓거나 욕구불만인 듯이 보였다.

관객이 배우의 육체 '전체' 혹은 그 일부분이라도 실제로 볼 수 있었던 것은 1부 공연에서 휴식 시간까지가 거의 다였다. 이것의 보완, 즉 모니터에 비친 얼굴을 통한 보완은 환영적인 연극적 효과를 촉발시켰다. 일반적인 공연에서 관객은 자신이 앉은 객석에서 한 각도로만 배우를 봐야 했는데, 이 공연에서는 ── 눈을 통해서뿐 아니라 ── 마치 자신이 그 공간을 왔다 갔다 하는 것처럼 매우 다양한 각도에서 볼 수 있었다. 매체화된다고 해서 공연의 라이브니스가 어떤 순간에도 소멸되지 않음은 자명하다. 휴식 시간 이후, 신체성과 이미지성 사이, 그리고 라이브 상황과 지각 방식에서의 흥미로운 놀이가 진행된 매체화 사이의 교환은 욕구 해소와 불충족이 야기되는 고통스러운 놀이로 변이되었다. 배우들의 신체는 관객의 시선에서 갈수록 빈번하게 사라졌다. 배우들은 긴 시간 동안 사라졌다가 아주 잠깐 현존하는 신체로 다시 몸을 드러냈다. 배우들은 오랫동안 사라졌다가 다시 건물 앞에 나타났다. 그리고 관객을 향해 다가가 그들 사이로 스쳐 지나갔다. 이 순간 비디오 영상물이 생성하지 못한 매우 찰나적이면서도 가깝고 친밀한 상황이 생성되었다.

그것은 살풍경했고 살아 있는 신체로 나타나는 배우를 다시 보고 싶다는 욕구만 상승시켰다.

　연극 공연을 보러 가는 사람은 행위자와 관객의 신체적 공동 현존을 당연한 것으로 여긴다. 이와 달리 영화관에서나 텔레비전 앞에서 우리는 그러한 요구를 하지 않는다. 하지만 이 공연에서는 그 자체의 매체화를 통해 배우의 신체적 현존이 끊임없이 사라지는 위험에 처했다. 이러한 단계에서 피드백 고리는 중지되거나 최소한 중지된 것처럼 보인다. 여기서 관객은 비디오 화면을 눈으로 보았지만, 이 화면에 영향을 끼치는 것은 단지 배우를 통해서만 가능하다. 물론 배우들이 관객의 반응을 지각했는지는 알 수 없다. 관객이 카페테리아나 외투보관소가 아니라 실제로 내부 공간에 있었을지라도 자신들의 반응이 배우에게 전달되었는지 여부를 관객은 인식할 수 없었다. 이들에게 피드백 고리는 중단되었다. 배우들의 신체적 귀환에 대한 관객의 욕구는 피드백 고리를 진행시켜 공연을 생성하는, 상호 간의 지각과 지각됨을 통해서만 충족될 수 있다.

　「백치」에서는 매체화를 공연에 도입해 체화하는 데 성공했다. 이때 오슬랜더의 주장대로 '라이브' 공연이 매체화에 의해 사라지는 것과 같은 일은 일어나지 않았다. 오히려 매체화가 심화될수록 배우의 신체적 현존에 대한 욕구가 커지는 효과가 나타났다. 그리고 배우들의 '실제적 육체'에 아우라를 부여했다. 공연 마지막에 배우들이 실제로 조명 아래 나타났을 때 관객은 드디어 이 공연이 지금까지 일관적으로 거부했던—많은 비평가가 이 공연의 대본이 도스토옙스키의 희곡임을 지적하며 비난한 것을 생각한다면—'초월Transzendenz'의 경험을 할 수 있었다.

　한 시간 동안 중단된 피드백 고리는 배우와 관객 사이의 상호작용에서 관객과 관객 사이의 상호작용으로 변화했다고 볼 수 있다. 즉 여기서 관객들은 의자를 당기거나 일어서거나 객석을 떠나버리거나 하품을 하거나 이야기를 함으로써 스스로 행위자가 되었다. 그러나 여기서는—셰크너의 「코뮌」과 다르게—모니터를 통해 관객들을 주목시켰기 때문에, 중단이라 하는 게 더 적절할 것이다.

오슬랜더가 주장한 것처럼 이러한 중단으로 매체화 안에서 공연이 사라지거나 '라이브' 공연 현상이 매체화된 공연으로 완전히 변해버리지 않았다. 물론 마지막 한 시간 동안 이런 생각이 들 수도 있지만, 결과적으로 그것은 잘못된 인상임이 드러났다. 왜냐하면 이러한 중단이 오히려 관객에게 배우의 신체적 현존에 대한 욕구를 점점 더 강하게 촉발시켰기 때문이다. 따라서 커튼콜이라는 상식적인 등장에서 말 그대로 관객은 배우를 새롭게 보게 되었다.

「백치」는 그 규모 면에서 재생산 기술이 많이 투입된 연출이다. 따라서 오슬랜더의 명제에 따르자면 '라이브' 공연이라고 할 수 없다. 하지만 결국 관객과 배우의 신체적 공동 현존에 대한 우상화 현상까지 일어났다. 관습적인 배우의 커튼콜이 여기서는 일종의 인물의 변형 Transfiguration을 경험하게 하고, 이것은 신체적 공동 현존에 대한 축제로까지 그 의미가 이어졌다. 여섯 시간 후 관객은 자신의 몸으로 '깨달음'이 일어나는 순간을 체험했다. 공연에서 어떤 내용을 어떻게 이야기하든 상관없이, 공연 중에 생성되는 자동 형성적 피드백 고리를 작동시킨 것은 바로 배우의 신체적 현존이었다.

제4장

물질성의 수행적 창출

필자는 앞 장에서 피드백 고리의 자동 형성성 개념은 생산미학과 수용미학을 분리하여 공연을 인식하는 것을 어렵게 만든다고 논증했다. 이때 작품미학이라는 범주를 함께 언급했는데, 이 장에서는 이 부분을 중점적으로 논의하려 한다. 공연의 찰나적 현상을 단서로 공연에서 물질성이 어떻게 수행적으로 드러나는가, 그것은 어떤 위상을 지니는가, 그리고 이러한 위상이 작품 개념과 맞아떨어지는가에 대해 생각해보려 한다.

공연이란 고정되거나 물려줄 수 있는 물질적 인공물이 아니다. 공연은 찰나적이고 변환적이며 현재성 속에서 완성된다. 즉 공연은 지속적인 생성과 소멸, 피드백 고리의 자동 형성성으로 이루어진다. 그러나 공연에서 물질적 대상 ― 소품, 의상, 장식 등 ― 을 사용하지 않는다는 것은 아니며, 그것들은 공연이 끝난 이후 연극박물관이나 예술박물관에 전시할 수도 있다(이런 것들은 오히려 행위예술이나 퍼포먼스아트에서 매우 적극적으로 이용된다). 그럼에도 공연은 끝나면 사라진다. 공연은 결코 동일하게 반복되지 않는다. 페기 펠란이 정확하게 지적했듯이 공연은 나중에 다시 '복원'될 수 없다. 녹음이나 비디오 녹화 같은 인공물의 형태로 공연을 옮기려는 시도는 실패할 수밖에 없고 고정되거나 재생산할 수 있는 인공물과의 불가피한 차이를 더 적나라하게 드러낼 뿐이다. 공연을 재생산하고자 하는 모든 시도는 사실상 그 기록을 남기는 것에 그친다. 그러한 의미에서, 공연을 기록할 수 없다고 한 펠란의 주장은 옳지 않다. 그러한 기록화는 그 공연에 대해 언급할 수 있는 가능성을 오히려 먼저 가져다준다. 공연의 찰나성을 비디오, 영화, 사진, 서술 등으로 끊임없이 기록하는 시도는 명백하게 공연의 현현성과 일회성을 암시한다.

　　퍼포먼스에 대한 이야기에는 항상 빈틈이나 손실이 있다. 우리가 이 사라짐을 인식하고 그 경험에 다가설 수 없다는 전제를 인정하는 한에서, 그것은 참조하고 토론하고 평가할 수 있는 대상이 된다. 〔……〕 공연예술은 바로 예술 프로그램이나 예술가의 몸에 대한 주체적 경험을 묻는 것이 아니라 관찰자가 쓴 기록물이나 관찰자의 기억에서 표현되는 상연 Präsentation과 지각의 차이에 대해 묻는 것이다.[1]

공연 이후에는 그 공연에 대한 기록물만 남을 뿐 공연 자체의 특수한 물질성 자체에는 접근할 수 없다. 따라서 공연을 다른 매체—비디오,

1) Hans-Friedrich Bormann & Gabriele Brandstetter, "An der Schwelle. Performance als Forschungslabor," Hanne Seitz(ed.), *Schreiben aut Wasser. Performative Verfahren in Kunst, Wissenschaft und Bildung*, Bonn 1999, pp. 45~55, pp. 46, 50.

사진, 서술 등 —로 변환하는 것이 필요하다. 공연에 대한 연구 역시 개인적인 메모나 관찰 기록 같은 기록물에 의존한다. 공연의 특수한 물질성은 모두 사라지고 붙잡을 수 없다. 이 물질성은 상연되는 과정에서 현재에 드러나지만, 드러나는 순간 다시 사라져버린다.

1960년대의 수행적 전환 이후 연극, 행위예술, 퍼포먼스아트는 공연에서 물질성의 수행적 창출을 주목하게 하는 많은 방법적 절차를 만들었다. 실제 실험실처럼 다양한 조건과 요소, 이행 방식을 강조하고 그에 초점을 맞추었다. 이것은 공연의 육체성뿐 아니라 공간성, 소리성에도 해당된다. 이러한 방법을 통해서 우리는 공연이 그 물질성의 측면에서 이행되는 특수한 생산 과정을 현미경처럼 속속들이 보게 되었다. 이는 이후의 연구를 위한 방향성과 지침을 제공해준다.

1. 육체성

공연에서 예술가가 무언가를 '생산'해낼 때 그는 자신의 물질성과 분리될 수 없다. 그는 자신의 '작품'을 ─ 다시 한 번 이 표현을 사용하자면 ─ 자신의 육체[2]로 혹은 헬무트 플레스너Helmuth Plessner의 말대로

---

2) (옮긴이) 독일어 Körper는 일반적으로 몸, 육체, 신체를 의미한다. 그러나 이 책에서는 Körper를 육체로, Leib를 신체로 구분해 번역했다. 이러한 맥락에서 Körperlichkeit는 '육체성'으로 Leiblichkeit는 '신체성'으로 번역했다. 저자가 육체로서 Körper를 지시할 때는 대부분 소유할 수 있는 객관적 대상물이자 기호학적 대상물을 의미한다. 즉, 육체는 주로 Körper-Haben(소유할 수 있는 것으로서의 육체)이라는 의미다. 이와 다르게 Leib는 현상학적 대상물로서 메를로-퐁티의 살flesh 개념을 확장시킨 '주체의 존재 상태'를 지시할 때 쓰인다. 이를 저자는 Leib-Sein(존재하는 것으로서의 신체)으로 표현한다. 우리말의 몸은 객체로서의 대상이기도 하지만 주체의 존재 상태를 지시하기도 한다. 따라서 일반적 묘사의 문맥에서는 Körper를 '몸'이라고도 번역했다. 그러나 몸의 이중성과 관계성을 변별하며 설명하는 맥락에서는 육체와 신체를 구분해서, 즉 육체를 기호학적 대상물로, 신체를 현상학적 존재론으로 구분해서 번역했다. 그러나 우리말에서 육체와 신체를 구분하는 학문적 담론이 거의 없기 때문에, 왜 Körper를 신체가 아니라 육체로, Leib를 육체가 아니라 신체로 번역했는가에는 엄격한 '개념적' 기준은 없으며, 의미의 측면에서도 논의의 여지가 있다. 그러나 전체적으로 기존의 번역 사례를 고려했음을 밝혀둔다.

"고유한 존재의 물질성 속에서"[3] 드러내는 것이다. 연극이나 연기 이론은 이러한 특성에 대해 반복해서 언급해왔다. 특별히 강조해야 할 점은 바로 배우의 현상적 신체, 즉 현실에 존재하는 그대로의 신체와 그 배우가 연기하는 인물의 표현 사이에서 오는 긴장이다. 플레스너는 본질적으로 이러한 특성을 인간이 자기 자신에 대한 거리 두기라고 파악한다. 따라서 그는 배우에게서 **인간의 조건**conditio humana이 특수한 방법으로 상징화되는 것을 본다. 인간은 자신을 다른 물건들처럼 이용하고 도구화할 수 있는 몸을 **가지고 있다**. 동시에 인간은 신체로 **존재한다**. 즉, 신체-주체Leib-Subjekt인 것이다. 만약 배우가 '고유한 존재의 물질성 속에서' 한 인물을 연기하기 위해 자기 자신을 벗어난다면, 그는 분명히 이중성과 그로 인해 생성되는 차이를 드러내게 된다. 플레스너의 시각에서 보면, 배우의 현상적 몸과 그가 표현하는 인물 간의 긴장은 공연에 깊은 인류학적 의미와 특수한 가치를 드러낸다.

이와 반대로 에드워드 고든 크레이그Edward Gordon Craig는 공연의 본질에 근거해서, 연극에서 배우를 추방하고 그 자리를 초인형Übermarionette으로 대체해야 한다고 보았다. 왜냐하면 연기자의 몸은 자유롭게 사용하거나 수시로 가공하거나 조종할 수 없기 때문이다. 이것은 오히려 공연이 어떻게 신체의 현존과 육체의 소유 사이의 이중성으로 짜였는가 하는, 매우 특수한 조건하에 놓여 있다. 크레이그는 공연의 작품성을 보장하려면 배우를 무대에서 제거해야 한다고 주장했다.

---

3) Helmuth Plessner, "Zur Anthropologie des Schauspielers," Günter Dux, Odo Marquard & Elisabeth Ströker(eds.), *Gesammelte Schriften*, Frankfurt a. M. 1982, pp. 399~418, p. 407.

인간의 본성은 전적으로 자유를 지향한다. 따라서 인간은 개인성 자체로는 연극의 물질적 재료로 적합하지 않다. 하지만 오늘날 연극에서 인간의 육체가 **재료**로 이용되기 때문에, 그곳에서 제시되는 것들은 모두 우연적인 성격을 지닌다. 〔……〕 이미 이야기했듯이 예술은 어떤 우연도 허용해서는 안 된다. 그러므로 배우가 표현하는 것은 예술작품이 아니다.[4]

필자는 세계-내-존재In-der-Welt-Sein하는 신체로서의 배우와 플레스너가 상징적 의미를 부가하고자 한 배우의 인물 표현 사이에 존재하는 긴장에 대해 상세히 설명하지 않고—또한 크레이그가 예측 불가능성을 근거로 배우를 예술 영역에서 추방하려 한 점은 묵과하고— 공연에서 드러나는 육체성을 출발점으로 삼아, 이를 중심으로 연구를 진행할 것이다. 그러나 이러한 긴장 속에서 육체성의 수행적 창출과 공연에 대한 관객의 특수한 지각을 가능하게 하는 조건을 파악할 것이다. 이것은 육체성의 창출과 이에 대한 지각이 잠재력과 영향력을 불러일으키는 요인으로서, 특수한 방법으로 나타나는 두 가지 현상에 관한 것이다. 따라서 이 연구는 무엇보다 체현 과정과 현존의 현상이라는 육체성에 집중한다.

---

4) Edward Gordon Craig, "Der Schauspieler und die übermarionette," *Über die kunst des theaters*, Berlin 1969, pp. 51~73, pp. 52 이하.

체현

배우의 연기에 관한 새로운 콘셉트는 18세기 후반에 형성되기 시작해, 이후 18세기 말에는 '체현Verkörperung; embodiment'이라는 개념으로 자리 잡았다. 그전까지 사람들은 배우가 자신이 맡은 역할을 연기한다고 하거나 때로는 배우가 자신의 역할을 해낸다, 역할을 맡는다, 그 역할이다 하는 식으로 말하곤 했다(가령 레싱은 『함부르크 드라마투르기 *Hamburgischen Dramaturgie*』 20권에서 "체니는 헨젤 부인이다"라고 기술했다). 바로 이때부터 배우가 인물을 '체현'한다고 말했다. 그렇다면 체현이라는 개념은 무엇을 의미하는가?

독일 연극은 18세기 후반에 두 가지 주요한 발전을 이뤘다. 문학적 연극의 형성과 새로운 ─ 사실주의적이고 심리적인 ─ 연극예술의 발전이 그것이다. 이 두 가지는 서로 밀접한 관련이 있다.

무대에서 배우의 지배력을 무너뜨리려 한 몇몇 부르주아 지식인들은 작가의 텍스트를 연극을 통제하는 지위로 올리려고 시도했다. 배우는 자기 흥이나 임기응변 능력, 재치, 천재성, 자만심, 혹은 인기를 끌기 위한 목적에 따라 연기해서는 안 되었다. 배우의 역할은 오로지 작품 속에 작가가 언어로 표현하고자 한 의미를 관객에게 전달하는 데 있었다. 연기술이 그 수행성 속에서 새롭고 고유한 의미를 생성해서는 안 되며, 작가가 부여한 의미, 텍스트에 적혀 있는 것만을 표현해야 했다.

이러한 기능을 충족시키기 위해서 연기예술은 결정적으로 변화해야 했다. 작가가 텍스트 속에 언어적으로 표현한 의미 ─ 특히 등장인물 dramatis persona의 감정, 마음 상태, 사고 과정, 성격 등 ─ 를 배우는 자신의 육체로 표현해야 했다. 배우가 '텍스트'에 나오는 등장인물의 감정이나 마음 상태 등을 하나의 인물로 완벽히 구현하기 위해 세계-내-존재하는 신체, 즉 배우 고유의 현상적 신체는 무대 위에서 사라져야 했다. 말하자면, 배우의 현상적 신체와 그가 표현하는 인물 사이의 긴장은 연기를 위해 간과되어야 했다.

이에 상응하게 요한 야코프 엥겔은『표정술』에서 배우의 현상적 신체가 관객의 시선을 끌어 등장인물을 재현하는 기호로 배우를 지각하지 못하게 방해하는 배우의 육체 이용을 비난했다.

어떤 악령이 우리의 배우들을, 특히 여배우들을 지배한다. 위대한 예술의 격을 떨어뜨리고, 이렇게 말해도 된다면 예술을 망치는 그러한 악령 말이다. 만약 아리아드네가 자신의 슬픈 운명을 바위의 여신에게 듣는 장면이라면, 온몸을 던지듯 쓰러지는 모습을 보여주어야 한다. 마치 번개에 맞은 것처럼 빠르게, 머리가 부서질 것처럼 세게 말이다. 만약 부자연스럽고 저급한 연기에 갈채가 쏟아진다면, 그것은 분명 작품에 진정한 관심을 가질 줄 모르며 생각 없이 입장권을 구입하거나 마술이나 투우를 보러 다니는 무식한 사람들이 박수를 친 것이다. 만약 전문가가 함께 박수를 쳤다면, 그것은 설령 형편없는 여배우일지라도 소녀 같은 불쌍한 배우가 다치지 않고 연기를 해낸 것에 대한 연민 섞인 기쁨 때문이었을 것이다. 모험적인 예술은 〔……〕 폭탄을 터뜨리는 놀이터에 속할 뿐이다. 여기서는 모든 관심이 현실적 인간, 그 인간의 육체적 민첩함에 있다. 그리고 이러한 관심이 커지면 커질수록 사람들은 더 많은 위험이 도사리는 것을 보게 된다.[5]

5) Johann Jakob Engel, *Ideen zu einer Mimik*(1785/86), *Schriften*, Bd. 7/8, Berlin 1804,

이와 반대로 극장에서 관객은 등장인물을 지각하고 느껴야 한다. 관객이 세계-내-존재하는 현상적 신체로서의 배우의 몸에 집중한다면, 등장인물의 마음 상태나 감정을 기호로 지각하지 못할 뿐 아니라 배우 '그 자체'를 '그 여자' 혹은 '그 남자'로 '느끼게' 된다. 그러면 관객은 "불가피하게도 환영으로부터 빠져나오게" 된다.[6] 관객은 작품의 허구적 세계를 떠나야만 하고, 실제 신체성이 존재하는 세계로 돌아오게 된다.

엥겔이 촉발한 이런 논의에서 '체현'이라는 새로운 개념이 무엇을 의미하는지가 분명하게 드러난다. 배우는 언어적으로 표현된 텍스트의 의미를 구현하기 위해 자신의 감각적이고 현상적인 신체를 마치 기호운반체Zeichenträger나 물질적 기호로 복무할 수 있도록 가능한 한 기호적인 육체로 전환시켜야 한다. 작가가 텍스트 속에 표현한 의미가 배우의 육체 속에서 감각적으로 지각할 수 있는 기호-육체Zeichen-Körper로 새롭게 발견되어야 한다. 그 의미를 왜곡시키거나 더럽히거나 혼란을 주거나 방해할 수 있는 다른 모든 것, 즉 의미 전달에 복무하지 않는 모든 것은 제거되거나 사라져야 한다.

이러한 생각들은 두-세계-이론Zwei-Welten-Theorie에 근거한 의미의 콘셉트다. 의미란 일종의 '정신적' 총체로서, 단지 이에 상응하는 기호를 통해서만 현상적으로 드러난다. 언어가 정신, 즉 의미를 왜곡하지 않고 '순수하게' 표현할 수 있는 거의 이상적인 기호 체계로 이해되는 데 반해, 인간의 육체는 기호를 형성하기에 매우 불안한 매체와 물질로 이해

Bd. 7, pp. 59 이하.

6) 같은 책, p. 58.

된다. 따라서 프리드리히 실러Friedrich Schiller는 "연극적 체현이 지닌 이점에 대해 의구심이 든다"[7]고 분명하게 경고했다. 즉 신체가 위와 같이 이용될 수 있도록, 가장 먼저 특정한 탈신체화Entleiblichung가 이행되어야 했다. 세계-내-존재인 배우의 신체, 즉 유기적 신체를 지시하는 모든 것은 '순수한' 기호적 몸만 남을 때까지 제거되어야 했다. 왜냐하면 '순수한' 기호적 육체만이 텍스트에 내재되어 있는 의미를 왜곡 없이 감각적으로 지각할 수 있게 하고, 관객에게 전달할 수 있다고 믿었기 때문이다. 체현은, 그러니까 탈육체화Entkörperlichung 및 탈신체화를 전제로 한다. 동시에 체현은 공연의 찰나성에 저항한다. 배우의 몸짓이나 움직임, 그리고 배우가 내는 소리가 변형될 수는 있어도, 이러한 것들로 표현되는 의미는 찰나적인 기호를 넘어서 존재하기 때문이다.

물론 이러한 의미의 개념을 이루는 생각들이 이미 낡은 것이 되었고, 또 어느 누구도 더 이상 드라마 텍스트의 '정확한' 의미를 텍스트에서 제대로 찾아내야 한다[8]고 주장하지 않음에도, 체현이라는 개념은 배우의 활동과 관련해 사유할 때 여전히 여러 의미에서 탈육체화로 이해되고 있다. 1983년 문학평론가 볼프강 이저Wolfgang Iser는 다음과 같이 서술한다. "허구적 인물의 명확성을 위해 배우는 자신을 비현실적으로 만들어야 한다. 배우의 육체가 지닌 현실성은 허구적 인물의 명확성에 비례하여 약화된다. 그래야만 비현실적 형상물이 현실적 현상으로 출현할 수 있기 때문이다."[9] 이러한 진술에는 두-세계-이론뿐 아니라, 탈육

---

7) Jakob & Wilhelm Grimm(eds.), *Deutsches Wörterbuch*, Bd. 1~31, München 1984, Bd. 25, p. 683에서 재인용.

8) Erika Fischer-Lichte(ed.), *Das Drama und seine Inszenierung*, Tübingen 1983 참조.

9) Wolfgang Iser, "Akte des Fingierens oder Was ist das Fiktive im fiktionalen Text?," D. Henrich & W. Iser(eds.), *Funktionen des Fiktiven*, München 1983, pp. 121~51, pp. 145

체화로서의 체현에 대한 이해가 관통하고 있다. 볼프강 이저의 말대로 배우는 텍스트 속에 언어로 구성된 햄릿이라는 인물을 자신의 현실적 몸을 "그에 비례하여 약화시킴으로써" 형상화한다.

20세기 초 게오르크 짐멜Georg Simmel은 이러한 생각에 반대했다. 유고 논문 「배우에 관한 철학Zur Philosophie des Schauspielers」(1923)에서 그는 배우의 **등장인물** 체현이 다른 것, 특히 배우의 탈육체화와 그 육체의 기호화라는 방법을 통해 언어적으로 구성된 의미 전달을 한다고 이해하거나 설명할 수 없음을 보여줬다. 우선 짐멜은 언어적으로 구성된 의미와 육체적으로 구성된 의미 사이의 근본적인 차이를 다음과 같이 설명했다.

책 속의 등장인물은 어떤 의미에서 완전한 인간이 아니다. 감각적 측면에서 인간이 아니라, 인간에 대해 문학적으로 파악할 수 있는 어떤 것이다. 목소리도, 그 억양도, 점점 느리게 혹은 점점 빠르게 말하는 것도, 그 몸짓도, 생명의 온기가 느껴지는 그 특별한 분위기도 작가가 부여할 수 없고, 어떤 뚜렷한 전제를 남길 수도 없다. 작가는 오히려 이 인물의 운명, 외모, 영혼을 정신적인 일차원의 과정에 놓았을 뿐이다. 드라마는 문학으로 간주되었을 때는 그 자체로 완전하다. 일어난 사건의 총체성이라는 측면에서 볼 때 그것은 논리적으로 전개되지 않는 상징이다.[10]

디드로는 『농아에 관한 편지』(1751)에서, 구체적 사물과 어떤 호명을

이하.

10) Georg Simmel, "Zur Philosophie des Schauspielers," *Das individuelle Gesetz. Philosophische Exkurse*, Frankfurt a. M. 1968, pp. 75~95, pp. 75 이하.

통해서 표현되는 정신에 대한 모든 진술은 언어적 기호나 몸짓의 기호로 표상할 수 있기 때문에 언어적인 것은 몸짓의 기호로 아무런 문제 없이 혹은 아무런 불편 없이 번역 가능하다고 설명했다. 이것은 체현에 대한 이론적 기초가 되었다. 반면 짐멜은 언어와 육체의 다양성을 강조한다. 그는 언어적 기호를 몸짓의 기호로 문제 없이 변환하는 것은 불가능하다고 보았다. 이러한 이유로 그는 다음과 같은 생각들에 반대했다.

> 〔……〕 한 역할을 연기하는 이상적인 방법이 이미 그 역할에 필연적이고 명료하게 주어진 것처럼, 마치 충분히 날카롭게 바라보고 논리적으로 따라잡을 수 있는 햄릿이 연극적으로 구체화되어 책 속에서 튀어나오듯, 결국 한 역할에 대해 절대적으로 '옳으며' 실제 배우가 도달하려는 연기적 표현이 존재하는 것처럼 모두 말한다. 그러나 이러한 생각은 세 명의 대배우가 하나의 역할을 서로 완전히 다르고 다양한 모습으로 이해하고 연기함으로써 그렇지 않음이 입증되었다. 그것들은 서로 우열이 없었고 다른 것보다 '옳은' 것도 없었다. 〔……〕 햄릿을 작품에서 간단하게 끄집어내 연기할 수 없다. 카인츠Josef Kainz와 살비아티Salviati가 증명한 것처럼 모이시Alexander Moissi도 이러한 사실을 입증했다.[11]

여기서 짐멜은 모이시, 카인츠, 살비니를 통해 언어와 육체의 차이에 대해 설명하는데, 세 배우의 각기 다른 햄릿을 서로 다른 '이해'에서 기인했다고 볼 뿐 아니라 세 배우의 각기 다른 물질성에서도 기인했다고

---

11) 같은 책, p. 78. 한편, 짐멜의 시대에 살비아티라는 이름의 대배우는 존재하지 않았기 때문에, 필자는 이 인물이 톰마소 살비니Tommaso Salvini(1829~1915)를 가리킨다고 생각하며, 이것은 인쇄 오류인 것 같다.

본다. 그들의 '목소리' '억양' '몸짓' '특수한 분위기' '온화한 형상' 같은 것 말이다. 다른 말로 하면, 모이시와 카인츠, 살비니 각각의 햄릿은 마치 그것이 텍스트 속에 언어적 기호로 설계되어 있는 것처럼 하나의 역할의 체현을 표현하지 않는다. 차라리 이들은 모두 다른 햄릿이라고 하겠다. 모이시가 체현한 햄릿은 모이시의 연기 외에 다른 어디에서도 찾을 수 없다. 살비니의 햄릿이 단지 그 자신의 연기를 통해서만 존재하듯이 말이다. 그것은 바로 특정 육체와 그 육체로 이행된 수행적 행위이며, 이를 통해 인물이 형성된다. 따라서 모이시의 햄릿은 살비니의 햄릿이나 카인츠의 햄릿과 동일할 수 없으며, 문학 텍스트 속의 햄릿과도 같지 않다. 18세기 후반에 전개된 체현에 관한 개념은 더 이상 유효하지 않다.

이 점은 20세기 초부터 연극인과 연극 이론가에 의해 강하게 비판받았다. 문학적 연극으로부터의 전향, 문학이 부여한 의미를 표현하는 데 그치는 연극이 아니라, 스스로 새로운 의미를 형성하는 고유 예술로서의 연극에 대한 요청은 신체적이고 창조적인 활동으로서의 연기술에 관한 새로운 이해를 가져왔다. 메이예르홀트가 곡예단이나 장터 곡마단, 광대놀음balagan 등에 소명감을 가지는 것은 엥겔에 대해 직접적으로 항변하는 것처럼 들렸고, 감각을 강조하며 몸의 운용이 주요 특징인 라인하르트의 연출 「오이디푸스 왕」과 「오레스테이아」에 대해 비평가들이 "저속한 의미에서 서커스 같다"거나 "투우장에서 성장한"[12] 관객에게나 좋은 작품이었다고 비난한 것은 무시되었다.

인간 몸의 물질적 성격을 반영하는 것이 새로운 연극예술의 발전에 가장 우선적인 과제였다.[12] 이러한 측면에서 크레이그가 육체에 대해 그 예측 불가능성 때문에 부적절하며, 따라서 가능하면 무대 위에서 제

거하고자 한 데 반해, 메이예르홀트, 예이젠시테인, 타이로프Alexandr
Tairov를 비롯한 많은 사람들은 육체를 일종의 형식화나 통제가 가능한
물질, 즉 배우가 창조적으로 가공할 수 있는 물질로 보았다. 메이예르홀
트는 다음과 같이 진술한다.

예술에서는 언제나 물질의 구성이 관건이다. [……] 배우의 예술은 배
우가 지닌 물질성의 구성 능력, 즉 자신의 육체를 표현의 도구로 얼마나
잘 이용하는가 하는 능력에 달려 있다. 배우라는 한 사람 속에는 구성
하는 사람과 구성되어야 하는 것이 서로 일치한다(즉 예술가와 그의 물질
성). 이것을 공식화해보면 $N = A_1 + A_2$와 같다. 여기서 N은 배우이고, A_1
은 특정 의도를 지니고 이것을 현실화시키는 설계자다. A_2는 설계자(A_1)
의 지시를 이행하고 현실화하는 배우의 육체다. 배우는 (자기 스스로나
연출가로부터) 받은 지시를 순간적으로 표현할 수 있을 정도로 자신의 물
질 — 육체 — 을 훈련시켜야 한다.[13]

여기서 배우는 문학에 대한 예속에서 벗어난다. 그러나 육체에 대한
근본적인 개념은 체현 개념과 눈에 띌 정도로 유사성을 드러낸다. 두
경우 모두 신체로서 존재하는 것Leib-Sein과 육체를 소유하는 것Körper-
Haben 사이의 긴장이 없어진다. 즉 신체−주체Leib-Subjekt로 규정되지 않
은 주체는 객체로서의 육체Körper-Objekt로 완전히 귀속된다. 18세기 이

12) Siegfried Jacobsohn, *Das Jahr der Bühne*, p. 49.
13) Vsevolod Meyerhold, "Der Schauspieler der Zukunft und die Biomechanik,"
    Rosemarie Tietze(ed.), *Vsevolod Meyerhold. Theaterarbeit 1917~1930*, München 1974,
    pp. 72~76, pp. 73 이하.

론가가 감각적이며 덧없고 불충분한 인간 육체의 성질을 기호화 과정을 통해 제거하기를 바랐던 반면 ― 물론 실러와 같은 몇몇 사람은 이에 뚜렷하게 의문을 제기했지만 ― 메이예르홀트나 다른 전위예술가들은 인간의 육체에 대해 끊임없이 완성될 수 있고, 설계자의 영리한 계산으로 최상화시킬 수 있는, 그러니까 고장을 현저히 줄이고 아무런 문제 없이 돌아가는 것을 보장할 수 있는 기계처럼 생각했다. 두 경우 모두 몸을 완전히 통제할 수 있다는 환상과 관계된다. 이때의 주체는 신체로서 존재하지 않으며, 자신의 육체에 의해 규정되는 육체가 아니라 오히려 마음대로 자신의 육체를 형태화시키며 물질을 자유롭게 가공할 수 있는, 거의 전지전능한 주체다. 물론 여기에는 결정적인 차이가 있다. 체현의 원리 속에서 육체성은 물질성이 아니라 기호성, 즉 드라마라는 문학적 텍스트에 적혀 있는 의미를 콘셉트화한 기호성으로 드러나는 반면, 메이예르홀트를 비롯한 다른 전위예술가들에게 육체성은 가장 먼저 물질성으로 드러난다. 생체 역학Biomechanik을 위한 다양한 연습은 의미를 전달하는 기호로서 고안되지 않았다. 이것은 오히려 육체의 특정한 움직임에 집중하고 실험하며 그 유동성, 즉 '관객에게 전염되는' 육체의 '**반사적 흥분성**'에 주목한다.[14] 그것은 바로 기동력 있고 끊임없이 움직이는 육체의 특수한 물질성이며, 이를 통해 배우의 행위는 관객의 육체에 직접 영향을 끼치며, 관객에게 '전염'[15]된다. 달리 말하면 관객을 홍

---

14) 같은 글, pp. 74 이하.
15) 18세기의 이론가들 역시 배우가 관객을 '전염'시킨다고, 즉 배우가 관객에게 감정을 촉발시킨다고 생각했다. 그러나 여기서의 '전염'은 관객이 특정한 감정의 표현으로서 배우의 '표정과 몸짓'을 지각할 수 있었다는 의미다. Erika Fischer-Lichte, "Der Körper als Zeichen und als Erfahrung," *Theater im Prozeß der Zivilisation*, Tübingen/Basel 2000, pp. 67~80 참조.

분 상태로 이끈다는 것이다. 그렇다고 이것이 의미 생성 과정을 거치지 않는 것은 아니다. 배우 육체의 물질성을 강하게 강조하면 오히려 관객에게 그들이 지각한 것으로부터 새로운 의미를 발견할 가능성을 열어주게 된다. **'새로운 의미의 창조자'**[16]가 되게 하는 것이다. 이러한 의미에서 배우의 육체성은 잠재력으로 작용하며, 이로부터 새로운 의미가 생성될 수 있다.

메이예르홀트는 새로운 연기술의 콘셉트를 체현 콘셉트에 대한 명확한 안티테제로 설계했다. 체현 콘셉트에서는 관객이 배우의 움직임을 특정한 의미가 담긴 기호로 받아들인다는 조건 아래서, 배우는 관객에게 영향을 미칠 수 있었다. 이와 반대로 메이예르홀트의 콘셉트는 반사적으로 흥분하며 움직이는 배우의 육체가 관객의 육체에 직접적으로 영향을 끼친다는 전제에서 출발한다. 전자에 따르면 배우의 움직임은 문학적 텍스트의 의미를 드러내는 기호로 만들어져야 하는 반면, 후자에서는 배우의 움직임에 대해 관객에게 흥분 반응을 불러일으키는 일종의 자극Stimulus, 즉 새로운 의미를 생성시킬 수 있는 충동으로 간주했다. 전자에서 수행성이 표현성을 드러내기 위해 복무한다면, 후자에서 수행성은 일종의 에너지와 같은 잠재적 영향력으로 파악된다. 메이예르홀트의 새로운 연기술에 관한 콘셉트는 어떤 측면에서는 체현 콘셉트와 반대가 된다.

1960년대 이후의 연극과 퍼포먼스아트 공연에서는 육체의 사용 방법

---

16) Vsevolod Meyerhold, "Rezension des Buches 'Aufzeichnungen eines Regisseurs' von A. Ja. Tairov(1921/1922)," *Vsevolod Meyerhold. Theaterarbeit 1917~1930*, pp. 63~72, p. 72.

이 지속적으로 실험되고 발전되었는데, 그 물질성에 대한 집중적인 전시의 측면에서 볼 때 이는 역사적 전위예술의 콘셉트와 연계되어 있었다. 그러나 역사적 전위예술과는 다음과 같은 점에서 차별화된다. 즉 육체를 통제하고 형태화할 수 있는 물질로 전제하는 것이 아니라 신체로서 존재하는 것과 육체를 소유하는 것, 다시 말해 현상적 신체와 기호적 육체의 이중성 안에서 이해한다는 점이다. 결국 육체의 사용에 대한 근거와 정당성은 세계-내-존재인 배우/행위자의 신체에서 찾을 수 있다. 이런 관점에서 체현이라는 개념은 완전히 새롭게 재정의한 의미에서 다시 사용될 가능성이 있다.

이러한 맥락에서 네 가지 전략이 매우 생산적이고 성공적이라는 것이 검증되었으며, 다양한 종류의 공연에서 행해졌다. 1) 연기자와 역할 사이의 관계 전도, 2) 개인으로서의 배우(육체)의 강조와 전시, 3) 육체의 훼손 가능성, 취약성, 결핍성의 강조, 4) 크로스캐스팅Cross-Casting이다. 주로 두 가지 혹은 더 많은 전략들을 서로 결합했다.

1) 예지 그로토프스키 Jerzy Grotowski는 연기자와 역할의 관계를 근본적으로 새롭게 규정했다. 그로토프스키는 배우는 역할을 표현하는 것, 즉 체현을 위해 있는 게 아니라고 생각했다. 오히려 그는 희곡 작가의 텍스트에 적혀 있는 역할을 도구로 파악했다. "[……] 배우는 자신을 완전히 분석하기 위해 마치 외과의사가 메스를 다루듯 자신의 역할을 다루는 방법을 배워야 한다."[17] 역할이란 배우가 하는 행위의 목적이자 목표가 아니라 다른 목적을 이루기 위한 수단일 뿐이다. 자신의 육체를 정신적인 어떤 것으로 자연스럽게 드러나게 하는 것, 육체를 체화된 정신으

---

17) Jerzy Grotowski, *Für ein armes Theater*, Zürich 1986, p. 28.

로 나타나게 하는 것이 그것이다. 낡은 체현 콘셉트에 기초한 두-세계-이론은 여기서 묵살되었다. 배우는 자신의 육체를 정신에게 빌려주는 것, 이러한 의미에서 어떤 정신적인 것을 체현하는 것이 아니라, 그 '정신'이라는 것을 배우 자신의 육체를 '매개' 삼아 자신의 몸으로 드러내는 것이다.

이에 상응하여 그로토프스키는 배우 훈련에서 다음을 포기한다.

〔……〕 어떤 것을 몸으로 습득하려 할 때, 우리는 심리적 과정에 대해 몸의 유기적 구조가 지닌 저항성을 제거하는 작업을 한다. 그 결과 내적 충동과 외적 반응 사이에 생기는 시간의 차이에서 벗어나게 된다. 그리하여 내적 충동은 이미 외적 반응이 된다. 충동과 행위가 하나가 된다. 육체는 사라지고 태워지며, 관객은 단지 보이는 충동의 연속만을 본다. 우리들이 갈 길은 **부정의 길**via negativa이다. 즉 기술의 축적이 아니라 장애물의 파괴다.[18]

그로토프스키에게 육체의 소유는 신체로 존재하는 것과 분리될 수 없다. 육체는 도구가 아니다. 육체는 표현의 수단도 아니고 기호 형성을 위한 물질도 아니다. 오히려 육체의 '물질'은 배우의 행위를 통해 '태워지고' 에너지로 변한다. 배우는 자신의 육체를 통제하는 것이 아니라 —엥겔이나 메이예르홀트의 의미에서도 그렇지 않다 —오히려 자신의 육체가 행위자 그 자체가 되게 한다. 살로서의 신체는 체화된 정신 embodied mind으로서 행위한다.

---

18) 같은 책, p. 13.

그로토프스키는 이를 이행할 수 있는 배우를 '성스러운' 배우라고 불렀다. "그것은 매우 진지하고도 장엄한 계시Offenbarung의 행위다. 〔……〕 배우의 의식과 본능이 하나로 통합되는, 배우의 유기성의 절정으로 한 걸음 나아가는 것과 같다."[19] 이러한 종교적 어휘는 살과 정신으로서의 육체로 태어나 고통당하고 부활한 예수를 배우와 은연중에 연결시킨다. 부활한 예수는 새로운 인간상의 상징, 특히 기존의 육체와 정신의 이분법적 논리가 제거된 육체에 대한 새로운 인간상의 상징으로 형상화된다. 정신은 이미 체화되고, 육체는 이미 '정신화'된 것으로 간주된다.

'성스러운' 배우에 대한 그로토프스키의 생각은 그가 연출한 「불굴의 왕자Standhaften Prinzen」(1965)[20]에 출연한 리샤르트 치에실라크Ryszard Cieślak의 연기에서 가장 잘 나타난다. 이 배우에 대해 비평가 요제프 켈레라Józef Kelera는 『홍역ODRA XI』(1965)에서 다음과 같이 기술한다.

> 본질은 〔……〕 배우가 자신의 목소리를 경이롭게 사용한다는 사실에 있지도, 강렬한 표현을 위해 거의 나체로 등장해 움직이는 조각상을 표현했다는 사실에 있지도 않다. 또한 그것은 몸이나 목소리의 측면에서 곡예에 가까울 정도로 길고 힘든 독백을 하는 동안 몸과 목소리를 조화롭게 하는 기술에 있지도 않다. 여기에는 완전히 다른 문제가 걸려 있다. 〔……〕 지금까지 나는 그로토프스키가 사용한 '세속화된 성스러움' '복

---

19) 같은 책, p. 177.
20) (옮긴이) 원작은 페드로 칼데론 데라바르카Pedro Calderón de la Barca의 작품이다.

종 행위' '정화' 등의 개념을 조건부로 수용해왔다. 그러나 오늘 나는 이 개념이 「불굴의 왕자」에서 가장 완벽하게 실현되었음을 인정하는 바다. 일종의 심리적 깨우침 같은 것이 배우에게서 나왔다. 다른 식으로는 정의할 방법이 없다. 그 역할의 절정에서 모든 기술적인 것은 안으로부터 뿜어 나왔다. 〔……〕 매 순간 그 배우는 붕 떠오르기 시작해 〔……〕 은혜의 상태에 있었다. 그를 둘러쌌던 신성모독에 과도했던 '고통스러운 연극'이 은혜의 상태로 변화했다.[21]

켈레라가 선택한 언어에서 「불굴의 왕자」 공연이 소위 두-세계-이론을 극복했음을 알 수 있다. 배우의 육체가 체화된 정신으로 나타남으로써 말이다. 그로토프스키의 연극과 메를로-퐁티의 후기 철학은 놀랍게도 유사하다. 메를로-퐁티의 살chair의 철학은 신체Leib와 영혼, 감각과 비감각 사이를 이분법이나 형이상학이 아닌 방식으로 연결하는 중요한 사고를 제공했다. 메를로-퐁티는 둘 사이의 관계를 비대칭적으로 파악했다. 신체적이고 감각적인 데 근거한 비대칭 말이다. 그것은 바로 '살'이다. 육체는 항상 살을 통해 세상과 연결된다. 세상에 대한 인간적 행위는 모두 신체를 통해, 체화된 것으로서 이행된다. 그래서 신체는 살의 속성 속에서 모든 도구적이고 기호적인 기능을 넘어선다.[22]

메를로-퐁티의 철학은 '체현'이라는 개념의 변화를 위한 새로운 길을 열었다. 현재에도 그 이론은 문화인류학, 인지과학, 연극학에서 일반적으로 사용되고 있다. 메를로-퐁티가 철학 영역에서 이룬 성과는 연극에

---

21) 같은 책, p. 87에서 재인용.
22) Maurice Merleau-Ponty, *Das Sichtbare und das Unsichtbare*, pp. 172~203 참조.

서 그로토프스키가 이룬 성과와 비교할 만하다. 리샤르트 치에실라크 같은 배우는 무대에서 육체와 정신이라는 이분법을 해체한 것처럼 보였다. 그 육체는 '성스럽게 빛나는' 듯이 보였고, 정신은 완전히 체화되어 나타났다. 그로토프스키는 특정한 방식으로 배우와 역할의 관계를 거꾸로 바꾸어놓음으로써, 체현 개념을 새롭게 정의하기 위한 전제를 마련했다. 여기서 '체현하다'라는 말은 몸에, 그리고 몸을 통해, 어떤 몸에 그 존재를 가진 어떤 것이 나타난다는 의미다. 가령 치에실라크 같은 배우의 육체에, 그리고 그 육체를 통해 어떤 등장인물 — 불굴의 왕자 — 이 나타나면 이것은 특정한 육체와 연관된 고유한 것이라 할 수 있다. 배우의 신체라는 세계-내-존재를 통해서 인물은 그 자신의 존재적 근거와 가능한 조건을 획득한다. 인물은 배우의 신체적 수행을 통해서만 존재하며, 특정한 배우의 육체성과 함께 그의 수행적 행위를 통해서 만들어진다.

2) 두번째 전략, 즉 개개의 연기자/행위자 몸의 창출과 전시는 첫번째 전략을 전제로, 그 기저에 나타나고 표시되는 체현의 이행에 대한 새로운 개념을 설명해준다. 이는 특히 로버트 윌슨Robert Wilson에 의해 일관되고 뚜렷하게 실행됐다. 윌슨의 작업은 각 배우의 개별적인 육체성에 근거해 시작된다. "나는 배우를 관찰한다. 배우의 몸을 관찰하고, 목소리를 경청하고 난 뒤 그와 함께 공연 만들기를 시도한다."[23] 1960년대 후반에 시작된 초기 작업 때부터 윌슨은 아마추어나 장애인, 배우 지망생, 행위자 또는 배우의 개별적이고 고유한 성격을 강조하는 식으

23) Otto Riewoldt, "Herrscher über Raum und Zeit. Das Theater Robert Wilsons," *Südfunk*, 3. Juni 1987의 특집에서 인용.

로 작업했다. 그는 「죽음, 해체, 그리고 디트로이트 IIDeath, Destruction & Detroit II」(1987)에 출연한 크리스틴 웨스터라인Christine Oesterlein을 사례 삼아 이렇게 말한다.

> 보세요, 여배우 크리스틴 웨스터라인 같은 경우 눈으로 많은 것을 표현해요. 시선이 거의 움직이지 않을 때조차 말이죠. 놀랍도록 사람의 마음을 파고들죠. 〔……〕 그저 앉아 있을 뿐인데도 거기에는 강력한 힘이 있어요. 극소수의 사람만이 무대 위에서 그럴 수 있어요. 〔……〕 다른 대부분의 배우라면 마치 석상처럼 보일 거예요. 하지만 이 배우는 언제나 살아 있고 위험스럽고 신비하죠. 〔……〕 이건 극히 드문 일인데, 그녀에게는 매우 특별한 무언가가 있어요. 나는 그것이 이 배우를 만든 무엇이라고 생각해요.[24]

이반 나겔Ivan Nagel이 표현한 것처럼 윌슨에 의해 자신의 '특이한 천재성'이 자유로워진 배우는 전통적인 기준에 따라 보면 무대에서 매우 적은 일을 한다. 이들은 등장해서 무대 위를 걷는다. 그리고 멈추어 서거나 앉는다. 꼼짝 않고 의자에 앉아 있거나 무대 천장에서 내려온 밧줄에 매달린다. 한 손을 들거나 팔을 쳐들거나 다리를 올린다. 그리고/혹은 미소를 짓는다. 다시 말해, 그들은 한편으로는 무대의 기본 어휘인 다음과 같은 동작을 이행한다. 등장한다. 무대 위를 걷는다. 선다. 앉는다. 앉아 있다 눕는다. 누워 있다 일어난다. 퇴장한다. 다른 한편으로 평범하지 않은 자세를 취하기도 한다. 즉 밧줄에 매달린다〔「골든 윈도

---

24) 같은 책, p. 13.

Golden Windows」(뮌헨, 1982)]. 혹은 사다리 위에 올라가 균형을 잡는다 [「시민전쟁the Civil wars」(퀼른, 1984)]. 여기서 모든 움직임은 리듬과 기하학적 패턴에 따라 매우 느린 템포와 슬로모션으로 이행되며, 대부분 반복되었다.

무엇보다 이런 유형의 움직임은 관객으로 하여금 연기자 개개인의 물질성에 주목하게 만든다. 강한 리듬과 기하학적 패턴에 따라 매우 기계적으로 완수되는 움직임은 육체의 개인적 특성을 지워버리고 모든 육체가 서로 하나가 되게 한다고 주장할 수 있다. 그러나 반대로 수시로 재생산해낼 수 있는 기계처럼 보이는 동작의 이행은 소위 개인적인 표현력보다 육체의 진정한 고유성을 더 강하게 드러나게 한다. 윌슨의 연극에는 공간 속에서, 공간을 통해 움직이는 배우의 개인적 육체가 공연의 주요한 테마이자 대상이다. 무대 위에서의 고유한 존재의 전시가 이행되는 것이다. 아서 단토Arthur Danto는 이것을 "일상의 신성화Verklärung des Gewöhnlichen"[25]라고 부른다. 이러한 무대 위에서의 육체의 전시를 통해 배우의 육체가 변형된다.

무대 위에서의 이러한 신성한 변형은 조명의 투입으로 추가적인 특징을 드러낸다. 예를 들면 「햄릿 머신Hamletmaschine」(함부르크 탈리아 극장, 1986)이라는 공연에서 한 여자가 탁자에 앉아 머리를 긁으며 미소 짓는 동안, 다른 여자는 오필리어의 대사 "피 나는 손으로 나는 내가 사랑한 남자들의 사진을 찢었다"를 발화한다. 이때 조명은 첫번째 여자의 머리 위를 환하게 밝힌다. 그리고 「파르치팔Parzival」(함부르크 탈리아 극장,

---

25) Arthur Danto, *Die Verklärung des Gewöhnlichen. Eine Philosophie der Kunst*, Frankfurt a. M. 1989.

1987)에서 배우 크리스토퍼 놀스Christopher Knowles는 노래하며(한 톤으로만 노래한다) 등장해 머리 위에 나무판을 올리고 무게중심을 잡으며 제자리에서 맴돈다. 그 배우가 노래하며 맴돈 모든 자리에는 밑에서부터 조명이 비춰졌다. 「리어 왕Lear」(프랑크푸르트 극장의 보켄하임 전차 차고, 1990)에서는 마리아네 호페Marianne Hoppe가 말과 동작을 멈추는 순간 매우 밝고 눈부신 빛이 쏟아졌다. 윌슨이 선호했던 역광 조명Contre-Jour은 행위자/배우의 몸짓과 움직임을 마치 빛이 관통하는 것처럼 보이게 하고, 그들의 몸을 각각의 고유성 속에서 빛나게 했다.

　여기에 다른 전략도 기여한다. 윌슨은 주로 평면적인 무대 배경을 즐겨 사용했는데, 영상이나 빛을 반사하는 투사 단면이나 추상적 회화를 담아내는 스크린이 그에 해당된다. 윌슨은 행위자/배우의 움직임이 공간을 통과하는 것을 선호했는데, 대부분 배경과 평행하게 이행되기를 원했다. 이렇게 하면 행위자의 몸이 무대 공간에서 스크린 속으로 들어간 듯한 인상을 촉발시킨다. 만약 역광과 헤드라이트 조명이 동시에 켜져 그 개인적 육체의 삼차원성이 강조되지 않는다면 말이다.

　행위자의 육체의 개인성을 강조하기 위해 윌슨이 사용하는 전략 ─ 특히 슬로모션, 그리고 리듬과 기하학적 패턴에 따른 반복적 움직임 ─ 은 종종 비기호화(의미의 해체)나 등장인물의 범주를 해체하는 것으로 해석된다. 슬로모션이나 반복, 다양한 행위자에 의한 똑같은 패턴의 형상화는, 행위자가 팸플릿에 기재된 대로 특정 등장인물로 정해져 있고 해당 의상을 입고 있다 하더라도 관객으로 하여금 행위자의 몸짓과 동작을 등장인물의 몸짓과 동작의 기호, 혹은 인물의 내적 상황을 지시하는 기호로 지각할 수 없게 한다. 오히려 관객은 움직임의 템포나 밀도, 강도, 에너지, 방향 등 행위자 몸의 물질성과 개개인의 특수한 육체성에 주목하게 된다.

이러한 주장은 실제로 행위자의 육체가 인물 속으로 사라지는 것처럼 보일 정도로, 이 두 요소가 완전히 통합되지 않는 한에서만 옳다. 오히려 이 둘은 서로 분명하게 분리된다. 그로토프스키의 경우에도 행위자의 과제는 인물을 형상화하는 데 있지 않았다. 여기서는 자신의 고유한 몸을 개인적인 것으로 드러내고——설령 그것이 의상과 분장의 도움을 받고 있더라도——그 몸으로 형성된 예술-몸Kunst-Körper을 강조한다. 여기서 등장인물과의 관계는 오히려 비본질적이다. 인물은 행위자의 등장을 위해 어떠한 용도로도 사용되지 않았다. 행위자는 자신의 이름으로 등장해도 될 정도였다.

그러나 이러한 점 때문에 행위자의 움직임이 완전히 비기호화된 것으로 결론을 내려서는 안 된다. 이때의 움직임은 바로 행위한 그것을 의미한다. 가령 팔을 45초에 걸쳐 허리부터 눈높이까지 올린다면, 이 행위는 자기 지시적이며 현실 구성적이다. 동시에 이러한 과정은 움직임의 수행성 강화를 통해 다양한 의미를 제시한다. 이러한 움직임은 관객에게 다양한 연상, 기억, 상상을 불러일으킨다.[26]

다른 한편으로, 등장인물이라는 범주가 쓸모없어졌다고 결론지어서는 안 된다. 등장인물은 극단적이기는 하지만 새로운 정의를 경험할 뿐이다. 등장인물은 더 이상 배우/행위자가 육체로 표현해야 하는 내적 상태로 규정되지 않는다. 등장인물이란 오히려 수행적 행위를 통해 나타나는 것으로, 배우의 개인적 육체성으로 드러나는 것이다. 만약 관객의 관심이 특수한 물질성으로 드러나는 행위자의 개인적 육체로 직접

---

26) 이 문제에 대해서는 제5장을 참고하라.

향한다면, 그것은 공연에서 그러한 인물이 나타날 가능성을 주목한다는 것을 의미한다. 배우/행위자의 개인적인 육체를 넘어서는 어떠한 등장인물도 만들어질 수 없다. 윌슨의 작업에서 행위자와 등장인물의 명확한 분리가 이러한 조건을 드러내고 집중하게 했다.

3) 윌슨이 행위자-육체의 변형을 통해서 이러한 성과를 거둔 반면에 소치에타스 라파엘로 산치오 그룹Gruppe Societas Raffaello Sanzio은 무대 위에서 괴기하고 비틀어진, 그러니까 화가 피터르 브뤼헐Pieter Bruegel의 그림과 같은, 지옥의 스펙터클에서 굳어버린 듯한 '저주받은' 육체를 나타냈다. 여기에 등장하는 배우들의 육체는 소위 정상적 몸에서 현저하게 벗어나 있었다. 그러면서 생존하는 신체의 허약함, 덧없음, 그리고 극단성을 하나의 방식으로 눈앞에 펼쳐 보였다. 이를 보는 관객들은 식은땀을 흘리며 손을 떨기 시작했고, 호흡이 가빠지거나 숨 쉬기 곤란해했다. 이들은 경악했고 구토증이나 두려움, 부끄러움을 느꼈다. 가령 「줄리오 체사레Giulio Cesare」(베를린 헤벨 극장, 1998)에서는 혼자 일어설 수도 없는, 금방이라도 쓰러질 듯한 노인이 등장했는데, 이 백발 노인의 노쇠함은 보는 이를 감동시키기도 하고, 경악시키기도 했다(카이사르 역). 그 당시 성대 수술을 받은 배우/행위자가 있었는데, 그는 바로 그 수술 부위에 마이크를 달았다. 이미 목소리도 나오지 않고 고통스러운 그 배우로부터, 그럼에도 소리를 내려는 시도를 듣게 하기 위해서였다. 이를 통해 관객은 어쩔 수 없이 그 배우의 상처나 결핍 또는 장애를 계속 상기할 수밖에 없었다(안토니우스 역). 키케로Cicero는 거의 스모선수 같은 반라의 살찐 거인 모습으로 등장했는데, 마치 자신의 살집에 파묻힌 것 같았다. 얼굴에 뒤집어쓴 줄무늬 스타킹은 얼굴이나 정체성이 없는 괴물을 보는 듯한 인상을 강화했다. 그리고 이 그룹에는 병적인

거식증에 걸려서 거의 죽음의 문턱에 다다른 듯한 여배우가 두 명 있었다(이 중 한 명은 베를린 초청 공연 때 사망해 매우 여위고 가녀린 무용수가 대신했다). 이렇게 배우 개개인의 육체는 직접적으로, 그리고 불쾌할 정도로 관객에게 영향을 끼쳤다. 그럼으로써 배우와 등장인물의 관계를 만들고 정리할 수 없게 했다. 물론 시간이 흐른 뒤 이런저런 경우에 육체를 각각의 인물과 연관시켜 해석할 여지는 있다. 그러나 공연이 이루어지는 동안 그들은 결코 등장인물을 지시하는 기호로 지각되지 않았고, 그들의 특수한 물질성만이 지각되었다.

배우의 신체를 등장인물의 기호로 지각하는 것이 어렵거나 거의 불가능하게 보인다고 해서 지각 행위가 의미를 생성하지 않고 이루어지는 것은 아니다. 여기 나타난 육체성은 노화, 질병, 노환, 죽음 혹은 무방비를 특징으로 함으로써 관객에게 엄청나게 크고 직접적인 생리적, 감정적 반응을 촉발시켰다. 공연이 끝난 후 배우 고유의 물질성과 이에 속한 등장인물 사이에 어떠한 의미 관계가 형성되는가는 일종의 거리 두기 과정으로 이해할 수 있다. 즉 거리 두기를 통해 육체에서 뿜어 나오는 직접적인 위협감에서 점차적으로 회복되거나 이를 억압하는 것이다. 공연 도중에 배우의 현상적 신체는 노화, 질병, 죽음, 개인성의 소멸 그 자체에 대한 기호로만, 즉 그 특별한 현상성 속에서만 기호로 작용하고, 이로 인해 두려움을 안겨주었다.[27]

관객에게는 배우의 육체와 등장인물이 그들의 특수한 수행적 전략―가령 슬로모션, 반복, 기하학적이고 규칙적인 패턴 준수―으로 인해 서로 분리되지 않는다. 오히려 그것은 드러나는 행위 속에서 체현

---

27) 제5장을 참고하라.

되고, 모든 체현 과정 속에서 계속해서 강화되는 배우의 신체적 세계-내-존재함에 근거한다. 이렇게 특정한 방식으로 **악순환**circulus vitiosus이 생성된다. 배우의 세계-내-존재하는 신체, 현상적 신체는 관객들에게 매우 불쾌하게 와닿았다. 그것을 등장인물의 기호적 육체로 지각하는 것은 관객들에게는 힘들었거나 도저히 견딜 수 없는 것이었다. 이렇게 관객은 등장인물의 몸과 배우의 몸 사이에 거리를 두고 생각해볼 기본적인 가능성마저 잃어버렸다. 이 때문에 관객은 배우의 현상적 신체가 지닌 영향력에 노출되었다. 따라서 배우의 영향력은 그들이 표현하는 어떤 형상화된 등장인물과도 연관되지 않고, 어떤 특수한 연기 기술에 의해 촉발되지도 않았다. 그것은 각각의 현상적 신체가 지닌 고유성이 특별한 방식의 현재로서 드러난 것이었다.

4) 네번째 전략을 행위예술 및 퍼포먼스아트와 관련하여 자세히 분석하기 전에, 우선 배우의 현상적 신체를 주목하게 하고 연기자 혹은 그의 육체와 등장인물을 분리하는 또 다른 방법인 크로스캐스팅에 대해 논의하고자 한다.

프랑크 카스토르프는 카를 추크마이어Carl Zuckmayer의 「악마의 장군 Des Teufels General」(베를린 민중극장, 1996) 공연을 연출했을 때, 하라스 Harras 장군 역할을 공연 전반부(인터미션 전까지)에는 여배우 코리나 하르포우흐Corinna Harfouch에게 연기하게 했고, 후반부에는 베른하르트 쉬츠에게 연기하게 했다. 코리나 하르포우흐는 처음 등장할 때 제2차 세계대전 당시의 독일 공군 장군의 제복을 입고 있었다. 장군의 모자 밑으로는 대머리 분장이 보였다. 이 여배우는 하라스 장군 특유의 남성적인 연설을 좀 거칠고 쉰 목소리로, 그러나 여자 목소리를 숨기지 않은 채 그대로 이행했다. 동작과 몸짓은 이미 우리가 잘 아는 '남성적' 형식이었다. 물론 관객은 하라스 장군 역할을 여자가 '연기'하고 있다는 것을 정확하게 의식했다. '전형적인' 남성적 행동 양상을 보였음에도 그러했다. 사실상 처음부터 여배우 하르포우흐를 하라스 장군이라는 등장인물로 지각하기 어려운 면이 있었다.

이러한 어려움과 혼동은 공연 중에 계속 강화되었다. 가령 코리나 하르포우흐가 제복의 단추를 풀고 옷을 벗기 시작할 때다. 제복 속으로 깊이 파인 속옷이 보였고, 여성의 몸이라는 것이 명백하게 드러났다. 하르포우흐는 자신과 이야기하고 있던 하르트만(쿠르트 나우만Kurt Naumann 분)의 무릎 위에 앉았다. 하르트만은 장군에게 퓌츠헨과 사랑에 빠졌지만, 그의 혈통이 '인종적'으로 의심스럽다는 이유로 거절당했다고 토로하는 중이었다. 하르포우흐의 손은 쿠르트 나우만의 허리와 엉덩이를 애무하다가 그의 허벅지 사이로 향했다. 그러는 동안 하르포우흐는 라인란트 출신이 가장 좋은 '혈통'이라는 하라우 장군의 대사를 이어갔고, 이에 상대방은 "예, 장군님" 하는 대답을 반복했다. 이 장면은 매우 혼란스러웠다. 여배우의 외적인 모습에서는 남성적 인물임을 알 수 있는 표시가 매우 적었다. 여기에는 오해할 여지 없이 한 남자의 무릎 위에 앉아 있는 여자가 있었다. 그러나 이 여자는 남자를 유혹하려는 여자처럼 보이지 않았다. 오히려 마치 강간이라도 하려는 사람 같았다. 하르포우흐가 뱉은 대사의 내용은 이러한 생각들과 모순된다. 여기서 하르포우흐는 하라스 장군이라는 인물로 행동했는가, 아니면 코리나 하르포우흐라는 여배우 혹은 다른 배역을 맡은 여배우로 행동했는가? 아니면 여기서 허구적인 남자 인물이 다른 허구적인 남자 인물을 강간했는가? 혹은 코리나 하르포우흐가 허구적인 남자 캐릭터를 유혹하려 했는가, 아니면 동료 배우인 쿠르트 나우만을 유혹하려 했는가?

그도 아니면 이 여배우는 다른 사람을 유혹하거나 강간하려는 것과는 완전히 다른 역할을 한 것인가?[28] 관객은 여기서 어떤 분명한 판단을 내릴 수 없는 상태에 빠졌다. 부정할 수 없는 여성의 육체와 또한 부정할 수 없는 하라스 장군의 남성적 행동은 서로 맞아떨어지지 않았다.[29]

여기서도 인물이 형상화되는 조건이 관건이다. 하르포우흐의 육체가 지닌 여성성은 어떤 오해를 불러일으킬 여지도 없이 세계-내-존재하는 신체를 지시한다. 이러한 현상적 신체는 등장인물 하라스 장군을 의미하는 예술적, 기호적 육체로 분리될 수 없고, 그 안에서 존재할 수도 없었다. 달리 말하면 이 등장인물은 이러한 현상적 신체에서 분리될 수 없다. 이것이 바로 하르포우흐가 드러낸 특수한 신체다. 무대 위에서 여배우는 특정한 육체성으로 존재했다. 그 외에 그녀의 존재감은 없었다.

이러한 특성은 인터미션 이후 베른하르트 쉬츠가 그 역할을 이어받았을 때 두드러진다. 이 남자 배우가 만든 등장인물은 완전히 다른 인물이었다. 그러나 이것은 쉬츠와 하르포우흐가 그 역할을 다르게 '이해'한 데 기인하지 않는다. 그것은 이들의 현상적 신체가 각각 다르고, 동시에 육체의 여성성과 남성성의 차이를 부가적으로 특히 강조한 데 원인이 있다.

지금까지 서술한 전략들은 현저한 차이에도 불구하고 행위자/배우

---

28) 이 경우의 크로스캐스팅은 나치의 잠재적 동성애 성향을 암시한 것이다. 그러나 이러한 관점은 필자의 연구에서는 중요하지 않다.

29) 이것은 브레히트의 '낯설게 하기' 효과와 아무런 상관이 없다. 왜냐하면 이것을 이루기 위해 배우는 두 인물을 형상화한다. 특정 이름이 있는 인물(가령 억척어멈), 그리고 그 역할로부터 나와 등장인물의 행위에 대해 코멘트할 수 있는 연기자라는 인물(가령 여배우 헬레네 베이겔Helene Weigel). 필자가 지적한 것은 이러한 문제가 아니다.

의 현상적 신체가 지닌 특정한 고유성과 개인성에 주목하고 있다는 점에서 일치한다. 이를 통해 ―「줄리오 체사레」의 사례와 같이― 등장인물의 형상이 일시적이나마 사라질 수 있다. 그러나 그 방법은 등장인물의 형상을 사라지게 하는 것이 아니라 우리의 지각을 깊이 혼동시키는 것이다. 여기서는 연기자의 현상적 신체와 이들이 이행하는 등장인물의 형상 사이에서 지각이 이리저리 계속 오가며 흔들린다. 연출 기술 ― 혹은 소치에타스 라파엘로 산치오 그룹의 경우처럼 연기자 육체의 예측 불가능한 '비정상성' ― 은 연기자의 현상적 신체에 계속 주목하게 할 뿐 아니라 그것만을 고정적으로 보게 한다. 이를 통한 지각의 드라마투르기는 ― 상황과 공연에 따라 더 드물거나 빈번해지기는 해도 ― 등장인물 사이를 수시로 건너뛰며 지각할 가능성을 연다. 이 말은 배우/행위자 제각각의 특징적이고 개인적인 육체성의 전시는 일종의 지각의 다층적 안정성Multistabilität을 이끈다는 것이다. 마치 우리가 아주 오래전부터 지각의 다층적 안정성, 배경과 형상의 전회 이론(가령 얼굴 혹은 꽃병 문양과의 관계), 그리고 의미의 양가성(가령 토끼 머리 혹은 오리 주둥이 혹은 모피코트를 입은 인물)을 생성해내는 방법을 알고 있는 것처럼 말이다.[30] 여기서 실제로 지각을 그때그때 급변하게 하는 것이 무엇인지는 분명하지 않다. 만약 관객이 배우가 이행하는 움직임을 특정한 에너지, 강도, 형태, 방향, 템포로 지각하고 경험하다가, 갑자기 배우의 특수한 육체성이 특정한 방식으로 영향을 끼침으로써 그것을 경고나

30) 이러한 현상에 대해서는 다음을 참고하라. Michael Stadler & Peter Kruse, "Visuelles Gedächtnis für Formen und das Problem der Bedeutungszuweisung in kognitiven Systemen," Siegfried J. Schmidt(ed.), *Gedächtnis. Probleme und Perspektiven der interdisziplinären Gedächtnisforschung*, Frankfurt a. M. 1991, pp. 250~66.

협박 혹은 다른 인물로 강력하게 받아들이게 된다면 무슨 일이 일어날까? 이러한 과정은 독립적으로 일어나는가, 아니면 최소한 관객의 지각을 어느 특정 시점에 움직이고자 의도한 각 장면과 드라마투르기적인 방법에 영향을 받는가? 아니면 여기서 ― 의식적으로든 무의식적으로든 ― 상황마다 다르게 자신의 지각을 조정하는 지각 주체가 있고, 그 주체에게 잠재하는 특정한 소질Disposition이 기능하는 것인가? 만약 그렇다면 그것은 어떠한 크기와 정도로 일어나는가? 아니면 이러한 지각의 급변은 드라마투르기나 연출법에 아무런 영향도 받지 않으며 지각 주체의 의도와도 아무런 상관없이 일어나는가? 대답이 어떠하든 미학적 지각은 여기서 배우/행위자의 현상적 신체와 기호적 육체에 대한 초점이 이리저리 오가는 사이에 일어난다. 이러한 의미에서 이것은 지각하는 사람을 일종의 '이도 저도 아닌' '사이' 상태에 빠뜨린다.

18세기 이후 심리적이고 사실주의적인 연극에서는 관객이 배우의 육체를 단지 등장인물의 육체로 지각해야 한다고 항상 요구되었지만 ― 이것은 이미 짐멜이 지적했듯이 필연적으로 충족되지 않는 요구로 남게 된다 ― 현대 연극에서는 지각의 다층적 안정성이 관건이다. 주된 관심은 현상적 신체에 대한 지각이 등장인물에 대한 지각으로 넘어가는 순간과 그 반대로 넘어가는 순간에 있다. 배우의 현실적 육체 혹은 허구적 인물이 전경에 나타나 이에 초점이 잡히는 순간 지각하는 자는 이러한 두 가지 지각 사이의 문지방에 서게 된다. 이러한 미학적 현상으로서의 지각의 흔들림에 대해서는 ― 무엇보다 수행성의 미학의 관점에서 ― 나중에 더 자세하게 논의할 것이다.[31]

---

31) 제5장을 참고하라.

우리의 표현 방법, 우리 모두 같은 이름으로 부르는 등장인물 —가령 햄릿, 페르난도, 키케로, 하라스 장군—을 텍스트의 언어, 작품을 읽는 독자, 다양한 연기자의 표현, 공연을 보는 관객에 따라 다양하게 구성하는 것은 두-세계-이론의 지속적인 유효성을 암시한다. 무엇보다 이 허구적 인물들은 독자가 허구라는 것을 알 수 있는 텍스트 속에 존재하며, 다양한 배우의 현실적 육체로 체현된다. 그것은 여러 공연 속에서 서로 다른 형상으로 나타난다. 그렇다면 우리가 같은 이름으로 명명하는 인물들이, 비트겐슈타인Ludwig Wittgenstein식으로 말한다면, 특정한 가족 유사성Familienähnlichkeit을 드러낸다는 말을 이제 전적으로 취소할 수 있다. 이것은 마치 우리가 '놀이'라고 말할 때 다양한 놀이들이 있는 것과 같다. 그럼에도 불구하고, 우리가 하는 말의 암시적 힘과는 반대로 확인되는 점은 배우의 현상적 신체는 언어적으로 구성된 인물에 복무하는 매체나 기호가 아니라는 점과, 무대 위에서 드러나는 등장인물은 배우/행위자의 세계-내-존재 없이는 생각할 수 없고, 있을 수도 없다는 것이다. 인물의 형상은 말소될 수 **없는** 개인 고유의 현상적 신체 없이는 존재 자체가 불가능한 것이다.

결국 이것은 극단적으로 새롭게 정의된 체현 개념이다. 이 개념은 인간의 신체적 세계-내-존재함만이 아래와 같은 조건을 표현한다고 강조한다. 즉 몸이 상징 형성의 대상, 주제, 출처로서, 기호 형성의 질료로서, 문화적 각인의 생산물로서 기능하고 파악된다는 것이다. 이러한 단순하고 당연한 논리는 연극학이나 문예학만이 오랫동안 간과하거나 이론 형성에서 지속적으로 배제시킨 것이 아니다. 문화인류학도 마찬가지다. 얼마 전까지만 해도 문화인류학은 육체를 분석 대상과 주제로 삼을 때, 종교나 사회 구조 같은 다양한 문화 영역에 대한 담론에서 상징 형

성의 기원으로 파악했다. 이에 상응하게 '텍스트로서의 문화'라는 메타
포가 문화인류학을 지배했다. 반대로 토머스 초르다스Thomas Csórdas는
체현 개념을 내세운다. 그는 이 개념을 '문화와 자아의 존재론적 토대'[32]
라고 정의하고 재현의 콘셉트에 반대해서 '살았던 경험'과 '체험'의 콘셉
트를 세운다. 메를로-퐁티에 입각해서, 초르다스는 여러 문화인류학자
들이 세운 문화 개념을 다음과 같이 비판한다. "어느 누구도 진지하게
문화가 인간의 육체에 기초한다는 점을 간파하지 못했다."[33] 이러한 통
찰만으로도 문화와 육체에 대해 의미 있는 논의를 시작할 수 있다.

　초르다스에 따르면 육체를 텍스트의 패러다임 아래 종속시키는 대
신, 텍스트에 견줄 만한 패러다임을 육체에 부여해야 한다. 이것은 체현
이라는 개념으로 정립되어어야 한다. 이 개념은 모든 문화적 결과물의 가
능한 조건으로서 현상적 육체, 세계-내-존재하는 육체라는 새로운 방
법론적 장을 연다. 따라서 체현 개념은 이에 상응하게 일종의 방법론적
수정의 심급으로서 '텍스트' '재현' 같은 개념이 설명하고자 하는 것과
반대로 기능해야 한다. 이것은 신경생리학적 정보뿐 아니라 육체도 고려
하는 인지과학에도 해당된다. 오늘날 중요한 학문적 경향인 행동주의
enactivism[34]나 경험주의experientialism[35]에서는 인지Kognition를 체화된 행

---

32) Thomas J. Csórdas(ed.), *Embodiment and Experience. The existential ground of culture and self*, Cambridge 1994, p. 6. 문화인류학의 상황에 대해서는 서문("The body as representation and being in the world," pp. 1~24)을 참조하라.

33) 같은 곳.

34) Francisco J. Varela, Evan Thompson & Eleanor Rosch, *Der mittlere Weg der Erkenntnis—Der Brückenschlag zwischen wissenschaftlicher Theorie und menschlicher Erfahrung(The Embodied Mind)*, München 1996 참조.

35) Mark Johnson & George Lakoff, *Metaphors We Live By*, Chicago/London 1980; Mark Johnson, *The Body in the Mind. The Bodily Basis of Meaning, Imagination, and Reason*, Chicago/London 1992; George Lakoff, *Woman, Fire and Dangerous*

위embodied activity로 이해하고 연구하며, 정신이란 항상 체화되어 있다는 인식을 바탕으로 깔고 있다.

체현 개념은 지금까지 이 장에서 자세히 설명한 바와 같이 수행성의 미학에서도 중심적인 개념이다. 공연의 육체성을 불러일으키는 수행적 행위는 이런 개념의 의미에서 항상 체현 과정이기 때문이다. 이것이—앞에서 제시한 사례처럼—행위예술과 퍼포먼스아트에서처럼 허구적 인물을 생성하든 하지 않든 마찬가지다.

행위예술이나 퍼포먼스아트에서 체현 개념이 어떠한 가치를 지니는지는 아브라모비치의 「토마스의 입술」이나 「리듬 O」에서처럼 예술가가 독약을 먹는다거나 자신의 몸에 상처를 입히거나 하는 다양한 방법으로 자신을 매우 위험한 상황으로 내모는 퍼포먼스에서 분명하게 나타난다. 여기서 예술가가 자신의 몸에, 그리고 그 몸을 통해 무엇을 드러내든 그 몸에는 변환 과정을 나타내는 눈에 보이는 흔적이 남는다. 특수하고 개인적인 육체성을 드러냄으로써 예술가는 체현으로부터 생성되는 몸의 취약성, 폭력에 대한 몸의 무력함과 생생함, 그리고 위험에 대한 노출을 체현한다. 모든 살아 있는 유기체에 일어나는 끊임없는 변화는 예술가들의 상처, 스스로 가하거나 타인에 의해 일어나는 상처를 통해 드러나고 커지며 시각화된다.

미국의 퍼포먼스 예술가 크리스 버든Chris Burden은 마리나 아브라모비치와 비슷하게 자신을 위험에 노출시키고 스스로에게 상처를 가하는 퍼포먼스를 기획했다. 「로커 한 칸에서 5일Five-Day-Locker-Piece」(1971)이라는 작업에서 버든은 먼저 며칠을 굶은 후에, 어바인 대학에서 5일 동

Things—What Categories Reveal about the Mind, Chicago/London 1987 참조.

안 세로 60센티미터, 가로 60센티미터, 높이 90센티미터인 사물함에
자신을 가두고 문을 밖에서 열쇠로 잠그게 했다. 사물함 위에는 물을
채운 15리터의 병을 놓고 호스를 통해 사물함 안으로 연결시켰다. 사물
함 밑에는 15리터짜리 빈 병을 놓아두었다. 버든이 사물함 안에 감금된
뒤, 모든 사람은 그 공간을 떠나야 했다. 그 공간은 폐쇄되었고 닷새 후
다시 공개되었다. 같은 해에 열린 다른 공연「슛Shoot」에서 버든은 다섯
걸음 떨어진 자리에서 자신의 왼팔에 총을 쏘게 했다. 1973년 9월 로스
앤젤레스의 대로에서 이행된「밤새 부드럽게Through the Night Softly」에서
는 깨진 유리를 깔아놓은 약 15미터의 길을 팔을 등 뒤로 묶은 채 나체
로 기어갔다. 그 과정에서 입은 미세한 수많은 상처 때문에 그는 피를
흘리고 숨을 헐떡였다. 거기에는 관객이라고는 찾아볼 수 없었다. 대부
분 우연히 지나가는 행인이었다(이 행위는 촬영되었다).「트랜스픽스드
Trans-Fixed」(캘리포니아 베니스, 1974)는 베니스의 경주로에 위치한 작은
차고 안팎에서 이루어졌다. 버든은 폴크스바겐 자동차 뒤쪽 범퍼 위로
올라타 등을 차에 대고 팔을 십자 모양으로 벌렸다. 그러고는 자동차
천장 부분에 손을 못 박게 했다. 차고의 문이 열렸고, 차는 거리로 나갔
다. 십자가에 매달린 채 그가 관객 앞에 나타났을 때, 자동차 모터는 거
세게 돌아갔다. 2분 후에 버든은 차에서 내려왔고, 차는 다시 차고로
들어갔다.[36]

36) 버든의 퍼포먼스를 참고하라. Chris Burden & Jan Butterfield, "Through the Night
Softly," Gregory Battock & Robert Nickas(eds.), *The Art of Performance. A Critical
Anthology*, New York 1982, pp. 222~39; Chris Burden, *Chris Burden. A Twenty
Years Survey*, New Port Beach 1988(뉴포트 하버 미술관 전시 카탈로그); Chris Burden,
Documentation of Selected Works 1971~1974, Videoband(USA 1975), VHS 34 Min.,
A. Wirths(ed.), Köln 1990(말슈F. Malsch와 쾰른 예술가협회Kölner Kunstverein의 공

버튼이나 아브라모비치에게서 간과할 수 없는 것은 바로 이들의 퍼포먼스에서 나타나는 제의적 성격이다. 이러한 성격은 자해 퍼포먼스라는 '장르'를 창출하고 전개하는 다른 예술가들에게서도 찾아볼 수 있다. 가령 「몸을 위한 미사Messe pour un corps」(1969)에서 미셸 주르니악Michel Journiac은 관객이 보는 앞에서 자신의 피를 뽑아 푸딩으로 만들고 관객에게 먹으라고 권유했다("드세요, 이것은 제 피예요Nehmet, das ist mein Blut"). 「죽음을 위한 제의Rituel pour un mort」(1976)에서 주르니악은 담뱃불을 자신의 살에 지져 상처를 남겼다. 지나 판Gina Pane은 더 극단적으로 자신의 몸을 다루었다. 「침묵 프로젝트Projets de silence」(1970) 이후, 그녀는 모서리가 뾰족하고 날카로운 사다리 같은 오브제를 맨손과 맨발로 오르는 스튜디오 작업 「피의 사다리Escalade Sanglante」(1971)를 선보였고, 그 이후에도 「피, 뜨거운 우유Sang, lait chaud」(1972), 「이식Transfert」(1973), 「프시케Psyché」(1974), 「링 위의 넘버 투Le cas n. 2 sur le ring」(1976) 등에서 언제나 자신의 몸과 생명을 매우 급박한 위험으로 내몰았다. 지나 판은 썩은 고기 250그램을 극도로 불편한 자세를 취한 채 텔레비전 뉴스를 보면서 먹어 치웠다. 자신의 몸에 면도날로 다양한 상처를 내기도 했다. 또 몇 시간이 지나도록, 결국은 목에서 피가 날 때까지 우유로 가글을 했다. 유리잔을 입으로 부수거나 유리창을 몸으로 부쉈다. 또 밑에서 불을 지핀 양철판 위를 걷기도 했는데, 이때 — 중세 시대에 행한 신의 심판처럼 — 불꽃이 양철판 밑에서 맨발을 향해 끊임없이 올라왔다.[37]

동 작업); Chris Burden, *Chris Burden. Beyond the Limits/Jenseits der Grenzen*, P. Noever(ed.), Wien 1996(오스트리아 응용미술관 전시 카탈로그).

37) François Pluchart, "Risk as Practice of Thought," Gregory Battock & Robert

예술가들이 자해를 하고 자신을 위험에 노출시킨 것은 여러 측면에서 그리스도의 자기 희생을 그대로 이행한 수녀, 수도사, 순교자, 성인—그리고 정신병자—의 문화적 실천 행위를 떠올리게 한다. 그럼에도 위의 퍼포먼스를 이러한 문화적 행위들과 동일시한다면 오산이다. 왜냐하면 기독교 문화의 맥락에서는 이러한 자기 희생을 예수의 길을 따르는 것으로 간주하고 해석하기 때문이다. 또한 이러한 자기 희생제의의 맥락에서는 경악 혹은 사디스트적이고 관음증적인 볼거리에 대한 관객의 욕망은 줄어들거나 다른 어떤 것으로 변하며, 이것은 관객에게 마법과 같은 형식으로 자신의 신체적 안녕이 보장되는 듯 보이고, 이 행위와의 육체적 합일을 이룬다. 반면 앞에서 언급한 퍼포먼스는 이러한 맥락 속에 놓여 있지 않다. 예술가들은 그러한 문화적 행위를 암시하고 싶었는지도 모른다. 아니면 그러한 맥락에 호소하려 했을지도 모른다. 그러나 그들의 예술적 퍼포먼스는 위와 같은 맥락에서 수행되지도 지각되지도 않았다.

이 퍼포먼스는 이러한 맥락이 결핍되었기 때문에 그 특수한 영향력을 펼칠 수 있었다. 예술가들은 자신의 육체의 한계를 열어 폭력을 가하거나 자해하는 행동을 했는데, 이는 관객이 두려워하고 피하고자 하는 것이었다. 또한 그들은 이러한 행위의 폭력성을 더 높고 형이상학적인 의미를 지닌 혹은 어떤 마법적 재능을 지닌 것 같은 다른 현실에 대한 지시로 이해하도록 암시하지도 않았다. 오히려 관객은 이러한 폭력적 행위로부터 거의 보호되지 않은 채, 경악스럽고 가학적이며 관음증

Nickas(eds.), *The Art of Performance. A Critical Anthology*, New York 1982, pp. 125~34. 유감스럽게도 우리는 이 퍼포먼스에 관한 모든 기록물에서 관객의 반응을 전혀 알 수 없었다.

적인 볼거리에 대한 호기심에 던져졌다. 따라서 이러한 지각은 물리적, 감정적, 에너지적, 역동적 반응을 수반한다고 가정할 수 있으며, 이는 관객을 일정 부분 사로잡을 정도였다.[38]

이러한 강한 영향력은 예술가가 자해 행위를 통해 두-세계-이론에 근거한 어떤 의미를 생성하려 했다기보다 말 그대로 자해라는 것을 체현했다는 데 그 근거가 있다. 새로 정의된 체현 개념이 수행적 행위로 나타난 모든 것, 무엇보다 공연 중에 행위자의 신체로 드러낸 모든 것을 의미한다면, 이 개념은 바로 자해 퍼포먼스의 경우를 가장 잘 설명해줄 것이다.

그로토프스키는 자신의 신체를 매개agency로 만들 수 있으며, 신체로 존재한다는 의미에서뿐 아니라 육체를 소유한다는 의미에서 자신의 몸을 체현할 수 있는 배우를 '성스러운 배우'라 했고, 체현 행위를 '계시 행위'라고 불렀다. 비평가 켈레라는 배우 치에실라크에 대해 '깨우침'과 '은혜의 상태'라는 표현을 썼다. 필자는 윌슨의 연극과 연관해서 '신성한' 몸, '변형'의 과정이라고 말했고, 소치에타스 라파엘로 산치오 그룹의 「줄리오 체사레」와 관련해서는 피터르 브뤼헐의 작품 속 지옥 장면처럼 보이는 '저주받은' 몸이라고 말했으며, 자해 퍼포먼스에 관해서는 '제의적 폭력'의 관점으로 설명했다. 이러한 종교적인 혹은 최소한 종교적 색채를 띤 어휘를 사용하는 데는 합당한 근거가 있다. 이 어휘는 배우/행위자의 육체의 신성화를 의미하지 **않고** 그것을 암시하지도 **않는다**. 그러나 인간의 육체는 ─크레이그가 인식한 바와 같이─다른 질

---

38) 앞의 37번 주석 참조.

료처럼 수시로 가공되고 형태화되는 것이 아니라 오히려 끊임없는 되어감 속에 존재하며, 항상적 변형 과정 속에 살아 있는 유기체로 간주된다. 이러한 육체에는 규정된 존재의 상태란 없다. 육체의 존재함이란 바로 되어감, 과정, 그리고 변화다. 눈 깜빡이기, 숨쉬기 등 모든 움직임을 새롭게 이행하며, 이를 통해 다른 존재가 되고 새로운 것을 체현한다. 따라서 육체는 주어져 존재하는 것이 아니다. 살로서 세계-내-존재하는 것은 한 존재로 머무는 것이 **아니라** 되어가는 것이다. 이것은 작품에 대한 일반적인 생각과 모순된다. 작품에서는 인간의 신체가 시체처럼 취급된다. 이렇게 함으로써 최소한 순간적인 존재의 상태에 도달하기 때문이다. 그러나 이것은 방부제로만 보존된다. 이러한 상태에서는 육체가 제의적인 과정뿐 아니라 예술적 과정 속에서도 가공되고 준비되며 형상화되는 질료로서 사용된다. 마치 군터 폰 하겐Gunther von Hagen의 「몸의 세계Körper-Welten」라는 전시가 분명하게 드러내듯 말이다. 살아 있는 신체로서의 체현 개념은 육체를 작품으로 설명하려는 끈질긴 시도를 거부한다. 배우/행위자는 자신의 신체를 작품이 아니라 오히려 체현 과정으로 수행한다. 이 과정에서 신체는 다른 것이 된다. 신체는 자신을 변형시키고 새롭게 형성하며 되어간다.

1960년대 말 이후 연극이나 행위예술, 퍼포먼스아트에서 행위자가 공연되는 작품의 성격과 공통분모 없이, 육체성을 강조하고 드러낸 것은 우연히 일어난 일이 아니다. 다른 이유도 있겠지만 이것은 일종의 증가하는 매체화 현상에 대한 반응일 수 있다. 노르베르트 엘리아스Norbert Elias는 문명화 과정을 인간이 자신의 육체와 타인의 육체에 대한 거리가 점점 멀어지는 것에 대한 지속적인 추상화 과정으로 파악했다.[39] 20세기 새로운 매체의 발명과 전파로 이러한 과정은 최고점에 도달했다. 겉으로는 가까운 듯 보이지만 먼 거리를 두고 물러나며, 모든 접촉에도 불구하고 만져지지 않는 매체적 모사募寫 속으로 육체는 사라진다. 이를 통해 가상적 육체, 기술에 의해 만들어지는 정령精靈에 대한 판타지는 연극과 퍼포먼스아트, 정치하게 말하면 세계-내-존재하는 신체 및 이와 연관된 체현에 대한 사고와 대립한다. 전자 복제를 통한 고도의 추상화는 인간의 육체를 '살'과 살아 있는 유기체로 존재하는 체화된 신성의 육체에 다가설 수 없게 한다. 오히려 신체로 존재하고 육체를 소유하는 변증법적 존재이자 의식을 부여받은 살아 있는 유기체로서의 인간은 자신의 육체를 끊임없이 재창조함으로써 고유성을 획득할 수 있다. 연극과 퍼포먼스아트가 연기자의 개인적인 신체성과 배우의 육체성을 드러내는 특정한 수행적 행위에 특히 주목한다는 것은 다음의 문구에서 확인된다. "이 육체를 보아라. 다른 이름으로 자신을 사라지게 하려던 이 몸을. 그 육체의 고통과 빛남을 너희는 보느냐, 그리고 너희는 이해하느냐? 이 육체는 너희가 항상 도달하고자 하는 것 아니었느냐? 신성화된 육체 말이다." 문명화 과정이 준 **행복의 약속**promesse de bonheur은 이미 이 육체들을 통해 충족되었다.

연기자의 육체는 문명화 과정에서 조금씩 빼앗긴 아우라를 다시 생성해냈다. 마치 카스토르프가 「백치」에서 육체의 사라짐을 통해 그것을 이루어냈듯이 말이다. 백만 배로 재생산하는 전자기술 매체를 상대로 인간의 신체, 아파하고 상처입고 죽음을 맞이하는 신체는 연극과 퍼포먼스아트에서 유일성과 사건성으로 대립했다. 그 유약성에도 불구하

---

39) Norbert Elias, *Über den Prozeß der Zivilisation. Soziogenetische und psychogenetische Untersuchungen*, 2 Bde., Frankfurt a. M. 1976 참조.

고 인간의 신체는 '마치 첫날처럼 찬란하게' 빛난다.

현존

그 결과 많은 질문들이 양산된다. 아우라의 회복 ─ 벤야민의 의미에서 ─ 과 현존Präsenz은 같은 것인가? 현존이란 점진적으로 되어가는 상태인 체화 과정을 고려하지 않은 채 육체의 존재만을 의미하는가? 아니면 매우 특별한 체화 과정, 즉 신체로 존재하는 체화 과정과 관계되는가? 현존은 행복의 약속을 어떻게 보장해줄 수 있는가?

오늘날의 미학 논쟁에서 현존은 특수한 미학적 성질로, 가장 우선적으로는 인간의 신체에 기인할 뿐 아니라 일정 정도는 현존의 효과라는 의미에서 전자기술 매체에 의해 생산된 대상까지 포함해 우리 생활 세계의 여러 대상에도 기인한다. 앞으로 필자는 현존 개념에 대해 연기자의 신체와 연관해서 논의하고, 이렇게 발전시킨 개념이 수행성의 미학의 틀 안에서, 우리들 생활 세계와 전자기술 매체의 생산물에 대해 의미 있고 생산적으로 사용될 수 있는지를 검토하고자 한다.

'현존'이나 '현재성' 같은 개념이 20세기 후반의 일반 미학 논쟁에서 주목받기 시작했다면 역사적으로 이와 비슷했던 연극 이론적 논쟁은 17세기 초부터 교회 대부에 의해 촉발되거나 소위 **연극의 도덕성 논쟁** Querelle de la moralité du théâtre과 관련해 야기되었다. 레몽 드 생트 알빈 Rémond de Sainte Albine은 1747년 발표한 논문 「배우Le Comédien」에서 회화와 연극을 개괄적으로 비교 설명하면서 당시의 논쟁점을 다음과 같이 요약한다. "화가는 일어난 일을 단지 보여줄 뿐이다. 그러나 배우는 특정 방식으로 다시 한 번 그 사건을 일어나게 한다."[40] 이와 비슷하게 250년 뒤의 사람인 연출가 페터 슈타인Peter Stein도 연극을 회화와 비교해서 설명한다. 연극의 '기적'은 "오늘날 배우가 다음과 같이 말할 수 있다는 데 있다. '나는 프로메테우스다.' [……] 만약 오늘날 피에로 델라 프란체스카Piero della Francesca 같은 이가 그림을 그릴 때, 나는 달걀 색깔을 그대로 썼다고 말한다면 그것이 매우 훌륭하다 해도 모방일 뿐이다. 그러나 배우는 모방하지 않는다. 배우는 그 역할을 마치 2500년 전과 같이 체화한다."[41]

생트 알빈과 슈타인 두 사람은 연극에서 일어나는 일은 언제나 지금 여기에서 일어나고, 직접적으로 관객의 눈과 귀로 지각되고 목격된다고 주장한다. 연극의 현재성에 관한 토포스Topos의 정당성을 주장하는 것이다.

여기서 토포스가 의미하는 바는 연극이 서사시나 소설, 연작 그림처럼 다른 시공간에서 일어난 일을 이야기하지 않고, 눈앞에서 직접 사건을 펼친다는 것이다. 이것은 **지금 여기**에서 일어나 **지금 여기**의 관객에게 지각된다. 관객이 공연 중에 보고 듣는 것은 이런 의미에서 언제나 현재다. 공연은 일종의 실행으로 체험되며, 현재성의 출현인 동시에 그 사라짐이다.

이렇게 서술적 개념으로 이해할 수 있는 현재성은 연극에 관한 논쟁

---

40) 배우 레몽 드 생트 알빈Remónd de Sainte Albine의 발언. Robert Boxberger(ed.), *Lessings Werke*, Berlin/Stuttgart 1883~90, V. Teil: *Theatralische Bibliothek*, I. Teil, 1. Stück 1754, pp. 128~59, p. 129.

41) Peter von Becker, "Die Sehnsucht nach dem Vollkommenen. Über Peter Stein, den Regisseur und sein Stück Theatergeschichte—zum sechzigsten Geburtstag," *Der Tagesspiegel*, 1. Oktober 1997에서 재인용.

에서는 주로 가치적 개념으로 사용되었다. 즉 현재성이라는 개념은 연극의 장단점, 다른 예술보다 우월하다거나 열등하다는 근거로서 사용되었다. 교회 대부뿐 아니라 **연극의 도덕성 논쟁**[42] 참여자 역시 다음과 같이 그 현재성의 힘을 말한다. 현재성은 관객에게 직접 감각적인 영향을 끼치며 강력한, 그러니까 관객을 사로잡을 만한 감정을 촉발한다. 그들은 극장 분위기에 위험한 전염성[43]이 있다고 생각했고, 그렇게 묘사했다. 배우는 무대 위에서 열정적으로 행위를 이행하고, 관객은 열정적으로 이행된 이러한 행위를 지각하며 이로부터 전염된다. 여기서 관객도 열정적으로 흥분한다. 전염은 현재 행위하는 배우의 육체에서 관객의 현재의 육체를 향해 일어난다. 이것은 행위자와 행위의 현재성을 통해, 즉 행위자와 배우의 신체적 공동 현존에 의해서만 가능하다. 이 점에 대해서는 연극을 싫어하는 사람이나 옹호하는 사람 모두 의견이 일치한다. 열정의 촉발이 어떤 치료 효과가 있는 카타르시스든 아니면 — 장-자크 루소Jean-Jacques Rousseau가 18세기 중반에 말했듯이[44] — 인간에게 매우 해롭고 인간을 자기 자신뿐 아니라 신으로부터도 낯설게 하는 장애

---

42) 로랑 티루앵이 이 논쟁에 관한 텍스트를 모은 전집을 참고하라. Pierre Nicole, *Traité de la comédie et autres pièces d'un procès du théâtre*, Laurent Thirouin(ed.), Paris 1998.

43) 연극에서 신체의 과정으로서 미학적 경험을 내포하는 전염에 대한 은유가 이 논쟁에서 눈에 띌 정도로 자주 이용되었다. 이 은유는 동시대의 미학 논쟁에서도 전성기를 이루고 있다. Erika Fischer-Lichte, "Zuschauen als Ansteckung," Nicola Suthor & Mirjam Schaub(eds.), *Ansteckung. Zur Körperlichkeit eines ästhetischen Prinzips*, München 2004 참조.

44) 루소는 연극을 저주했다. 왜냐하면 "극장에서 지배당하는 감정의 지속적인 팽창"은 관객의 "신경을 예민하게 하고 약하게" 하며 "욕구를 극복"하는 데 "무능력하게" 만들기 때문이다. 즉 관객의 자아를 상실하도록 위협한다는 것이다. Jean-Jacques Rousseau, "Brief an Herrn d'Alembert über seinen Artikel 'Genf' im VII. Band der Encyclopädie und insbesondere über seinen Plan, ein Schauspielhaus in dieser Stadt zu errichten," Henning Ritter(ed.), *Schriften*, Bd. 1, München/Wien 1978, pp. 333~474, p. 391.

로 파악하든 마찬가지다. 두 관점 모두 연극의 현재성이 관객의 변환이라는 결과를 가져온다고 지적한다. 연극이 열정의 '병'을 '치료'하든, 자아의 상실을 이끌든, 최소한 자기 정체성에 변화를 일으킨다는 것이다. 이처럼 연극의 현재성에는 관객에게 커다란 영향을 주는 변환의 잠재력이 숨어 있다.

위에서 이야기한 현재성의 영향력 외에도 **연극의 도덕성 논쟁** 당시 연극 적대자들은 공연의 영향력, 다시 말해 연기자가 연기하는 등장인물이나 그 행위와 무관하게 직접적으로 연기자들의 몸이 가진 영향력에 대해 언급했다. 연극 적대자들은 여자 연기자와 남자 연기자의 육체적 장점이 서로 다른 성별의 관객에게 에로틱한 매력을 발산한다고 보았다. 즉 외설적인 감정이나 부분적으로는 간통을 일으킬 만한 욕정을 그들 사이에 일깨우고 유혹한다는 것이다.

연극 적대자들은 이런 의미에서 연극의 현재와 현재성을 구분했다. 배우가 열정적으로 등장인물의 행위를 표현하는 과정에서 창출하는 기호적 육체의 현재성, 그리고 배우가 자신의 순수한 현재 속에서 현상적 신체를 통해 생성하는 현재성을 구분한 것이다.[45] 기호적 육체는 전염의 힘에 근거해서 관객에게 영향을 끼치는 반면에, 현상적 신체는 배우의 몸이 지닌 에로스적인 매력으로 영향을 끼친다. 필자는 행위자의 현상적 신체가 존재한다는 이유만으로 생성되는 현재성을 **약한 현존 콘셉트**라고 명명한다.

연극 적대자들의 이러한 차이에 대한 인식은 연극 옹호자들보다 훨

---

45) Erika Fischer-Lichte, "Der Körper als Zeichen und als Erfahrung," *Theater im Prozeß der Zivilisation*, Tübingen/Basel 2000, pp. 67~80 참조.

씬 선견지명이 있었던 것 같다. 왜냐하면 18세기의 연극 이론가들이 배우의 현상적 신체가 무대 위에서 기호적 육체로 사라지도록 도모했기 때문이다. 그들은 배우가 만들어낸 인물의 기호적 육체를 통해 '전염'이 이루어져야 한다고 설파했다. 연기자의 특별한 분위기도 직접적으로 관객의 몸에 영향을 끼쳐야 하지만 에로틱한 매력을 풍겨서는 안 된다. 연기자는 오히려 등장인물의 분위기 — 에로틱한 분위기까지 — 를 표현함으로써, 연기자가 아니라 등장인물에 대한 욕망이 일어나도록 해야 한다.

이미 앞에서 충분히 설명했듯이, 연기자의 현상적 신체를 기호적 육체로 완전히 사라지게 하려는 노력은 나름의 정당한 이유 때문에 성공하지 못했다. 이러한 불일치는 체현의 콘셉트가 계속 발전하던 19세기, 부분적으로 20세기까지 (지금까지도 이를 추종하는 자들이 있다) 등장인물의 현재성과 연기자의 현재성 사이의 차이가 점점 연기자가 사용하는 예술적 전략의 차이의 문제로 넘어가버리는 결과를 초래했다. 즉 등장인물의 표현이 현재성을 갖게 하는 경우와, 등장인물보다 앞서 혹은 그것을 넘어서 배우 자신의 특별한 '분위기'가 인식되는 경우다.

1922년부터 1962년 사이에 배우 구스타프 그륀드겐스Gustaf Gründgens — 문학적 연극 개념과 18세기 맥락에서의 체현에 투신했던 배우다 — 의 연기에 대한 비평들을 훑어보면, 비평가와 관객이 등장인물뿐 아니라 무엇보다 연기자의 현재성에 주목했다는 단서가 발견된다. 그 방법으로는 주로 두 가지 유형이 있다. 하나는 특정 캐스팅을 통한 공간의 지배다. 「에밀리아 갈로티Emilia Galotti」(킬 시립극장, 1922)에서 그륀드겐스가 마리넬리 역할을 맡은 경우가 이에 해당한다. "그는 어떻게 공간을 지배하는가? 춤추는 듯한 동작의 자유로움! 그렇다. 우리에게 가장 먼저 각인된 점은 바로 그것이었다. 배우가 무엇을 연기하고 있는지 잊을 정도였다."⁴⁶⁾ 그륀트겐스가 직접 연출한 소포클레스의 「오이디푸스 왕」(뒤셀도르프 극장, 1947)에서의 오이디푸스에 대해 게르트 필하버 Gert Vielhaber는 다음과 같이 썼다. "그륀트겐스가 무대에 나오기만 해도 관객석으로 뿜어져 나오는 마법 같은 전류를 어떻게 설명할 것인가? 그가 공간을 가로지르면 마치 그 공간이 형상화되는 듯하다. 〔……〕"⁴⁷⁾ 약 25년이라는 시간 차가 있는 두 공연의 비평은 모두 그륀트겐스가 무대에 등장하는 순간 이미 공간을 지배한다고 말한다. 즉 그의 공간 장악력은 관객들이 등장인물에 대한 어떤 이미지를 만들기도 전에, 등장 그 자체로 관객에게 엄청난 영향력을 끼친다는 점을 강조한다. 이 배우는 자신을 관객에게 현재화시킨다. 그리고 공간을 지배하고 다스리는 능력 때문에, 특정 인물에 대한 어떤 표현을 구사해내기도 전에 관객 앞에서 강하게 현존한다. 그는 연기한 등장인물이 누구든 상관없이 모든 역할에서 이러한 능력을 발휘했다.

이 연기자는 무대 공간뿐 아니라, 극장 공간 전체를 지배하는 데 성공했다. 그는 ─신비스럽고 '마법'과 같은 방식으로─ 관객에게 영향을 끼치고, 관객의 시선을 분산시키지 않고 모든 집중력을 자신에게 쏟게 함으로써 공간을 지배했다. 이것은 그륀트겐스가 관객 앞에서 현존하게 하는 두번째 특징으로 보인다. 로타어 뮈텔Lothar Müthel이 연출한 「파우스트Faust」(베를린 겐다르멘마르크트 국립극장, 1932)에서 메피스토

---

46) Florian Kienzl, "Gustaf mit 'f.' Wie Gustaf Gründgens entdeckt wurde," Dagmar Walach, *"Aber ich habe nicht mein Gesicht," Gustaf Gründgens—eine deutsche Karriere*, Berlin 1999〔베를린 국립도서관-프로이센 문화유산재단이 같은 이름으로 연 전시회(1999년 12월 9일~2000년 2월 12일) 카탈로그〕, p. 29에서 인용.
47) Gert Vielhaber, "Oedipus Komplex auf der Bühne," *DIE ZEIT*, 1947. 10. 2.

연기를 한 그륀트겐스에 대해 헤르베르트 이헤링Herbert Ihering이 남긴 비평은 다음과 같다. "국립극장 객석에 앉아 있는 호락호락하지 않은 관객을 뚫고 지나가기는 쉽지 않다. 이 관객들은 이미 피곤해한다. 그륀트겐스는 그 속을 뚫고 관통한다. 그는 관객을 자극한다. 그는 사람들이 경청할 수밖에 없도록 만든다. 〔……〕 관객의 무료함을 깨는 것은 국립극장에서는 사건이나 다름없다."[48]

그륀트겐스의 이러한 현존 능력은 재현이나 등장인물의 표현과 대립하지 않는다. 이것은 등장인물에 예속된 문제가 아니었다. 그륀트겐스의 현존 능력은 배우의 기호적 육체가 아니라, 현상적 신체로서 특별하게 드러나는 체현 과정에 의해 생산되었다.

이러한 토대 위에서 현존 개념에 대한 새로운 규정이 시도되었다. 즉 현존이란 연기자의 현상적 신체에 관한 것이지, 기호적 육체에 대한 것이 아니라는 것이다. 현존은 표현이 아니라 순수한 수행적 특성이다. 여기에서는 특정한 체현 과정이 이루어진다. 이러한 체현과 함께 배우의 현상적 신체는 공간을 지배하여, 관객이 주목하지 않을 수 없게 한다. 여기서 우리는 다음과 같이 유추할 수 있다. 연기자의 현존 능력은 그가 원하면 언제든지 관객이 현존을 느끼게 하고, 그에 상응한 반응을 드러낼 수 있도록 특정 기술과 행위를 투입할 수 있는 지배력에 기인한다. 이것은 배우가 처음 등장했을 때 일어나든, 공연 중에 지속적으로 일어나든, 매우 특별한 순간에 일어나든 모두 마찬가지다. 현존에 대한 관객의 지각은 ─ '마법적 전류'처럼 ─ 순간적으로 일어난다. 이것은 관객의 힘에 의해서가 아니라 관객을 완전히 사로잡는, 예측할 수 없고 이

---

48) Herbert Ihering, *Berliner Börsen-Courier*, 1932. 12. 3.

해할 수도 없는 방식으로 일어난다. 관객은 연기자에게서 뿜어져 나오는 힘을 느낄 수 있다. 관객은 그 힘에 제압당하지 않지만 모든 시선을 빼앗긴다. 관객은 이것을 일종의 '힘'의 원천처럼 느낀다. 관객은 여기서 연기자가 매우 비범하고 강한 방식으로 현존하며, 관객 역시 매우 비범하고 강한 방식으로 현존한다고 느끼도록 하는 힘을 전달받는다. 현존이란 관객에게 현재에 대한 강한 경험이 되어준다. 이러한 행위자에 의한 공간의 지배와 시선의 집중에 관계되는 사항을 필자는 **강한 현존 콘셉트**라고 명명한다.

현존에 대한 개념 규정은 아직 잠정적일 뿐이다. 구스타프 그륀드겐스가 무대 위에서 드러내는 현상에 대한 진술에만 의존하고 있으며, 1960년대의 **수행적 전환**과 그 지속적인 발전을 아직 고려하지 않았기 때문이다. 따라서 이 장을 시작하면서 제기한 질문에 답변하기에는 한계가 있다. 지금까지 규정한 현존 개념은 특별한 체현 과정의 결과로 드러났지만, 앞에서 이야기한 아우라의 회복과 어떤 관계를 맺는지는 지금까지 분명하게 설명되지 못했다. 이미 잘 알려져 있듯이, 벤야민은 아우라를 "마치 가까이 있는 듯하지만 멀리 있는 것이 단번에 드러나는 것"[49]이라고 했다. 아우라는 특정한 황홀감을 유발한다. 설사 아우라를 내뿜는 현상이 손에 잡힐 정도로 가까이 있더라도 그것은 멀리서 일어나는 현상처럼 보이며 더 이상 가까이에서 벌어지는 현상으로 보이지 않는다. 이와 반대로 현존을 통해서는 매우 집중적인 방식으로 현재성이 이행된다. 벤야민은 또 다음과 같이 진술한다. "여름날 오후 조용히

---

49) Walter Benjamin, *Das Kunstwerk im Zeitalter seiner technischen Reproduzierbarkeit*, Frankfurt a. M. 1963, p. 18.

지평선 위로 펼쳐진 산등성이를 바라보거나 그림자를 드리운 나뭇가지를 찬찬히 바라보면 그 산이나 나뭇가지의 아우라가 숨 쉰다." 아우라는 '숨 쉰다.' 즉 몸으로 받아들여진다. 현존의 경우와 마찬가지로 관객은 연기자의 신체에서 뿜어져 나오는 힘을 느낄 수 있다. 아우라와 현존의 관계는 이런 의미에서 설명되어야 한다.

왜 이러한 특정한 현존이 행복의 약속을 보장하는지는 불확실하다. 이런 측면에서 마르틴 젤Martin Seel이 "그것이 우리 삶의 **현재**에 대한 의미를 찾도록 요구하기 때문"이며 "우리는 우리가 살고 있는 현재를 감각할 수 있는 현재로 경험하고 싶어 하기 때문이다"[50]라고 지적하는 것은 정확하다. 우리에게는 현존을 경험하는 순간에 대한 욕구가 따르는 것이다. 그렇지만 이러한 욕구의 충족이 반드시 행복의 약속을 촉발한다고 할 수는 없다.

지금까지 현존 개념에 대해 이야기했지만, 이 장을 시작할 때 제기한 질문에 답하기에는 아직도 충분하지 않다. 오히려 다른 새로운 질문이 제기된다. 필자가 조금 전에 '힘'이라고 에둘러 표현한 '마법적 전류'는 어떻게 이해해야 하는가? 무엇보다 연기자가 등장하면 어떤 현상이 나타나는가? 연기자의 현상적 신체가 나타나는 '그 순간의' 현재인가, 아니면 연기자의 현상적 신체의 특수한 성격인가?

1960년대 이후의 연극, 행위예술, 퍼포먼스아트 종사자는 이 질문에 답하기 위해 부단히 애썼다. 이 예술가들은 현존과 재현의 극단적 대립에서 출발했다. 이것은 현존의 현상을 고립시켰고, 과도하게 '확대'했

---

50) Martin Seel, "Inszenieren als Erscheinenlassen. Thesen über die Reichweite eines Begriffs," Josef Früchtl & Jörg Zimmermann(eds.), *Ästhetik der Inszenierung*, Frankfurt a. M. 2001, pp. 48~62, p. 53.

다. 새롭게 생성된 행위예술이나 퍼포먼스아트는 예술의 상업화나 작품의 상품성에 반대하는 것은 물론 연극적 관습, 즉 문학 텍스트에 그려진 허구의 등장인물과 허구의 세계를 현재적으로 표현하는 것에 격렬하게 반대했다. 그리고 이러한 관습적 연극을 재현 개념으로 파악하고, 그 현재성을 단순히 '마치 ~처럼'이라고 하는 허구적 표현으로 이해했다. 행위예술가나 퍼포먼스 예술가는 그와 반대로 '실제적인' 현재성을 요구했다. 행위예술이나 퍼포먼스아트에서는 언제나 실제 공간과 시간 속에서 무언가가 실제로 일어났다. 그것은 항상 **지금 여기**라는 절대적 현재성 속에서 일어났다.

연극은 재현과 현존을 대립시켰다. 지금까지 배우와 등장인물이 일치해야 한다는 주장을 중단하고—역사적 전위예술은 제외하고—배우와 등장인물을 새로운 방식으로 분리했으며, 어떤 때는 등장인물이 완전히 사라지게 했다. 앞에서 보여주었듯이, 이는 체현 개념을 새롭게 규정하는 동시에 현존 현상을 더 구체적으로 연구하게 했다. 연극이나 행위예술, 퍼포먼스아트는 필자가 마지막에 제기한 두 개의 질문을 설명하는 데 매우 중요한 역할을 한다.

첫번째 질문에 대해서는 에우제니오 바르바Eugenio Barba가 매우 집요하게 분석했다. 바르바는 홀스테브로Holstebro에 있는 오딘 극단('연기술을 위한 북유럽 실험극단')과 함께 「오르니토필레네Ornitofilene」(1965/66), 「카스파리안Kaspariana」(1967/68), 「밀리온Der Milljon」(1978; 네번째 버전 1982~84), 「브레히트의 재Brechts Asche」(1982~84), 「복음주의자 옥시린쿠스Evangelist Oxyrhincus」(1985)와 같은 공연을 세계 곳곳에서 다양한 관객을 상대로 공연했다. 그뿐 아니라 바르바는 국제연극인류학학교를 설립해 1980년 이후 유럽의 여러 도시에서 정기적인 활동을 벌이고 있다. 바르바는 연기술을 표현 이전 영역과 표현의 영역으로 구분한다. 표현이 어떤 것을 형상화하는 것이라면, 표현 이전은 연기자의 존재를 드러내는 것이다. 바르바는 후자 쪽에 현존을 위치시킨다. 위와 같은 방법으로 바르바는 게르트 필하버가 그륀드겐스에 대해 언급한 '마법적 전류'가 특히 인도나 극동 지역의 연극 형식에 집중적으로 드러난다고 보았고, 현존을 드러내기 위해 그들이 이용한 모든 실제적인 기술과 실천에 대해 연구했다. 그들과의 토론에서 바르바가 얻은 결론은 연기자들의 기술과 실천이 관객에게 전이되는 에너지를 생산할 목적으로 이루어졌다는 것이었다.[51]

이러한 관점을 바탕으로 바르바의 의견을 따라가면, 현존 상태를 생성하기 위해 연기자가 이행하는 체현 과정을, 공간을 지배하며 관객의 시선을 주목하게 하는 신체성으로 규정하는 것은 불충분한 듯하다. 체현 과정에서 가장 우선하는 점은 오히려 에너지 생성의 문제, 즉 자신의 신체를 일종의 에너지적 신체로 드러내는 것이다. 연기자는 특정한 체현의 기술과 실천을 이행해서 관객과 자신 사이에 순환하고, 관객에게 직접적으로 영향을 끼치는 에너지를 생성하는 데 성공한다.

현존의 '마법'은 그러니까 관객이 느낄 수 있을 정도로 에너지를 생성해 공간에 순환시키고 관객에게 전염시키는 연기자의 특별한 능력에 달

51) Eugenio Barba, *Jenseits der schwimmenden Inseln. Reflexionen mit dem Odin Teatret. Theorie und Praxis des Freien Theaters*, Reinbek bei Hamburg 1985, 특히 pp. 51~174 참조(페르디난도 타비아니Ferdinando Taviani의 주석도 보라); Eugenio Barba & Nicola Savarese(eds.), "Pre-expressivity," *A Dictionary of Theatre Anthropology. The Secret Art of the Performer*, London/New York 1991, pp. 186~204; "Energy," *A Dictionary of Theatre Anthropology*, pp. 74~94 참조.

려 있다. 이 에너지는 연기자로부터 뿜어져 나오는 힘이다.[52] 이 힘이 관객이 에너지를 만들도록 자극하는 한, 관객은 연기자를 힘의 원천으로 여긴다. 예상치 못하게 갑자기 솟아나는 이 힘의 원천은 연기자와 관객 사이에서 분출하고 또 변환될 수 있다.

바르바는 인도나 극동 지역의 연극의 대가들이 특별한 방법으로 에너지를 생성하고 관객에게 활력을 주고 현재로 나타나게 하는 기술을 대비의 놀이라고 규정한다. 가령 동양의 배우나 무용수의 기본 위치와 상태는 몸의 일상적인 기술인 무게중심의 변화를 통해 생성된다. 이들은 새로운 무게중심을 끊임없이 찾는데, 이는 몸의 직립 상태를 유지하는 데 더 큰 힘을 필요로 하기도 하고 새로운 긴장감을 생성하기도 한다. 다른 한편 동양의 배우는 동작을 할 때 자신의 목적지와는 반대 방향에서 시작한다. 만약 왼쪽으로 가려고 한다면 오른쪽으로 한 걸음 갔다가 갑작스럽게 몸을 돌려 왼쪽으로 접어든다.[53] 이렇게 몸을 운용하는 기술은 ─ 바르바가 강조하듯이 ─ 일상적 몸동작과 반대될 뿐 아니라 관객의 지각에 일종의 균열을 일으키고 새로운 긴장을 형성한다.

슐레프의 합창단원들이 자신의 현상적 신체를 에너지적 신체로 드러내기 위해 사용한 기술은 리듬감 있는 움직임과 발화였다. 그들은 관객이 느끼고 에너지로 충만해지는 데 영향을 미치는 거대한 에너지를 만

---

52) 이것은 연기자가 자신의 행위로, 그리고 행위 중에 빈번하게 에너지를 생성해내는 특수한 훈련 방법이다. Christel Weiler, "Haschen nach dem Vogelschwanz. Überlegungen zu den Grundlagen schauspielerischer Praxis," Christel Weiler & Hans-Thies Lehmann(eds.), *Szenarien von Theater (und) Wissenschaft*, (=*Theater der Zeit*, Recherchen 15), Berlin 2003, pp. 204~14 참조.

53) 바르바는 이러한 관행을 보편적 원리에 근거한 것이라고 생각한 반면, 필자는 이것을 특수한 문화적 관행으로 간주한다.

들어냈다. 그 리듬은 관객의 지각에 균열을 일으켰고, 관객을 항상적으로 새로운 긴장이 생성되는 붕 뜬 문지방 상태로 밀어 넣었다.

그로토프스키의 경우 자극과 반응을 일치시키고자 했고, 윌슨의 경우에는 슬로모션, 리듬, 반복의 기술을 사용했는데, 이것은 관객에게 특별한 현재성을 불러일으켰고 그들을 에너지 넘치게 만들 수 있었다. 이 말은 앞에서 언급한 연기자와 등장인물의 분리, 그리고 연기자 고유의 특수한 신체성의 과시를 위한 기술과 실천은 동시에 현존의 생성을 위한 기술과 실천으로 설명할 수 있다는 것을 의미한다. 바로 이를 통해 연기자가 자신의 현상적 신체를 에너지의 신체로 창출할 수 있으며, 나아가 자기 신체의 에너지를 느끼도록 관객을 자극하기 때문이다.

수행적 전환 이후 연극과 행위예술, 퍼포먼스아트, 미학 이론에서 벌어진 현존 개념에 관한 담론은 전통적으로 서양을 지배하는 육체와 정신의 이분법과 명백하게 연결된다. 왜냐하면 현존 현상에 열광하는 경우 육체와 정신적 요소가 매우 특수한 방식으로 서로 만나고 상호작용하기 때문이다. 이에 걸맞게 자주 강조되는 점은, 현존이 연기자의 몸을 통해 영향을 미치고 관객이 몸으로 느끼는 것이라 하더라도, '실제의 육체가 아니라 정신적 현상'이 우선적이라는 것이다. "존재, 현존은 '시간성이 없으며' 시간 경과의 안팎에 자리한 의식의 과정"[54]이다. 현존을 의식의 과정으로 이해해야 한다는 레만Hans-Thies Lehmann의 말은 옳다. 그러나 그것은 신체로 표현되고 관객에게 신체적으로 지각되어야 한다. 따라서 필자의 주장은 다음과 같다. 현존은 일종의 현상의 문제인데,

---

54) Hans-Thies Lehmann, "Die Gegenwart des Theaters," Erika Fischer-Lichte, Doris Kolesch & Christel Weiler(eds.), TRANSFORMATIONEN. Theater der neunziger Jahre, Berlin 1999, pp. 13~26, p. 13 참조.

이것은 육체와 정신/의식의 이분법에 전혀 맞지 않는 현상이며, 오히려 이러한 이분법은 하나로 통합되어야, 즉 제거되어야 한다. 만약 배우가 자신의 현상적 신체를 에너지로 드러내며 현존을 생성하면, 이를 통해서 체현이 나타난다. 그 말은 육체와 정신/의식은 본질적으로 서로 분리할 수 없으며, 하나와 다른 하나가 항상 같이 주어진다는 것이다.

이것은 에우제니오 바르바가 매우 특수한 방식으로 현존을 경험한 동양의 배우나 무용수뿐 아니라, 리샤르트 치에실라크와 같은 '성스러운' 배우에게서도 마찬가지다. 이들 특유의 강하고 밀도 높은 현존은 육체와 정신/의식의 대립을 제거하고 그 배우의 현상적 신체를 체현으로 드러나게 한다. 이것은 우리가 현존한다고 말하는 모든 연기자에게 해당한다. 연기자의 현존 속에서 관객은 연기자를 경험하고 체험한다. 동시에 관객은 자신을 체현으로서, 순환되는 에너지가 그에게 변환적 에너지 ─ 이러한 의미에서 삶의 힘 ─ 로 지각되는 '지속적인 되기'의 과정을 체험한다. 필자는 이것을 **급진적인 현존 콘셉트**라고 명명한다.

이 콘셉트는 왜 문명화 과정이 주는 **행복의 약속**이 연기자의 현존에서 촉발되는지를 직접적으로 밝혀준다. 서양의 문명화 과정은 육체와 정신의 이분법 속에서 형성되었다. 인간이 자신의 육체를 정신의 통제 하에 종속시켜 육체를 도외시하고 육체의 존재 조건에서 해방될수록 문명화 과정은 더욱 성공적으로 발전해나갔다. 이 과정의 끝에서 육체가 완전히 '정신'에 종속되면서 이 이분법이 제거되었다. 그러나 현존은 실질적으로 정신과 육체의 이분법을 제거한다. 물론 이것은 엘리아스가 예측한 것과 다른 방식으로 이루어졌다. 현존은 관계되는 연기자가 체현으로 자신을 드러내고, 나아가 연기자뿐 아니라 관객 스스로도 체현을 경험할 가능성을 연다.

행복의 약속 이행을 문명화 과정의 마지막으로 미루는 대신 연기자의 현존이 지금-여기에서 이행되었다. 한편 연기자의 현존이 관객에게 전격적으로 체현을 경험하게 한다는 점에서 이미 행복의 약속을 이행했다고도 볼 수 있다. 인간은 체현이다. 인간은 그 자신의 육체나 정신으로 축소시켜 규정할 수 없고, 정신과 육체가 싸우는 전쟁터로 규정해서도 안 된다. 정신이란 육체 없이 존재할 수 없고, 언제나 신체 안에서 그리고 신체로써 표현된다.

서구의 관객은 그 문화적 전통에 따라 앞에서 언급한 육체와 정신의 이분법 안에서 생각하는 데 익숙하고, 이러한 이분법의 제거를 먼 미래의 일이나 특별한 사람들의 일, 특히 종교적으로 행해진 변화에 의해 생긴 행운으로 생각하는 경향이 있다. 만약 서구의 관객이 연기자의 현존을 경험하면, 그 관객은 연기자의 체현을 경험하는 동시에 자신도 체현을 나타내고 느낀다. 그것은 일상에서 맛보지 못하는 행복의 순간으로 체험된다. 이러한 행복감을 다시 불러오려면 새로운 현존의 경험이 필요하다. 그리하여 관객은 연기자의 현존만이 가져다줄 수 있는 드문 행복의 순간을 그리워하게 된다.

현존에서는 비일상적인 것이 아니라, 오히려 일상적인 것이 눈에 띄게 나타나며 이것이 사건이 된다. 인간 고유의 특성, 즉 **체현**이 되는 것이다. 자기 자신과 다른 사람을 현재로, 그리고 현존으로 경험하는 것은 그와 나 자신에게 일어나는 **체현**을 경험하며, 일상적인 존재가 일상을 벗어나 변화하고 변형되는 것을 의미한다.

이러한 변환에서 아우라 개념이 **놀리 메 탄게레**noli me tangere[55]의 밀려

남의 순간을 강조하면서도 동시에 '숨을 쉬듯' 신체적으로 받아들이는 것이라면, 현존 개념은 평범한 것을 눈에 띄게 하고 이것을 나타나게 하고 몸으로 느끼며, 이를 통해 사건이 되는 것을 목표로 한다. 따라서 아우라를 만드는 것과 현존은 동일시할 수 없다. 그렇다고 상호 배타적이라고 판단할 수도 없다. 그보다 이 둘은 관객이 변환되는 동일한 과정에서 서로 다른 관점과 순간을 의도한다고 하겠다.

아우라 개념이 대상물에도 적용되는 반면, 현존 개념은 단지 앞의 두 가지 콘셉트에만 적용 가능하다. 대상물은 공간을 점유하고 시선의 주목을 받으면서 존재하기 때문에, 만약 이러한 특징들을 체화 과정들로부터 독립적으로 파악한다면 강한 현존 콘셉트가 되기에 충분하다. 이와 반대로 급진적인 현존 콘셉트는 대상물에 적용할 수 없다. 연극 공연과 퍼포먼스의 경우 특히 그러한데, 대상물은 특별한 방식으로 현재로 지각된다. 이러한 현재성이 왜 **체현**이 드러난 것으로 설명될 수 없는지는 그 즉시 밝혀진다. 만약 이러한 특징이 급진적인 현존 콘셉트에 대한 가장 중요한 바로미터가 된다면, 그것은 인간 존재의 현재성을 담보해야만 한다. 대상물의 현재성은 아마도 게르노트 뵈메Gernot Böhme가 "사물의 엑스터시"라고 묘사한 것과 상응할 것이다. 마치 인간의 현존이 그가 누구라 할지라도 항상 체현으로서 나타나는 것처럼, 사물은 그것이 무엇이라 하더라도 엑스터시 속에서 현상으로 나타난다. 그러나 이를 일상에서 기능화하고 도구화하는 인간에게는 이런 현상이 지각되지 않는다.[56] 따라서 (연기자의) 현존과 (사물의) 엑스터시 사이의 상응

일요일 아침 예수가 혼자 울고 있는 마리아에게 정원사의 모습으로 나타나 한 말로서 기독교 미술의 중요한 주제 중 하나다.

56) Gernot Böhme, *Atmosphäre. Essays zur neuen Ästhetik*, Frankfurt a. M. 1995, 특히

관계에 대해서는 더 생각해봐야 한다.

그런데 이 개념 중에 어떤 것도 전자기술 매체의 산물에는 적용할 수 없다. 현존 효과를 낼 수는 있지만 현존은 아니다. 현상적 드러남에 초점을 둔 현존 개념이 지난 세기의 미학적 토론에서 끈질기게 이어져온 존재와 허구의 이분법을 무효화시킨 데 비해, 소위 말하는 전자기술 매체의 현존 효과는 이러한 이분법을 전제로 한다. 그것은 현재성의 **허상**을 실제적인 육체——그리고 대상물——없이 특정한 수단에 의해 **나타나게** 한다. 인간의 육체, 몸의 특정 부위, 사물, 풍경은 매우 집중된 방식으로 현재로 나타난다. 물론 그것이 실제로는 영상 스크린에 투사된 빛의 유희이거나 픽셀 덩어리이지만 말이다. 스크린이나 텔레비전 화면, 컴퓨터 모니터에는 인간의 육체, 사물, 풍경이 실제로 나타나지 않는다. 이것은 소위 현존 효과를 야기하는 현재성의 성공한 허상이다. 실제의 육체, 사물, 풍경은 빛의 유희와 픽셀 속에서 사라진다. 이것들은 현재지만, 그것들 속에서 혹은 그것들과 함께 현재로 존재하는 것처럼 보이지 않는다.

이러한 방법으로, 전자기술 매체는 문명화 과정에서 **행복의 약속**을 이행한다. 이 매체 역시 육체와 의식, 물질과 정신의 이분법을 제거하고자 노력한다. 그러나 그들이 선택한 방법은 현존의 방법과 극단적으로 반대된다. 현존에서는 인간의 신체가 그 물질성 속에서 에너지적 신체이자 살아 있는 유기체로 나타나는 반면에 전자기술 매체에서는 인간의 신체를 비물질화함으로써 인간적 삶의 현재에 대한 허상을 형성하

---

pp. 31~34 참조. 또한 다음에 이어지는 2절 「공간성」의 두번째 단락 "분위기" 부분도 참고하라.

고 드러낸다. 인간의 신체나 사물, 풍경의 물질성을 해체하고 비현실화
하는 것에 성공하면 할수록, 현재성에 대한 허상은 더욱 집중적이고 지
배적으로 그 입지를 마련한다. 이러한 허상으로 매체의 생산물은, 마치
18세기의 연극처럼 관객을 눈물로 감동시키고 두려움과 경악에 떨게
하며, 진땀이 흐르게 하고 맥박을 빠르게 뛰게 하며, 숨을 헐떡이게 한
다.[57] 매체가 생성하는 허상은 어쩌면 환영연극보다 더 강력할 수 있고,
나아가 심리적이고 감정적이며 에너지 넘치는 강한 역동적 반응을 관객
에게 촉발시킨다. 전자기술 매체가 연기자의 현상적 몸을 현재에 드러
내지 않음에도 이것은 체현으로 드러난다. 현존 효과와 현재성에 대한
허상은 연기자의 실제적인 신체성을 비물질화하거나, 그것의 현재성을
전적으로 미학적 허상으로 경험하게 하거나 현실적이고 물질적인 신체
성을 완전히 해체하면서 문명화 과정에서 얻은 행복의 약속에 대한 희
망을 이행한다.

현존과 현존 효과는 둘 다 문명화 과정을 내재한 행복의 약속을 이
행하기 위한 시도로 파악할 수 있다. 전자기술 매체의 현존 효과는 문명
화 과정의 논리를 따르지만, 공연에서의 현존은 이러한 논리를 인정하
지 않으며, 이 논리를 전복시키고 깨부수며 그 단서가 부적절함을 증명
한다.

수행성의 미학은 이러한 의미에서 현존의 미학이지,[58] 현존 효과의
미학이 아니며, '출현의 미학'[59]일 뿐, 허상의 미학이 아니다.

57) Hermann Kappelhoff, *Matrix der Gefühle. Das Kino, das Melodrama und das Theater der Empfindsamkeit*, Habil.-Schrift, FU Berlin 2002 참조.
58) Hans-Thies Lehmann, "Die Gegenwart des Theaters," p. 22 참조.
59) Martin Seel, *Ästhetik des Erscheinens*, München 2000.

동물-몸

육체성을 논하면서 1960년대 이후의 연극이나 퍼포먼스아트의 배우와 행위자가 드러낸 육체성만 연구하는 것은 충분하지 않다. 그 공연들에는 동물이 빈번하게 등장하기 때문이다. 특히 1970년대에 그뤼버Klaus Michael Grüber가 연출한 「바쿠스」(베를린 할레셴 우퍼 샤우뷔네, 1974)가 유명한데, 이 공연 내내 무대에는——대부분 유리 너머에 있었지만——말이 등장했다. 다른 유명한 사례는 「나는 미국을 사랑하고, 미국은 나를 사랑한다I like America and America likes me」(뉴욕 르네블록 갤러리, 1974)라는 보이스의 퍼포먼스로 여기에는 코요테가 등장했다. 1990년대에는 동물의 '등장'이 더 빈번해졌다. 마리나 아브라모비치는 1978년 (울레이와 함께) 공연한 퍼포먼스에서 뱀을 등장시켰고, 또 1990년과 1994년 사이에 다양한 장소에서 공연했던 퍼포먼스 「용의 머리Dragon Heads」에서는 거대한 구렁이로 자신의 몸을 휘감았다. 얀 파브르Jan Fabre는 「연극적 어리석음의 힘Macht der theaterlichen Torheiten」(베네치아 비엔날레, 1984)에서 이미 앵무새 두 마리와 개구리들을 무대 위에 등장시켰고, 「머릿속 유리컵은 유리컵에서 온다Das Glas im Kopf wird vom Glas」(안트베르펜 드 브람스 오페라극장, 1990)에서는 "머리 위에 달과 별을 얹은 소년"을 등장시켰는데, 이 소년은 아프리카 부엉이를 어깨에 얹고 나왔다. 「달콤한 유혹Sweet Temptations」(빈 축제, 1991)에서도 아프리카 부엉이가 무대 위에 나왔지만, 이번에는 나뭇가지 위에 앉아 있었다. 「그녀는 과거에 그랬고, 지금도 그러하다Sie war und sie ist, sogar」(암스테르담 펠릭스 메리티스, 1991)에서는 세 마리의 검은 타란툴라가 무대 바닥을 기어다녔고, 그것은 배우 엘스 데수켈리어Els Deceukelier의

하얀 원피스 자락을 스치기도 했다. 그리고 「그 자체로 날조인 것은 날 조가 아니다Fälschung wie sie ist, unverfälscht」(브뤼셀 국립극장, 1992)에서 는 짧은 가죽 끈을 한 스물한 마리의 고양이가 울어댔다. 이들은 첫 공 연 때만 나왔고, 이후의 공연에서는 더 이상 나오지 않았다. 로자룩셈 부르크 광장의 베를린 민중극장에서 프랑크 카스토르프가 연출한 공 연에서도 동물들이 날뛰었다. 「펜션 쉴러Pension Schöller」(1994)에서는 구렁이가, 「하웁트만의 직조공Hauptmanns Weber」(1997)에서는 염소가, 「여자들의 도시Stadt der Frauen」(1995)에서는 말이, 「더러운 손Schmutzige Hände」(1998)에서는 원숭이가, 「악령Dämonen」(1999)에서는 금붕어가, 「조국Vaterland」(1999/2000)과 「굴욕당한 자와 모욕당한 자Erniedrigte und Beleidigte」(2001)에서는 개가 등장했다.

하지만 연극 공연에서 동물의 '등장'은 그렇게 새로운 것도 아니다. 동물이 무대 위에 나온 것은 중세의 성극Geistliches Spiel에서 이미 확인 되고, 16세기와 17세기의 궁정 공연에서도 다양한 사례가 입증된다. 매 우 유명한 사례로는 카스텔리Ignaz Franz Castelli의 「오브리 드 몽-디디에 의 개Der Hund des Aubry de Mont-Didier」가 있다. 여기서는 개가 "주인공"이 었다.[60] 카롤리네 야게만Caroline Jagemann이 1817년 바이마르 궁중극장 에서 초청 공연을 했을 때, 이 극장의 대표인 괴테는 이 사건으로 사임 해야 했다.

성극에서 동물이 상징적 의미를 지녔다면, 16세기와 17세기의 궁

---

60) 19세기 유럽 전체에서 소위 '개-드라마'가 공연되었다. 이것은 특별히 개를 주인공으로 집필 되었는데, 매우 빠른 속도로 인기를 모았다. Michael Dobson, "A dog at all Things. The Transformation of the Onstage Canine, 1550~1850," Alan Read(ed.), *Performance Research. On Animals*, vol. 5, no. 2, London 2000, pp. 116~24 참조.

정 공연에서는 우의적이고 상징적인 의미를 지녔다. 그리고 18세기 이후부터는 드라마적 기능과 자연주의적 환경을 묘사하는 기능을 했으며, 나아가 라인하르트의 「오레스테이아」에서는 분위기를 창출하는 기능을 맡았다. 이러한 분위기에 대하여 비평가 야콥슨은 「아가멤논 Agamemnon」에서 말의 등장은 "저속한 의미에서 서커스 같다"라고 평가절하하며, "투우장에서 성장한" 관객 대중의 동물적 감각에 맞추려 했다고 평했다. 그러나 1970년대 이후의 공연에서는 이와 같은 의미와 기능을 거의 찾을 수 없다.[61] 예술가들은 동물과 사람의 새로운 소통 방식을 제시하고자 했다. 요제프 보이스는 코요테와의 퍼포먼스를 "에너지의 대화"[62]라고 부르고, 마리나 아브라모비치는 구렁이와의 상호 행위를 다음과 같이 표현한다. "나는 미동도 없이 다섯 마리 구렁이에 몸이 감긴 채 의자에 앉아 있었다. 길이가 3미터에서 4.5미터 정도 되는 구렁이들은 퍼포먼스를 하기 전까지 2주가량 굶은 상태였다. 내 주위로는 얼음으로 만든 블록들이 둘러쳐져 있었다. 퍼포먼스가 이루어지는 동안 뱀들은 내 에너지가 흐르는 대로 내 몸을 휘감았다."[63]

　두 경우 모두 잘 조련된 동물이 아니라 야생동물이었다. 즉 그들의 행동은 예측하거나 제어하거나 조종할 수 없었다. 야생동물은 자기 본

61) 그렇다고 동물이 오늘날의 공연에서 드라마투르기적인 기능을 위해 투입되지 않는다는 뜻은 아니다. 가령 다음의 공연을 보면 알 수 있다. 페터 슈타인의 「파우스트」 공연(하노버/베를린/빈, 2000/2001)에서 푸들이 등장했고, 토마스 오스터마이어Thomas Ostermeier가 연출한 마리우스 폰 마이엔부르크Marius von Mayenburg 원작의 「기생충parasiten」(함부르크 독일극장/베를린 샤우뷔네, 2000)에서는 거대한 구렁이가 등장했다.

62) Caroline Tisdall, *Joseph Beuys Coyote*, München, 제3판, 1988, p. 13에서 인용.

63) Toni Stooss(ed.), *Marina Abramović Artist Body, Performances 1969~1997*, Mailand 1998, p. 326. 이 퍼포먼스는 1992년 함부르크에 있는 메디알레 다이히토어할레Mediale Deichtorhalle라는 공연장에서 60분 동안 이루어졌다.

능에 따라 행동했다. 그러나 두 예술가는 여기서 동물과 소통하는 법을 발견했다고 말한다. 그것은 바로 에너지의 교환이라는 것이다. 이 말은 이상하게 들린다. 이 말이 무엇을 의미하는지는 이어지는 보이스의 코요테 퍼포먼스 사례를 통해 규명할 수 있다.

사진작가 카롤리네 티스달Caroline Tisdall이 예술가의 요청에 따라 세세한 부분까지 기록한 이 퍼포먼스는 1974년 5월 23일부터 25일까지 뉴욕의 르네블록 갤러리에서 오전 10시부터 오후 6시까지 이행되었다.[64] 보이스는 케네디 공항에서부터 모직 담요로 온 몸을 덮은 채, 응급차를 타고 갤러리로 호송되었다. 미국을 떠날 때도 같은 방법을 택했다. 그는 미국에서 체류한 닷새 동안 갤러리에만 머물렀다. 퍼포먼스는 세 개의 창이 있는 밝고 긴 갤러리 공간에서 이행되었는데, 이 공간에는 보이스와 코요테를 관객으로부터 분리시키기 위해 철창이 설치되었다. 공간의 맨 뒤에는 코요테와 함께 들여온 약간의 짚을 놓아두었다. 보이스는 그 외에 두루마리 형태로 말린 기다란 모포 두 장, 산책용 지팡이, 장갑, 손전등, 『월스트리트 저널』 50부를 소품으로 가져왔다. 신문은 매일 새로 배달하게 해서 추가로 더해졌다. 보이스는 이 신문을 코요테에게 보여주었는데, 코요테는 냄새를 맡거나 그 위에 오줌을 누었다.

보이스는 모직 담요 두 장을 중앙에 놓았다. 그중 하나는 뭉쳐두었는데, 여기에는 손전등을 설치해 빛이 관객 쪽으로 새어나오게 했다. 그

---

64) 본래 이 퍼포먼스는 르네블록 갤러리 개관 기념일인 5월 21일 오전 10시에 시작해서 5월 25일 오후 6시까지 개최되어야 했다. 그러나 모든 것이 보이스가 원하는 상황대로 되지 않아서, 이 퍼포먼스는 5월 23일에야 시작되었다. 이어지는 묘사는 카롤리네 티스달의 기록을 비롯해 다음을 따른 것이다. Uwe M. Schneede, *Joseph Beuys—Die Aktionen*, pp. 330~53. 또 다음 영화도 참고했다. Helmuth Wietz, *Joseph Beuys. I like America and America likes me*, Vertrieb René Block, Berlin 1974.

리고 『월스트리트 저널』을 갤러리 공간 앞쪽에 두 단으로 쌓아 올렸다. 보이스는 산책용 갈색 지팡이를 팔에 걸고, 다른 모포가 있는 곳으로 걸어갔다. 그는 갈색 장갑을 착용하고, 모포로 자신의 몸을 완전히 감쌌다. 그러고 나서 지팡이의 위쪽을 밖으로 내밀었다. 이런 행위를 통해 만들어진 형상의 모양은 계속 변화했다. 보이스는 지팡이 손잡이를 곧 추세워 위로 쳐들었다. 그리고 오른쪽으로 구부려 손잡이를 바닥으로 향하게 했다. 다음으로 바닥에 무릎을 꿇어 웅크리고는 지팡이를 바닥으로 내렸다. 이 형상의 중심축은 코요테의 움직임이나 방향에 따라 끊임없이 움직였다. 그다음 그 형상은 바닥에 쓰러졌고, 사지를 뻗어버렸다. 그러다 갑자기 바닥에서 벌떡 일어났고, 그러자 그를 덮고 있던 모포가 흘러내렸다. 이어서 그는 자신의 목에 걸려 있던 트라이앵글을 세 번 쳤다. 다시 조용해졌을 때, 보이스는 칸막이 뒤 녹음테이프에서 흘러나오는 터빈 소리를 20초 동안 들려주었다. 다시 새로운 정적이 찾아왔을 때 그는 장갑을 벗어 코요테에게 던졌는데, 이것은 코요테의 주둥이에 맞았다. 그다음 보이스는 코요테가 흩뜨리거나 짓이긴 신문이 있는 쪽으로 가 그것을 다시 두 덩이로 나누어 쌓았다. 이어서 그는 담배를 피우기 위해 뭉쳐둔 모포 위에 자리를 잡았다. 이 순간 코요테가 다가왔다. 코요테는 모포 위의 자리를 더 좋아했다. 손전등 빛이 쏟아지는 방향을 바라보는 듯, 코요테는 관객에게 결코 등을 보이지 않았다. 코요테는 쉴 새 없이 전 공간을 돌아다녔는데, 창문 쪽으로 달려가서 밖을 응시하다가 다시 신문 있는 쪽으로 와서 그것을 씹어대거나 신문을 끌어당기거나 그 위에 똥을 누었다.

코요테는 모포로 이루어진 형상물과는 거리를 두었다. 냄새를 맡으며 흥분해서 주위를 맴돌다가 지팡이를 덮쳤다. 그리고 모포를 물더니

갈가리 찢었다. 이 형상물이 쭉 뻗어 바닥에 누워 있으면, 코요테는 다가가 코를 킁킁거리며 냄새를 맡거나 쿡쿡 찌르거나 발로 긁어댔다. 또는 그 옆에 누워서 모포 속으로 기어 들어가려고 시도했다. 그러나 코요테는 대부분 그 옆에 있었고, 형상물에서 시선을 떼지 않았다. 그러나 보이스가 짚단 위에서 담배를 피우려고 하면, 코요테는 늘 가까이 다가왔다. 담배를 다 피우면 보이스는 다시 일어나서 모포로 다시 몸을 감쌌다. 사흘 동안 동물과 인간은 점점 더 가까워졌다. 이 시간이 다 지난 뒤에 보이스는 짚을 모든 공간에 매우 느린 동작으로 뿌렸고, 코요테를 꼭 안아주면서 작별했다. 그리고 그가 왔을 때와 같은 방법으로 갤러리를 떠났다.

이 사흘 동안 인간과 동물 사이에 무슨 일이 벌어진 것인가?

보이스가 이 퍼포먼스에서 사용한 대상물 — 신문, 담배, 손전등, 장갑, 산책용 지팡이, 짚, 녹음 테이프, 트라이앵글 — 은 거의 모두 일상적 삶에 속한 것이며, 이것으로 보이스는 일상적 행위를 했다. 보이스는 신문을 정리했고, 담배를 피웠으며, 녹음 테이프를 틀기도 했다. 이러한 대상물과 행동은 모두 에너지의 생성, 보존, 전달, 감소 등의 과정과 연동되어 진행되었다. 예컨대 보이스는 모포를 '분리 혹은 온기 보존'에, 즉 '미국으로부터의 분리와 코요테에게로 온기 전달'[65]에 사용했으며, 손전등은 그에게 에너지와 같은 개념이었다. "손전등은 충전된 채 묻혔고 이후 배터리를 새로 갈 때까지, 시간이 흐를수록 에너지는 점차 사라져갔다."[66] 손전등은 모포 속에 숨겨져 있었다. 왜냐하면 그것

---

65) Caroline Tisdall, *Joseph Beuys Coyote*, p. 14.
66) 같은 곳.

제4장 물질성의 수행적 창출   231

이 기술적인 물건으로 보여서는 안 되기 때문이었다. "그것은 빛의 원천이 되어야 한다. 일종의 불의 장치, 이러한 회색 무더기에서 뿜어 나오는 [······] 사라지는 태양의 이글거림처럼."[67] 보이스가 자신의 퍼포먼스 「유라시아Eurasia」(1965)에서 처음으로 사용한 지팡이는 동쪽과 서쪽 사이에 흐르는 전기적 에너지를 의미했다. 트라이앵글과 요란한 터빈 소리는 유일하게 사용된 소리였는데, 보이스는 이것을 뚜렷한 목적 없이 존재하는, 잠재적 에너지로 사용했다. 터빈이 내는 잡음에 대해 그는 "현재 지배적인 기술에 대한 반향, 사용되지 않는 에너지"로 설명했다. 트라이앵글 소리는 "통일과 하나됨"을 상기시키는 것이고, "코요테를 향한 강력한 의식意識의 충동"[68]으로 간주했다. 여기서 중요한 사실은 이러한 소품들이 전기적 에너지의 흐름을 의미할 뿐 아니라 실제로 에너지를 생산하고 전이시켰다는 점이다.

이때 이러한 대상물이 보존하거나 전달하는 에너지는, 예를 들어 코요테가 모포 위에 앉거나 지팡이에 코를 쿵쿵대거나 트라이앵글 소리를 들을 때 예술가가 자유롭게 에너지를 창출하는 데 사실상 도움을 준다. 보이스는 이 퍼포먼스에서 자신을 샤먼으로 연출했는데, 특히 모자, 큰 망토, 조끼에 단 토끼털, 그리고—나바호족 샤먼이 흔히 쓰는 북과 북채 대신— 목에 건 트라이앵글로 나바호족 샤먼의 의상을 분명하게 표현했다. 그는 자신을 샤먼으로 간주했고, 일종의 특별한 영적 능력이 있어서 이 힘으로 동물과 인간 세계에, 더 나아가 우주에 영향을 미칠 수 있는 형상물로 생각했다.

---

67) 같은 책, p. 15.
68) 같은 곳.

이 퍼포먼스를 하는 동안 나는 샤먼이라는 형상을 진실로 받아들였다. 이것은 우리가 다시 샤먼이 살았던 곳으로 돌아가야 한다는 의미를 나타내기 위해서가 아니다. 내가 이러한 전통적인 형상물을 사용한 것은 미래적인 어떤 것을 표현하고 싶었기 때문이다. 즉 샤먼은 물질적인 것과 영적인 것을 하나로 통합시킬 수 있기 때문이다.[69]

위에서 묘사한 퍼포먼스를 이행함으로써 예술가와 코요테는 변신을 불러일으키는 에너지 교환을 했다. 이 행위는 일종의 신화적 맥락 속에 놓여 있었다. 인디언의 신화나 전설에서 코요테는 일종의 강력한 신성을 의미한다.[70] 인디언들에게 코요테는 변신 능력을 체화한 것으로서, 자신의 상태를 육체적 상태에서 영적 상태로 혹은 그 반대로 변화시킬 수 있었다. 또한 코요테는 모든 언어를 이해했고, 심지어 자신을 가둔 철창과도 말을 할 수 있었다. 만약 코요테가 분노하면 인간에게 불행을 가져올 수 있었다. 코요테를 진정시키면 질병을 낫게 할 수도 있었다. 아흐레 밤에 걸쳐 이루어지는 치료 제의 동안 나바호족 샤먼은 코요테의 힘을 빌려 병자를 치료하기 위해 코요테 가면을 썼다.[71] 코요테의 위상은 백인의 정착과 함께 변화되었다. 백인은 인디언이 주체적 힘으로 경이롭게 여기고 존경해온 코요테의 창의력과 적응력을 교활함으로 여겼다. 이로써 코요테는 희생물이 되어 사냥하고 죽여도 되는 '나쁜 코요

---

69) Uwe M. Schneede, *Joseph Beuys—Die Aktionen*, p. 336에서 인용.

70) 보이스는 다음 책에서 설명된 대로 퍼포먼스를 이행하고 있다. Frank J. Doble, *The Voice of the Coyote*, Boston 1949.

71) Karl W. Luckert, *Coyoteway. A Navajo Holyway Healing Ceremonial*, Tucson/Flagstaff 1979 참조.

테mean coyote'가 되었다.

보이스는 자신의 퍼포먼스가 미국 역사의 '트라우마적 요소'를 겨냥한 것이라고 했다. "우리는 코요테에 대해 책임을 져야 합니다. 그런 뒤에야 우리는 상처를 치료할 수 있습니다."[72] 즉 이 행위는 한편으로는 예술가 스스로에게, 다른 한편으로는 코요테에게 치유력을 주는 일종의 치료 제의로 기능한다.

이러한 목적에 따라 보이스는 여러 측면에서 샤먼처럼 행동했다. 항상적인 위치와 관계의 변화를 통해 보이스는 코요테의 변환을 일어나게 하는 역치적 상태를 창출하고 코요테의 '원형적인' 위상을 회복할 수 있었다. 보이스가 가져와서 특별한 형상물로 만들고―손전등을 이용해―에너지원을 설치한 모포 위에서 코요테가 조용히 쉴 때, 보이스는 코요테가 있던 짚 위에 누웠다. 보이스는 한편으로 코요테가 『월스트리트 저널』을 찢고 그 위에 똥을 누게 했는데, 그는 이것을 "사후 경직처럼 굳어버린 자본에 대한 생각"[73]으로 간주했다. 다른 한편으로 보이스는 인간의 손과 형상화와 변신을 가능케 하는 그 손의 창조적 잠재력에 대한 상징으로 보았던 장갑을 코요테에게 킁킁거리게 했고 그 장갑으로 코요테 주둥이 주변을 때렸다. 보이스는 '기존의 테크놀로지를 반향하기 위해' 터빈모터 소리를 투입했을 뿐 아니라, 코요테의 '의식'에 직접적으로 호소하기 위해 트라이앵글 소리를 투입했다. 이러한 과정을 통해 보이스는 대상물에 깃든 숨은 힘을 불러냈고 자신과 코요테에게 '치료의 힘'을 발휘했는데, 이것은 인간과 동물 모두에게 영향을 끼치는

72) Caroline Tisdall, *Joseph Beuys Coyote*, p. 10에서 인용.
73) 같은 책. p. 16에서 인용.

것이었다. 또한 보이스가 코요테와 가졌던 '에너지의 대화'는 에너지를 생성하고 어떤 변신을 일으키는 영적인 힘을 드러내고자 한 것이었다.

관객이 이러한 퍼포먼스를 '에너지의 대화'로, 그러니까 일종의 치료 제의로 지각할 수 있는지는 물론 알 수 없다. 보이스와 코요테는 마치 서커스 혹은 동물원의 맹수처럼 철조망으로 관객과 분리되어 있었다. 이러한 분리는—제한적이나마—보이스가 갤러리를 방문한 친구나 지인을 맞기 위해 철조망으로 다가서면 없어졌다. 이 분리는 전체적으로 이 퍼포먼스의 결정적 요소로 작용한다. 설사 그것이 실질적으로 관객을 보호하는 것으로 해석할 수 있더라도 말이다. 이 철조망 덕에 관객은 위험한 일을 도모하는 예술가를 안전한 거리에서 관찰하는 관음증적 위치에 놓이게 되었다. 그렇다면 관객에게는 이러한 퍼포먼스에서 발생하는 잠재적 에너지가 차단되었는가? 관객은 보이스와 코요테 사이에 순환되었던 에너지의 흐름을 느낄 수 있었던가? 유럽에서 비행기를 타고 와 마치 인디언처럼 행동한 보이스와 미국 관객 사이의 낯섦은 여기서 제거되지 않았을 뿐 아니라 오히려 공간 구성에 의해 더 강화되었다.

물론 보이스의 행위와 동물의 행동으로 이루어진 이 퍼포먼스가 관객에게 특수한 영향을 미쳤음은 미루어 짐작할 수 있다. 보이스는 코요테를 동등한 권리를 지닌 동료로 대했다. 이 행위를 위해 코요테를 생포해야만 했다는 점을 제외하면 보이스는 코요테에게 아무런 폭력도 행사하지 않은 채 영향을 끼치고자 했다. 보이스는 이 동물을 자유로운 상태로 방목했다. 즉 코요테도 보이스와 마찬가지로 경계 없이 자유롭게 행동했다. 관객은 물론 보이스가 코요테의 의식을 이용했음을 알지도 눈치채지도 못했지만, 인간과 동물의 관계가 마치 서커스의 조련사와 맹수처럼 서열 관계가 아니라 동물을 예측 불가능한 상황에 놓음으로써 원리적으로 같은 권리를 지닌 동료로 인정하는 교환 과정으로 이루어졌음을 지각했다. 이러한 지각과 인지는 많은 사람들에게는 매우 놀랍고 당황스러울 수 있었다.

이 행위에서 관객은 동물의 예측 불가능성이라는 상황과 직면했다. 이것은 1960년대 이후 동물이 참여한 여러 연극 공연이나 퍼포먼스에서 매번 강조되는 점이다. 이러한 예측 불가능한 상황은 공연의 물질성에 해당한다. 다른 한편으로 이것은 자동 형성적 피드백 고리의 한 과정이다.

보이스의 퍼포먼스에는 동물의 육체가 일종의 에너지 넘치는 살아 있는 유기체로서 되기-과정 속의 육체로 기능한다. 그러한 물질성의 측면에서 인간의 육체와 동물의 육체는 차이가 없다. 두 육체는 모두 가공하거나 조종하여 작품이 되는 물질로 이용되지 않는다. 인간의 육체와 마찬가지로 동물의 육체는 물질이 아니다. 이러한 측면은 헤르만 니치가 양의 시체를 '가공'하는, 즉 피를 뿌리고 동물의 창자를 채우고 양의 시체를 사람에게 묶는 퍼포먼스와 마리나 아브라모비치가 1995년 뉴욕의 션켈리 갤러리에서 공연한 「청소Cleaning The House」와 같은 퍼포먼스에서도 드러난다. 여기서 아브라모비치는 등받이와 팔걸이가 없는 작은 의자에 웅크리고 앉아 있다. 그녀의 주변으로는 신선한 소고기 뼈가 산더미처럼 쌓여 있었다. 그녀는 소뼈를 하나씩 가지고 와서 살점을 뜯어내고 씻었다. 동물의 살아 있는 목숨을 떠올리게 하는 살점을 모두 뼈다귀에서 분리해낸 것이다. 그리고 그것을 다른 대상물로, 물질로, 즉 인공물로 바꾸어버렸다.

이와 반대로 살아 있는 동물의 육체는 예측 불가능한 상황에 놓여 있다. 동물의 육체는 인간의 육체와 마찬가지로 작품이 아닌 사건의 성격을 띤다. 이러한 측면에서 인간과 동물 사이에는 별다른 차이가 없다. 다른 공연과 마찬가지로 보이스의 퍼포먼스를 본 관객도 이를 강하게 인식했을 것이다. 여기서 동물과 인간의 차이 없음이 관객에게 어떠한 강도로 일어나는지, 즉 살아 있는 유기체라는 측면에서 동물과 인간의 유사성과 비교 가능성이 얼마나 되는지, 그리고 사람들에게 심리적, 정서적, 에너지적 반응을 얼마나 촉발시키는지의 여부는 단지 추측할 수밖에 없다. 여기서 관객이 살아 있는 동물 유기체와의 직접적 대면을 들뢰즈Gilles Deleuze와 가타리Félix Guattari가 말한 동물-되기[74]로 파악했는지, 아니면 관객 자신의 동물성과 직면했다고 느끼고 이에 상응하게 육체적 증상을 나타냈는지는 분명히 알 수 없다. 물론 우리는 위에서 본 종류의 인간과 동물 사이의 차이 없음이 사실상 몇 백 년간 지속된 서양인의 사고와 행위의 관습에 역행하는 생각이지만 ─ 최근의 유전에 관한 연구에서 많은 부분이 밝혀졌다 ─ 관객에게 어느 정도 영향을 미쳤을 것으로 추측할 수 있다.

동물의 예측 불가능성이란 관객에게 언제나 특별한 자극을 주었다. 무대 어디에서 등장하든 동물들은 신비한 '현존'의 힘을 강력하게 발휘한다. 동물은 마치 무대 공간 전체를 채우는 듯하고 모든 주목을 끈다. 배우로부터 관객의 시선을 빼앗는 것이다. 동물이 분명한 드라마투르기적 과제를 해내는 공연에서 특히 그러하다. 동물이 나오면 ─ 보통 개나 심지어 푸들과 같은 훈련된 애완견이라 할지라도 ─ '근원적인' '신비로운' '예측할 수 없는' 자연이 무대에 등장하는 것이다. 관객은 일반적

---

74) Gilles Deleuze & Félix Guattari, *Was ist Philosophie?*, Bernd Schwibs & Joseph Vogl(trans.), Frankfurt a. M. 1996, p. 199.

으로 배우가 정해진 계획대로 움직인다고 생각한다. 그러나 관객은 동물의 등장과 함께 주어지는 모든 열린 가능성, 즉 동물이 무대에서 계획된 행동이 아니라 어떤 예측 불가능한 행동을 할 수 있다는 가능성에 열광한다. 무대 위에서의 동물은 현실이 허구로 침입한 것으로 파악할 수 있다. 즉 우연이 질서 속에서 자연이 문화 속에서 인지되는 것이다. 동물이 무대에 나타나면, 태풍이나 홍수와 비교될 만큼 모든 것이 불안한 위기의 순간이 주술처럼 펼쳐진다. 즉 인간적 질서가 자연 앞에 굴복할 가능성이 생긴다. 그러나 이 순간은 인간적 질서가 파괴되는 태풍이나 홍수의 경우와는 다르다. 즉 동물은 연출된 공연을 무효로 만들어버리는데, 이 순간은 계획대로 진행되는 것보다 더 흥미롭게 느껴진다. 동물이 무대 위에 등장하는 것은 공연을 폭발시킬 것 같은 위험을 지녔음에도 불구하고 관객에게 엄청난 열광을 일으키는 전복적인 순간을 가져온다.

1960년대 이후의 연극인과 퍼포먼스 예술가들은 기존에 늘 두려워했던 동물의 예측 불가능성에 관심을 가졌다. 공연에 등장하는 동물은 대부분 어떤 특수한 과제를 이행하지 않아도 되었다. 공연이 이루어지는 공간에 존재하는 것으로 충분하며, 그 예측 불가능성을 드러내기만 하면 된다. 동물이 하는 행위는 공연의 구성 요소가 된다. 동물은 공연의 예측 불가능성을 원리적으로 강화한다. 그러니까 동물은 관객의 시선을, 아니면 최소한 행위자의 시선을 끈다. 모든 공연에는 ─ 항상 그렇듯이 ─ 행위자와 관객의 상호작용 과정이 있다. 이것은 자동 형성적 피드백 고리와 같은 예측 불가능한 전환을 가져온다. 행위자와 관객 모두 이러한 상황에 휘말려들기 때문에 이러한 전환은 창발[75]로 인지되지 못했다. 반대로 동물은 그 행동을 통해 끊임없이 창발 현상을 생성하고, 관객과 행위자의 주목을 유도하며, 이러한 현상들에 대해 매우 예민하다. 특히 동물이 나오는 공연은 관객이 보기에 잘 짜여진 '계획'— 마치 면역 체계처럼—에 따라 기능한다고 결코 주장할 수 없는, 끊임 없이 창발하고 또 이에 반응하는 자연 시스템의 하나처럼 보인다.

---

75) 여기서 창발이라는 개념은 미리 알 수 없고, 동기 없이 떠오르는, 그러나 때로는 나중에 그 설득력이 드러날 수 있는 현상을 의미한다. 창발 개념에 대해서는 다음을 참고하라. Achim Stephan, *Emergenz. Von der Unvorhersagbarkeit zur Selbstorganisation*, Dresden/München 1999; Achim Stephan, "Emergenz in kognitionsfähigen Systemen," Michael Pauen & Gerhard Roth(eds.), *Neurowissenschaften und Philosophie*, München 2001, pp. 123~54; Thomas Wägenbaur(ed.), *Blinde Emergenz? Interdisziplinäre Beiträge zu Fragen kultureller Evolution*, Heidelberg 2000.

2. 공간성

공간성Räumlichkeit 역시 찰나적이고 단기적이다. 공간성은 공연 전이나 후에 존재하지 않고─마치 육체성이나 소리성처럼 ─ 공연 중에, 공연을 통해서 존재한다. 따라서 공간성이란 그것이 일어나는 공간과 동일하지 않다.

공연이 이루어지는 공간은, 한편으로는 지형학적 공간이다. 이 공간은 공연이 시작되기 전에 이미 주어져 있고, 공연이 끝나더라도 사라지지 않는다. 공간에는 특정한 토대가 있고, 특정한 높이, 너비, 길이, 부피가 있다. 공간은 고정되어 있고 견고하며, 이러한 특징 덕에 오랫동안 변하지 않는다. 지형학적 공간은 종종 컨테이너와 비교되는데, 컨테이너는 그 공간에서 일어나는 일에 아무런 영향을 받지 않기 때문이다. 시간이 지나면서 밑바닥에 구멍이 생기고 거칠어져도, 또 색이 바래고 벽에 칠한 회칠이 떨어져도 그 지형학적 공간은 변하지 않는다.

다른 한편, 공연이 이루어지는 공간은 수행적 공간이다. 공간을 넘어서서 행위자와 관객 사이의 관계, 그리고 움직임과 지각 사이의 관계를 조직하고 구조화하는 특별한 가능성이 열려 있기 때문이다. 이때 이러한 가능성이 어떻게 이용되고 현실화되며 발전되거나 저해되는가에 따라 수행적 공간이 달라진다. 인간이나 대상물, 빛, 소리의 울림에서 오는 모든 움직임은 이 공간을 변화시킨다. 이 공간은 불안정하며 끊임없이 요동친다. 공연의 공간성은 공간 속에서, 그리고 그 공간을 통해서 수행적으로 생성된다. 공간의 조건에 따라 공간성이 다르게 지각되는 것이다.[76)]

수행적 공간

고정적으로 설치되어 있든 임시적으로 세워지든 연극 공간은 항상 수행적 공간이다. 극장 건축과 무대 기술의 역사는 대부분 지형학적 공간의 역사로 진술되어왔지만, 이것을 수행적 공간의 역사로 진술해도 정당하다. 행위자와 관객의 관계가 어떻게 정해져 있으며, 행위자는 공간을 통해 무엇을 할 수 있고, 관객이 어떻게 지각하는가에 따라 수행적 공간은 다양하게 설명된다. 행위자를 위해 만들어진 공간 주위로 관객이 둥글게 둘러싸고 자리 잡았는가, 아니면 사각형의 무대를 관객이 삼면에서 둘러앉아 보는가, 관객이 그들 사이를 돌아다닐 수 있는가, 관객이 무대 정면에 앉는가, 혹은 무대와는 서로 분리되어 있는가에 따라

---

76) 건축적, 지형학적 공간, 그리고 수행적 공간에 대한 다양한 견해로는 다음을 참고하라. Jens Roselt, "Wo die Gefühle wohnen—zur Performativität von Räumen," Hajo Kurzenberger & Annemarie Matzke(eds.), *TheorieTheaterPraxis*, Berlin 2004.

행위자와 관객의 관계는 다르게 설정된다. 오케스트라의 자리만큼 크고 넓은 자리가 행위자에게 주어져 있는가, 아니면 국카스텐 무대 앞에 설치된 무대 장치와 소품들 때문에 좁은 공간에서 행위자가 행동해야 하는가 여부는 아래에서 제시하는 바와 같은 공간 안에서, 공간을 통해서 이루어지는 움직임의 가능성을 포괄한다. 관객이 시간에 따라 변하는 밝은 햇빛 아래 있는가, 극장 공간과 극장을 둘러싼 풍경을 둘러보다가 다시 무대 위의 행위자나 오케스트라 단원 혹은 다른 관객에게 시선을 돌릴 수 있는가, 혹은 중심투시법Zentralperspektive의 원리에 따라 무대 앞에 양초가 켜져 있는 내부 공간에 앉았는가, 잘 보이는 이상적인 자리에 앉았는가, 무대가 왜곡되어 보이는 위치에 앉았는가, 잘 보이는 특별석에 앉았는가에 따라 다양한 지각 가능성이 관객에게 열린다.

공연을 하는 공간은 행위자, 관객, 움직임, 지각의 관계를 각기 특별한 방식으로 구성하고 조직하지만, 그 특성을 고정적으로 규정하지 않는다. 수행적 공간은 이 공간을 사용하거나 현실화하기 위한 방식을 마련하지 않고도 다양하게 만들어질 수 있다. 나아가 수행적 공간은 미리 계획하거나 예측할 수 없는 방식으로 작동된다. 이러한 공간 사용은 일반적 관습이나 사전 계획과는 다르게 이루어지기 때문에, 여행 기록이나 일기, 자전적 기록, 편지, 신문 기사에서 특별한 사건으로 언급되곤 한다. 가령 17세기 프랑스 연극에서 귀족 관객이 종종 무대 위에 자리 잡고 앉거나 공간을 점유하거나 큰 소리로 거리낌 없이 대화를 나누었다는 사실을 알 수 있다. 이것은 공간 구성의 측면에서 행위자와 관객의 관계를 변화시켰을 뿐 아니라 움직임과 지각의 관계도 변화시켰다. 18세기와 19세기 연극계의 사건들도 비슷한 결과를 낳았다. 예를 들어, 베를린 민간극단이 선보인 하웁트만의 「해돋이」(1889년 10월 20일)에서는 한 관객이 객석에서 일어나 산부인과용 겸자를 머리 위로 흔들며 배우들에게 무대로 올라가겠다고 제안했다. 산부인과 의사인 자기가 무대에서 일어난 난산을 돕겠다고 소리친 것이다. 이 사건은 그전까지의 행위자와 관객의 관계를 극단적으로 새롭게 정의했다. 그런데 그 관객만 그렇게 행동한 것이 아니었다. 한 신문은 다음과 같이 기술했다. "연극 속 연극이었다. [⋯⋯] 열광과 거부감, 환호와 한숨, 혀 차는 소리와 갈채 사이의 투쟁, 중간에 끼어드는 소리, 항의하는 소리, 불안, 흥분이 막마다 이어지며 거의 무대 안으로 들어왔다. 레싱 극장은 집회 장소로 변했고, 열정적이며 물결처럼 요동치는 민중으로 가득 채워졌다."[77] 수행적 공간의 주요 특징은 공간이 이미 정해진 목적이나 방법과 다르게 사용된다는 점이다. 마치 클라우스 파이만의 1965년작 「관객모독」의 두 번째 공연에서 미리 구상한 대로 공간을 사용하지 않은 것을 잘못으로 간주한 어느 관객이 분노하여 무대에 들이닥친 경우처럼 말이다. 수행적 공간의 특성은 그 공간을 구성하고 특별한 공간성을 만들어내는 각각의 이용법에 달려 있는 것이다.

역사적 전위예술 운동은 국카스텐 무대의 앞무대나 어두운 객석을 없앰으로써 기존의 연극 모델에 이러한 생각을 적용했다. 대신 그들은 다양한 방법으로 행위자와 관객의 관계, 움직임과 지각의 관계를 매번 다르게 조직하고 구성했다. 그들은 다양한 역사적 모델, 가령 오케스트라 무대, 중세의 대형 시장 무대 혹은 가부키 극장의 하나미치 같은 것을 특수한 방식으로 새롭게 양식화했다. 라인하르트가 베를린 슈만 서

77) Curt Baake, *Berliner Volksblatt*, 1889. 10. 22. Norbert Jaron 외(eds.), *Berlin-Theater der Jahrhundertwende. Bühnengeschichte der Reichshauptstadt im Spiegel der Kritik(1889~1914)*, Tübingen 1986, p. 96에서 인용.

커스단에서 「오이디푸스 왕」을 공연했을 때, 그리고 오케스트라 무대의 가능성을 실험했을 때, 그는 그리스 연극의 부활을 의도하지 않았다. 오히려 그는 행위자와 관객이 공동체를 이루는 공간, 그리고 국카스텐 무대에 길들여졌던 행위자에게 새로운 움직임의 공간을 형성하게 하고, 관객에게 새로운 지각의 양식과 관점을 형성할 수 있게 하는 연극 공간을 찾아나선 것이다. 이에 대해 몇몇 비평가는 라인하르트를 강하게 공격했다. 알프레트 클라르는 "연기하는 공간을 우리 앞에, 우리 사이에, 우리 밑에, 우리 뒤에 나누어놓는 것, 말 그대로 우리에게 시각 변화를 강요하는 것"에 대해 불평했다.[78]

한편, 다른 연극 개혁가와 전위예술가 들은 작품에서 지시된 공간이나 장소, 이른바 '실제 공간'에서 공연했다. 라인하르트는 「한여름 밤의 꿈」을 베를린 니콜라스 호수의 푀룬발트Föhrenwald에서 공연했다(1910). 「대 잘츠부르크의 세계 연극Große Salzburger Welttheater」은 잘츠부르크의 콜레기엔 교회에서 이행되었고(1922), 「베네치아의 상인」은 베네치아의 산 트로바소 광장Campo San Trovaso에서 공연되었다(1934). 니콜라이 예브레이노프Nikolai Evreinov는 「겨울궁전의 습격Die Erstürmung des Winterpalais」을 겨울궁전의 앞과 창문 앞에서 대중적 볼거리로 공연했다(페트로그라드, 1920). 세르게이 예이젠시테인은 트레티야코프Sergei Tretyakov 원작의 「가스 마스크Gasmasken」 공연장으로 모스크바의 한 가스 공장을 선택했다(1923). 이러한 각각의 공간은 행위자와 관객의 관계, 그리고 움직임과 지각의 관계를 새롭게 규정하게 하는 특수한 가능성을 제공한다. 동시에 이러한 공간은 완전히 새로운 가능성을 촉발하

---

78) Alfred Klaar, *Vossische Zeitung* 513, 14. Oktober 1911.

고자 고안되었다.

마치 라인하르트가 슈만 서커스를 대극장으로 재건축하거나, 피스카토르가 그로피우스와 함께 총체적 연극을 콘셉트화한 것처럼 공간을 변형해 사용할 수 있는 새로운 극장 건축 양식이 구상되었다.

20세기의 연극 개혁가들과 역사적 전위예술 운동의 선구자들은 공간의 수행성에 대해 의식했다. 그들은 행위자와 관객, 움직임과 지각의 관계가 다양한 공간에서 생성될 가능성을 연구했다. 그리고 이러한 특수한 변형을 통해 그들의 상상력이나 목적의식을 강화하는 데 주력했다. 즉 이들은 관객에게 특정한 지각과 행동 양상을 불러일으키고자 한 것이다. 이미 여러 차례 언급했듯이 전위예술 연출가들은 자동 형성적 피드백 고리를 잘 운용하고자 노력했다.

앞 무대가 있는 국카스텐 연극은 제2차 세계대전 이후, 일부분은 이미 1930년대 후반에 재부상했다. 이어서 1950년대에는 수많은 극장 건물이 독일에 새로이 세워졌다. 그러나 자유롭게 변형되는 공간이 있는 건물은 충분치 않았다. 이런 종류의 새 건축물이나 개조한 건물 중 내가 알고 있는 잘 알려진 경우는 1980년 베를린 레닌 광장에서 개관된 샤우뷔네인데, 이것은 1960년대 수행적 전환의 결과물이라고 할 수 있다.

1960년대에는 새롭게 —매우 근원적이고 급진적으로— 극장 건물로부터의 탈출이 진행되었다. 새로운 연극 공간으로 옛 공장터, 도축장, 벙커, 전차 차고, 상가 건물, 쇼핑센터, 운동장, 대집회가 이루어지는 박람회장, 거리, 지하철의 지하도, 국립공원, 포장마차, 쓰레기 하치장, 자동차 정비소, 공동묘지 등이 이용되었다. 공연의 공간으로 설계되거나 건축되지 않은, 완전히 다른 목적으로 사용되었거나 사용되고 있는 공간, 행위자와 관객의 관계가 정확하게 구분되지 않는 공간들이 주로 선택된 것이다. 대부분의 경우 이러한 공간들은 행위자와 관객의 위치를 분리하지 않은 채 지속적으로 관계를 재규정하게 함으로써, 양쪽 모두에게 자유로운 움직임과 지각의 가능성을 제공했다. 이러한 공간 선택을 통해서 행위자와 관객의 관계를 재규정하고 움직임과 지각의 다양한 가능성을 형성하고 공간성을 드러내는 데 집중한 것이다.

공간의 수행성을 강화하는 세 가지 공간 활용의 방법은 다음과 같다. 1) 행위자와 관객이 자유롭게 움직일 수 있는 (거의) 비어 있는 공간을 사용한다. 2) 지금까지 알려지거나 사용되지 않았지만 행위자와 관객, 움직임과 지각 사이의 관계를 협의할 가능성을 여는 특정한 공간적 배치를 만들어낸다. 3) 다른 식으로 정의되거나 이용되었던 공간의 특수한 가능성을 연구하고 시험하기 위해 해당 공간을 사용한다.

1) 가령 「켈트족+~~~」이 이행된 벙커에는 나무 벤치가 있었는데, 누가 지시라도 한 것처럼 아무도 사용하지 않았다. 보이스와 관객은 모든 공간 안에서, 그리고 공간을 통해 움직였다. 보이스와 관객의 관계는 전적으로 보이스의 행위와 관객의 반응을 통해 규정되었다. 끊임없이 변화하는 위치에 따라 각자에게 지각되는 것이 달라졌다. 벤치에서, 사람들 사이에서, 꼼짝 못하고 서서, 사람들 주변에서, 혹은 행위자 바로 앞에서, 사람들에게 떠밀려서 등 어떻게 보느냐에 따라 지각되는 것이 달랐다. 여기서는 행위자와 관객이 행위를 통해서 지속적으로 변화하는 공간을 창출했다.

「디오니소스 69」에서는 특별한 공간적 배치가 이루어졌다. 옛 자동차 정비소의 중앙에 검은색 고무판을 깔았는데, 이것은 행위자를 위한 공간을 표시한 것처럼 보였다. 이것은 일종의 퍼포먼스 창고였다. 벽에는 여러 층의 앉을 수 있는 단이 세워졌고, 각각의 층은 사다리를 통해 서로 연결되었다. 그 사이에는 거의 천장까지 닿는 구조물이 있었는데, 일종의 탑이었다. 관객은 바닥의 고무판 주위 양탄자에 웅크려 앉거나 단 밑으로 숨어들거나 그 위에 올라가 자리를 잡고 앉았다. 관객은 이렇게 스스로 중앙 공간과의 거리를 결정할 수 있었고, 중앙에서 일어나는 일을 바라보는 각도와 위치 또한 스스로 정할 수 있었다. 이러한 공간 활용법이 내포한 열린 가능성은 공연 과정에서 더 다양해졌다. 행위자는 공연장의 중앙 공간만으로 만족하지 않고, 모든 공간을 사용하며 움직였다. 펜테우스 역을 맡은 배우는 탑의 꼭대기까지 올라가서, 자신의 전언을 테베의 시민들에게 알렸다. '애무 신'에서는 행위자들이 공간 여기저기로 흩어져서 관객이 '숨은 듯' 앉아 있는 단 밑까지 들어갔다. 거꾸로 관객은 공연 중에 공간 안을 움직이면서 항상 새로운 시점과 위치를 찾을 수 있었고, 행위자나 다른 관객에 대한 거리를 스스로 조정할 수 있었다. 관객이 스스로 중심이 되어 '스토리에 직접 참여할' 권리와 가능성이 주어졌다. 그 말은 행위자와 관객에게 움직일 가능성과 일어나는 일을 바라보고 지각할 가능성을 제한하지 않았을 뿐 아니라, 더 다양화시켰다는 것이다. 이처럼 어떤 특별한 가능성을 우선시하거나 제외하지 않음으로써 공간의 수행성은 매우 강력하게 작용한다. 공간성이란 결국 행위자와 관객의 움직임과 지각에 따라 생성된 어떤 것임에 틀림없다.

2) 두번째 방법은 특정한 가능성은 강조하고, 나머지 다른 가능성은 배제하는 것처럼 보인다. 가령 그로토프스키는 그의 연출에서 배우와 관객 사이의 거리가 특별히 가까운 상황을 형성하는 데 관심을 보였다. 그는 관객이 배우의 호흡을 느끼고 그들의 땀 냄새를 맡을 수 있게 하고자 했다. 그로토프스키는 스워바츠키Juliusz Słowacki의 「코르디안

Kordian」(1961)을 연출할 때 실내의 세 군데에 여러 층의 철제 침대를 놓았는데, 관객은 여기에 ── 65명 이하로 ── 앉아야 했다. 이 침대는 폭발적인 사건이 벌어지는 공연 무대로도 사용되었다. 행위자와 관객은 매우 감정적인 방식으로 이 공간을 사용했다. 관객은 여기서 정신병원의 환자처럼 취급되었다. 의사는 배우와 관객에게 노래를 부르도록 요청했다. 이를 거부하는 관객에게는 따라 하라고 윽박지르면서 관객의 코앞에 협박하듯 막대기를 들이댔다. 배우들은 공간 구석구석까지 움직인 반면, 관객은 침대에 묶여 있는 것이나 다름없는 상황이었다. 그들이 앉은 침대가 어디에 놓여 있는지, 위쪽인지 아래쪽인지에 따라 관객의 지각 가능성이 결정되었다. 이런 식으로 관객이 매우 특별한 경험을 할 수 있는 공간성이 만들어졌다.

그로토프스키가 스워바츠키의 재구성에 따라 연출한 칼데론 원작의 「불굴의 왕자」(1965)도 마찬가지다. 이 연극은 일종의 **해부학적 연극** theatrum anatomicum으로 만들어졌다. 30~40명의 적은 수의 관객은 무대를 중심으로 열을 지어 층층이 동그랗게 둘러섰다. 이러한 열은 관객의 머리(혹은 가슴)까지 오는 벽을 경계로 서로 분리되었다. 따라서 관객은 계속해서 움직이지 못했을 뿐 아니라 무엇보다 관음증 환자 같은 상황에 놓이게 되었다. 이 두 사례의 경우, 공간 활용이 행위자와 관객의 관계, 혹은 움직임과 지각의 관계를 위해 다음과 같은 기능을 했다. 즉 공간성이 특유의 영향력을 가질 수 있도록 수행적 공간 안에 순환하는 에너지를 일정한 방향으로 흐르도록 한 것이다.

이러한 공간 사용의 원리는 비록 그 방식이 완전히 다르다 하더라도 아이나 슐레프가 프랑크푸르트 극장에서 「어머니」를 연출했을 때와 「괴츠 폰 베를리힝겐」을 보켄하임에 있는 오래된 전차 차고에서 연출했을 때도 마찬가지였다. 여기서 슐레프는 그 차고 공간의 중앙 가로축을 따라 '집에 지하실을 만들듯이' 넓은 판자를 설치했는데, 그것은 공연 중에 여러 번 열린 뒷문으로 직접 연결되어 외부로 나갈 수 있게 했다. 배우들은 그 판자 다리 위나 밑에서 ─ 징 박힌 부츠를 신고 ─ 움직였다. 삶은 감자를 나눠줄 때는 물론 관객 사이에 있었다. 관객은 판자 다리의 양편으로 층층이 줄지어 앉았다. 높은 층에 앉은 관객은 판자 다리 밑에서 이행된 행위를 잘 볼 수 없었지만 맞은편에 앉은 관객들을 매우 잘 관찰할 수 있었다. 반대로 맨 앞이나 중간 열에서는 다리 위에서 벌어지는 행위에 시야가 가려져 반대편 관객석이 잘 보이지 않았다. 한편, 첫번째 열은 판자 다리와 너무 가까워서 관객 앞으로 쿵쾅거리며 지나가는 배우들의 땀 냄새까지 맡을 수 있었다. 관객과 행위자의 관계를 계속해서 새롭게 규정하고, 관객에게 특정한 지각의 가능성을 열어주거나 제한시킨 것은 바로 이 판자 다리 위아래에서 벌어진 움직임이었다. 이렇게 만들어진 공연의 공간성은 항상적으로 변화했다. 어느 순간에는 행위자와 관객 사이에 공동체를 형성하는 듯하다가 다음 순간 그들은 다시 서로 가로막혔다.

3) 세번째 방법은 이미 형성된 공간 혹은 이용되고 있는 공간을 그대로 사용해 공간성을 창출하는 것이다. 클라우스 미하일 그뤼버가 이러한 방식으로 자주 작업했다. 1975년 그뤼버는 「파우스트 살페트리에르 Faust Salpêtrière」(괴테 작)를 파리 샤펠 생루이의 살페트리에르 병원에서 공연했고, 1977년 「겨울여행Winterreise」을 베를린 올림픽 경기장에서, 1979년 「루디Rudi」를 폐허가 된 베를린의 에스플라나데 호텔에서, 1995년 「핼쑥한 어머니와 여린 여동생Bleiche Mutter, zarte Schwester」을 카를 아우구스트Carl August 공작과 괴테의 여름 별장이었던 오버바이마르의 벨

베데르 궁전 북쪽 언덕에 위치한 소비에트공화국의 공동묘지에서 공연했다. 그뤼버가 이렇듯 공간을 변화시켰을 뿐만 아니라, 그뤼버의 무대 디자이너(질 아이요Gilles Aillaud, 에두아르도 아로요Eduardo Arroyo, 혹은 안토니오 레칼카티Antonio Recalcati)는 공간의 수행성을 더 강화시키고, 그 공간의 의미가 변화되거나 확장되는 디테일을 첨가했다.

「루디」를 공연할 때 무대 디자이너 안토니오 레칼카티는 폭격을 맞았던 이전의 에스플라나데 그랜드호텔의 파손되지 않았거나 조금 파손된 장소——정문 앞, 야자수 정원, 아침식사용 식당, 그리고 소위 황제의 강당Kaisersaal[79]——에 설치미술을 했다. 이 공간들은 베를린 장벽이 세워지면서 티어가르텐 방향으로 열린 호텔 앞마당이 철책으로 폐쇄되기 전까지는 정기적으로 오페라, 기자회견, 영화제, 패션쇼, 미스 독일 선발대회 등으로 사용되었던 곳이다. 베를린 장벽이 생긴 이후로도 1970년대까지 기회가 있을 때마다 공연이 열렸지만, 그럼에도 이 폐허 같은 공간은 눈에 띌 정도로 황폐해져만 갔다. 그뤼버와 레칼카티는 이에 굴하지 않고 「루디」 공연으로 사람들을 초대했다. 아침식사용 식당에서는 배우 파울 부리안Paul Burian이 앉아서 베르나르트 폰 브렌타노Bernard von Brentano의 소설 『루디』(1934년 판)를 단조로운 목소리로 낭독했다. 그 배우의 낭독은 스피커를 통해서 시간 차를 두고 각기 다른 공간으로 전달되었다. 다른 공간에는 두 명의 다른 연기자가 있었다. 기다란 머리칼에 청바지, 옷깃이 매우 큰 와이셔츠, 그 위에 스웨터를 입은 소년 한 명, 그리고 흰머리에 검은색 원피스, 검은색 조끼를 입

---

79) 이 공간은 이제 복잡한 기술적 방식으로 옮겨진 포츠담 광장의 소니 센터에서 확인해볼 수 있다.

고 휠체어에 앉아 있는 뚱뚱한 노파 한 명이었다. 관객은 각각의 공간을 마음대로 돌아다니면서, 원하는 시간만큼 한 공간에 머물 수 있었다. 그리고 스피커에서 흘러나오는 목소리에 귀를 기울이거나 앉거나 제각기의 공간으로 아무 때나 돌아갔다.[80] 관객은 파울 부리안의 낭독을 들으며 그가 연기자라는 것을 확신할 수 있었지만, 소년과 늙은 노파에 대해서는 확신하지 못했다. 같은 공간에 머문 관객조차 그랬다. 이 공간 안에서 움직이는 모든 사람이 연기자로 지각될 수도 있었고, 다른 관객으로 지각될 수도 있었다. 이를 통해 특별한 관계가 형성되었다. 어떤 사람이 자신의 움직임을 주의 깊게 바라보며 공간을 돌아다닌다거나 다른 사람에게 말을 건다거나 자신의 지각, 인상, 느낌을 말하거나 혹은 단지 시간을 묻는다 하더라도 말이다. 「루디」에서는 주로 관객이 공간성을 생성했다. 즉 그들의 움직임과 지각이 공간성을 생성한 것이다. 물론 각각의 공간에 있는 오브제가 보유하거나 낭독된 텍스트들에 추가적으로 주어진 의미들도 빠뜨릴 수 없다. 바로 이런 의미들이 관객의 지각에 영향을 끼치고, 움직임이나 행위에 동인을 주고, 새롭고 다른 공간성을 생성하게 한 것이다. 지각, 연상, 기억, 상상이 서로 포개져 옛 에스플라나데 그랜드호텔의 현실적 공간이 관객에 의해 상상되거나 기억된 공간으로 바뀌었다.

로스앤젤레스 출신인 코너스톤 극단Cornerstone Theater Group은 완전히 다른 전략을 이용했다. 그들은 베케트Samuel Beckett와 피란델로Luigi Pirandello의 텍스트를 몽타주한 「발/입Foot/Mouth」(2001)을 샌타모니카

---

80) 이 공연에 대한 해박한 해설을 한 프리데만 크로이더의 책을 참고하라. Friedemannn Kreuder, *Formen des Erinnerns im Theater Klaus Michael Grübers*, Berlin 2002, 특히 pp. 43~70.

의 쇼핑몰에서 공연했다. 관객은 아래층에서 입장해 헤드폰을 끼고, 이 극단의 한 사람으로부터 높은 층에 있는 갤러리로 안내받았다. 거기서 관객은 아래층을 조망할 수 있었다. 그들은 원한다면 갤러리뿐 아니라 쇼핑몰 어디든 돌아다닐 수 있었다. 연기자들은 쇼핑몰 전체를 돌아다니며 움직였으나 주로 아래층에서 행동했다. 그리고 관객은 통행자들이 지나다니는 갤러리 맞은편에서 행동했다. 관객으로서는 누가 연기자이며 그들이 어느 방향에서 오는지 몰랐기 때문에, 모든 통행자가 연기자로 보였다. 그리고 누가 그 극단의 연기자인지 설명을 듣고 난 후에도, 어떤 의미에서 통행자들은 관객이 일일이 주목하게 되는 특별한 행위자로 느껴졌다. 몇몇 통행자들은 어슬렁거리거나 서둘러 지나갔다. 다른 이들은 쇼윈도 앞에 서 있거나 밖에 진열된 물건을 보거나 가게 안에 들어가 잠시 후 혹은 한참 있다가 나왔다. 대부분은 손에 (새로운) 쇼핑백을 들고 있었다. 멀리서 한 노부인(여배우)이 마치 밑으로 떨어질 것처럼 난간 밖으로 허리를 구부리는 것을 목격한 사람들은 놀라서 그곳에 머물렀다. 다른 통행자들은 이어폰을 귀에 꽂은 배우를 발견하고는 잠시 머물며 바라보았다.

이러한 조건 아래서는 누가 행위자이고 누가 관객인지 알 수 없었다. 이 쇼핑몰에서 어슬렁거린 사람은 행위자이거나 관객이었다. 행위자와 관객의 관계가 어떻게 형성되는지는 경우에 따라 다르다. 이는 누가 누구를 어떤 역할로 보았는가에 달려 있었다. 누구에게나 다양한 움직임과 지각의 가능성이 열려 있었다. 그들이 각각 어떻게 혹은 어디로 움직였는지, 매번 어디로 시선을 돌렸는지, 헤드폰을 꼈는지 안 꼈는지, 헤드폰을 통해 배우의 목소리가 귀를 파고들었는지, 아니면 혼잡스러운 목소리들과 쇼핑몰 가게의 소음이 뒤섞이며 그 목소리가 점점 들리지 않게 됐는지와 상관없이 극단에 속한 배우들과 통행자를 전혀 구분할 수 없게 되었으며, 쇼핑몰의 바쁜 움직임과 배우들의 행위가 계속 새로운 방식으로 축적되고 겹쳐져 매번 다른 공간성이 생성되었다.

이런 공간성 창출의 원리는 '오늘의 위생학Hygiene heute' 그룹이 고안한 크게 변형된 형태의 오디오투어에서도 응용되었다. 지금까지 그것이 전개된 곳은 기센(「키르히너 흔적 2000Verweis Kirchner 2000」), 프랑크푸르트(「키르히너 시스템 2000System Kirchner 2000」), 뮌헨(「키르히너 운하 2001Kanal Kirchner 2001」), 그라츠(「키르히너의 누이 2002Kirchners Schwester 2002」)였다. 박물관과 궁전, 그리고 다른 역사적 명소의 오디오투어처럼 이 투어에서도 모든 관객에게 약 한 시간 동안 그 도시를 안내해줄 워크맨을 나누어주었다. 모든 관객은 약 15분의 간격을 두고 혼자 혹은 몇몇이서 그 도시를 산책하고 오라고 보내졌다. 녹음테이프에서는 1998년 매우 희한한 방식으로 홀연히 사라진 장서가 키르히너가 살아 있다는 희미한 흔적이 재연되고 있었다(뮌헨에서의 녹음테이프는 산책이 끝나는 지점인 공중화장실에서 그가 발견되었다고 이야기했다). 테이프에 녹음된 목소리는 먼저 이 장서가의 실종을 이야기하고 듣는 이를 ─ 추적자이자 추적당하는 자로서 ─ 이야기 속으로 데리고 갔다. 그는 명백하게 덫에 걸리거나 '달팽이'에 붙잡힐 위험에 처해 있었다. 그는 역사의 주인공이 되었고, 공연의 가장 중요한 행위자가 되었다. 대형 지하주차장에서 관객은 숨을 헐떡이며 다급하게 경고하는 목소리를 들었다. "달려! 문 열어, 달팽이가 근처에 있어. 냄새가 나지 않아? 더 빨리 뛰어, 복도 끝 문을 열어!" 그리고는 전차 정거장에서 목소리가 지시했다. "정거장에 서 있는 사람들을 관찰해봐. 저기 가방 든 남자 보이나?" 도심의 거의 대부분의 전차 정거장에는 가방을 든 사람이 있기 마련이고, 도시 곳

곳에 파란 와이셔츠를 입은 사람이 있으며(이에 대해서는 프랑크푸르트에서 경고했다), 모든 공공건물에는 감시카메라 — 목소리는 계속해서 이것을 추적이 이루어지는 증거로 제시했다 — 가 있기 마련이다. 따라서 관객/행위자로서는 지금 여기 실제로 추적자 역할을 하는 배우가 있는지 여부를 판단하기가 어려웠거나 불가능했다. 또한 이러한 지시를 따르고 있는 관객/행위자는 통행자들이 멈추어 서서 그들을 쳐다볼 정도로 매우 이상하게 행동했기 때문에, 판단과 결정을 하기가 더 어려웠다. 이를 통해서 우리는 질문을 제기할 수 있다. 지금 추적자 역할을 한 사람이 관객이었는가, 아니면 배우였는가? 관객은 행위자가 되었고, 이제 관객과 행위자, 그리고 지나가는 통행자를 구분할 수 없게 되었다.

시간이 조금 지나면서 관객은 이미 잘 안다고 생각했던 도시를 다른 눈으로 지각하기 시작했다. 그들은 익숙한 거리, 광장, 공원, 빌딩을 녹음테이프의 목소리가 행동을 지시하고 경고하고 설명하는 대로 신비하고 허구적인 이야기의 무대로 바라보기 시작했다. 목소리의 지시에 따라 움직이면서 영향을 미치거나 최소한 이를 지각하며 현실 세계와 허구적인 공간, 인물, 행위가 희한하게 섞이는 도시의 공간성을 창출한 것은 바로 제각기의 관객이었다.

지금까지 설명한 세 가지 방법은 저마다 행위자와 관객의 움직임과 지각을 통해 공간성을 생성하며, 이는 끊임없이 변화하는 공간으로서의 수행적 공간을 명확하게 나타낸다. 첫번째 방법은 공간성이 자동 형성적 피드백 고리로 생성되는 과정에 집중한 반면, 두번째 방법은 수행적 공간에 특정한 잠재적 영향력을 펼칠 수 있는 에너지를 순환시키는 데 주목했다. 세번째 방법은 현실 공간과 상상된 공간을 겹침으로써 공간성을 생성하고, 수행적 공간을 '사이-공간Zwischen-Raum'으로 드러낸다.

이 세 가지 경우를 통해서 명확해지는 것은 공간성이란──주어진 것이 아니라──언제나 새롭게 생성된다는 것이다. 수행적 공간이란──마치 기하학적 공간처럼──한 사람 혹은 여러 사람에게 저작권이 있는 인공물로 주어진 것이 아니다. 따라서 수행적 공간은 작품의 성격이 아니라 사건의 성격을 띤다.

분위기

수행적 공간은 항상 특정한 분위기Atmosphären를 띤다. 벙커, 기차 정거장, 옛 호텔 건물과 같은 공간은 매우 특이한 분위기를 지닌다. 공간성이란 행위자와 관객 사이에 존재하는 공간의 이용뿐 아니라, 그 공간이 뿜어내는 특수한 분위기를 통해서도 생성된다. 코너스톤 극단의 경우 이 두 요소가 매우 까다롭게 연관되어 있다. 여기에서 관객은 마치 거리의 배회자처럼 쇼핑몰 속을 움직이며, 그 속에서 일어나는 일들──금요일 오후의 매우 붐비는 쇼핑몰에서 일어나는 일들, 금요일 오후의 매우 붐비는 쇼핑몰에서 일어나는 일들, 베케트나 피란델로의 텍스트를 이용해 배우들이 만들어내는 현실과 허구 사이를 오가는 상황, 혹은 지나가는 행인들의 다양한 반응들──을 관찰하기 위하여 갤러리에 멈춰 선다. 여기서는 쇼핑몰 특유의 분위기가 매우 특이한 방식으로 드러나면서 관객을 정서적으로 사로잡았다.

무대와 객석이 분리되고, 무대가 배우를 위해 분할되는 관습적인 경우에도 분위기는 매우 특이한 공간성을 형성할 수 있다. 마르탈러 Christoph Marthaler의「유럽을 끝장내라, 끝장내! 끝장내! 끝장내! 끝장내버려라! Murx den Europäer! Murx ihn! Murx ihn! Murx ihn! Murx ihn ab!」(베를린 로자룩셈부르크 극장, 1993, 무대 디자인: 안나 비어브로크Anna Viebrock)의 저녁 공연을 보러 어느 여자 관객이 객석에 들어선 순간, 매우 특이하고 색다른 분위기를 감지했다. 마치 대합실 분위기 같았다. 뭔지 모르게 불쾌하고, 그러나 또 뭔지 모르게 신비하며 귀신이 나올 것 같은 비현실적인 분위기였다. 이 여자 관객이 본 무대 공간에는 널빤지 같은 목재가 벽지처럼 천장까지 덮인 채 관객석까지 이어지며 따뜻한 느낌을 주었다. 중앙에는 복도로 이어지는 미닫이문이 있고, 오른쪽과 왼쪽으로 화장실 문이 나 있었으며, 미닫이문 위로는 기차역에서나 볼 법한 시계가 바늘이 멈춘 채로 걸려 있었다. 그 시계 옆에는 "시간은 멈추지 않는다"라는 문구가 적혀 있었다. 오른쪽 벽에는 녹슨 보일러통과 두 개의 거대한 석탄 난로가 있었고 왼쪽 앞에는 피아노 한 대가, 그리고 중앙 공간에는 일직선으로 놓인 두 개의 사각형 플라스틱 탁자와 의자들이 있었으며, 그 위에는 움직이지 않는 11개의 다양한 형상물이 앉아 있었다. 설사 석탄 난로나 시계 같은 각각의 오브제가 특수한 방식으로 사람들의 이목을 끌었을지라도 이런 특별한 분위기는 각각의 요소에서 나오는 것이 아니었다. 그것은 오히려 총체적 인상이었다. 이러한 분위기는 이 여자 관객에게 가장 먼저 와닿았고, 연이은 지각 현상에 영향을 끼쳤다.

분위기란 게르노트 뵈메가 진술하듯 공간적 장소로 정해지는 것이 아니다. 그럼에도 분위기는 공간 속에 부여되어 있다. 분위기는 그것을 뿜어내는 것처럼 보이는 사물이나 사람에게 속하지 않고, 또 이 공간에 들어서고 이것을 몸으로 느끼는 사람에게도 속하지 않는다. 분위기는 극장 공간에서 관객이 사로잡히고 또 "젖어들며," 관객에게 매우 특수한 공간성을 경험하게 하는 최초의 어떤 것이다. 이것은 공간에 속한 각각의 요소에서 생성되는 것이 아니다. 분위기를 형성하는 것은 각각의 요소가 아니라 ——일반적으로 연출에서 매우 정교하게 계산된—— 이 모든 요소들의 총체적 놀이다. 뵈메는 벤야민의 아우라Aura 개념에 근거해서, 그러나 이 개념을 결정적으로 변화시키면서 분위기 개념을 미학으로 이끄는 데 결정적인 역할을 했다. 그는 분위기에 대해 다음과 같이 규정한다. "[……] 사물이나 인간의 존재 혹은 둘러싸인 환경에, 다시 말해 그것들의 엑스터시에 '물든' 공간이다. 분위기는 어떤 것이 존재하는 장이며, 그것이 공간 속에서 펼쳐 보이는 현실이다."[81] 따라서 분위기란 수행적 공간이지, 지형적 공간이 아니다. 분위기란 다음과 같은 것이다.

[……] 자유롭게 떠다니는 것이 아니라 거꾸로 어떤 사물이나 인간, 그들의 관계에 근거하여 형성된다. 분위기는 어떤 오브제나 어떤 사물이 지니는 고유한 특성이 아니다. 그럼에도 이것은 어떤 사물과 비슷한 것이며 사물에 속한 것이다. 물론 이 사물의 고유한 성격을 통해서 그 존재의 장을 드러내는 한 말이다. 나는 이것을 엑스터시로 간주한다. 분위기는 영혼의 상태를 규정하는 어떤 주체적인 것도 아니다. 그럼에도 분위기는 주체적인 것이며, 주체에 속한다. 분위기는 신체적 현존을 통해 인간에게 느껴지고, 동시에 이러한 느낌은 주체가 신체적으로 그 공간 속에 존

---

81) Gernot Böhme, *Atmosphäre. Essays zur neuen Ästhetik*, p. 33.

재한다는 것을 의미한다.[82]

이러한 분위기에 대한 진술과 규정은 두 가지 관점에서 흥미롭다. 첫째, 게르노트 뵈메는 분위기를 '현존의 장'으로 규정한다. 둘째, 뵈메에 따르면 분위기는 그것을 드러내는 사물에 속한 것도, 그것을 느끼는 주체에 속한 것도 아니다. 뵈메는 분위기란 그들 사이에, 혹은 양쪽 모두에 속한 것으로 생각한다. '현존의 장'이라는 개념은 사물의 현재성이 드러나는 특수한 방식을 의미한다. 뵈메는 이 개념을 '사물의 엑스터시'와 비슷하게 설명한다. 사물의 엑스터시는 사물이 그것을 지각하는 사람에게 특수한 방식으로 현재로 드러나는 것을 말한다. 여기서 색깔, 냄새, 소리 같은 사물의 이차적 성질뿐 아니라, 형식과 같은 일차적 성질도 엑스터시로 간주된다. "한 사물의 형식은 [……] 밖으로 **그 힘을 미친다.** 이것은 어느 정도 그 주변 환경으로 흘러들어 가고, 그 사물 주위 공간을 차지하며 동질성을 가진다. 그리고 긴장과 움직임에 대한 암시로 공간을 채운다."[83] 그리고 공간을 변화시킨다. 이것은 사물의 면적과 부피의 관점에서도 마찬가지다. 면적과 부피는 사물의 성격으로 여겨지며, 특정한 공간을 점유한다. "한 사물의 면적과 부피는 [……] 밖으로 드러나 느낄 수 있고, 공간에 그 무게와 방향을 부여한다."[84]

사물의 엑스터시는 바깥에 영향을 미치는 사물이 그것을 지각하는 자에게 특별한 방식으로 현재성으로 나타나거나 그들의 주목을 끈다. 엑스터시 개념은 현존 개념과 완전히 동일하지 않다. 엑스터시 개념은

---

82) 같은 책, pp. 33 이하.
83) 같은 책, p. 33.
84) 같은 곳.

현재성을 약한 현존 콘셉트의 의미에서뿐 아니라 강한 현존 콘셉트의 의미에서도 드러내는 것을 목표로 한다. 현존이 인간 사이의 에너지적 과정에 대한 것인 반면, 사물의 엑스터시는 그 속에서 혹은 그에 의해 생성된 에너지로 제한된다. 지각하는 자가 보고 듣는 어떤 것은 사물에서 출발하지만, 사물을 보고 듣는다는 것과 몸으로 느낀다는 것을 동일시할 수는 없다. 이것은 사물과 지각하는 주체 **사이의** 수행적 공간에 흘러들어 가는 특별한 분위기 때문이다.

공간도 이와 유사하다. 만약 지형학적 공간이 수행적 공간이 되면, 그것의 일차적 성질 ─그러니까 면적과 부피─ 이 지각하는 사람에게 영향을 끼칠 정도로 외면적으로 느껴진다.

육체성의 생성을 위해 현존이 중요한 만큼 공간성의 창출을 위해서는 분위기가 중요하다. 공간과 사물이 발산하는 분위기는 빛이 흐르는 것처럼 주체에게 흘러든다. 이때 주체는 특별한 의미에서 현재에 존재한다. 분위기는 일차적 성질과 이차적 성질을 통해 드러나며, 자신이 존재하는 그대로의 상태에서 드러날 뿐 아니라 지각 주체의 신체 속에 특정한 방식으로 밀려들어 간다. 그렇다. 밀도 있게 그 속으로 들어가는 것이다. 주체는 분위기의 반대편에 존재하거나 분위기와 근접해 있으며, 분위기에 휩싸이고 둘러싸이며, 그 속에 빠져든다.

공통의 분위기를 만들어내는 냄새가 특히 그러하다. 극장 공간은 항상 냄새에 둘러싸여 있다. 이 냄새가 의도한 것인지 아닌지는 상관없다. 그러나 이러한 냄새는 지우거나 제거할 수 없이 수반되는 현상이거나 연출 과정의 결과이기도 하다. 놀라운 사실은 지금까지 극장 냄새에 매우 무관심했다는 것이다. 야외 극장에서는 주위의 자연이 뿜어내는 냄새 혹은 도시의 냄새가 나는 반면, 연극이 내부 공간으로 들어간 이후

1820년대에 가스불을 발명하기 전까지는 촛불 연기 냄새, 기름 램프에서 나는 그을음 냄새가 있었고, 마찬가지로 연기자나 관객에게서 나는 파우더, 향수, 땀 냄새가 있었다.

사실주의 시대부터 냄새는 특정한 분위기를 만들기 위해 투입되었다. 냄새가 코를 찌르는 인분이나 석탄을 무대 위에 올린 것은 관객을 농부 혹은 가난한 계층의 분위기로 유도하고 그것을 신체적으로 직접 느끼게 하는 데 일조했다. 막스 라인하르트는 다양한 분위기를 창출하기 위해 냄새를 동원했다. 「한여름 밤의 꿈」(베를린 현대극장, 1904)에서의 숲은 센세이션을 일으켰는데, 그 이유는 가부키 연극 모델에 따라 만든 회전무대를 1898년 처음 사용했다는 사실 이외에도, 무대 바닥에 이끼를 깔았다는 점 때문이었다. 이끼에서 나는 매우 매혹적인 향은 관객이 숲을 매우 현실적이고 현재적으로 느끼게 했다. 상징주의자도 특정한 공감각적 체험을 관객에게 촉발시키기 위해 다시 극장에 후각을 동원했다.

의식적이고 의도적인 후각의 사용은, 공간 전체에 냄새가 퍼지면 관객에게 강한 신체적 영향력을 행사한다는 전제에서 출발한다. 무엇보다 공간, 사물 혹은 인간으로부터 나오는 냄새가 바로 그 냄새를 맡는 주체의 육체로 흡입된다는 것이다. 다음 인용문을 보면 이러한 냄새의 특성에 대해 게오르크 짐멜이 강조하고 있음을 알 수 있다.

어떤 냄새를 맡으면, 우리는 그 인상이나 냄새를 발산한 물상을 우리의 중심으로 매우 깊게 끌어당긴다. 이것은 호흡이라는 생동 과정을 통해 우리 자신과 매우 가까이 동화되는데, 이런 일은 다른 감각을 통해서는 가능하지 않다. 먹는 것을 제외하고는 말이다. 우리가 다른 사람의 분위기를 냄새로 맡는 것은 가장 친밀한 지각이다. 이것은 공기 같은 형상으로 우리들 감각의 가장 내부까지 파고든다.[85]

1960년대 이후 연극과 퍼포먼스아트에서는 항상 후각이 동원되었다. 니치의 「난장-신비-연극」에서 관객을 특수한 분위기에 빠지게 하거나 구토와 역겨움을 일으키거나 이에 대한 욕구를 유발하는 것은 바로 냄새, 즉 양의 시체, 피, 창자에서 풍기는 냄새였다. 그로토프스키는 관객이 배우의 땀 냄새를 맡을 수 있는 매우 좁은 공간 속에 연기자와 관객을 함께 밀어 넣었다. 그들의 신체성은 매우 특별한 방식으로 현재적이었고, 동시에 그들로부터 흘러나오는 분위기가 공간을 지배하는 것을 감지할 수 있었다.

잘 알려진 안개펌프 기계의 냄새 외에도 무엇보다 빈번히 공간에 확산되는 것은 음식 냄새다. 요한 크레스닉Johann Kresnik이 앙토냉 아르토의 작품을 공연한 「앙토냉 날파스Antonin Nalpas」(프라터, 1997년 5월 16일 초연)에서는 커다란 생선 토막을 구웠다. 그 냄새에 배고픈 관객은 식욕을 느꼈겠지만, 이 과정이 진행될수록 생선이 숯검정이 되어가며 강한 냄새를 풍겼고, 관객에게 구역질과 구토를 일으켰다. 카스토르프가 연출한 「아메리카의 종착역Endstation Amerika」(로자룩셈부르크 극장, 2000)에서도 마찬가지 현상이 일어났다. 여기서 카트린 앙게러Kathrin Angerer는 무대 위에서 달걀 프라이를 타도록 지져댔는데, 결국 무대는 특유의 단백질 타는 냄새로 가득 찼다. 홀란디아Hollandia 그룹의 「오리

85) Georg Simmel, *Soziologie. Untersuchungen über die Form der Vergesellschaftung*, 제2판, München/Leipzig 1922, p. 490.

사냥De Metsiers」(베를린 샤우뷔네 초청 공연, 2003)에서는 여배우 한 명이 커다란 맥주병을 거머쥐고는 뚜껑을 땄다. 그러고는 동료 한 사람에게 다가가 머리부터 발끝까지 맥주를 붓기 시작했다. 무대 바닥으로 맥주가 흘러내렸다. 무대 바닥뿐 아니라 배우에게서도 코를 찌르는 역겨운 냄새가 풍겼다. 그리고 이것은 모든 공간에 퍼졌다. 휴식 시간에 바닥을 훔쳐냈지만, 그 냄새는 공연이 끝날 때까지 공간에 남아 지속적으로 분위기를 형성했다.

짐멜이 주장했듯 어떤 대상을 강하게 흡입하는 것은 냄새를 맡을 때보다 음식을 먹을 때다. 음식이나 음료수에서 나는 냄새는 사람들이 숨을 들이쉴 때 입안에 침이 고이게 하고 내장에도 영향을 주어 강한 식욕이나 역겨움을 낳는다. 이처럼 냄새를 맡은 관객은 자신의 내적 과정을 의식하고, 자신이 살아 있는 유기체임을 깨닫게 된다.

의심할 여지 없이 냄새는 분위기를 만드는 가장 강력한 요소다. 이것은 또 일단 냄새가 퍼졌다 하면 결코 '다시 거두어들일 수 없다'는 사실과 연관된다. 저항력도 매우 강하다. 연기는 완전히 사라지더라도 냄새는 남아 관객을 괴롭힌다. 숯검정이 된 달걀이 무대 위에서 완전히 사라져도 그 냄새는 아직 그 공간에 남아 있다. 무대에 쏟은 맥주는 아무리 깨끗이 닦아내도 그 냄새만은 관객에게, 최소한 객석 맨 앞에 앉은 관객에게는 공연이 끝날 때까지 코에 와닿았다. 냄새란 동화 속의 병에서 나온 유명한 요정처럼, 일단 밖으로 나와 자리를 잡으면 다시 넣기 어렵고 통제하기도 힘들다. 냄새는 행위자와 관객의 통제를 벗어나서, 분위기의 근본적인 변화를 끈질기게 시도한다.

그러나 단지 이러한 이유 때문에 1960년대 이후의 연극과 퍼포먼스 아트가 '냄새'를 중심으로 그렇게 빈번히 작업한 것은 아니다. 이 시기에는 분위기 창출에 기여하는 다른 요소들의 강화가 눈에 띄게 두드러진다. 이것은 특히 사물의 엑스터시를 강화하는데, 이것은 '일차적' 성질이나 '이차적' 성질의 관점에서도 그러하다. 공간은 그 공간의 넓이, 부피, 그리고 질감 같은 특성이 절대적으로 드러날 수 있도록 사용되었다. 아이나 슐레프가 연출한 「켈트족+~~~」에 나타나는 보켄하임 전차 차고, 혹은 그뤼버가 「햄릿」(1981)을 공연할 때 베를린 샤우뷔네에서 선보인 멘델스존의 콘크리트 건물, 사샤 발츠Sasha Waltz의 「몸Körper」(2000)이 그 경우다. 그 외에도 면적, 부피, 질감으로 공간과 분위기를 지배하는 대상이 투입된 경우는 다음과 같다. 하이너 괴벨스Heiner Goebbels가 연출한 「불행한 착륙Die glücklose Landung」(프랑크푸르트 TAT 극장, 1993; 베를린 헤벨 극장, 1994)에 나온 모래가 흘러나오는 거대한 깔때기, 혹은 차덱Peter Zadeck이 최근에 선보인 「햄릿」(빈 민중극장 초연, 1999년 5월; 이후 베를린 레너너 플라츠 샤우뷔네, 1999년 9월부터)에서 무대 중앙을 점유했던 금속 컨테이너다.

분위기 창출에 기여하고 또 그것을 몇 초 만에 변화시킬 수 있는 것은 무엇보다 빛과 소리였다. 로버트 윌슨은 120분 안에 300번 이상 다양한 빛을 연출해낼 수 있고 빛과 색을 지속적으로 변화시킬 수 있는 컴퓨터 조명을 사용했다. 분위기는 이를 통해 변화되었다. 이러한 조명은 빛의 변화 속도라는 측면에서 보면, 의식적으로 지각할 수 있는 범위를 넘어섰다. 결국 인간은 눈으로 빛을 받아들이는 것이 아니라 피부로 받아들이는 것이다. 인간의 신체기관은 매우 특별하게 빛에 반응한다. 끊임없이 변화하는 다양한 빛에 노출된 관객의 존재 상태는 자주 혹은 갑자기 변화될 수 있다. 스스로 통제하지 않는 한 무의식중에 말이다. 분위기에 빨려 들어가는 관객의 성향은, 집중적이며 의식적으로 지각되는 슬로모션을 통해 큰 암시적 힘을 드러내는 윌슨의 공연에서 더 강화되었다. 여기서 수행적 공간은 무엇보다 분위기의 공간으로 간주된다.

강한 분위기의 영향력은 소리, 잡음, 울림, 음악을 드러나게 한다. 윌슨은 그의 이미지성 때문에 비평가들에게 호평을 받는데, 그는 필립 글래스Philip Glass, 데이비드 번David Byrne, 톰 웨이츠Tom Waits, 무엇보다 한스 페터 쿤Hans Peter Kuhn 등의 음악가나 작곡가와 함께 작업을 한다. 이 음악가들은 잡음, 소리, 울림, 그리고 음악 — 물방울 떨어지는 소리부터 즉흥적으로 부르는 노래까지 — 의 분위기와 그 영향에 대해 조명과 마찬가지로 세밀하게 작업했다.

소리는 냄새와 비교할 만한데, 소리는 지각 주체를 사로잡거나 둘러싸고, 그 신체 안으로 잠입한다. 육체는 들리는 소리에 공명한다. 특정한 잡음은 몸에 국부적 통증을 줄 수도 있다. 관객/청자는 귀를 막아야만 소리로부터 자신을 보호할 수 있다. 일반적으로 관객은 — 냄새와 마찬가지로 — 소리에 거의 무방비 상태로 노출된다. 이와 동시에 몸의 경계선이 사라진다. 소리, 잡음, 음악이 관객/청자의 몸을 공명하는 공간으로 만들 때, 소리는 흉곽에서 공명한다. 만약 소리가 몸을 아프게 하거나 소름을 돋게 하거나 속을 매슥거리게 한다면, 관객/청자는 그 소리를 더 이상 밖에서 안으로, 그러니까 귀로 들어오는 것이 아니라 일종의 내적이고도 신체적인 과정으로 감지하게 되며, 이것은 '대양'과 같은 감정을 촉발시킨다. 소리와 함께 분위기가 관객의 몸으로 들어오고 관객은 그것을 받아들인다.

윌슨 외에도 유명한 사례는 하이너 괴벨스와 크리스토프 마르탈러다. 가령 「유럽을 끝장내라!」의 경우 앞서 묘사한 분위기, 궁색하고 남루하며 그로테스크하면서도 유머러스한, 그러나 삭막한 분위기는, 행위자가 합창단과 함께 나타나 노랫가락을 맞출 때마다 갑작스럽게 바뀐다. 배우들의 노래는 대합실과 유사하게 보이는 그 공간의 우울함과 끔찍함을 잊게 한다. 등장인물들이 소심하게 혹은 악의를 가지고 서로 골탕을 먹이는 순간에도 이 공간의 분위기가 잊힌다. 노래는 그들과 관객에게 어두침침한 일상 세계를 물리치게 하는 듯하다. 충만함과 울림, 조화로 가득 찬 분위기를 생성하고, 사람을 내리누르는 듯한 미미하고 불쌍한 일상의 참을 수 없는 경박함으로부터 해방되는 유토피아가 출현한다. 그러다 노래가 끝나고 그 노래의 울림이 더 이상 공간에 남아 있지 않게 되면, 다시 먹구름이 낀 듯한 분위기가 새롭게 극장 공간에 퍼지고, 다시 관객을 전염시킨다.

1960년대 이후의 연극과 퍼포먼스 예술가는 매우 강력하게 수행적 공간이 분위기의 공간으로 드러나게 했다. 이것은 수행성의 미학의 관점에서 세 가지로 요약된다. 첫째, 공연에서 작품이 아니라 공간성이 일종의 사건의 성격, 즉 찰나적이며 일시적인 성격을 드러낸다는 점을 부정할 수 없다. 둘째, 관객은 특정한 분위기의 공간에서 매우 특별한 방식으로 자신의 신체성을 느낀다. 관객은 자신을 세상과 서로 교류하는 살아 있는 유기체로 체험한다. 분위기가 그 신체로 젖어들면, 그 육체의 경계선이 사라진다. 그럼으로써 셋째로, 수행적 공간은 일종의 경계적 공간으로 드러난다. 여기서는 변신이 일어나고 변환이 시작된다.

뵈메는 기호학적 미학에 대한 반대 명제로 분위기의 미학을 발전시켰다. 기호학적 미학이 예술을 언어로 이해함으로써 의미 생성 과정에 중점을 두는 것을 전제한다면, 분위기의 미학은 육체적 경험에 주목한다. 의미로부터 육체적 경험으로의 중심 이동에 대해 필자는 뵈메와 의견을 같이한다. 그러나 필자는 육체적 경험으로부터, 그것도 특별히 분위기의 경험으로부터 의미의 차원을 완전히 밀어낼 수 있는가에 대해서는 의문을 제기한다. 왜냐하면 마치 낯선 사람이 내 눈을 만지려 하면 자동적으로 눈을 감게 되는 것처럼, 분위기를 지각하거나 몸으로 느끼는 모든 주체에게 물리적 반사가 자동적으로 촉발되기라도 하다는 듯이, 분위기의 영향을 자극과 반응의 프레임을 통한 물리적 반사로 설명할 수는 없기 때문이다. 등장하는 사물 —「햄릿」에 사용된 컨테이너, 「유럽을 끝장내라!」에 사용된 석탄 난로— 이나 그로부터 나온 소리나 냄새 —「앙토냉 날파스」의 생선 타는 냄새, 혹은 윌슨의 「리어 왕」에서 물방울 떨어지는 소리(프랑크푸르트 극장, 보켄하임 전차 차고, 1990) — 그리고 특수한 조명 장치 —윌슨의 「리어 왕」에서 글로스터에 떨어지는 눈부신 빛— 같은 것은 관객에게 의미화될 수 있다. 그렇다. 분위기는 맥락이나 상황을 환기시킬 수 있고 그것을 지각하는 주체에게 강한 정서적 기억을 불러일으킬 수 있다. 사물이 지닌 의미의 차원이 분위기에 아무런 영향력도 미치지 못한다는 것은 상상할 수 없다. 필자는 이러한 종류의 의미는 분위기에 강한 영향력을 미칠 여지가 있다고 생각한다. 엑스터시 속에서 드러나는 사물의 물질성이 그 지각 주체가 가지는 의미와 함께 어떻게 영향을 끼치고 기능하는가는 앞으로 더 자세하게 논의할 것이다.[86]

---

86) 이에 관해서는 제5장 「의미의 창발」을 참고하라.

3. 소리성

공연의 찰나성을 보여주는 전형적 사례는 바로 소리성Lautlichkeit이다. 울리는 소리만큼 찰나적인 것이 있는가? 소리는 정적인 공간에서 출현해 퍼져나가며 공간을 채운다. 다음 순간 계속 퍼져나가던 소리는 파장을 일으키며 사라진다. 소리는 이렇게 매우 찰나적임에도 곧바로 혹은 잠시 뒤에 그 소리를 듣는 사람에게 영향을 미친다. 소리는 사람에게 공간 감각만 전달하지 않는다(우리의 평형감각기관이 귀에 있음을 기억하라). 소리는 사람의 신체 속으로 스며들고, 종종 심리적이고 정서적인 반응을 촉발하기도 한다. 경악하는 소리는 듣는 사람을 놀라게 하고 소름을 끼치게 하며 맥박을 요동치게 한다. 호흡이 짧고 거세지는 것을 듣는 사람은 우울한 감정에 빠지거나 반대로 유쾌한 감정을 느낀다. **말로 표현할 수 없는 어떤 것**에 대한 그리움에 사로잡히거나 마음속에 새겨진 기억을 떠올린다. 앞에서 언급했듯이 소리성에는 강한 영향력이 내재한다.

연극이란 결코 보기만 하는 시각적 공간theatron이 아니다. 연극은 동시에 청각적 공간auditorium이다.[87] 그 속에는 말하거나 노래하는 목소리, 음악, 그리고 잡음이 있다. 이미 그리스 연극에서도 특수한 소리 효과가 만들어졌다. 광석통에 납덩이를 쏟아붓거나 양철통에 자갈을 넣고 흔들어서 벼락 소리를 즉석에서 만든 것이다.

오늘날까지 연극 평론과 문예학에서는 다음과 같은 의견이 팽배하다. 즉 유럽의 연극이 다른 문화권의 연극과 구별되는 점은 그것의 소리성이 주로 발화되는 말과 동일시된다는 사실이다. 이를 통해서 소리성이 그 자체로는 공연에서 중요하지 않고, 단지 언어의 매개이자 매체로서, 언어 안에서 언어를 통해 드러난다고 간주했다. 그러나 우리는 이미 그리스 연극이 단순히 낭송Rezitation만으로 이루어지지 않았음을 알고 있다. 비극에서 낭송은 장단격의 4음보 각운으로, 희극에서는 단장격, 합창은 약약강격의 운율로 피리 소리에 맞추어 이루어졌다. 서정적으로 만들어진 모든 텍스트들은 노래되었다. 애탄가는 (비극에서 이루어지는 망자 애도의 제의처럼) 합창단과 번갈아 부르거나 일부는 영감에 찬 독창 아리아로 불렸다. 그러므로 여기서 언어 발화가 지배적이었다고 말할 수는 없다.

이는 특히 오페라의 발명 이후 확실히 입증된다. 16세기 말 피렌체 카메라타는 그리스 비극을 부활시키려는 노력의 일환이었다. 이때부터 음악극 장르는 언어 전달을 넘어서는 소리성의 특별한 매력 덕분에 폭넓은 관객에게 인기를 끌었다. 거기에는 오페라 이외에도 음악극, 발레,

---

87) Erika Fischer-Lichte, "Berliner Antikenprojekte," Erika Fischer-Lichte, Doris Kolesch & Christel Weiler(eds.), *Berliner Theater im 20. Jahrhundert*, Berlin 1998, pp. 77~100, 특히 pp. 93~96 참조.

오페레타, 뮤지컬까지 포함된다. 그리고 소위 언어 중심의 연극에서도 발화자의 목소리가 갖는 지배력에 대해 어느 누구도 반론을 펴지 않았다. 그 밖에도 18세기 말까지 공연은 주로 악곡이 삽입된 프로그램으로 구성되었고——이는 종종 마지막 발레를 위해 연주되었다——좁은 의미에서 공연은 삽입 음악에 의해 중단되었다. 막 사이의 휴식 시간에 램프 청소하는 사람이 촛불 심지를 정리하는 동안, 그러니까 심지가 타서 연기가 나도 공연이 가능할 만큼 촛불 심지를 자르는 동안 흔히 말하는 막간 음악이 흘렀다. 거의 18세기 중반까지 막간 음악은 일반적으로 작품과 아무런 공통점이 없었다. 1730년대 말에 와서야 극단의 대표인 프리데리케 카롤리네 노이버Friederike Caroline Neuber와 새로운 형식으로 막간극 예술을 이행한 작곡가 요한 아돌프 샤이베Johann Adolph Scheibe 의 공동 작업이 시작되었다. 샤이베는 음악과 연기 행위, 등장인물과 감정 사이에 어떤 연관관계가 있어야 한다고 주장했다.[88] 음악은 "관객이

---

88) 『음악 비평Der Critische Musicus』 67호에서 샤이베는 새로운 원리들에 관해 다음과 같이 말했다. "극의 시작을 알리는 교향악은 전체 작품과 연관성이 있어야 하며 동시에 그 작품의 시작을 준비해야 한다. 결론적으로 첫 등장과 일치해야 한다. 〔……〕 막 사이의 간주곡은 앞의 막이 끝난 이후부터 다음 막이 시작할 때까지 나와야 한다. 막간 간주곡은 두 막을 서로 연결해야 한다. 동시에 관객을 어떤 특정한 정서에서 다른 정서로 눈치채지 못하도록 안내해야 한다. 따라서 대부분 2악장이면 충분하다. 1악장은 앞에 지나간 것, 2악장은 다음에 올 것에 대한 것이어야 한다. 그러나 이것은 그 정서들이 서로 매우 대립되어 있을 때만 필요하다. 그렇지 않으면 1악장만 만들면 된다. 길이가 적당해서 연주되는 동안 촛불 청소를 할 수 있으면 된다. 혹은 그사이에 등장인물이 의상을 갈아입어야 할 경우, 이에 필요한 시간이면 된다.

극이 끝나고 난 뒤 나오는 교향악은 앞 장면과 가장 정밀하게 일치하고 상통해야 한다. 관객에게 앞서 일어난 사건에 대해 더욱 강한 인상을 주어야 하기 때문이다. 만약 주인공이 매우 불행하게도 목숨을 잃었는데, 그다음에 매우 신나고 생기 있는 교향악이 나온다면 얼마나 우습겠는가? 그리고 매우 즐거운 희극이 끝난 다음, 슬프거나 눈물이 날 것 같은 교향악이 울린다면 이 또한 얼마나 우스꽝스러울 것인가?" Johann Adolph Scheibe, *Der Critische Musicus*, Leipzig 1745, pp. 616 이하.

의식하지 못하게 특정한 정서에서 다른 정서로 이끄는"[89] 것을 목표로
하는 드라마투르기적 기능을 가진다는 것이다. 이러한 기준에 따라 샤
이베는 노이버를 위해 1738년 4월 30일과 6월 2일에 함부르크에서 공
연된 「폴리오이크테스Polyeuctes」와 「미트리다테스Mithridates」의 음악을
작곡한다. 18세기 말과 19세기 들어 극음악은 더 이상 막간 음악에 머
물지 않고 한 걸음 더 나아가 작품 속 특정 부분이나 시퀀스를 위해서
작곡되었다.[90]

한스부르스트Hanswurst나 하를레킨Harlekin, 그 뒤에는 베르나돈
Bernadon(펠릭스 폰 쿠르츠Felix von Kurz, 1717~ 1784)과 같은 희극적인 인
물이 등장한 공연 혹은 빈 민중극장의 라이문트Ferdinand Raimund나 네
스트로이Johann Nestroy의 작품에서는 음악 반주와 함께 노래를 불렀다.
처음에는 '아리아'였고 그 뒤에는 '쿠플레Couplet'였다. 오페레타라는 새
로운 연극 장르를 빈에 도입해 민중연극을 대체하게 만든 사람은 네스
트로이였다. 1858년 10월 16일 자크 오펜바흐Jacques Offenbach의 「가로
등 빛 아래 결혼식Hochzeit bei Laternenschein」은 네스트로이가 이끈 카
를 극장에서 초연되었다. 이를 계기로 빈에서 오페레타는 승승장구하

---

89) 같은 곳.
90) 무대음악은 일종의 '실용음악'으로 생각됐기 때문에, 음악학에서 오랫동안 무시되었다. 이
    에 대한 연구는 사실 몇 년 전에야 비로소 시작되었다. Detlef Altenburg, "Das Phantom
    des Theaters. Zur Schauspielmusik im späten 18. und frühen 19. Jahrhundert," Hans-
    Peter Bayerdörfer(ed.), *Stimmen—Klänge—Töne. Synergien im szenischen Spiel (=
    Forum Modernes Theater 30)*, Tübingen 2002, pp. 183~208; Detlef Altenburg, "Von
    den Schubladen der Wissenschaft. Zur Schauspielmusik im klassisch-romantischen
    Zeitalter," Helen Geyer, Michael Berg & Matthias Tischer(eds.), *Denn in jenen
    Tränen lebt es. Festschrift Wolfgang Marggraf*, Weimar 1999, pp. 425~49; Detlef
    Altenburg, "Schauspielmusik," Ludwig Finscher(ed.), *Die Musik in Geschichte und
    Gegenwart*, 제2판, Sachteil, Bd. 8, Kassel u.a. 1998, pp. 1046~49 참조.

기 시작했다. 오페레타 「지하세계의 오르페우스Orpheus in der Unterwelt」
에서 네스트로이는 직접 판Pan 역할을 맡았다. 이 작품은 루트비히 칼
리슈Ludwig Kalisch가 1859년 브레슬라우 공연을 위해 번역한 텍스트를
네스트로이가 각색해 1860년 카를 극장에서 선보인 것이었다. "판 역을
맡은 네스트로이의 뛰어난 희극적 창조력은 갤러리를 북적거리게 했다.
그는 연기, 말, 노래로 웃지 않고는 못 배길 희극을 창조했다."[91]

　19세기에서 20세기로 넘어간 후에도 연극에는 음악이 ─때로는 과
도하게─ 투입되었다. 라인하르트는 ─「스무룬」과 같은 팬터마임뿐 아
니라 ─자신이 연출한 매 작품마다 특별한 음악을 작곡했다. 나아가
특정한 분위기를 만들기 위해 의도적으로 소리나 잡음으로 작업했다.
이렇게 「베네치아의 상인」(베를린 독일극장, 1905) 공연은 엥겔베르트
훔퍼딩크Engelbert Humperdinck가 다양한 소리로 작곡한 전주곡으로 시
작되었다. 가장 먼저 동물의 소리가 들렸고, 그다음은 달그락거리는 소
리, 문을 여닫는 소리, 바닥에서 무언가가 끌리는 소리, 그다음은 몇몇
뱃사공의 고함 소리가 들렸으며, 이후 많은 소리가 더해졌다. 마지막에
는 대중의 소음 소리가 커져갔다. 이로써 도시가 깨어났다. 노랫소리와
함께 멀리서 바이올린 켜는 소리가 들려왔는데, 이것은 처음에는 거의
의식하지 못할 정도로 작게 시작해 행진곡으로 넘어갔다. 이 곡에 대해
부르노 발터Bruno Walter는 이렇게 쓴다. "강한 행진 모티브는 〔……〕 듣
는 이에게 전혀 의식되지 않았지만, 유쾌하고 긴장감 넘치는 정조를 무
의식적으로 쌓아나갔다."[92]

---

91) *Blätter für Theater, Musik und Kunst*, Wien, 5. März 1861, p. 75.
92) Bruno Walter, "Gespräch über Reinhardt mit Hugo von Hofmannsthal, Alfred
　　Roller und Bruno Walter(1910)," Max Reinhardt, *Schriften. Briefe, Reden, Aufsätze,*

이처럼 짧게 살펴도 알 수 있듯, 소리성은 유럽 연극에서 결코 빼놓을 수 없다. 그런데 아직 목소리에 대해서는 이야기하지 않았다. 청각적 공간으로서의 연극은 음악, 말하고 노래하며 흐느끼고 외치는 목소리, 그 밖에도 다양한 종류의 소리로, 물론 장르나 시대에 따라 매번 변화하지만 다양한 요소로 구성되어 있다. 여기서 연기자의 목소리에는 매우 특별한 의미가 부가된다. 1960년대 이후 공연에서의 소리성에 대한 연구에 나오는 주요한 두 가지 질문은 다음과 같다. 첫째, 어떤 종류의 청각적 공간이 창출되었는가? 둘째, 소리성에 대해 주로 어떤 관점에서 주목했는가?

청각적 공간

역사적 사례가 잘 보여주듯이, 늦어도 18세기 이후부터 소리, 톤, 잡음이 연극의 청각적 공간을 형성하는 데 매우 본질적인 요소로 자리 잡았다. 이것은 연극인, 연기자, 음악가, 기술자 들이 공연 중에 만든 것이었다. 그들은 공연 중에 관객이 끊임없이 소리를 내는 것은 받아들이고 싶어 하지 않았지만, 결국은 이에 대해서도 더 정확하게 인식하기 시작했다. 그러나 그러한 소리는 공연을 방해하는 소음으로 간주되었고, 없애야 할 대상이 되었다. 고타의 연극 잡지인『연극 달력*Theater-Kalenders*』 1781년 판에서 라이하르트Heinrich August Ottokar Reichard는 관

Interviews, Gespräche und Auszüge aus den Regiebüchern, Hugo Fetting(ed.), Berlin 1974, p. 383.

객이 내는 소리에 대해 다음과 같이 호소했다. "조심스러운 청자나 관객에게 이것은 참으로 말할 수 없는 고통이다. 입, 발 혹은 지팡이로 사람들이 소리를 내기 시작하면, 배우가 무엇이라고 했는지 전혀 알아들을 수 없다."[93] "소음이나 교양 없는 행동으로 다른 관객을 방해하는 사람은 극장에서 쫓아내겠다"라는 경고장을 극장에 붙여야 한다고 제안할 정도로 '어수선함과 소음'에 라이하르트는 분개했다.[94] 비슷한 불만은 19세기에도 있었다. 함부르크 극장의 대표 프리드리히 루트비히 슈미트Friedrich Ludwig Schmidt는 "극장에 늦게 들어오거나 의자를 접는 소리, 옷이 사각거리는 소리 등을 내는 것은 관객에게 거의 습관이 되어버렸다. 그러면서——작품의 한 부분을 듣지 못했기 때문에——관객은 전체적으로 이해할 수 없다고 나중에 가서야 놀란다"[95]라고 불만을 토로했다. 관객은 훈련되어 있어야 했다. 의자에 조용히 앉아 무대에서 일어나는 일 외에는 관심을 두지 않고, 무대에서 배우가 내는 소리에만 주목해야 했다. 이러한 훈련은 완전히 성공하지는 못했다. 1950년대에 이르면 관객은 이러한 요구를 내면화해, 결국 자신이 내는 소리를 죽이려고 지속적으로 노력했다. 그럼에도 잔기침이나 발자국 소리까지 완전히 제거할 수는 없었다.

1952년 4월 29일 뉴욕 우드스톡의 메버릭홀에서 존 케이지의 초연 작품 「침묵Silent Piece」의 첫 곡이 「4분 33초」라는 제목을 달고 공연되었

---

93) Heinrich August Ottokar Reichard(ed.), *Theater-Kalender auf das Jahr 1781*, Gotha 1781, pp. 57 이하.

94) 같은 책, p. 58.

95) Friedrich Ludwig Schmidt, *Denkwürdigkeiten des Schauspielers, Schauspieldichters und Schauspieldirectors Friedrich Ludwig Schmidt (1772~1841)*, Hermann Uhde(ed.), 2Bde., Stuttgart 1878, Bd. 2, p. 175.

다. 이 작품은 3악장으로 이루어졌다. 검정 양복을 입은 피아니스트 데이비드 튜더가 무대에 등장해 피아노 앞에 앉았다. 그는 피아노 뚜껑을 열고 피아노 앞에 잠시 앉아 있었다. 연주는 하지 않았다. 그러고는 피아노 뚜껑을 닫았다. 33초 후에 다시 피아노 뚜껑을 열었다. 조금 뒤에 다시 그 뚜껑을 닫고, 2분 40초 후에 다시 열었다. 그는 그 뚜껑을 세번째로 닫았다. 이번에는 1분 20초 걸렸다. 그러고는 마지막으로 그것을 열었다. 이렇게 그 작품은 끝났다. 데이비드 튜더는 피아노로 한 음도 내지 않았다. 그는 일어섰고 청중을 향해 인사했다.

청각적 공간의 측면에서 이 예술가가 낸 소리는 자신의 걸음 소리와 피아노 뚜껑을 여닫을 때 나는 소리였다. 청각적 공간은 예술가가 생성하지 않았다. 소리는 밖에서부터 관객석으로 들어오거나, 관객에 의해 촉발되었다. 이 청각적 공간은 공연의 소리성을 생성하려는 의도에서 나타난 결과가 아니다. 오히려 이것은 바람이나 빗소리 혹은 몇몇 관객의 불평 등 우연히 귀에 닿은 소리가 뒤섞이거나 차례로 일어난 것이었다. 관객은 이러한 소리가 공연의 일부라고 생각하지 않았다. 피아니스트가 연주를 하지 않았기 때문에, 관객은 들은 것이 전혀 없다고 여겼다. 혹은 자신을 더 혼란스럽게 한 침묵만 들었다고 생각했다. 어쨌든 관객은 공연에 참가했다는 아무런 자극도 받지 못했다. 침묵을 귀담아듣는다거나 우연히 들은 소리를 느껴본다거나 의식적으로 스스로 소리를 내어 보충하려고 하지 않았다. 케이지의 관찰에 따르면 "대부분의 사람들은 〔……〕 본질을 이해하지 못했다. 정적이란 없었다. 사람들이 정적이라고 느낀 것은, 아주 우연히 접한 잡음이었다. 청자가 아무것도 이해하지 못한 이유는 그들이 그것을 들을 '귀,' 즉 들을 능력이 없었기 때문이다. 1악장이 진행되는 동안 밖에서 바람 부는 소리를 들을 수 있었다. 2악장에서는 건물의 천장에 비가 후드득 떨어지는 소리가 들렸다. 3악장이 이루어지는 동안 관객은 관객끼리 서로 대화를 나눈다거나 밖으로 나가버리는 흥미로운 소리를 들을 수 있었다."[96]

이 공연에서 청각적 공간, 즉 소리성은 지금까지 기존의 공연에서 가능한 한 배제하려고 했던 것을 통해서 형성되었다. 밖에서 실내 공간으로 들어오는 소리, 기침 소리, 발자국 소리, 말소리, 일어서거나 극장 문을 여닫는 소리 등이 그것이다. 이러한 소리성은 계획되지 않았고, 예측할 수도 없었으며, 어느 한 개인이 야기한 것도 아니었다. 이것은 한편으로는 자동 형성적 피드백 고리 덕분이었다. 즉 이것은 행위자와 관객의 행위에 의해 생성되었지만, 특별히 계획하거나 예측한 것이 아니었으며, 다른 한편으로 그 공연에 참여한 어느 행위자가 생성한 것도 아니었다. 그것은 무대라는 공간을 넘어서 그 밖에서 일어난 사건이 만든 소리였다. 그러니까 바람 부는 소리나 비 내리는 소리처럼 예측할 수도 영향을 끼칠 수도 없는 소리였다. 소리성의 돌발적인 예측 불가능성은 이렇게 나타난다. 이것은 각각의 의도, 계획, 책략 등을 벗어나 있으며, 예측할 수 없는 상황에서 일어난다. 다양한 소리가 공간에서 생겨나 각각 다르게 지속되며 퍼져나갔다. 그리고 서로 다른 소리들은 다시 사라져갔다. 소리성은 항상 변화하고 끊임없이 변환한다. 이것이 작품성이 아니라 사건성을 띠는 것은 분명하다.[97]

나아가 청각적 공간으로서의 수행적 공간의 경계가 없어지기 시작한

---

96) 존 케이지의 말. Richard Kostelanetz, *Cage im Gespräch*, Köln 1989, p. 63에서 인용.
97) 이러한 원리에 따라 베를린의 퍼포먼스 예술가 외르크 라우에Jörg Laue는 극단 단원들과 함께 "루즈 콤보Lose Combo"라는 작업을 했다. Christel Weiler, "Bilderloses Licht. *Mythos Europa* von Jörg Laue," *Theater der Zeit*, Mai/Juni 1999, pp. 48 이하 참조.

다. 청각적 공간은 공연이 열리는 지형학적 공간을 넘어서 그를 둘러싼 공간으로 확장된다. 수행적 공간은 경계를 허문다. 수행적 공간은 자신 '바깥'의 공간으로 열린다. 내부와 외부의 경계는 열려서 통하게 된다. 소리와 잡음을 통해 주변 공간이 수행적 공간으로 잠입한다. 그리고 그 공간을 예상치 못한 크기로 확장시킨다. 우연히 듣는 모든 것은 공연의 요소가 되거나 수행적 공간으로 변환된다.

케이지는 이러한 경험을 연극적 경험이라고 분명하게 명명했다. "내 작업이 다른 사람의 작업[98]과 과거에도 달랐고 지금까지도 변별되는 이유는 바로 나의 작업이 더 연극적이었다는 데 있다. 내 경험들은 연극적이다."[99] 그것은 바로 비의도성, 무계획성, 일어나는 일에 대한 개방성, 돌발성, 우연성, 찰나성을 지니며, 어떠한 개입 없이도 스스로 끊임없이 변화한다. 이것을 케이지는 연극 개념으로 파악했다. 이렇게 해서 「4분 33초」 공연이 연극적인 것을 함유한 개념으로 창출되었다. "정적보다 더 연극적인 것이 무엇이 있으랴. 누군가가 무대에 등장해서 아무것도 하지 않는다."[100] 그는 아무런 영향을 끼치지 않으면서 무언가가 일어나게 한다.

「침묵」이 여러 측면에서 극단적이었지만, 그 바탕 원리는 케이지의 다른 연극 작업 속에서 지속적으로 유지되었다. 연기자가 무언가를 준비하거나 계획해야 할 때도 이러한 원리의 유효성과 영향력을 안정적으로 유지시키기 위하여, 케이지는 우연의 기술과 타임 브래킷time brackets을

---

98) 얼 브라운Earle Brown, 모턴 펠먼Morton Feldman, 크리스티안 울프Christian Wolff, 데이비드 튜더를 의미한다. 케이지는 1950년대에 이 예술가들과 매우 밀접하게 공동 작업을 했다.

99) 존 케이지의 말. William Furlong, *Audio Arts*, Leipzig 1992, p. 91에서 인용.

100) 존 케이지의 말. Richard Kostelanetz, *Cage im Gespräch*, p. 95에서 인용.

도입했다. 가령 「유로페라스 1과 2Europeras 1 & 2」(프랑크푸르트, 1987)에서 케이지는 메트로폴리탄 오페라의 리스트에 있으나 저작권 보호가 만료된 64개의 오페라를 '무작위 연산' 과정을 통해 선택했는데, 이 무작위 연산은 주역 팔괘를 토대로 이루어졌다. 이러한 방식으로 각각의 악기를 어떤 오페라에서 가져올지도 정했다. 또한 더 세밀한 무작위 연산으로 연주할 곡을 선정했다. 타임 브래킷은 연주할 곡의 가장 이른 시작점과 가장 늦은 끝점을 지정해주었다. 오케스트라 단원들은 다른 이와 무관하게 자기 파트를 연습했다. (모든 음역의 드라마적, 시적, 희가극적 영역의) 열아홉 명의 다양한 남녀 가수들은 이를 위해 준비된 타임 브래킷에 따라 아리아를 불렀는데, 이것은 자신의 레퍼토리에서 스스로 선택한 것이었다.

무대 공간은 팔괘에 맞춰 64개의 공간으로 나뉘었다. 그리고 작곡가 앤드루 컬버Andrew Culver가 컴퓨터로 만든 무작위 연산 프로그램에 따라 가수의 위치, 그리고 무용수나 스태프처럼 '도와주는 사람들'의 위치와 행위, 오케스트라 단원의 자세, 장식을 위한 장소까지 지시했다. 악기 연주자들은 오케스트라 연주석을 포함한 모든 무대 공간에 배치되었다. 각기 4개의 목관악기와 금관악기, 현악기로 이루어진 네 그룹은 실내 음악 구성에 따라 공간의 네 구석에 위치시켰다. 타악기 연주자들은 오케스트라 연주석에 앉거나 섰다. 무대와 객석에는 스피커가 설치되었는데, 무작위 연산에 따라 정해진 시간 계획에 따라 뉴욕에서 미리 제작한 101개의 오페라가 믹싱된 소리가 울렸다.

무작위 연산은 공연의 구성이 계획되거나 특정한 의도에 따라 선택되지 않았음을 보증한다. 아울러 각각의 선택된 요소들은 서로 관련이 없을 뿐 아니라, 공통의 의지나 기대를 드러내는 연관성도 없다. 여기서 더 나아가 '도와주는 사람들'에게는 마이크를 달아 극장 공간에서 발생하는 모든 소리나 잡음을 잡아내도록 지시하여, 관객석이나 밖에서부터 들어오는 소리를 행위자와 관객이 들을 수 있도록 했다. 이러한 방식으로 관객이 내는 소리를 강화해서 그들에게 돌려준 것이다. 그럼으로써 관객이 공연의 소리 공간과 소리성의 창출에 참여하고 있음을 스스로 의식하게 했다.

타임 브래킷은 가장 이른 시작점과 가장 늦은 끝점을 지시하기만 했다. 우연성 계산에 따라 들을 수 있는 음악적 질료는 주어진 시간과 매번 맞아떨어지지 않았다. 공연 때마다 계획과 다르게 공연 시간을 연기해야 했다. 생성된 청각적 공간은 매번 달랐다. 한번은 관객석에서 잡음이 있었고, 외부에서는 저녁마다, 공연마다 다른 소리가 들려왔다. 소리성의 우연성, 찰나성, 돌발성, 사건성은 매우 강력하게 드러났다. 수행적 공간은 바로 청각적 공간으로 변화했고, 지속적으로 확장되어 공연이 열리는 지형학적 공간 너머로 뻗어나갔다.

목소리

소리성은 언제나 공간성을 생성한다. 앞에서 살폈듯 이는 분위기적인 공간만이 아니다. 또한 목소리는 항상 육체성을 촉발한다. 목소리를 통해, 그리고 목소리에서 세 종류의 물질성이 생성된다. 육체성, 공간성, 소리성이다. 목소리는 육체에서 새어나와 공간을 울리며, 노래하는 사람 혹은 말하는 사람이 스스로 듣고, 다른 사람들도 듣게 된다. 육체와 목소리의 밀접한 관계는 고함을 내지를 때, 한숨을 쉴 때, 신음을 낼 때, 흐느끼며 울 때, 웃을 때 잘 나타난다. 이것은 몸 전체가 동화되는 과정에서 반드시 나타나는 현상이다. 이때 몸은 구부러지고 관절이 빠진 듯 일그러지거나 매우 긴장된다. 이러한 언어 없는 목소리는 듣는 사람을 깊이 사로잡을 수 있다. 고함, 한숨, 신음, 흐느낌 혹은 웃음을 듣는 사람은 이것을 특별한 체현 과정으로 인지한다. 특별한 신체성이 생성되는 과정인 것이다. 이러한 소리를 듣는 사람은 그 상대를 세계-내-존재하는 신체로 인지한다. 또한 이러한 소리는 그의 세계-내-존재함에 직접적으로 영향을 미친다.[101] 왜냐하면 그가 고함, 흐느낌 혹은 웃음을 지각할 때 고함지르고 흐느끼고 웃는 목소리는 몸속으로 잠입해와서 울리고 받아들여지기 때문이다. 공연에서 연기자가 고함을 지르고 한숨을 쉬고 신음하고 훌쩍거리거나 웃는 순간은 연기자가 가장 특별한 신체성으로, 자신의 감각성과 감성으로 자신의 목소리를 듣게 하는 순간일 것이다.[102]

우리는 공연 중에 언어와 결코 분리되지 않고 연결된 목소리, 주로 노래하고 말하는 목소리를 듣는다. 17세기 이후의 수사학이나 거기서 파생된 연설을 위한 교수법에서는 일반적으로 이러한 목소리와 언어의 연결에서 언어를 우선시한다. 행위자는 자신이 말한 것과 연관해서 병치 구문론적, 병치 의미론적, 병치 실용론적 기능을 충족하도록 목소리를 내야 한다. 즉 목소리는 우선 발화된 말의 문장 구조를 명확하게

---

101) Helmuth Plessner, "Lachen und Weinen," Günter Dux(ed.), *Philosophische Anthropologie*, Frankfurt a. M. 1970, pp. 11~171 참조.

102) Clemens Risi, "Die bewegende Sängerin. Zu stimmlichen und körperlichen Austauschprozessen in Opernaufführungen," Christa Brüstle & Albrecht Riethmüller(eds.), *Klang und Bewegung. Beiträge zu einer Grundkonstellation*, Aachen 2003 참조.

드러내고, 그다음으로 생각했던 의미를 정확하게 드러내고 강조해야 하며, 마지막으로 발화된 말이 듣는 사람에게 미치는 영향력을 더 강화시켜야 한다. 괴테는 「연기자를 위한 규칙Regeln für Schauspieler」(1803)에 다음과 같이 썼다.

> 우선 단어의 의미를 완전히 이해하고 내면화한 뒤, 목소리에 적당한 톤을 실어야 한다. 각 문장의 의미 그 자체가 요구하는 대로 힘 있게 혹은 약하게, 빠르게 혹은 천천히 뱉어야 한다. 예를 들어 다음과 같다.
> 민중들은 점점 흩어졌다 → 낮은 목소리로 술렁거리듯
> 소문은 사라져갔다 → 밝고 낭랑하게
> 칠흑 같은 망각이 → 우울하게
> 어두운 밤으로 조용히 → 우울하게
> 흔들리며 퍼져나간다 → 낮은 목소리로
> 모든 인류에 대해 말했다 → 공포스럽게
> 다음 부분에서는 앞 문장보다 훨씬 빠르게 말해야 한다.
> 말에서 몸을 던지듯 재빠르게 나는 그에게 돌진했다
> 이미 단어의 내용이 그것을 요구하고 있기 때문이다.[103]

목소리는 발화되는 단어에 적합하게 내야 한다. 이러한 관점에서 목소리의 중요한 기능은 단어를 더 쉽게 이해하도록 돕는 것이다.

그러다 자연주의와 함께 중요한 변화가 일어났다. 지금까지 분리될

103) Johann Wolfgang von Goethe, "Regeln für Schauspieler," *Sämtliche Werke in 18 Bänden*, Bd. 14, Schriften zur Literatur, Zürich 1977, pp. 72~90, pp. 77 이하 참조.

수 없을 것 같았던 목소리와 언어의 관계가 느슨해진 것이다. 목소리가 발성, 억양, 높낮이, 크기에서 발화되는 단어와 더 이상 일치하지 않더라도 투입될 수 있게 되었다. 친절하게 인사를 건네더라도 그 목소리는—경우에 따라서는 표정, 몸짓, 움직임까지도—두려움 혹은 공격성으로 파악될 수 있다. 여기서 어떤 균열이 생기는데, 이 균열은 의도적이고 의식적인 행위와, 아마도 무의식적이지만 실재하는 입장 사이의 모순을 나타낸다. 언어가 거짓될 수 있는 반면에, 육체는 진정성과 신빙성이 있다고 사람들은 생각한다. 목소리도 육체를 통한 다른 표현과 마찬가지로 등장인물의 '진정한' 상태를 노출시킨다. 여기서 목소리와 언어는 서로 분리된다. 그럼에도 이러한 분리는 등장인물의 관점에서 해석되고 이해되어왔다.

그러나 이와 정반대로 목소리와 언어 사이의 긴장은 오페라가 발명된 이래로 존재해왔다. "먼저 음악/소리, 나중에 말" 그리고 "먼저 말, 나중에 음악/소리"라는 슬로건은 항상 뒤바뀌었다. 오페라가 탄생할 당시에는 노래하면서 말하기parlar cantando 혹은 레치타티보recitativo(말하듯이 노래하기)가 요구되면서, 단어에서 목소리의 우선권을 제거해버렸지만 이러한 관계는—반대 주장이 되풀이되었음에도 불구하고—항상 더 높은 톤을 원하는 오페라의 전개 과정에서 곧 뒤바뀌어버렸다. 매우 높은 음으로 소리를 내거나 노래할수록 목소리는 언어로부터 더욱 분리되어갔다. 높은 음역에서는 정확하게 발음할 수 없기 때문이다.

가수의 음역(어려움 없이 뻗어나갈 수 있는 주파수의 폭)이 이해할 수 있는 최적의 주파수, 다시 말해서 312헤르츠를 넘어서지 않는다면 관객은 그 가수의 소리를 더 잘 이해할 수 있다. 우리가 소프라노보다 베이스 소리를 더 잘 이해할 수 있다는 것은 놀라운 사실이 아니다. 베이스 음역의 대부분이 이해하기에 가장 최적화된 주파수에 속하기 때문이다. 한편, 소프라노 음역의 4분의 1, 콜로라투라 소프라노(가장 높은 여자 목소리)의 음역은 5분의 1만이 여기에 속한다.[104]

노래하는 단어가 무슨 말인지 더 이상 이해할 수 없을 만큼 높은 음역에 오른 여가수의 목소리는 듣는 이에게 전율을 일으킨다. 그러나 그 노래가 점점 더 소리를 내지르는 상태가 되면 이 전율은 끔찍함으로 변한다. 물론 여기서 우리가 고려해야 할 점은, 가사를 이해하지 못해서 이러한 효과가 발생하는 것은 아니라는 점이다. 그보다 이러한 의미로부터의 분리는 특정한 음의 높이에 도달할 때, 예를 들어 콜로라투라처럼 모든 의미를 뒤로한 채 목소리가 "천사의 소리"(Poizat 1986, engl. 1992)로서 듣는 이에게 전달될 때 점차적으로 이루어진다. 이것은 믿을 수 없고 설명할 길 없는 감각과 신격적 미화의 교차이며, 듣는 이에게도 설명할 수 없고 믿을 수 없는 영향력(가장 강렬한 욕망과 가장 깊은 공포)을 촉발한다.

아도르노Theodor W. Adorno는 「중산층의 오페라Bürgerliche Oper」(1955)라는 논문에서 오페라 노래의 고유성을 강조한다.

오페라는 〔……〕 경험론적 인간에 관한 것이다. 그러니까 일개 자연적 존재로 자신을 낮추는 사람에 관한 것이다. 이것은 인간 고유의 의상衣裳

---

104) Nicole Scotto di Carlo, "Travaux de l'Institut de phonétique d'Aix-en-Provence," *La Recherche*, Mai 1978. Michel Poizat, *The Angel's Cry. Beyond the pleasure principle in Opera*, Arthur Denner(trans.), Ithaca/London 1992, p. 42에서 인용.

적 성격을 증명한다. 죽을 운명을 타고난 존재는 가장假裝의 옷을 입는다. 마치 자신이 영웅 혹은 절대자인 신인 것처럼. 이러한 변장은 마치 그들이 부르는 노래와도 같다. 노래를 통해 그들은 높여지고 신격화된다. [……] 그러니까 노래하는 동안 이미 가상의 옷을 입은 등장인물은 거짓을 말한다. 사실상 노래할 이유가 적고 가능성만 있을 뿐인데 마치 거기에 자연과 화해하는 희망이 울리는 것처럼 말이다. 노래하기, 즉 무미건조한 산문적 실존의 유토피아는 언어 이전의 분리되지 않은 창조 상황에 대한 기억이다. [……] 오페라의 노래는 열정의 언어다. 오페라의 노래는 현존재를 과도하게 부풀리는 스타일화일 뿐 아니라, 인간 속에 존재하는 자연의 모든 관습과 기존의 것과의 연계에 반대하는 저항이자 순수한 직접성을 지키겠다는 맹세의 표현이다.[105]

노래를 부를 때 무엇보다 높은 음역에서 여가수는 공간으로 뻗어나가는 자신의 목소리로 듣는 이를 사로잡는 엄청난 힘을 발휘한다. 그럼으로써 내가 현존이라고 명명하는 것을 획득한다. 언어로부터 분리되면 목소리는 자신의 지배자를 벗어나 위험과 유혹으로서 로고스의 타자로 보인다. 목소리는 물론 세이렌의 몰락과 죽음에 맡겨지는 것이 아니라, 매우 흥미로우면서도 끔찍한 경험을 약속하며, 고유의 신체성을 감각적으로 **그리고** 동시에 현시적인 상태로 체험하게 한다.

이것은 바로 1960년대 이후 연극인과 퍼포먼스 예술가가 반복적으로 시도해온 언어와 목소리의 분리다. 스팔딩 그레이Spalding Grey, 로

---

105) Theodor W. Adorno, "Bürgerliche Oper," *Gesammelte Schriften*, R. Tiedemann, Gretel Adorno, Susan Buck-Morss & Klaus Schultz(eds.), Bd. 16, *Musikalische Schriften I-III*, Frankfurt a. M. 1978, pp. 2~39, pp. 34 이하.

리 앤더슨Laurie Anderson, 레이철 로젠탈Rachel Rosenthal, 캐런 핀리Karen Finley의 소위 자전적 퍼포먼스는 물론, 특히 디아만다 갈라스Diamanda Galás, 데이비드 모스David Moss의 퍼포먼스에는 항상—노래하거나 말하는—목소리를 제대로 발음하는 것을 중단한 채 외침, 고음, 웃음, 신음, 왜곡하기로 넘어가는 순간이 있다. 이러한 순간은 특정한 목소리 기술로 생성될 뿐만 아니라—무엇보다 앤더슨, 갈라스, 모스의 경우처럼—목소리 크기를 키우고 다양화하며 공간 속에서 분배하고, 잘게 나누고 일그러뜨릴 수 있는 전자 매체의 투입을 통해 생성된다. 목소리가 비물질화되는 일 없이 말이다(이와 반대로 영화나 비디오는 촬영된 육체의 비물질화를 야기한다). 목소리는 다형성으로 나타난다. 목소리만으로는 성, 나이, 인종 혹은 다른 지시적 표시를 구분할 수 없다. 목소리가 생성하는 청각적 공간은 경계적 공간으로서 끊임없는 과도기, 경계 넘나들기, 변신의 공간으로 경험된다.

이러한 경험은 위에서 언급한 예술가들에게서 목소리가 이해 가능하게 발화되어도 가능하다. 말하거나 노래하는 목소리는 언어와 연결되어 있어도 그 고유의 생명력을 지닌다. 그리고 이러한 생명력에 청중의 주목을 유도한다. 예술가들은 목소리를 언어에 복무시키는, 그러니까 언어를 귀로 실어 나르는 매체로 이용하지 않기 때문이다. 이것은 어떤 경우에도 강압적인 의미의 해체를 의미하지 않는다. 그것이 빈번히 주장되어도 말이다. 목소리의 다형성은 언어적 표현의 다층적 해석 가능성을 열어준다. 따라서 이것은 한 가지의 분명한 이해를 어렵게 한다. 그러나 일반적인 언어적 이해를 어렵게 하지는 않는다. 그럼에도 목소리는 가장 일차적이지는 않을지라도, 항상 호흡 속에서, 그리고 호흡으로 흘러가는 특별한 성질 속에서 청자의 주의를 모은다. 이 속에서 목소리는 자신을— 목소리로—알리는 자의 신체적 세계-내-존재함을 다른 이가 들어서 알 수 있도록 말한다.

　이러한 퍼포먼스에는 목소리와 언어 간의 항상적 긴장이 존재한다. 이 긴장은 목소리가 언어 뒤로 사라지는 대신 항상 고유의 힘으로 존재하도록 하며, 언어와 함께 자신을 지각하게 한다. 이런 긴장 관계는 1960년대 이후의 공연에서 매우 특징적으로 나타난다.「오레스테이아」(베를린 샤우뷔네, 1980)에서 페터 슈타인은 처음 두 부분을 대부분 어두운 공간으로 형상화함으로써 청각적 공간을 강조했다. 어둠 속에서 인간의 목소리가 울린다. 그들은 무슨 말인지 알 수 없는 매우 기이한 소리를 낸다. 가령 합창단의 남자 노인들이 입술을 꾹 다문 채, 뭔가 불안하게 웅얼거린다. 그리고 이것은 슬픈 듯한 휘파람 소리로 넘어간다. 혹은 "환성을 지르는" 포효가 울려 퍼진다. 이것은 "떨리는 혀와 두성으로 내지르는 듯, 노래하는 듯하며, 반쯤은 귀뚜라미 우는 소리 같고, 반쯤은 새소리 같다."[106] 목소리들은 무엇보다 언어적 소리를 발화했다. 남자 노인들 중 한 명이 한 문장을 웅얼거리면 여러 공간에 나누어 배치된 다른 남자 노인들이 이어서 그 문장을 발화하며, 다양한 강도, 높낮이, 빠르기로 그것을 반복했다. 차례로 울리는 목소리들의 차이를 강조하듯 말이다. 합창단의 다양한 목소리에 의해 매번 다르게 강조된 문장들이 다양한 방향에서 관객의 귀로 밀려들어 왔다. 그러다가 어디선가 그리스어 낱말이 들렸다. 마치 독일어 소리의 울림을 외국어 소리의 울림으로 보완하듯 말이다. 언어적 소리를 발화하는 목소리들의 특수한 물질성이 경청되었다. 목소리와 언어의 특별한 소리성이 하나 되어

---

106) Rolf Michaelis, "Die Geburt des Rechtsstaates im Regen," *DIE ZEIT 35*, 1980. 10. 24.

울린 것이 아니라, 일종의 긴장 관계 속에서 등장했다.[107]

로버트 윌슨은 목소리와 언어의 긴장을 완전히 새로운 방식으로 연출한다. 윌슨은 일상어의 구절을 한편으로는 언어적인 완성품으로, 즉 기성품ready mades으로 이용했다. 다른 한편으로는 언어의 단어와 소리의 구성 요소를 파괴하여 두세 명의 연기자에게 차례로 돌아가며 대부분 여러 차례 반복해서 말하게 했다. 5부로 이루어진 국제적 프로젝트 중 독일 편인 「시민전쟁」(쾰른 극장, 1984)은 사다리 위의 여자와 남자 사이에 다음과 같은 '돌림말'로 시작한다.

여자: 지냈어(게에츠gehts)

남자: 지냈(게g)

여자: 지냈어(게에츠gehts)

남자: 지냈어(게에츠gehts)

여자: 너는(디어dir)

남자: 잘(굿gut)

여자: 잘 지냈어(게에츠 굿gehts gut)

남자: 잘 지냈어(게에츠 굿gehts gut)

여자: 너는 지냈(게에츠 디어gehts dir)

남자: 너는 잘 지냈어(게에츠 디어 굿gehts dir gut)

남자: 지－금(에 예츠트E JETZT)

여자: 그건(에스es)

---

107) 한편 이것은 ── 샤우뷔네에서 공연된 「고대 프로젝트에서 배우를 위한 연습Übungen für Schauspieler im Antiken-projekt」(1974)과 함께 ── 페터 슈타인이 목소리와 언어의 긴장 관계를 강조한 연출로는 유일하다.

남자: 그건 말이야(에스 이스트es ist)

여자: 그건 아무것도 아니야(에스 이스트 니히츠es ist nichts)

남자: 그건(에스es)

여자: 그건(에스es)

남자: 그건 아무것도 아니야(에스 이스트 니히츠 추es ist nichts zu)

여자: 잘 지냈어(게에츠 굿gehts gut)

[······]108)

목소리는 마이크를 통해 울렸고, 일종의 공간적 반향을 일으켰다. 이
것은 마이크를 끄는 소리 등 여러 소리가 섞인 음악으로 연결되었는데
목소리는 발화하는 단어나 언어로부터 거의 분리된 듯했고, 매우 놀라
운 효과를 가져왔다.

아이나 슐레프의 연출에서는 목소리와 언어 사이에, 무엇보다 합창
부분에서 강한 긴장감이 생성되었다. 이것은 각 문장이 발화되며 개개
의 목소리가 겹치거나 속삭이는 일이 여러 차례 반복되며 생성되었다.
반대로 가령 「어머니」에서는 목소리가 언어로부터 완전히 분리되면서
빈번히 외마디 소리로 발전하는 과정에서 고통을 일으켰다.

언어가 목소리로부터 분리되는 순간은 마지막 상승으로, 목소리와
언어의 긴장이 전회하는 것으로 보인다. 왜냐하면 목소리가 스스로 언
어가 되기 때문이다. 목소리가 언어를 전달하는 것이 아니라 목소리 자
체가 언어가 되는 것이다. 여기서는 신체적으로 세계-내-존재함을 발화

---

108) Robert Wilson, *the CIVIL warS, a tree is best measured when it is down*, Frankfurt a.
    M. 1984, p. 72.

하고 듣는 이에게 말을 건다. 목소리는 순수한 발음이자 말을 거는 행위다. 목소리는 공연의 물질성 중에서도 총체적 물질성을 나타낸다. 왜냐면 목소리는 소리로 울리기 때문에 소리성을, 호흡으로 몸을 움직여 나오기 때문에 육체성을, 소리로서 공간에 퍼져나가고 청자는 물론 발화하는 자의 귀에 파고들기 때문에 공간성을 나타내는 것이다. 목소리는 그 물질성 속에서 기의를 갖지 않고도 이미 언어다.

　목소리는 많은 점에서 주목할 가치가 있는 흥미로운 물질이다. 목소리는 울리기 전에는 존재하지 않는다. 목소리는 매번 호흡과 함께 몸을 떠날 수 있다. 따라서 목소리는 오래 존재하지 않고, 매번 새롭게 밖으로 끄집어내 현상적으로 드러나야 한다. 그러니까 목소리는 '엑스터시'로 존재하는 물질이다. 뿐만 아니라 목소리에는 소리성, 육체성, 공간성이 통합되어 공연의 물질성이 항상 새롭게 생성되어 나타난다. 나아가 목소리는 꼭 기의를 생성하지 않고도—모든 의미론적 원리나 규칙에 어긋나면서도—언어가 될 수 있는 물질인 것이다. 발화하는 자들은 목소리를 통해 세계-내-존재하는 신체임을 호소한다. 목소리는 목소리를 지각하는 사람의 세계-내-존재하는 신체에 말을 건다. 목소리는 그 둘 사이에 공간을 채우고 서로 관계를 맺고, 또 그들 사이에 연결점을 만든다. 목소리를 내는 사람은 목소리로써 그 목소리를 듣는 사람을 접촉한다.

4. 시간성

시간성은 ― 육체성, 공간성, 소리성처럼 ― 공연의 물질성 범주에 속하지 않는다. 그럼에도 시간성은 이것들을 공간 속에 나타내기 위한 가능성과 조건이 된다. 이미 확인한 바와 같이 공연의 물질성이란 그저 주어지는 것이 아니기 때문이다. 물질성은 공연 중에 드러났다가 다시 사라진다. 이것은 창발적 현상을 만든다. 이것은 부유하듯 나타나서 다양한 시간 동안 안정적으로 정착하고 다시 사라진다. 각각의 주체는 무언가를 규정하거나 지시하지 않고도, 물질성의 창출에 참여한다. 이와 달리 주체는 자신이 어느 정도까지는 시간성에 규정된다는 것을 받아들여야만 한다.

4분 33초부터 몇 시간 혹은 며칠이나 걸리는 경우가 있듯이 공연은 다양한 시간 속에서 일어난다. 그래서 다양한 물질이 나타나는 데 걸리는 시간, 과정, 그들 사이의 밀접한 관계를 규정하는 절차가 필요하다. 이러한 절차로서 전통적으로 무대 장막을 올리고 내리거나, 중간에 휴식을 취했고, 무엇보다도 줄거리와 등장인물의 심리에 관한 드라마투르기를 이행해왔다. 그러다가 1960년대 이후부터 오페라 공연을 제외하고는 ─ 국카스텐 무대를 활용하는 경우 ─ 무대 장막은 사용되지 않았고 많은 공연이 휴식 없이 이루어졌다. 1970년대 윌슨의 작업이 그 사례다. 이 시기에 그는 몇 시간 혹은 며칠씩 걸리는 공연을 만들었는데, 1972년 이란 시라즈에서 선보인 페스티벌 「카 마운틴 가드니아 테라스KA Mountain Guardenia Terrace」는 일주일 동안 이루어졌다. 여기서 윌슨은 관객을 위해 중간에 휴식 시간을 마련하지 않았다. 언제 공연에 참여할지 혹은 참여하지 않을지를 관객 스스로 결정할 수 있다고 생각했기 때문이다.

무대 장막이나 휴식의 포기는 모두 의심할 여지 없이 자동 형성적 피드백 고리와 물질성의 창발에 연관된다. 만약 공연이 행위자의 행위와 관객 사이의 지속적인 상호 영향을 통해서 이루어지는 것이라면, 또한 공연의 물질성이 창발적 현상으로 나타난다면, 무대 장막이나 휴식은 비생산적이다. 왜냐하면 이것은 피드백 고리에서 생성되지 않으며, 물질성이 지속적으로 떠오르고 고정되었다가 다시 사라지는 과정을 중단시키기 때문이다. 슐레프의 「살로메」와 같이 스스로 이러한 과정의 일부인 경우를 제외하고는 말이다.[109]

공연의 창발 현상에 주목하면, 시간의 구조화와 관계된 전략을 두 가지로 나눌 수 있다. 첫째, 어떤 요소가 나타나는 원인을 찾고 그것을 인과적 연결 고리 속에서 드러내는 것이다. 줄거리의 경과나 인물의 심리를 밝히는 경우가 이에 해당한다. 둘째, 바로 앞과 같은 경우를 피하

---

109) 제3장 38번 주석 참조.

는 것으로 이미 언급한 바 있다. 그러나 물질성의 창발을 위해 관객/청자를 더 섬세하게 자극하는 관점에 대해서는 아직 연구되지 않았다. 그것은 바로 다음에 나오는 타임 브래킷과 리듬의 문제다.

타임 브래킷

타임 브래킷은 케이지가 1952년 블랙마운틴 대학의 여름학교에서 개최한 「무제 이벤트」에서 가장 먼저 도입되었다. 이 '사건'은 학교 식당에서 일어났다. 식당의 좁고 긴 공간을 따라 관객용 의자가 삼각형 모양으로 네 군데에 놓였다. 각 삼각형의 꼭짓점이 공간의 중앙을 가리키도록 했는데, 서로 닿지 않도록 거리를 두었다. 삼각형 중간의 큰 공간은 비어 있었고, 여기서는 행위가 일어나지 않았다. 이것은 지나가는 용도로 사용되었다. 삼각형 사이에는 대각선으로 전체 공간을 가로지르는 넓은 통로가 나 있었다. 그리고 각 의자 위에는 흰 찻잔이 놓여 있었다. 그 사용법에 대해서는 관객에게 미리 설명해두었다. 관객 중 일부는 그것을 재떨이로 사용했다. 천장에는 로버트 라우션버그Robert Rauschenberg의 「화이트 페인팅white paintings」이 걸려 있었다.

여기에는 케이지, 라우션버그 외에도 데이비드 튜더, 작곡가 제이 와트Jay Watt, 무용수 머스 커닝엄Merce Cunningham, 시인 찰스 올슨Charles Olsen과 메리 캐럴라인 리처즈Mary Caroline Richards가 참여했다. 검정색 양복에 넥타이를 맨 케이지는 사다리 위에 서서 음악과 선불교의 관계에 대한 텍스트와 마이스터 에크하르트Meister Eckhart의 글을 읽었다. 이어서 그는 라디오를 틀고 작곡을 시작했다. 같은 시간에 라우션버그는 손으로 돌리는 축음기로 오래된 음반을 틀었고, 그 옆에는 개 한 마리가 앉아 있었다. 데이비드 튜더는 '준비된 라디오prepared radio'를 조작했다. 이후 올슨과 리처즈가 자작시를 낭독하는 동안 튜더는 한동안은 관객 속에서, 한동안은 좁은 벽에 기대어 있는 사다리에서 물통의 물을 다른 통에 붓기 시작했다. 커닝엄은 다른 무용수와 함께 통로와 관객 사이를 지나가며, 그 사이에 미친 듯 날뛰는 개를 따라가며 춤을 추었다. 라우션버그는 천장과 가장 긴 벽에 추상적인 슬라이드(색깔 있는 젤라틴을 두 개의 커다란 유리판 사이에 뭉갠 것)를 비췄다. 그리고 그는 영상 클립을 틀었는데, 먼저 그 대학의 요리사를 보여주고, 다음에는 천장에서 다른 긴 벽으로 옮겨가며 석양을 천천히 보여주었다. 공간의 구석에서는 작곡가 제이 와트가 다양한 악기를 연주했다. 공연은 흰 옷을 입은 네 명의 청년이 관객의 잔에 커피를 따라주면서 끝났다(이 찻잔이 재떨이로 사용되었든 어떻든 상관없이 그들은 커피를 부었다).

공연 준비는 케이지가 참여자들에게 일종의 악보를 건네주며 시작되었다. 여기에는 행위자가 얼마나 자주 행위를 이행해야 하는지, 얼마나 오랫동안 행위가 지속되어야 하는지를 규정한 타임 브래킷이 적혀 있었다. 행위를 어떤 방식으로 수행할지는 각 예술가들이 자유롭게 정하게 했다. 그리고 예술가가 행위를 언제 시작하고 끝낼지도 타임 브래킷 안에서 자유롭게 했다. 그러나 자신의 퍼포먼스 행위에 대해 사전에 서로 알린다거나 알게 해서는 안 된다고 약속했다. 이러한 타임 브래킷은 예술가에게 자유이자 제한이었다. 제한은 혼자서 행위를 이행해야 하는 시간의 길이다. 어떤 경우에도 예술가는 이 시간을 넘겨서는 안 된다. 결과적으로 그 시간의 길이는 시계에 맞춰 통제되어 준비되었다. 모든 행위의 시작과 끝이 정해져 있다는 것도 제한에 해당한다. 예술가는 시계를 보면서 너무 이르게 시작하거나 너무 늦게 끝나지 않도록 감시해야 했다. 다른 모든 것은 완전히 자유였다. 예술가는 다른 사람이 무엇을 하든 생각할 필요 없이 자신이 하고 싶은 것을 마음대로 할 수 있었다. 가령 관객이 낭독하는 목소리를 들을 수 있도록 축음기 소리를 낮출 필요도 없었다. 자신이 착용할 옷이라든가 물건을 다른 사람과 미리 맞추지 않아도 되었고, 위에서부터 내려오는 '아이디어'나 '의도'에 따라 선택하지 않아도 되었다.

따라서 관객의 눈앞에서 일어난 일에는 어떠한 동기도 없었다. 어떤 행위도 다른 행위에 연이어서 인과적으로 일어나지 않았다. 그리고 한 예술가와 다른 사람 사이에 연관성이 만들어지더라도, 그것은 완전히 우연이거나 매우 특수한 주체의 조건 덕분이었다. 모든 행위가 그 자체로 독립적이었다. 모든 행위는 특정한, 그러나 예측할 수 없는 시점에 떠오르듯 나타났으며, 항상적 변환 속에서 어느 순간 안정되었다. 그리고 역시 예측하지 못한 순간에 끝나고 사라졌다. 따라서 관객은 모든 행위에 수시로 관심을 가지고 주목했다. 갑자기 다른 소리나 움직임이 나타나서 시선을 유도하기 전까지는 말이다.

서로 연관된 행위의 순서가 ── 설령 '전통적인' 모델을 따라 도입-전개-절정-반전-파국/결말로 이행되지 않는다 하더라도 ── 시간의 길이, 즉 시작과 끝이 이해될 수 있게 만들어진 경우, 그리고 등장인물의 심리적 전개가 구조화된 시간의 길이를 경험하게 함으로써 결국 그 시작과 끝을 설명할 수 있는 반면에, 「무제 이벤트」는 완전히 다른 시간성을 드러낸다. 공연의 시작이나 끝이 행위의 경과에 따라 이루어지지 않고, 임의로 혹은 다르게 생각해볼 수 있는 틈이 주어졌다. 이것은 특별한 무시간성을 창출한다. 즉 시간은 어떤 것이 나타나고 다시 사라지는 것을 통해 체험되며, 그동안은 관객의 주목을 온전히 받을 수 있었다. 여기서는 지속적인 감정이나 정서가 생성되지 않으며, 여기서의 시간은 기계로 잴 수 있는 시간과는 다르게 다양한 템포, 리듬, 집약도로 멈추지 않고 흐른다. 기계로 잴 수 있는 시간을 참조하는 상황에서는—타임 브래킷을 유지하기 위해—오히려 저마다 고유의 리듬, 템포, 집약도에 따라 움직이는 시간의 섬Zeit-Inseln과 같은 감정과 정서가 생성된다. 그러나 이때 차례로 떠오르거나 지각되는 시간의 섬이 지속성의 감정과 정서를 발생시키는 일은 없다. 오히려 비지속성과 파편적인 것, 비연관성에 대한 경험을 촉발한다.

어떻게 보면 여기서는 시간의 섬들이 서로 나란히 들어서서 동시에 존재하며 시간이 공간화된다. 어떤 것이 현상으로 드러나면 시간의 섬이 나타난다. 즉 공간에 자신을 펼쳐놓는 것이다. 현상으로 드러났던 무언가가 사라지는 것은 다시 말해 공간, 그리고 관객의 지각에서 사라지는 것이다. 이러한 인상은 「유로페라스 1과 2」에서 더욱 강하게 촉발되었다. 여기서 사용한 질료, 즉 ('장식'으로서의) 그림, 의상, 가수들의 행위, 그 가수를 돕는 '보조들,' 그리고 악기 각각의 음악적 질료와 가수들의 아리아에 대한 무작위 선택이 모두 행위자에게 자유롭게 위임되었기 때문이다. 그림은 프랑크푸르트 시립도서관이나 대학도서관의 회화 수장고에 보관되었던 것 중에서 여러 시대의 작곡가, 가수, 동물, 풍경을 표현한 그림이 선택되었다. 두번째 단계에서는 다시 무작위 연산으로 그림의 특정 부분을 선택하고 마지막으로 그 크기를 정했다. 그리고 그전에 세운 시간과 공간에 대한 계획대로, 사라질 때까지 공간 속에서의 행위 규칙을 세웠다. 케이지는 가수들의 의상도 전체적 흐름이 보이지 않을 정도로 다양하고 많은 시대와 나라의 의상에서 선택했다.

이것은 뉴욕 패션연구소가 펴낸 전통의상에 대한 여러 권의 백과사전을 참조한 것이었다. 여자 가수나 남자 가수가 이행한 행위들 역시 ─그들이 하기 어려운 경우에는 무용수들이나 일부 무대 스태프가 대신했다 ─영어사전에서 무작위로 선택한 것이었다. 가령 그 행위 중에는 탭댄스, 뜨개질, 장난감 블록 쌓기, 그리고 '넙치'처럼 무대 위를 헤엄치기 등이 있었다. 이러한 행위를 얼마나 오래 지속할지, 그리고 언제 시작하고 끝낼지도 무작위의 타임 브래킷으로 정했다.

이를 통해 비연관성의 원리가 첨예하게 대두되었다. "모든 것이 분리된다. **모든 것으로부터 모든 것이.** 다양한 연극적 요소가 서로 지지하고 움직이고 연결되어서 장면을 만든 게 아니다. 모든 각각의 것은 고유한 위상이 있고, 그 행위성이 완전히 자유로운 상태였다."[110]

제각기 다른 것으로부터 분리된 시간의 섬이 만들어졌다. 모든 것이 고유한 시간성을 가졌다. 마치 단세포에서 인간, 산맥, 우주까지 모두 자기 고유의 시간을 가지듯이 「유로페라스 1과 2」의 그림, 의상, 행위, 아리아, 그리고 다양한 악기의 톤도 마찬가지로 고유한 시간성을 갖게 되었다. 무엇보다 타임 브래킷의 성과는 ─무작위로 조합해서─ 시간의 섬을 형성하고, 그 고유한 창발을 가능하게 하며, 이것을 강조해서 드러낼 뿐 아니라 직접적으로 전시한 것, 그리고 관객이 이를 매우 집약된 방식으로 경험하게 한 것이라고 할 수 있다.

---

110) 존 케이지의 말. *Die Opernzeitung Frankfurt*, Oktober/November 1987, Nr. 1/2, Frankfurt a. M. 1987, p. 11에서 인용.

리듬

시간의 조직과 구성이 지닌 특별한 의미는 오늘날 많은 공연에서 리듬 문제로 귀결된다. 리듬은 육체성, 공간성, 소리성을 서로 관계 맺게 하고, 공간에서의 출현과 사라짐을 규정한다. 그렇지만 리듬은 ─ 타임 브래킷처럼 ─ 새롭게 고안된 것은 아니다. 어떤 형식으로든 리듬이 시간의 구조화에 작용하지 않는 공연은 없다. 줄거리와 인물의 변화와 발전이 주도적인 구조화의 원리를 제공한다면, 리듬은 장면의 결과로서 발화할 때, 움직일 때, 각각의 장면에서, 그리고 음악극과 댄스시어터 이외의 영역에서도 큰 의미를 지닌다. 그러나 이때 리듬은 하위 원리로 간주된다. 주도적인 원리에 따라 만들어진 구조를 보조하는 것이다. 이와 반대로 1960년대 이후의 연극과 퍼포먼스아트에서 리듬은 주도적 역할을 하는 상위 개념이 된다. 한 걸음 더 나아가 리듬은 시간의 구성과 구조화에 가장 결정적인 원리가 된다.

이러한 맥락에서 필자는 리듬을 박자나 운율과 구별해서 구성 원리, 즉 반복적 균형의 척도Gleichmass가 아니라 구성적 척도Regelmass로 보고자 한다. 하노 헬블링Hanno Helbling이 설명하듯, 리듬은 역동적 원리로서 **길 위에** 있고 머문다. 리듬은 특정한 관계를 생성하고 드러낸다. 그리고 그 관계를 다시 새롭게 설계한다."[111] 리듬에서는 예측 가능한 것과 예측 불가능한 것이 상호작용한다. 반복 **그리고** 변주를 통해 리듬이 생성된다. 반복 혼자서는 리듬을 만들 수 없다. 이러한 의미에서 리듬은

---

111) Hanno Helbling, *Rhythmus. Ein Versuch*, Frankfurt a. M. 1999, p. 18.

항상적 변이를 전제하고, 그것을 추동하는 구성의 원리로 기술된다.[112]

리듬이 주도적이 되거나 일반적인 구성 원리로 작용하게 되면 육체성, 공간성, 소리성이 서로 끊임없이 교차하는 관계가 생성되고, 그 나타남과 사라짐은 반복과 변주를 통해 통제되고 규정된다.

로버트 윌슨은 ─1980년대 중반까지 했던 작업에서─ 리듬의 투입을 통해 케이지가 타임 브래킷으로 도달한 것과 비교할 만한 성과를 냈다. 그 모든 연극적 구성 요소의 체계화는 고유의 리듬을 따라 이루어졌다. 초 단위로 변화하는 조명, 슬로모션으로 실연되는 연기자의 움직임, 목소리, 잡음, 음악 등의 소리는 사운드 콜라주에 맞춰 서로 직조되면서 특정한 리듬으로 들리게 된다. 리듬은 여러 구성 요소 간의 서열을 없애고 각각의 요소를 서로 분리시킨다. 또한 각각의 요소에 고유한 시간적 구조를 형성시키고, 다른 것으로부터 분리된 채로 지각하게 한다. 이러한 의미에서 관객은 다양한 시간성을 동시에 경험한다. 관객의 지각은 비동시적이 되고, 관계된 각각의 요소가 작용하는 힘을 더 예민하게 받아들이게 된다. 리듬은 육체성, 공간성, 소리성이 직접 연결되기 어렵게 하며 이것들 사이에 상하 관계가 형성되거나 연결되어 중요한 의미가 만들어지는 것을 방해한다. 이러한 리듬에 맞춰 만들어진 저마다의 고유한 시간성은 구성 요소 간에 상관성을 만들지 않으며, 오히려 이러한 요소들을 같은 힘으로 같이 존재하게 한다. 그리고 그 요소들이 고유의 역동성을 펼치고 유효하게 한다. 만약 관객을 중심으로 구성 요소 간에 연관성이 만들어진다면, 그 연관성은 ─케이지의 작품에서처

---

112) Clemens Risi, "Rhythmen der Aufführung. Kollidierende Rhythmen bei Steve Reich und Heiner Goebbels," Erika Fischer-Lichte, Clemens Risi & Jens Roselt(eds.), *Kunst der Aufführung─Aufführung der Kunst*, Berlin 2004, pp. 165~77 참조.

럼─바로 관객이 만든 것이다.

한편, 슐레프가 택한 리듬은 매우 달랐다. 슐레프의 합창단에서 우리는 육체성, 공간성, 소리성을 하나의 리듬으로 완벽하게 맞췄다는 인상을 받는다. 그러나 자세히 들여다보면 이러한 인상이 착각임을 알 수 있다. 합창단에서는 움직임과 말하기의 리듬이 항상 어긋났다. 이것은 바로 개인과 공동체 사이뿐 아니라 육체와 언어 사이에서도 합창단이 투쟁의 장소로서 자신을 드러내는 과정이었다. 발화된 문장의 리듬은 합창단의 육체도 같은 리듬 속에서 움직이도록, 그리하여 합창단의 육체가 언어의 상징 질서 아래 놓이도록 강요하는 듯했다. 이와 반대로 합창단의 육체들은 이러한 종류의 시도에 저항했을 뿐 아니라, 움직임의 리듬을 목소리를 경유해서 언어로 전달하려 노력했다. 즉 합창단의 육체들은 언어의 구문적 질서를 파괴하는 리듬을 가졌으며, 언어를 왜곡시킨 것이다. 결국 문장은 그 의미를 잃고 파악되지 못했다. 목소리는 언어로부터 분리되었고, 목소리로 전달된 언어의 상징 질서는 육체의 움직임에 따른 리듬에 의해 파괴되었다. 목소리는 구문적으로나 어의적 측면에서 발화된 언어의 질서를 만들어내는 리듬으로부터 벗어났다. 그리고 목소리는 그 리듬을 육체의 움직임에 전달했다. 그리고 그 육체는 다시 목소리에 그 리듬을 강요했다. 결과적으로 언어의 리듬과 그것이 내포한 전체적 의미가 파괴되었다.

이 투쟁에는 승리자도 패배자도 없었다. 개인과 공동체 사이에서도 마찬가지였다. 언어와 몸이 서로 함께 작용하거나 화합하지 않는 투쟁하고 대립하는 힘으로 드러나게 한 것은 리듬이었다. 슐레프의 합창단은 니체의 『음악의 정신으로부터의 비극의 탄생』에 대한 근본 이념을 연상시킨다. 슐레프의 합창단의 리듬에서는 엑스터시적이고 맞부딪치고 추락하는 신체에 의해 실현되는 디오니소스적 원리와 언어의 상징 질서에 의해 실현되는 아폴로적 원리가 대립했다. 이 전투가 어떻게 끝 날지는 예측할 수 없었다. 슐레프의 합창단에서 육체성, 공간성, 소리 성의 관계를 긴장되고 부조화하게 만든 것은 바로 리듬이었다. 리듬은 그들 사이에 지속적으로 서열을 만드는 한편, 비서열화에도 영향을 끼 쳤다. 각각의 요소에는 고유한 시간성이 주어졌다. 하나의 요소는 리듬 을 통해 일시적으로만 다른 요소로 전이될 수 있었다.

월슨과 슐레프의 작업은 연극적 구성 요소(몸의 움직임, 조명, 소리) 사이에서 비연관성이 생성되는 지점에서부터 항상 새로운 관계성이 생 성되는 지점까지의 스펙트럼 중 두 극단을 보여주는 사례다. 여기서 이 러한 관계나 비관계를 유지시키는 것은 바로 리듬이다. 리듬은 슐레프 와 윌슨 사이에 큰 차이가 있음에도 뭔가 이 두 사람을 이어주는 다른 어떤 것을 만들어낸다. 리듬은 그 요소들 사이에 서열 관계를 만들어내 지 않는다. 모든 것은 여기서 동일하게 중요하고 가치 있다. 이를 통해 만들어진 특수한 물질성과 이것이 공간 속에서 갖는 개개의 특별함에 관객은 주목하게 된다.

나아가 리듬은 공연의 드라마투르기를 만들어내는 원리로 작용하 기도 한다. 이는 윌슨과 슐레프뿐 아니라 얀 파브르, 얀 라우어스Jan Lauwers, 우스터 그룹Wooster Group, 하이너 괴벨스, 크리스토프 마르탈 러 등의 다른 예술가들에게도 해당된다. 어떤 요소가 언제, 어떤 형식 으로, 어떤 지속성을 갖고 드러나는지는 본질적으로 각 공연의 리듬에 달려 있었다. 이에 상응하게 나타나는 요소들이 자주 반복적으로 작업 됐으며, 또한 그 반복된 것이 매번 변차를 일으키며 반복됐다. 설사 그 것이 부분적이고 매우 최소한이라 하더라도 말이다. 마르탈러의 「유럽을 끝장내라!」와 「영의 시간 혹은 서비스의 예술Die Stunde Null oder Die Kunst des Servierens」(함부르크 독일극장, 1995) 혹은 「아름다운 방앗간 여자Die schöne Müllerin」(취리히 극장, 2002)와 같은 공연은 거의 반복으로 구성되어 있었다. 조금 과장해서 말하면, 공연에 도입된 하나의 구성 요소가 계속 변주하며 반복되었다. 두번째 요소도 앞에서와 마찬가지로 지나가고, 그 이후 세번째가 등장하는 식으로 매번 이렇게 이어갔다. 이 변주라는 것은 아주 작은 차이에서 극도로 큰 차이까지 해당된다. 여기서는 하나가 다른 것에 미치는 영향력이 절대적으로 크다.

베를린 민중극장의 프로그램에 오늘날까지 올라 있는 「유럽을 끝장내라!」에서 조금씩 변주하며 반복성을 드러내는 사례는 주자네 뒬만 Susanne Düllmann의 남자 화장실에 대한 노래를 위르겐 로테르트Jürgen Rothert가 단어 선택, 문장 구조, 억양 등을 매번 다르게 변주하며 방해하는 것이다. 그리고 윌리 예기Ueli Jäggi가 『밀가루 없이 빵 만들기 Backen ohne Mehl』라는 요리책에서, 왜 그 요리 과정이 결국 "여자 없이 섹스하기Ficken ohne Frau"가 되었는가를 다양한 버전으로 이야기하는 것도 마찬가지 사례다. 그날 저녁 공연이 진행되는 동안 이런 식의 반복이 피곤해질 정도로 계속되었다. 이와 반대로 아주 작은 차이가 매우 큰 영향력을 촉발하기도 했다. 가령 성가인 「고맙습니다Danke」[113]의 16마디가 음이 달라지며 노래되었고, 그에 맞춰 위르크 킨베르거Jürg Kienberger가 피아노 반주를 했다. 각 마디는 이전 마디보다 반 음 정도씩 높게 불렀다. 그리하여 마지막에 이르면 가수의 성대가 상할 정도

---

113) 필자는 이 공연 「유럽을 끝장내라!」를 두 번 관람했는데 16마디라는 것을 인식하지 못했다. 이것을 알게 된 것은 마디 수를 세었을 뿐 아니라 빛나는 공연 분석을 해낸 로베르트 졸리히Robert Sollich 덕분이다.

로, 거의 폭발적이며 관객이 끝내 웃음을 터뜨릴 정도로 목이 터져라 불렀다.

특정한 시간 간격을 두고 뤼디 호이제르만Ruedi Häusermann은 큰 벽난로 쪽으로 가서 벽난로 문을 열고 불쏘시개로 불을 쑤셔댔다. 그 움직임은 매번 매우 조금씩 변주되었다. 그러나 공연의 마지막 3분의 1이 남았을 때쯤에는 엄청난 차이를 드러냈다. 문이 열린 벽난로에서 옛 동독의 국가國歌가 울려 퍼졌다. 이것은 매우 큰 효과를 불러일으켰다.

공연 중에 배우들은 어떤 특별한 이유나 이해 가능한 동기 없이 자주 함께 노래를 불렀다. 그것은 리듬이었다. 즉 합창이 반복되는 시간적 순서는, 리듬이 나타나는 요인이 되었다. 부분적으로 매우 뚜렷한 변주는 아무런 동기 없이 주어진 노래의 선택을 통해 매번 일어났다. 이 레퍼토리는 아이헨도르프Joseph von Eichendorff의 「서늘한 땅에게Kühlem Grunde」로 시작해서 「배부른 독일이여 너는 잠들었구나Sichres Deutschland schläfst du noch」(1650), 합창곡 「독일 제국이여 일어나라Wach auf, du deutsches Reich」를 거쳐, 파울 링케Paul Lincke의 「개똥벌레 목가 Glühwürmchenidyll」와 「나는 내 몸에 먹칠을 하게 했다Ich laß mir meinen Körper schwarz bepinseln」에 이르렀다.

공연의 리듬은 '번호Number'가 이어지는 시리즈 방식으로 생성되지 않는다. 오히려 다양한 구성 요소들이 나오는데, 처음에는 서로 연관성이 없어 보이다가 공연이 진행되면서 끊임없이 변주하는 반복에 의해 서로 휘말리고 겹쳐지며, 혹은 리듬에 맞춰 서로 관계를 맺게 된다. 공연의 물질을 이루는 구성 요소들이 처음 출현할 때는 이유도 없고 동기도 없을 뿐 아니라 서로 완전히 무관하다. 각 요소는 두 시간 반의 공연 시간 동안 특정한 시점에 이전 단계 없이 나타난 것이다. 이렇게 어떤 것이 처음 나타나면 이것은 점점 퍼져나가며 끊임없이 변화한다. 이 현상은 크든 작든 지각 가능하다. 물론 지속적으로 변화하지는 않으며, 공간 속에 존재하는 단지 열한 명의 배우가 이 지속성을 생성한다. 반대로 아무런 연관성을 보이지 않는 배우의 행위는 흔적도 없이 사라질 정도로 찰나적이다. 그러나 그것은 가벼운 변화와 함께 다시 나타난다. 어떤 행위도 흔적도 없이 사라지지 않는다. 이 세상에 한번 등장한 것은 다시 나타날 것이다. 물론 완전히 똑같게는 아니지만 말이다. 그들의 변이를 이끄는 것이 무엇인지는 그것이 처음 등장했을 때와 마찬가지로 불분명하며 설명할 수 없다. 이것은 모두 리듬 덕분이다. 이를 통해 비로소 리듬에 주목하게 된다. 반복은 일종의 피드백 고리를 생성시키는데, 이것은 원인과 결과에 대한 질문을 일축시켜버린다. 리듬은 구성 요소, 질료의 나타남과 사라짐을 다른 원리나 시스템의 간섭 없이도 정리하는 구성의 원리라 할 수 있다. 한번 시동되면, 리듬은 구성 요소 그 자체에서부터 생성되어 다시 사라지는 것이라는 인상을 받기 쉽다. 하지만 여기서 공연의 물질성이 나타나고 사라지는 시점과 시간을 알려주는 것은 리듬이다.[114]

이미 "공동체" 부분에서 언급했듯이 리듬은 인간 몸의 기본 원리라고 할 수 있다. 심장박동, 혈액순환, 호흡은 각각의 리듬에 따라 움직인다. 이뿐 아니라 인간은 걷거나 춤을 추거나 헤엄을 치거나 글을 쓸 때도 리듬감 있게 움직인다. 그리고 말할 때, 노래할 때, 웃을 때, 울 때 내는 소리에도 리듬이 있다. 우리의 몸속에서 이루어지는 움직임도, 지각

---

114) 다시 말하면 리듬을 사전에 정하는 그 누구다. 이에 관해서는 제7장 "연출" 부분을 참고하라.

하지 못할 뿐 리듬감 있게 이행된다.[115] 인간의 몸은 실로 리듬으로 창조되었다.

따라서 우리는 특별한 방식으로 리듬을 지각할 능력이 있고, 리듬 속으로 '흘러들어 갈' 수 있다. 시간성이 본질적으로 리듬에 의해 조직되고 구성된 공연에서는 여러 다양한 '리듬 체계'가 서로 만난다. 공연의 시스템과 관객들의 체계가 그것인데, 여기서 관객은 저마다 각기 다른 리듬 체계를 갖는다는 것을 기억해야 한다. 말하자면 공연에서 자동 형성적 피드백 고리와 관련해서 리듬이 어떻게 변화하는지는 매우 중요한 문제다. 관객을 공연의 리듬으로 끌어들일 수 있는가, 끌어들인다면 얼마나 끌어들일 수 있는가 —여기서 관객이 '리듬을 타는 것'은 행위자들에게 새로운 자극을 준다—그리고 비슷한 리듬을 가진 다수의 관객이 다른 관객과 행위자에게 영향을 끼칠 수 있는가, 그렇다면 어느 한도 내에서 그러한가 등이 그에 포함된다. 이러한 과정과는 무관하게, 자동 형성적 피드백 고리는 주로 리듬의 변화, 변주, 교차 등에 영향을 받아 스스로 형성된다고 유추할 수 있다. 그것은 상호 간에 '이리저리 흔들리는' 다른 리듬 속에서, 또한 이와 같은 의미에서 행위자와 관객 사이에서 직접적으로 주고받는 신체적 영향 속에서 이행된다. 이 말은 자동 형성적 피드백 고리가 리듬 구조를 구현하는 데 특히 유리한 조건을 제공한다는 뜻이다. 동시에 이는 관객이 그 과정에 주목하도록 유도한다.

리듬은 물질성의 수행적 창출을 조직하고 구조화함으로써 수행적으로 드러난 물질성을 자동 형성적 피드백 고리에 영향을 끼치는 요소로

---

115) Gerold Baier, *Rhythmus. Tanz in Körper und Gehirn*, Reinbek bei Hamburg 2001 참조.

나타나게 한다. 리듬 속에서 물질성의 수행적 창출과 자동 형성적 피드백 고리는 관객에게 지각될 정도로 서로 관련되고 서로에게 생산적으로 작용한다.

제5장

의미의 창발

막스 헤르만은 공연 개념을 설명하면서 공연의 매체성, 물질성, 미학성을 분석했다. 그런데 그는 공연의 기호성Semiotizität을 전혀 고려하지 않았다. 무엇보다 그 시대에는 공연의 기호성이 드라마 텍스트와 거의 동일하게 취급되었기 때문이다. 당대의 연극 비평가나 문학 연구자는 공연에서, 그리고 공연을 통해 작품이라는 텍스트에서 '선취된' 의미가 여러 가지 연극적 수단으로 표현되고, 또 그렇게 관객에게 전달된다고 간주했다. 그들에게는 공연의 수행성이 표현성의 범주 아래에 있었다. 행위자와 관객의 관계에서도 단지 행위자가 '올바른' 의미를 '적절하게' 표현했는가, 그리고 관객에게 잘 전달했는가 하는 문제만이 관심의 대상이었다. 헤르만은 그와 반대로 행위자와 관객의 신체적 공동 현존이 공연의 절대적인 구성 요소라고 인식했다. 공연의 기호성이 드라마라는 문학적 텍스트에서 유래했거나 그렇다고 판단되면, 헤르만은 관심을 두지 않았다.

역사적 전위예술의 대표, 특히 크레이그, 미래파, 다다이스트, 초현실주의자, 메이예르홀트, 바우하우스 연극Baushaus-Theater, 앙토냉 아르토 등은 문학적 연극으로부터의 전환을 주창하면서 문학적 텍스트의 의미에 매달리는 것은 더 이상 유효하지 않다고 선포했다. 나아가 연극이 의미를 전달하는 일을 이제 멈추어야 한다고 요구하면서 그 대신 연극이 관객에게 영향을 끼쳐야 한다고 주장했다. 이들은 문학이나 사실주의적이고 심리적인 연극에 대한 반대 모델로서 바리에테와 서커스를 내세웠다. 이탈리아 미래파 예술가들은 「바리에테 연극」(1913)과 「미래파 종합연극Das futuristische synthetische Theater」(1915) 같은 선언문에서, 연극이 바리에테와 서커스의 원리에 따라 "충격적 연극, 그 기록, 육체적 광란의 연극으로 바뀌어야 한다"[1]라고 주장했다. 초기 구소련에서는 서커스를 소환해서, 의미 전달을 목적으로 하지 않는 새로운 연극을 창조하려는 시도가 많이 있었다. 1913년부터 1916년까지 메이예르홀트의 스튜디오에서 일한 세르게이 라들로프Sergei Radlov는 1920년에 자신을 비롯해 광대, 곡예사, 기계체조 선수가 배우로 출연하는 서커스 극단을 창립했다. 이런 방식으로 새로운 희극적 민중극을 만드는 것이 그의 목표였다(처음에는 관객이 구름처럼 몰려들었지만 이후 관객이 뜸해지자 1922년에 극단의 문을 닫아야 했다). 1922년과 1923년에 라들로프는 바리에테와 서커스로 소위 FFKS(배우 중심의 공장)라는 것을 실험하기도 했다.

이 중에서 특히 연극과 서커스를 결합한 메이예르홀트의 창의적 시

---

1) Filippo Tommaso Marinetti, "Das Varietétheater," p. 175. 독일어판에는 "육체적 광란körperliche Tollheit" 대신 "심리적 광란Psychotollheit"이라고 잘못 번역되었다.

도는 주목할 만하다. 성공적인 성과물은 바로 세르게이 예이젠시테인이 참여한 수호보-코빌린Alexandr Sukhovo-Kobylin의 그로테스크한 작품「타렐킨의 죽음Tarelkins Tod」(1922)이다. 이는 그가 연출한 오스트롭스키의 희극「구렁텅이에 빠진 자도 멍청한 짓을 한다」와 서커스를 토대로 만들어졌다. 이것은 20년 후에 집필된『방법Methode』(1943~47)이라는 글에서 다음과 같이 강조된다.

> 서커스에 대한 우리의 생각은 [……] 다음과 같다. 서커스는 예술의 한 분류로서 단지 감각적 요소만 형식 속에 남아 있는 경우거나, 그것이 아니라면 특정한 소재나 아이디어를 체화한 형식이다. 그러므로 서커스는 고유의 감각을 느끼게 하는 목욕탕처럼 작동한다. [……] 그래서 서커스에 '의미화'나 의미를 전달하는 기능을 요구해서는 안 된다.[2]

메이예르홀트 역시 예이젠시테인과 동일하게 서커스의 감각적 현상은 의미 전달을 목적으로 하는 것이 아니라, 직접적 영향력을 발휘한다고 전제했다. 따라서 서커스는 새로운 연극을 위한 모델로서 적절하게 보였다. 그러나 메이예르홀트는 이로부터 조금 다른 결론을 내렸다. 그에 따르면 연극의 중요한 힘은 관객이 '함께 행위하는 자로서나 새로운 **감각의 창조자**'로서 규정될 때 생성된다. 행위자가 관객에게 의미를 전달하는 것을 포기하고 자신의 행동을 감각이나 물질성을 생산하는 데 한정하면, 각각의 관객이 그 물질성과 관계해서 새로운 의미를 생성하

---

2) Vjacheslav Vsevolodovich Ivanov, *Einführung in die allgemeine Problematik der Semiotik*, Tübingen 1985, p. 248에서 재인용.

며 관객 스스로 새로운 의미의 생산자가 될 수 있다는 것이다.

1960년대 이후 연극과 퍼포먼스 예술가들은 공연의 임무란 앞에서 언급한 역사적 전위예술처럼 관계자 집단 — 행위자, 연출가, 무대 디자이너, 작곡가 혹은 작가 — 이 형성한 의미를 — 관객에게 — 전달하는 것이 아니라고 전제했다. 공연은 어떤 의미 전달을 위해, 혹은 예이젠시테인이 말했듯이 의의 전달을 위해 복무하지 않는다. 이러한 맥락에서 이들은 역사적 전위예술이 직면했던 것과 유사한 문제에 봉착했다. 물질성과 기호성의 관계, 영향력과 의미의 관계에 대한 문제가 바로 그것이다. 새로운 영향미학Wirkungsästhetik을 목표로 했던 대표적인 역사적 전위예술가들은 그 답을 정확히 알고 있었다. 바로 연극적 요소를 물질성과 감각성에 한정시킴으로써 행위자가 의미를 구성하는 것을 저지하고, 관객 스스로 의미를 생성하도록 해야 한다는 것이다. 행위자에 의한 의미 구성은 관객의 영향력을 차단해버린다. 따라서 영향미학은 행위자가 주도하는 의미 구성을 포기할 것을 요구한다.

반대로 지난 30~40년간 연극과 퍼포먼스 예술가들은 이 문제에 대한 정확한 답을 발견하지 못했다. 지금까지 공연을 통해 드러난 것으로만 보면 이 문제에 아무런 관심이 없는 것처럼 보인다. 물론 그들은 물질성과 기호성, 영향과 의미를 서로 배타적으로 분리하거나 이분법적 관계로 파악하지 않는다. 오히려 이들은 이 두 범주가 서로 어떤 관계를 이루는지 자주 의문을 제기하며, 공연마다 다른 방법을 선택한다. 이런 방법으로 공연에서 의미가 어떻게 생성되며, 무엇이 행해지고 어떤 영향을 끼치는지를 탐구한다. 필자는 지금까지 부분적으로만 언급해온 이 문제에 대해 수행성의 미학의 맥락에서, 특히 기호성의 측면에서 자세히 논의할 것이다.

1. 물질성, 기표, 기의

1960년대 이후의 공연은 계속해서 각각의 연극적 수단을 전체적인 맥락에서 분리시켰다. 공연은 줄거리나 심리학적 논리를 따르지 않고, 모든 종류의 인과적 연결 고리에서 자유롭고자 했다. 특정한 기하학적 패턴이나 리듬 패턴을 따르는 듯한, 혹은 우연한 원리에 따라 작동하는 듯한 특정 요소가 공간 속에 출현해 잠시 ─ 각기 다른 시간 동안 ─ 머물렀다가, 일부는 계속 변형되어가고 일부는 다시 사라져버린다. 어떤 납득할 만한 근거나 계기도 없이 말이다. 각각의 요소가 떠오르는 이러한 현상은 대부분 혹은 거의 모두 창발적 현상에 관한 문제다.

이러한 창발은 처음에는 어느 정도 모순적인 과정을 지닌 것처럼 보이지만, 공연의 기호성을 설명하기에 매우 적절하다. 우선, 독립된 채로 떠오르는 이러한 요소들은 특정 방식으로 의미가 해체되어 의미의 전달체가 아니라 그 물질성 속에서 지각된다. 이 요소들은 다른 요소들이나 다른 맥락과 관계가 없다. 따라서 이것은 의미를 생성하지 않는 비기호Insignifikant로 존재한다.

한편, 독립된 채 물질성 속에서 지각되며 떠오르는 창발 현상은 그것을 지각하는 주체에게 연상이나 상상, 사고, 기억, 느낌을 야기하거나 그 가능성을 연다. 그것은 다양한 현상과 연관을 가지고 다양한 맥락으로 이어지며, 다양한 기의와 맺어져 의미 생성의 가능성을 복수화하는 명백한 기표로서 지각된다.

어떻게 이러한 모순을 설명할 수 있을까?

필자는 앞에서 의미 해체에 대해 짧게 언급한 바 있다. 거기서 필자는 한 요소나 여러 요소에 특정한 의미를 부여하는 포괄적인 행동 논리와 심리학적 논리가 얼마나 근거가 있는지, 그리고 왜 이것이 불충분하게 느껴지는지를 보여주고자 했다. 필자는 로버트 윌슨의 슬로모션을 사례로 들어, 슬로모션이 그 몸짓의 의미를 해체하는 것이 아니라 오히려 그 행위 자체를 드러낸다고 설명했다. 특정한 몸짓은 바로 이행되는 몸짓 그 자체를 의미한다. 가령, 허리선에서 눈높이로 들어올려 굽히는 팔의 움직임은 그 자체로 지각된다. 아브라모비치가 자신의 몸에 칼로 별 모양을 새긴 것도 그 자체로 지각된다. 이것은 국가의 상징 또는 국가에 속한 한 개인의 몸에 각인되는 상징적 행위로 파악되지 않는다. 이것은 또한 비기호로 지각되지도 않으며, 이행되는 그 자체로 지각된다. 관객은 지안카를로 팔루디Giancarlo Paludi의 엄청나게 뚱뚱한 신체를 키케로라는 등장인물의 육체에 대한 기호가 아니라 공간을 점유하는 그저 덩어리로서의 신체로, 보이는 그대로, 즉 현상적 존재 자체로 지각한다.

필자는 여기서 몸과 몸짓을 사례로 들었는데, 이는 공간, 사물, 색깔, 소리 등에 적용해도 유효하다. 연극적 요소의 특수한 물질성을 지각한다는 것은 이것을 자기 지시적으로, 현상적 존재로 지각한다는 것을 의미한다. 그렇다는 것은 물질성을 비기호로 지각할 수도 있다는 말인가? 특정한 물질성으로 사물을 지각한다는 것을 비기호로, 순수하게 '감각적' 현상으로 지각하는 것과 동일하게 취급할 수 있는가?

　내가 만약 행위자의 신체를 그 자체로 특별한 몸과 살로 지각하면, 가령 니치의 썩은 양고기 퍼포먼스에서 행위자와 관객에게 뿌렸던 피를 그 특유의 붉은색으로 보고, 거기서 이상한 달콤함을 맛보거나 내장 특유의 질김과 꿈틀거림을 발밑으로 느낀다면, 나는 이 모든 현상을 **어떤 것 그 자체**로 지각하는 것이다. 여기서 관건은 일반적 자극이 아니라, 어떤 것을 그 자체로 지각하느냐이다. 어떤 사물은 존재하는 그대로, 즉 현상적으로 나타나는 그대로를 의미한다. 어떤 것을 그 자체로 지각한다는 것은 그것이 의미하는 그대로 지각하는 것이다. 자기 지시성 속에서 물질성, 기표, 기의는 하나가 된다. 물질성은 이러저러한 기의가 따라가는 기표로 기능하지 않는다. 오히려 물질성을 기의로 파악해도 된다. 이 기의는 물질성과 함께 그 자체로서 지각 주체에게 수용된다. 반복해서 말하자면, 사물의 물질성을 지각하는 주체는 그 물질성의 의미를 받아들이는 것이다. 다시 말해 그 현상적 존재를 수용하는 것이다. 어떤 것으로 지각된 대상이 의미하는 것은 지각된 어떤 것 그 자체다.

　이것은 매우 의식적인 지각이 이루어졌을 경우다. 어떤 것을 의식적으로 지각한다는 것은 사실상 그것을 그것 자체로 지각하는 것이다. 물론 우리는 의식하지 않아도 행위와 행동에 영향을 끼치는 지각을 생각하지 않을 수 없다.[3] 우리의 의식에 머물지 않을 경우, 지각 주체에게는 실제로 아무런 의미가 생기지 않고 말 그대로 의미 없이 머문다. 그리고 아무도 이것에 대해 진술하지 않기 때문에, 더 이상 고려되지도 않는다. 하지만 그들에 의해 촉발되어 드러난 행위는 그렇지 않다. 이 행위는 자동 형성적 피드백 고리를 구성하는 요소가 된다.

의미 해체로 파악되는 현상은 엄격한 의미에서 자기 지시성의 문제를 다루므로, 매우 특수한 의미 생성 과정이라 할 수 있다. 이러한 과정에는 어떤 것에 대한 지각이 그것 자체로서 수행된다. 그 첫 단계에서 어떤 것이 어떤 것으로 지각되는 것이 아니라, 두번째 단계에서 의미가 주어진다. 오히려 의미는 지각 행위 안에서, 지각 행위로서 생겨난다.

어떤 현상이 갑작스럽게 이유 없이 나타나면 관객들은 특정한 몸짓이나 특이한 사물, 그것이 이루어지는 과정에 주목하게 된다. 여기서 지각은 매우 중요한 질적 문제가 된다. 이것은 다른 가능한 의미, 잠재적 기능, 이용 방식 혹은 그 현상의 다른 맥락에 대해서 질문하지 않는다. 지각은 사물이 있는 그대로, 주체가 지각한 그대로, 즉 그 몸짓이나 사물, 과정에 주체가 거의 관조적으로 빠져드는 식으로 이행된다. 이때 그 '고유한 본래의 의미'가 상실된다. 이것은 지각하는 자가 행위자의 현존 혹은 사물의 엑스터시를 경험할 때 이행된다. 이 순간은 바로 어떤 비밀의 계시, 즉 지각 대상이 현상적 존재로서 '주어진' 의미를 비밀스럽게 드러내는 순간으로, 지각 행위를 통해 '밝혀지거나' 만들어지는 것이다.

이것은 의미 해체 과정이 아니라 자기 지시성의 문제가 된다. 자기 지시성은 역사적 전위예술가들에게 매우 중요한 근거이자 많은 미학 이론의 출발점이었던 구별을 없애버린다. 즉 대상물에 대한 일종의 물리적

---

3) Gerhard Roth, *Fühlen, Denken, Handeln. Wie das Gehirn unser Verhalten steuert*, Frankfurt a. M. 2001, pp. 217 이하 참조.

과정이라 할 수 있는 감각적 지각과 정신적 행위라 할 수 있는 의미 부여 사이의 구별을 없애버린다.

다음의 사례를 통해 다시 명확히 해보자. 쏟아져 내리는 비 사이로 빨간색 신호등을 볼 때 그것을 매우 특별한 붉은색으로 지각하면, 그러니까 빗물 때문에 끊임없이 색깔이 변하고 다양한 색감으로 빛나는 것에 몰입한다면 그때의 지각은 신호등 앞에 서서 그냥 바라볼 때의 지각과는 분명히 다르다. 그러나 두 경우 모두 지각이 특수한 의미를 생성한다. 첫번째의 경우는 감각적 인상에 매료되는 것을, 두번째는 어떤 행위의 지시를 의미한다. 누군가는 반발할지도 모르지만, 결론적으로 말하자면 의식적 지각은 항상 의미를 생성한다. 그리고 '감각적 인상'에 대해 더 적절히 표현한다면 내가 특수한 감각적 인상으로서 의식하게 하는 의미의 한 종류라고 할 수 있을 것이다. 그렇다고 그것이 아무런 불편 없이 언어로 표현된다는 것은 물론 아니다. 이것을 말로 표현하기 어려울 수도 있다. 아마도 끝에 가서는 의식적으로 지각한 무언가를 언어적으로 표현하는 것이 불가능해지거나, 부적합하게 묘사하거나 기술할 수밖에 없다는 생각에 도달할 수도 있다. 이러한 상황은, 의미는 의식의 상태와 동일시할 수 있으나 언어적 의미와 동일시할 수는 없다는 점을 분명하게 보여준다.

지난 30년 동안의 공연에서는 연극적 요소를 상위 맥락에서 해체되거나, 어떤 근거 없이, 즉 어떤 인과관계를 부여하지 않고—빈번하게 그리고 무수히 반복적으로—나타나고 사라지게 했다. 이것은 자기 자신을 드러내는 것 외에는 아무것도 아닌 창발적 현상으로, 자신을 창출했다. 이를 통해 지각과 의미 생성이 같은 과정임을 더 섬세하게 인식할 수 있었다.

그러나 이유도 동기도 없이 갑자기 나타나는 현상은 다른 유형의 지각을 불러일으키는 일종의 전제가 된다. 가장 먼저 그것은 그 자체의 현상적 존재로서 지각된다. 그러다 지각된 것에 대한 주목이 약해지면, 다시 말해 기표로서 약해지기 시작하면 이것은 다양한 연상──상상, 기억, 느낌, 감정, 생각──과 함께 기의로 연결된다. 어떠한 규칙에 따라 이러한 종류의 연상이 떠오르는 걸까? 이것은 무엇을 촉발하는가?

만약 한 관객이 말에 대한 공포에 시달린다면, 혹은──마치 지그문트 프로이트Sigmund Freud의 꼬마 한스처럼──거미나 뱀에 대한 공포에 시달린다면, 그 관객은 그뤼버의 「바쿠스」나 파브르의 「그 여자는 과거에 그랬고, 지금도 그러하다」 혹은 아브라모비치의 「용의 머리」를 보며 공포감에 기절할지도 모른다. 그러나 대상물에 대한 지각이 어떤 종류의 연상을 촉발하는지를 예측하는 것은 불가능하다. 만약 그것을 지각하는 자가 자기 스스로 나중에 어떤 타당한 이유를 발견할 수 있다 하더라도 말이다.

같은 맥락에서 대표적인 문학적 사례는 마르셀 프루스트Marcel Proust가 차에 적셔 먹은 마들렌이, 그러니까 그 냄새와 맛이 폭풍처럼 일련의 기억을 불러일으키는 장면이다. 냄새와 맛, 그리고 그것이 촉발한 기억이 하나로 연결된다. 여기서 우리는 절대적이지는 않지만, 특정한 가능성을 유추할 수 있다. 기억은 지각하는 사람의 의식 속에서 어떤 강제적 메커니즘 없이 떠오른다. 차에 적신 마들렌의 냄새나 맛은 그것을 프루스트가 지각했다고 해서 항상 어떤 기억을 촉발하는 것은 결코 아니라는 말이다. 또한 지각하는 사람이 그것을 의식적이고 의도적으로 찾고 호명할 수 있는 것도 아니다.

나타나는 현상을 주어진 맥락에서 분리하면, 지각하는 사람을 어떤 상태로 전이시키는 데 확실히 유리한 조건이 만들어진다. 프루스트가 차에 적신 마들렌의 향을 맡고 맛을 느끼는 상태를 참조할 만하다. 지각하는 사람은 직접적으로 혹은 일련의 중개를 통해 임의적인 맥락과 연결된다. 이러한 연결이 의식적이고 의도적으로 생성되는 경우는 매우 드물다. 가령 「유럽을 끝장내라!」에 나온 벽난로를 지각하는 한 관객이 그런 종류의 벽난로를 어디선가 보았다는 기억을 하게 되면, 이 과정에서 특수한 자전적 상황에 빠지게 된다. 그런데 연상은 원하거나 마치 그것을 찾기라도 한 듯이 일어난다. 관객이 특별한 대상물을 지각하면 관객의 의식 속에 자동적으로 떠오르는 것이다.

　기억으로서의 연상은 그전에 경험한 것이나 배웠던 것, 체험한 것 또는 단 한 번 있었던 특수한 주체적 경험과 공동 주체적으로 유효한 문화적 코드와 연관된다. 나아가 연상은 갑자기 발생한 직관, 새로운 아이디어, 이전에 단 한 번도 해보지 못했던 생각이 떠오를 때도 발생한다. 이러한 갑작스러운 연상이 일어난다는 사실에 지각 주체는 놀랄 수 있다. 왜냐하면 그 자신으로서는 이렇게 갑자기 떠오른 생각들과 지각한 대상물이 어떤 연관이 있는지를 설명할 수 없기 때문이다.

　이 두 가지 연상의 경우 의미는 지각 주체가 아무것도 의도하지 않은 것처럼 떠오른다. 이것은 인과적 결과도 아니고, 관련된 주체의 의도와도 상관없다. 이러한 현상은 근거도 없고 동인도 없이 일어난다. 이러한 측면에서 연상으로서의 의미 생성 과정과 의도적으로 이행하는 의미화 과정과 해석 과정은 분명한 차이를 보인다. 이 과정에서 의미를 찾으면 결과적으로—어떤 기준하에서도—서로 '맞아떨어진다'(물론 여기서 이 둘의 밀접성이 결코 해석자의 영향력 아래 있다는 말은 아니다). 여기서 의미는 관련된 주체의 의지나 노력 없이 떠오른다. 그리고 가끔은 주체의 의지와 반대로 작동하기도 한다. 이러한 과정 속에 생산되는 의미는 창발하는 것이라 할 수 있다.

연상이 사고 과정인 한 그것은 기억이나 새로운 의미로서 의식 속에 머무른다. 자신의 참신한 생각에 사로잡혀 가슴이 뛴다거나 진땀이 흐른다거나 다리를 떠는 등 다른 사람이 지각할 정도로 육체적으로 표현되거나 혹은 자신의 생각을 적어 두고 싶은 욕망에 지각 가능한 행위를 하지 않는 한 말이다. 이처럼 이 과정에 나타나는 느낌과 감정은 다른 사람이 지각할 정도로 다리를 떤다거나 흐느껴 우는 등의 불안한 움직임으로서 육체로 표현되곤 한다. 이것이 다른 관객이나 행위자에게 지각된다면, 즉 보이고 들리고 냄새가 나고 느껴진다면, 이것은 자동 형성적 피드백 고리의 성분이 된다. 기표로 지각되는 대상물의 기의인 의미는 지각 주체의 의식 속에 떠오르는데, 이것은 자동 형성적 피드백 고리에 포함된다. 다른 사람이 지각 가능하게 육체로 표현되었거나 다른 지각 가능한 반응을 일으킬 때 그러하다.

연극적 요소가 주어진 맥락으로부터 분리되고 독립되면 매우 다른 두 가지 방식의 지각과 의미 생성이 나타난다. 이 두 경우에 물질성, 기표, 기의는 서로 다른 관계성을 갖는다. 첫번째 경우는 나타난 것, 즉 그 현상적 존재 자체를 지각하는 것이다. 이런 의미에서 물질성, 기표, 기의는 하나다. 하지만 두번째 경우에는 물질성, 기표, 기의가 분리된다. 한 현상이 다양한 기의와 연결된 기표로서 지각되는 것으로, 이 과정에서 기표에 따르는 의미들은 주체의 의지와 상관없이, 근거나 동인도 없이 ─ 나중에 설득력 있게 설명할 수 있더라도 ─ 의식 속에 떠오른다. 첫번째 경우에는 그렇게 떠오른 의미를 지각 대상에 뒤늦게라도 연관시킬 수 있는 반면, 두번째 경우는 지각 대상과의 관련성을 찾기 힘들다. 여기서는 이미 생성된 의미가 또 다른 의미들을 생성한다. 이런 두 가지 방식의 의미 생성에는 공통점이 있는데, 그것은 공동 주체적으로 유효한 코드를 기초로 하지 않고, 관습적 질서를 기초로 이행된다는 점이다.

이와 같은 두 가지 지각과 의미 구성 방식, 그리고 벤야민의 예술 이론 개념인 '상징'과 '알레고리' 사이에는 놀라운 유사점이 보인다. 벤야민의 예술 이론이 언어 이론을 바탕으로 하고, 특정한 역사철학적 맥락에서 전개된다는 점 때문에 헷갈릴지도 모른다. 그러나 필자가 이야기하는 것과 벤야민의 개념 사이에 일정한 관계가 성립하는 것은 분명하다. 벤야민은 한편으로 자신의 상징 개념을 괴레스Joseph von Görres의 상징 이론에 근거해서 설명한다. 괴레스의 상징 이론은 "상징의 발달이 마치 산이나 식물 같은 본성을 가진다고 강조한다."[4] 다른 한편 벤야민은 상징을 크로이처Friedrich Creuzer의 신화 이론에 근거해서 "순간적인 것, 전체적인 것, 그 뿌리를 설명할 수 없는 것, 필수적인 것"[5]으로 특징 짓는다. "상징 경험의 시간 단위는 신화적인 극도로 짧은 순간이며, 상징 속에는 이렇게 말해도 된다면 마치 숲속처럼 의미가 숨겨져 있다."[6] 상징은 의미를 생산하는 주체의 참여를 거부하는 개념이다. 왜냐하면 상징은 그 의미를 '내부에서' 받아들이기 때문이다. 만약 상징이 특정한 주체에 의해 형성되었다면 — 예술적 상징의 경우처럼 — 이 주체성은 자신의 흔적을 스스로 지워버리고 사라지는 경향을 보인다. 따라서 예

---

4) Walter Benjamin, *Ursprung des deutschen Trauerspiels*, Rolf Tiedemann(ed.), Frankfurt a. M. 1972, p. 182.
5) 프리드리히 크로이처의 말. 같은 책, p. 340에서 인용.
6) 같은 책, p. 182.

술적 상징은 의미를 부여하는 모든 행위에서 벗어난 것처럼 보인다. 이는 창조하는 예술가는 물론 의미화하는 해석자에게도 해당된다. 한 주체에 의해 형성된 상징은 신이 유사 이전에 낙원에 존재하는 사물과 의미의 관계를 설정한 것과 같은 방식으로 그 의미를 간직하고 드러내야 한다. 여기서 물질성, 기표, 기의는 하나가 된다. 따라서 그 의미는 자의적이지도 않고, 특정한 주체가 생성한 관계도 아니며, 함께 주어진 것이다.

사실상 상징은 주체의 실제적인 참여를 파기하고, 의미에서 제외시킨다. 벤야민의 역사철학에서 상징은 미래적인 것의 선취다. 구원의 날이 오면 자연이 품고 있던 의미가 '삽시간에' 드러나듯이, 상징도 그 의미를 내부에 숨기고 있다가 밖으로 드러내기 때문이다. 따라서 상징은 역사의 끝을 미리 가리킨다. 동시에 역사의 끝을 상징화한다. 그 속에는 "종말에 대한 현시와 함께 전이된 자연의 자태가 열반의 빛 속에서 찰나적으로 자신을 계시하기"[7] 때문이다.

여기서 두 개념 사이의 유사성이 눈에 띈다. 상징과 자기 지시성에서는 물질성, 기표, 기의가 하나가 된다. 그에 대한 좋은 근거로 내재적 의미를 들 수 있다. 물론 여기서 벤야민의 역사철학적 개념에 기초한 본질적으로 중요한 차이를 간과해서는 안 된다. 자기 지시성의 경우 지각 주체의 참여가 어떤 경우에도 부정되지 않기 때문이다. 이것은 오히려 주체가 자신의 존재 속에서 현상을 지각하는 것으로, 바로 이 지각이 내재적 의미에 대해서 말할 수 있게 한다. 현상적 존재로서의 지각 대상의 의미를 가장 먼저 생성하는 것은 바로 주체의 지각 행위다.

---

7) 같은 곳.

이러한 차이가 있음에도 필자가 생각하기에 연극이나 퍼포먼스 예술가가 제시하는, 주어진 맥락에서의 현상의 분리는 공간 속에서의 사물의 현시와 그 지각 행위 안에서 벤야민의 상징과 유사한 것이 생성될 수 있는 전제가 된다.

그런데 벤야민은 위와 같은 상징 개념을 '의미화의 고고학'이라 할 수 있는 알레고리 개념과 대립시킨다. 알레고리는 역사 세계, 즉 원죄를 저지른 이후, 그리고 구원 이전에 일어나는 의미를 지닌 현상에 관한 것이다. 이것은 자연과 언어가 서로 분리되었다는 전제에서 출발한다. 즉 자연의 침묵으로 인해 인간이 자연에 항상 새로운 의미를 부여해야 한다는 절대적 필요성에서 비롯되었다. 알레고리적 의미는 결국 주체의 임의적인 의미 부여의 결과다.

벤야민은 알레고리를 임의성을 나타내는, 즉 주체의 참여를 지시하는 의미 생성 방법으로 기술한다. "모든 사람과 사물, 그리고 모든 각각의 관계는 임의의 다른 것을 의미할 수 있다."[8] 역사 세계에서 사물은 더 이상 그 자체의 의미만을 갖지 않는다. 따라서 모든 각각의 임의적 대상은 자신의 물질성에서 완전히 독립해 임의적인 사물을 위한 기호로 사용될 수 있다. 물질성, 기표, 기의가 서로 분리되는 것이다.

알레고리 사용자에게 이용된 사물은 더 이상 의미를 지시하지 않으므로, 비기호가 된다. 알레고리 사용자의 경우와 마찬가지로, 모든 사물에 의미가 부여될 수 있는 것은 주체의 개입 덕분이다. 한 대상에는 "알레고리 사용자보다 앞서서 이미 신의 은총과 저주가 내려져 있다. 그 말은 하나의 의미나 의의를 부여하는 것은 처음부터 불가능하다는

---

8) 같은 책, p. 193.

것이다. 알레고리 사용자가 사물에 부여한 것이 의미에 보태진다. 그것은 대상에 이입된다. 〔……〕 그에 의해서 사물이 다른 무엇이 된다.”[9] 알레고리 사용자의 행위는 사물의 의미를 상실시키는 동시에 의미를 부여한다. 의미가 상실되는 것은, 주체가 아직 그 대상에 남아 있는 가능성, 즉 신에 의해 부여된 근원적이며 내적으로 깃들어 있는 의미를 계시할 가능성을 빼앗기 때문이다. 그리고 의미가 부여되는 것은, 주체의 의도된 행위가 새롭게 이러한 가능성을 부여하기 때문이다.

알레고리 사용자는 원형적으로 의미가 주어진 사물에 의미를 부여함으로써, 즉 기의를 기표로 만듦으로써 역사 세계에서 이미 의미가 주어진 것을 다시 기의가 되도록 이끈다. 기표가 된 사물은 이론적으로 끝없는 과정 속에서 계속 겹쳐지며 기의를 나타낼 수 있는 것이다.

각각의 대상에 대한 알레고리의 침투는 그 대상을 파편화해서 보게 한다. 그 말은, 대상을 모든 맥락에서 떨어져 나온 사물로 보는 것이며, 뒤집어 말하면 그것이 모든 맥락에서 떨어져 나온 존재라는 사실을 드러낸다. 알레고리적 행위에서 파편으로서의 사물은 주체의 임의성에 의해 새로운 의미를 부여받는다. 파편화되고 분리된 사물에 의미를 부여하는 것을 벤야민은 ‘구원’이라고 본다. 그렇지 않으면 사물은 아무런 의미를 지시하지 않거나 침묵하거나 과거 속에 떨어질 것이기 때문이다. 알레고리 사용자가 사물에 부여하는 의미는, 원죄 이전의 진술과 직결된 원형적인 의미와 — 당연하게도 — 전혀 공통점이 없다. 그러나 이것도 의미이기 때문에 알레고리라는 방법은 그 자체로 구원의 메시아적 상태를 알레고리적으로 예견하며, 이 상태에서 사물은 내재적 의미

---

9) 같은 책, pp. 204 이하.

를 다시 표현할 수 있게 된다.[10]

알레고리의 의미 부여와 앞에서 이야기한 연상의 의미 형성은 주어진 맥락에서 떨어져 나오는 것을 전제로 한다. 알레고리와 마찬가지로 연상에서도 의미 부여와 의미 생성이 모두 잇따르는데, 이것은 지각 주체에 의해 독단적으로 결정된다. 여기까지는 눈에 띄게 유사하다. 그러나 결정적인 차이가 있다. 바로 알레고리적 의미는 알레고리 사용자의 의도가 결정적 요인이라는 것이다. 그는 지각한 사물에 강한 의지로 의미를 부여한다. 반대로 연상의 경우에는 지각 주체의 의식 속에 의미가 떠오른다. 마치 이 모든 과정을 전혀 의지로 조종하지 않은 것처럼, 그리고 그 의미에 대해 아무런 영향력도 갖지 못하는 것처럼 말이다.

상징과 알레고리는 서로 대립되며 상호 배타적인 것처럼 보인다. 상징과 알레고리가 서로 분리되는 것은 역사의 심연이다. 비록 이 둘이 메시아적 구원의 상태를 예견하고, 사물이 신으로부터 부여받은 원형적 의미를 다시 진술할 수 있다 하더라도 말이다. 앞선 공연 분석을 통해서 확인한 바와 같이 연극적 요소가 주어진 맥락에서 분리됨으로써 가능해진 두 가지 지각과 의미 생성 방식은 이와 반대로 창발을 통해 서로 다른 관계를 맺는다. 모든 순간 하나는 다른 하나로 넘어갈 수 있다. 지금 일어난 무언가에 대한 지각은 현상적 존재로서 다음 순간 그 지각 속에서 기표로 넘어가며, 이 기표에는 다양한 기의가 연결될 수 있

---

10) 벤야민의 예술 이론에 대한 자세한 논의는 다음을 참고하라. Erika Fischer-Lichte, *Bedeutung—Probleme einer semiotischen Hermeneutik und Ästhetik*, 특히 pp. 180~206; Erika Fischer-Lichte, "Die Allegorie als Paradigma einer Ästhetik der Avantgarde. Eine semiotische *re-lecture* von Walter Benjamins *Ursprung des deutschen Trauerspiels*," *Ästhetische Erfahrung. Das Semiotische und das Performative*, Tübingen/Basel 2001, pp. 121~37.

다. 어떤 것에 대한 '상징'으로서의 지각은 언제든 알레고리로서의 지각으로 바뀔 수 있는 것이다. 그리고 이런 과정은 벤야민의 역사철학적 틀에서 유사성이 발견된다. 알레고리에서는 "무상함은 [……] 알레고리로 표현된 것을 의미하지 않는다. 그것은 스스로를 의미하며 알레고리로 제시된 것이다. 부활의 알레고리로서 말이다. 마지막으로 알레고리적 시선은 바로크의 비석으로─과거를 향해 활시위를 겨누어 구원하듯이─건너뛴다. 신의 세계에서 알레고리가 깨어난다."[11]

지금까지 1960년대 이후의 공연에서 자주 거론되어온 벤야민의 예술 이론과 의미론에 대해 자세히 설명했다. 이는 1960년대 이후 전면에 나타나 논의되었던 공연의 기호성에 대한 관점을 더 날카롭게 파악하기 위해서였다. 필자가 중요하게 생각하는 것은 공연의 기호성이 서로 완전히 다른 두 가지 의미 생성 방식 사이에서 흔들리는 진자와 같다는 점이다. 하나는 벤야민의 상징과 같은 거의 '객관적으로' 주어진 의미이며, 다른 하나는 벤야민의 알레고리처럼 지각 주체와 주어진 조건에 따라 다르게 창발하는 연상이다. 두 경우 모두 의미는 공동 주체적으로 유효한 코드를 토대로 생성되지 않는다.

이러한 연관성 속에서 필자는─벤야민과는 다르게─여기서 생성된 의미라는 것이 언어적 의미가 아님을 분명하게 지적하고 싶다. 이것은 오히려 끈질길 정도로 언어적 표현의 문제를 벗어나는 의미들이다. 이러한 의미를 성찰하거나 다른 것과 연결시키기 위해 언어로 '번역'해내려는 과정은 사실상 나중에 이루어졌다.

---

11) 같은 책, pp. 263 이하.

2. '현존'과 '재현'

공연의 물질성에 관한 장에서 필자는 감각의 다층적 안정성에 대한 개념을 도입했고, 배우의 신체성과 그 배우가 표현하는 인물 사이에서 초점이 급변하는 사례를 설명했다. 이러한 사례를 단서로, 이제 '현존'과 '재현/표현' 개념의 관계에 관해 논의하려 한다. 이러한 토대 위에서 필자는 의미가 지각 과정의 역동성에서 연유하는지, 그리고 의미가 공연에서 어떤 역할을 하는지 살펴볼 것이다.

'현존'과 '재현'은 오랫동안 미학 이론에서 대립적인 개념으로 간주되었다. 현존은 직접성으로서, 충만함과 총체적 경험, 신빙성 있는 것으로 간주되었다. 반면에 재현은 권력과 통제 기관과 같은 **거대 서사**로 생각되었고, 의미가 고정된 채 부동한다고 간주되었다. 재현은 항상 그 기호성 속에서만 세계에 대해 매개된 접근성을 열기 때문이다. 공연과 관련해서 ─ 특히 1960년대부터 1970년대 초까지 ─ 배우의 몸은 현존의 장소이자 전형으로 파악되었고, 간혹 벌거벗은 몸만이 현존으로 파악되었다. 이와 반대로 극적 인물은 재현의 전형으로 나타났다. '권력과 통제 기관'인 문학 텍스트로부터 '미리 규정된' 것, 주어진 것을 배우가 자신의 몸으로 모사하거나 모방하는 것은 무대 위 인물에 대한 억압의 증거다. 텍스트가 배우, 특히 배우의 육체에 억압을 행사한다는 것이다. 따라서 배우의 육체는 재현의 굴레로부터 자유로워지고 신체적 존재의 자발성과 진실성을 관철시킬 수 있게 되어야 했다.

'체현'에 관한 장에서 제시한 것처럼, '현존'과 '재현'의 관계는 이분법적으로 유지되지 않는다. 현존뿐 아니라 등장인물 또한 특별한 체현 과정을 통해 생성된다. 여기서 등장인물은 주어진 것의 모사나 모방이 아니라 체현 과정을 통해서 산출된다. 등장인물의 형상화는 배우의 특수한 육체성과 연결된다. 배우의 현상적 신체, 세계-내-존재로서의 신체는 등장인물의 생성을 위한 존재 근거가 된다. 이러한 개인적 신체 너머에서 등장인물은 존재할 수 없다.

다시 말해, 배우가 어떤 인물을 형상화한다면, 그는 다른 곳―작품 텍스트―에 제시된 무언가를 모사하는 것이 아니라 무언가 완전히 새로운 것, 유일한 것, 즉 개인적인 신체성으로 존재하는 것을 창조하는 것이다. 만약 우리가 인물의 형상화 과정을 위해 재현 개념을 유지하고자 한다면, 그 개념은 과감하게 다시 정의되어야 한다. 재현과 현존은 특별한 체현 과정의 결과이고, 그것은 지각을 통해 생성된다. 그렇다고 '현존'과 '재현'의 개념 차이가 상쇄된다는 것은 아니다. 왜냐하면 똑같은 체현 과정이 일어난다고 해도―이러한 일은 언제든, 빈번히 일어날 수 있다. 등장인물의 역할을 맡은 배우가 현존하는 것처럼 그 인물을 '연기'한다면 말이다―지각을 통해 발생하는 결과는 현저히 다르기 때문이다. 이러한 차이는 바로 지각에서 연유한다. 즉 지각의 다층적 안정성이라는 현상에서 분명히 드러난다.

이미 설명했듯이 지각은 지각 행위가 이루어지는 동안 급변할 수 있다. 어느 순간에는 배우의 현존으로 지각된 것이, 다음 순간에는 인물로 지각된다. **그 반대로도** 마찬가지다. 이러한 현상에서 심리적 설명을 찾는 것은 우리의 맥락에서 중요하지 않다.[12] 이 현상의 본질은 바로 창발성에 있음을 확인하면 충분하다. 왜냐하면 지각의 급변에는 어떤 이유도 없기 때문이다. 특정한 드라마투르기 혹은 연출 전략에서 그 이유를 찾으려던 지금까지의 시도는 실패했다. 또한 공연 프로그램 안내 책자에 기재된 등장인물과 배우 사이에서 아무런 관련성을 찾아볼 수 없을지라도, 관객은 항상 배우를 해당 인물로 인식한다. 마찬가지로 관객은 사실주의적-심리적 공연에서 항상 배우의 현존을 느낀다. 그러므로 현재의 연구 상황에서는 지각의 급변은 창발 현상이라는 결론을 내리는 데 만족할 수밖에 없다.

우리의 맥락에서 훨씬 더 흥미로운 질문은 바로 공연에서 감각의 다층적 안정성이 어떤 영향을 끼치는가다. 앞서 보았듯이 1960년대 이후 공연에서는 심리적-사실주의적 공연의 사례와 같이, 매우 높은 강도로 지각의 다층적 안정성을 가능하게 하는 다양한 전략이 이용되었다. 윌슨, 카스토르프, 파브르 등의 연출은 바로 그에 대한 도전이나 다름없었다. 그들의 작업은 지각의 급변을 반복적으로 불러일으키는 데 중점을 두었다. 왜냐하면 지각이 급변하는 순간에 틈과 불연속성이 만들어

---

12) 이러한 설명에 관해서는 Michael Stadler & Peter Kruse, "Zur Emergenz psychischer Qualitäten. Das psychophysische Problem im Lichte der Selbstorganisationstheorie," Wolfgang Krohn & Günter Küppers, *Emergenz: Die Entstehung von Ordnung, Organisation und Bedeutung*, Frankfurt a. M. 1992, pp. 134~60 참조.

지기 때문이다. 이제까지의 지각 상태는 파괴되고 포기되며, 새로운 상태가 만들어진다. 배우의 신체를 세계-내-존재하는 신체로 지각하는 것은 특정한 지각의 질서를 만들고, 배우의 육체를 인물을 위한 기호로 지각하는 것은 또 다른 지각 질서를 만든다. 첫번째 질서는 현상적 존재로서 지각된 것의 의미를 생성한다. 이 의미는 지각된 것과 더 이상 아무런 상관없는 의미를 수없이 생성할 수 있다. 두번째 질서는 그 총체성 속에서 인물을 구성하는 의미를 발생시킨다. 첫번째 지각의 질서를 현존의 질서라는 측면에서 약한 현존 콘셉트로, 두번째는 재현의 질서로 개념화할 수 있다.

지각이 급변하는 순간 무슨 일이 일어나는가? 다시 말해, 지금까지 유지된 지각의 질서가 파괴되었는데 다른 지각의 질서가 아직 불안정할 때, 현존의 질서로부터 재현의 질서로 혹은 **반대로** 건너가는 경계의 순간 무슨 일이 일어나는가? 여기서는 불안정성의 상태가 발생한다. 이 상태는 두 가지 질서 사이에서 지각하는 사람을 '이도 저도 아닌' 상태에 빠뜨린다. 이 상태는 붕 뜬 문지방 단계에서 일어나는데, 이것은 한 질서에서 다른 질서로 건너가는 경계 지점이고 이러한 의미에서 역치적 상태다.

만약 공연에서 지각이 항상 급변하고, 그에 따라 관객이 종종 두 개의 지각 상태 사이에 놓이게 되면, 점차 두 질서의 차이가 덜 중요해지고, 그 대신 지각하는 사람은 바로 그 경계 상태, 안정성이 파괴된 상태, 불안정한 상태, 그리고 새로운 안정 상태의 생성에 주목하게 될 것이다. 지각의 급변이 빈번히 일어날수록, 지각하는 자는 두 세계, 지각의 두 질서 사이를 더욱 빈번히 오가는 여행자가 된다. 지각하는 사람은 자신이 그 변화의 주인이 아님을 점차 지각하게 된다. 물론 그는 자신의 지각을 새로운 현존의 질서나 재현의 질서에 의도적으로 '맞추려고' 할 수 있다. 그러나 그 지각의 급변은 어떤 의도 없이 일어나며 어떤 의지나 방해 없이도 지각의 사이 상태에 처하게 된다는 것을 지각하는 사람은 곧 깨닫게 된다. 이때 그는 자신의 지각을 창발로 경험한다. 즉 의지나 통제에서 벗어나 있지만 완전히 자유롭지는 않으며 의식적으로 이행되는 것을 경험하게 된다.

이 지각은 의지에 따른 것은 아니지만 의식적이다. 따라서 이렇게 지각하는 과정에서 따라온 의미는 의도적으로 생각해낸 게 아니며, 오히려 지각 행위 중에 갑자기 떠오른 것이다.

여기서, 두 지각 질서 안에서 형성되는 의미 ─ 첫번째 지각 행위에서 생성된 의미와 그에 이어진 지각 행위로부터 생성된 의미 ─ 가 본질적으로 다른 종류인가 하는 질문을 제기할 수 있다. 예를 들어 현존의 지각 질서는 그것이 지닌 의미보다는 육체적으로 표현되는 심리적, 감정적, 에너지적, 자동적 반응을 통해 다른 사람에게 느낌, 상상, 감정을 불러일으키는가? 그리고 재현의 지각 질서는 지각하는 사람이 지각 대상에 대해 지속적으로 거리감을 유지할 수 있을 정도로 그를 강하게 사로잡지 않고 내적으로 일어나는 생각, 상상, 감정을 생성하는가? 이제까지 필자가 언급한 공연들은 이 질문들에 대해 일정한 결론을 제시한다. 첫번째 경우 생성된 의미는 현실을 구성하는 의미로 파악되고, 두번째 경우는 그 반대로 허구 세계나 상징 질서를 구성하는 의미로 파악된다. 그러나 우리는 17~18세기 연극의 역사에서 이러한 종류의 의미가, 강한 감정을 생성했음을 알고 있다. 따라서 이 질문에 관한 보편타당한 결론은 내릴 수 없다. 다만 이제까지 참고한 공연에만 한정한다면, 가능하다.

만약 그 질서가 안정적이면, 두 질서는 각자의 원리에 따라 의미를 생성한다. 가령 재현의 질서에서 지각된 모든 것은 등장인물이나 특정한 허구 세계 혹은 특정한 상징 질서의 관점에서 지각된다. 이러한 지각 과정은 등장인물 등을 창출하려는 목적에 따라 통제된다. 인물에 대한 기호로 적절하지 않은 요소들은 지각된다 해도 계속되는 의미 생성 과정에서 고려되지 않는다. 인물을 형상화할 때 생성된 의미는 지각 과정의 역동성에 영향을 끼친다. 이러한 과정은 매우 목적적으로 수행되고, 어느 정도는 예측 가능하다.

이것이 18세기 이론가들이 의도했던 지각의 질서다. 이미 보여준 바와 같이 지각의 질서는 이러한 방식으로 고정되지 않는다. 지각의 질서는 어떤 지점에서 건너뛰고, 재현의 질서는 무너지며 — 일시적이나마 — 다른 질서, 현존의 질서가 창출된다.

현존의 지각 질서에서는 다른 원칙들이 적용된다. 지각된 몸이나 사물이 갖는 현상학적 존재로서의 의미는 지각 대상과 직접적으로 연관되지 않는 연상적 의미를 창출한다. 만약 현존의 지각 질서가 안정적이라면, 지각 과정과 의미 생성은 예상할 수 없을 정도로 다르게 진행될 것이다. 이러한 의미에서 그것은 '카오스'적이다. 어떤 의미가 생성되는지를 결코 예측할 수 없으며, 어떤 의미가 어떤 연극적 요소로 지각을 유도하는지도 예측할 수 없다. 따라서 질서의 안정성은 이 경우 최고의 예측 불가능성을 의미한다.[13] 이런 점에서 지각 과정은 완전하게 창발 과정으로 흐른다. 이것은 현존의 질서이며, 그 의미를 창발적으로 만드

---

13) 이것은 무엇보다 공연의 분석 가능성과 방법의 측면에서 논의해야 할 중요한 학문적 이론의 결과다.

는 자기 지시성으로, 이 의미는 지각하는 사람이 마음대로 처리할 수 없다.

하나의 질서에서 다른 질서로 건너뛰는 지각의 급변에 영향을 끼치는 지각의 다층적 안정성은 두 질서의 어떤 것도 지속적으로 안정되게 만들지 않는다. 지각 과정의 역동성은 급변, 불안정성이 일어날 때마다 매번 지각 과정을 새롭게 변화시킨다. 지각 과정은 우연성을 잃어버리고 목적을 지니게 된다. 혹은 반대로 목적성을 상실하고 흔들리기 시작한다. 모든 전환의 움직임은 다른 것을 지각하도록 이끌고—다시 말해 각각의 전환은 새로운 안정된 질서를 부가하고 그 안정성에 기여한다—이를 통해 제각기 다른 의미를 생산하도록 한다.

동시에 지각의 급변은 앞에서 설명한 바와 같이 지각하는 사람이 지각 과정 자체와 그 특수한 역동성에 주목하게 한다. 지각하는 사람은 자신을 지각 주체로서 의식하는데, 이것은 특별한 의미를 생성한다. 또한 이것은 다른 의미를 생성하고, 지각 과정의 역동성에 영향을 준다.

현존의 질서와 재현의 질서 사이에 변화가 잦아질수록, 즉 지각과 의미 생성 과정에서 '우연성'과 의도한 것 사이에 변화가 잦아질수록 예측 불가능성의 정도는 총체적으로 더 커지고, 지각하는 사람은 갈수록 지각 과정 자체에 더 주목하게 된다. 지각하는 사람은 자신에게 의미가 전달되는 것이 아니라 의미를 생성시키는 것이 바로 자기 자신이며, 완전히 다른 의미를 발견할 수 있다는 것을 점점 강하게 의식한다. 하나의 질서에서 다른 질서로의 지각 변화가 그 이후에 나타나거나 나타나지 않을 경우에도 마찬가지다.

그럼에도 이러한 지각과 의미 생성 과정은 주관적이기는 해도 자기중심적이지는 않다. 오히려 그것은 피드백 고리의 자동 형성성에 더 적극적으로 개입한다. 왜냐하면 이러한 지각과 의미 생성 과정은 지각 가능한 육체적 표현—느낌이나 감정—으로 나타나든 나타나지 않든 상관없이, 다른 지각 행위로 이어지든 이어지지 않든 상관없이, 다른 사람들—행위자와 다른 관객—과 함께 나누게 되기 때문이다. 그러므로 그 영향력은 의심할 여지가 없다. 그렇다면 역사적 전위예술가들이 대립적으로 파악했던 의미와 영향력의 관계는 어떻게 형성되는가?

3. 의미와 영향력

전위예술가들은 공연의 영향력을 위해 항상 두 가지 방법을 취한다. 바로 충격적 요소를 도입하거나 압도적인 감정과 행동을 도입하는 것이다. 첫번째 종류의 영향력은 비록 대표적인 전위예술가들이 대부분 간과하고 있지만, 오래되고 유서 깊은 전통과 연결된다. 아리스토텔레스의 『시학』에서부터 18세기 말의 영향미학까지 격정, 감정, 흥분, 정서적 자극은 연극 공연에서 우선적으로 요청된 영향력이다. 무엇보다 이 영향력은 공연의 가치나 그로부터 촉발되는 위험을 결정한다. 배우가 격정을 표현하는 것 ― 의미를 드러내는 특정한 방식 ― 은 관객에게 격정을 불러일으킨다고 여겨졌다. 배우가 표현한 것과는 빈번히 다른 격정일지라도 말이다. 여기서는 의미가 영향력을 행사한다. 사람들은 특정한 의미가 특정한 방식 ― 연기 예술이 규정한 규칙과 같은 ― 으로 관객에게 전달되며, 의도한 영향력을 관객에게 발생시킬 수 있다고 믿었다. 제시된 감정을 그 즉시 정확하게 인식시킬 수 있는가는 감정의 자극을 위한 중요한 전제다. 바로 이런 전제에서 P. 프란시스쿠스 랑P. Franciscus Lang이 자신의 저서인 『연극 무대론Dissertatio de actione scenica』 (1727)에서 바로크 연극의 몸짓 코드에 대해 서술했고, 요한 야코프 엥겔이 『표정술』(1784/85)에서 당대 연기술의 '자연적인' 코드의 발전 정도에 관해 기록한 것이다.[14] 특정한 의미의 정확한 전달은 관객의 감정을 자극하는, 공연의 영향력을 위한 조건으로 보인다.

이와 반대로 19세기 연극의 사실적, 심리적 미학에 반대하고 새로운 영향미학을 선포한 역사적 전위예술의 대표들은 한편으로는 의미를 감정이 아니라 지적 과정에 사용되는 순수한 지적 현상으로 파악했다. 다른 한편으로는 그들이 거부했던 특정한 — 시민적 — 이데올로기에 의해 형성된 메시지라는 관점으로 의미를 파악하기도 했다. 이러한 맥락에서 그들은 의미를 촉발하지 않는 영향력을 마치 마리네티가 「바리에테 연극」에서 묘사하고 요구한 것처럼 다른 사람이 지각 가능한 강력한 육체적 반응에서 발견했다. 전위예술가들의 견해에 따르면 그러한 반응은 앞에서 언급한 모든 의미가 결여된, 관객의 육체를 공격하는 행위를 통해 야기될 수 있다.

의미와 영향력을 대립적으로 파악해야 하는지, 혹은 상호 간의 조건으로 파악해야 하는지는 '의미'와 '영향력'에 대한 근본적 이해에 달려 있으며, 또한 이들이 각각 전제하고 있는 심리학 이론에 달려 있다. 따라서 의미와 영향력의 상관관계는 각각이 전제하고 있는 맥락 안에서 논의해야 생산적이다.

---

14) Erika Fischer-Lichte, *Semiotik des Theaters*, Bd. 2, *Vom "künstlichen" zum "natürlichen" Zeichen. Theater des Barock und der Aufklärung*, Tübingen 1983, 제3판: 1995 참조.

필자는 느낌, 감정을 의미로 규정했다. 왜냐하면 필자는 의미를 일반적으로 의식의 상태라고 정의하기 때문이다.[15] 느낌, 감정은 육체적으로 표출되고, 그에 의해서만 의식되는 의미의 문제다. 다시 말해 숨이 막히거나 땀을 흘리거나 닭살이 돋는 등의 육체적 표출을 어떤 것에 대한 증후나 특정 감정을 지시하는 기호로, 특정 영역——한 개인의 '내면' 혹은 영혼 같은——에 국한하거나 18세기의 이론가들이 그러했던 것처럼 단지 몸으로 표출되는 것으로 파악하는 것은 옳지 않다. 그러나 필자는 감정이란 육체적으로 드러나며, 단지 이 육체적 표출에 의해서만 의식된다고 생각한다. 이처럼 감정은 육체적 표출로 인해 언어로 '번역' 되지 않고도 다른 사람들에게 지각되고 전달되는 의미라 하겠다.

의미와 영향력의 상관관계를 더 자세히 살펴보기 위해 감정이라는 특정한 종류의 의미에 집중해보고자 한다. 이는 육체적으로 표출되기 때문에, 실제로 다른 사람들의 눈에 띄고, 피드백 고리의 자동 형성성에 개입하게 된다. 만약 이것이 피드백 고리의 자기 구성적 과정에 작용한다고 이해한다면, 다음과 같은 결론을 내릴 수 있다. 즉 의미가 피드백 고리에 개입하는 한 그것은 영향력으로 간주할 수 있다. 그렇다면 여기서 분명한 질문이 제기된다. 어떻게 의미가 피드백 고리의 자동 형성성에 개입할 수 있는가?

앞서 1절에서는 지각을 의식 상태이자 의미로 이해한다면, 일반적으로 의미가 다른 새로운 의미를 생성한다는 것을 보여주었다. 그리고 2절에서는 다른 의미가 어떻게 지각에 영향을 끼칠 수 있는가를 분명히 보

---

15) 이 책 312쪽부터 316쪽에서 한 설명을 참조하라. 의미에 대한 이러한 개념 정의는 기호학의 광범위한 결과라서, 여기서 논의를 계속 이어갈 수는 없다.

여주었다. 공연을 보러 온 지각 주체는 어떤 **백지 상태**tabula rasa에 있는 것이 아니다. 이 주체는 이제까지 살아온 자신의 삶에서 많은 의미를 생성했으며, 그것을 기억하고 있다. 따라서 공연을 보면서 생성되는 관객의 '최초의' 지각이 지닌 의미는, 그것이 순수하게 주관적이든 문화적 코드에 기초한 것이든, 바로 이처럼 이전에 생성되었던 의미에 기인한다고 말할 수 있다.

공연에서 야기되는 감정과 관련해서도 다음과 같이 유추할 수 있다. 연극적인 요소에 대한 지각이 감정을 생성시킬 때, 이 감정은 이전에 만들어진 의미에 기인한다. 공포증을 예로 든다면, 뱀 공포증이 있는 사람이 뱀을 지각할 때는 두려움에 사로잡힌 채 뱀을 지각한다. 이런 관점에서 공포증은 뱀이라는 대상의 의미를 구성하는 필수적인 요소다. 그런데 공포를 불러일으키는 가장 우선적인 요인은 뱀에 대한 지각이 아니다. 뱀이라는 대상의 의미가 공포증에 속하고, 그것이 지각을 의미로 만들기 때문에, 뱀을 지각하는 것이 곧바로 두려움을 생성하는 것이다.

공포증은 개인적인 삶의 배경에서 기인하는 매우 주관적인 의미의 문제다. 이와 유사하게 특정한 문화권에 속한 다수의 구성원에게는 극단적 흥분과 같은 감정을 야기하는 대상이나 과정이 존재한다. 필자가 앞에서 언급한 공연은 그러한 연극적 요소를 주어진 맥락에서 분리시킨다. 상황에 따라서는 감정적 요소가 의미를 없애거나 약화시키는 식으로, 지각에 영향을 끼칠 수 있다. 결과적으로 어떤 연극적 요소에 대한 잠재적 감정이 그에 대한 지각 행위에 강력한 감정을 불러일으킬 정도로 영향을 끼칠 수 있다.

강한 금기를 깬 공연, 예를 들어 특히 눈에 띄는 「토마스의 입술」이나 「줄리오 체사레」 같은 공연을 다시 언급한다면 여기서 몇몇 관객들로부터 촉발된 감정을 참고할 만하다.

우리의 문화는 젊음, 날씬함, 탄탄한 근육에 대한 광적인 강박관념이 지배한다. 이에 절대적으로 부합하지 않는 몸은 비정상으로 낙인찍히고, 공적 세계에서 제한을 받는다. 질병과 죽음은 우리 사회에서 금기이거나 매우 싫어하는 대상으로 여겨지고, 그러한 육체는 혐오, 구역질, 메스꺼움, 수치를 불러일으킨다. 소치에타스 라파엘로 산치오 그룹은 일반적으로 요구되는 정상——가령 특정 역할에 대한 일반적 요구——과 다름을 미리 설명하지 않은 채 그러한 육체들을 무대 위에 올렸다. 그럼으로써 관객은 그러한 신체에 대한 시선에 '거의 보호막 없이' 노출되었다. 우리 사회나 그에 속한 대부분의 구성원들이 이러한 신체들에 부가하는 의미란 바로 그것을 지각하는 동안 육체적으로 표출되며 생성되는 감정과 다르지 않다. 이 감정은 의심할 여지 없이 문화적인, 그 문화의 구성원 각자에 의해 주어진 의미다. 이러한 의미가 지각을 규정하고, 강한 감정을 불러일으킨다.

아브라모비치의 공연 「토마스의 입술」이나 「리듬 O」에서도 비슷한 과정이 진행되었다. 두 공연은 강한 금기에 도전했다. 서구의 문화는 개개인의 삶, 그들의 신체적인 온전함을 최대의 자산으로 여긴다. 타인의 몸을 다치게 하거나 생명을 위협하거나 죽이는 것은 가장 강력한 범죄로 여겨지고, 그러한 범죄를 저지른 자는 최고로 높은 처벌과 사회로부터의 퇴출을 처분받는다. 그리고 자해를 하거나 스스로 목숨을 끊으려는 사람도 사회에 자연스럽게 소속될 수 없다. 그는 아픈 사람으로서 관찰 대상이 되고, 자살을 할 수 없도록 감시받는다. 두 경우 모두 사회로부터 격리되고, 다른 사람의 시선이나 만남의 기회를 박탈당한다. 폭력은 타인을 향해서건, 자기 자신을 향해서건 우리 사회에서 강한 금기

사항이다. 그러나 자신이 속한 공동체의 다른 구성원에게 행하는 폭력이 금기로 여겨지지 않는 경우도 있는데, 이에 대해서는 르네 지라르가 제물 이론으로 설명했다. 일반적으로 스스로에 대한 폭력은 기독교 문화에서는 그렇게 비난받지 않았다. 특히 그리스도를 모방하여 행사한 경우 더욱 그렇다. 수도사와 수녀 들이 11세기 이후 자신의 몸에 가한 채찍질이나 16세기에 대중운동으로 등장한 고행이 그 경우에 해당한다. 반대로 오늘날의 사회에서 이러한 행위는 금기로 여겨진다. 일반적으로 사회 구성원들은 금기에 대해 강력하고 높은 양가적 감정을 갖는다. 금기를 깨고자 하는 바람은 원칙적으로, 실제로 금기를 깬 이를 처벌하고 그 사회에서 내쫓으려는 욕망과 비슷한 정도로 강력하다.

「토마스의 입술」이나 「리듬 O」에서 아브라모비치는 각각의 상황에 대한 금기를 파괴했다. 「토마스의 입술」에서 관객들은 아브라모비치가 자해하고, 자신의 피부에 칼로 별 모양의 상처를 내고, 피가 나도록 자신의 등을 채찍질하며, 얼음 십자가 위에 누운 모습을 목격했다. 「리듬 O」에서는 아브라모비치가 사람들에게 맞고 고통을 당하는 폭력적인 모습을 목격했다. 이때 관객 중 많은 이들이 자기 감정을 강하게 표출했다. 이 감정은 이물질이 눈에 들어오면 눈을 감는 것과 같은 자동적인 신체 반응 혹은 나지막한 신음 소리를 내게 하는 신체적 고통이 아니다. 그것은 더 강한 감정을 불러일으킨다. 왜냐하면 상해나 자해에 대한 지각은 이미 공연 전에 관객에게 강한 정서로 자리 잡고 있으며, 그에 상응하는 의미를 지니고 있기 때문이다.

이전부터 습득한 의미들은 지각 과정의 역동성에 영향을 끼친다. 지각 행위를 하는 동안 의미가 생성되는데, 이 의미는 신체적으로 표출되는 강한 감정으로 나타난다. 감정에 대한 가장 분명한 사실은, 의미가 마치 두-세계-이론이 설명하는 것처럼 순수한 '정신적' 현상만은 아니라는 점이다. 인간을 **체화된 정신**embodied mind으로 파악하는 한 의미는 오히려 육체적으로 표출되는——비록 다른 사람에게 지각되지 않아도——체현으로 간주된다. 가령 감정의 표출은 관객이 생산하는 의미가 피드백 고리의 자동 형성성에 얼마나 작용하는지, 즉 의미가 얼마나 영향력을 갖는지를 분명하게 보여준다. 왜냐하면 관객이나 배우가 서로 보고 듣고 냄새 맡고 느끼는 육체적 표출은, 그것을 지각하는 사람에게도 다시 지각 가능한 행동 양상과 행위를 연속하여 불러일으키기 때문이다.

그뿐 아니라 감정은 다른 방식으로도 피드백 고리의 자동 형성성에 개입한다. 최근의 연구가 설득력 있게 증명한 바와 같이, 우리의 행동이 조용한 성찰이나 세상의 원칙에 대한 전제, 그리고 다른 신념들에 의해 야기되는 경우는 많지 않다. 오히려 우리의 행동에 결정적인 동기가 되는 것은 감정이다.[16]

아브라모비치의 퍼포먼스에서 관찰한 바와 같이, 행동을 하도록 충동과 자극을 준 것은 바로 지각 행위를 통해 생성된 감정이었다. 「토마스의 입술」에서 관객은 얼음 덩어리 위에 누워 버티고 있는 여성 예술가에게 다가가서 그녀를 얼음에서 끌어내려 옮겼다. 「리듬 O」에서는 관객 중 몇 명이 예술가가 당하는 고통을 중단시키려 했다. 하지만 관객이 감정에 따라 공연을 중단시키는 행동으로 나아가지 못한 경우에도, 그것

---

16) Luc Ciompi, *Die emotionalen Grundlagen des Denkens. Entwurf einer fraktalen Affektlogik*, Göttingen, 제2판, 1999; Antonio R. Damasio, *Ich fühle, also bin ich. Die Entschlüsselung des Bewußtseins*, München 2000; Gerhard Roth, *Fühlen, Denken, Handeln*, Frankfurt a. M. 2001; Ronald de Soussa, *Die Rationalität des Gefühls*, Frankfurt a. M. 1997 참조.

은 피드백 고리의 자동 형성성에 영향을 끼쳤다. 예를 들어 슐레프가 연출한 공연에서 관객이 시끄럽게 불평불만을 제기하며 문을 거칠게 닫고 떠난 것은 피드백 고리가 전환점을 맞도록 했다. 이것은 이미 제3장에서 보여준 바와 같이, 관객이 행위자로 역할이 바뀌는 모든 행동에 적용된다. 공연의 기호성이라는 맥락에서 흥미로운 질문은, 의미를 통해 그런 종류의 행동이 어느 정도나 촉발되는가 하는 점이다. 감정의 사례에서 보았듯, 사실상 어떤 행동을 불러일으키는 것은 의미다. 만약 이러한 충동과 자극이 방해를 받으면 ─그리고 이에 상응하게 촉발되는 감정이 육체로 지각 가능하게 표출되지 않으면─ 피드백 고리의 자동 형성성을 위한 의미는 더 이상 중요하지 않게 된다. 만약 이와 반대로 이행된다면, 공연의 진행은 본질적으로 관객이 생성하는 의미에 영향을 받아 규정된다. 모든 개개인은 주체적으로, 그리고 주관적 상황에 따라 의미를 도출한다. 의미 생성의 관점에서 중요한 것은 일반적으로 피드백 고리의 자동 형성성에서도 중요하다. 누구나 이것을 규정하고, 동시에 그로부터 규정받는다. 어느 하나가 독자적인 권한을 가지지 않고서 말이다.

영향력이란 (18세기 말까지 유효했던) '고전적' 영향미학과 (역사적인 전위예술가들이 수행한) '새로운' 영향미학처럼 더 이상 한 축에 의해서만 이루어지지 않는다. 전자는 공연을 통해 전달된 의미가 관객에게 특정한 영향력 ─공포심, 연민, 놀라움, 두려움 등─ 을 행사했다. 후자는 관객에게 육체적 '공격'을 가해 그들을 행동하게 하거나 변환으로 이끌었다. 이때 특정한 영향력을 발휘할 목적으로 무대 위에서나 무대 뒤에서 배우가 특정한 수단을 사용했다.

이와 반대로 1960년대 이후의 공연에서 영향력은 상호적인 것으로 개념화되었다. 행위자는 관객이 지각할 수 있는 것을 드러낸다. 행위자가 자신의 행위를 통해 혹은 지각 행위에서 생성한 의미는, 행위자의 입장에서 지각 가능한 육체적 표출이 이루어지는 한, 공연이 끝날 때까지 다른 관객과 행위자에게 영향력을 끼칠 수 있다. 마찬가지로, 관객이 생성한 의미는 피드백 고리의 자동 형성성에 개입할 수 있고, 영향력을 촉발할 수 있다.

공연의 기호성은 ─ 너무 당연한 얘기지만 ─ 수행성에 모순되지 않을 때 적절하게 파악할 수 있을 뿐 아니라, 수행성의 미학의 맥락에서만 이를 제대로 파악할 수 있음이 밝혀졌다. 이러한 맥락에서 특히 중요한 것은 의미의 창발이다. 공연이 끝날 때까지 의미 생성 과정은 자동 형성적 피드백 고리와 상당히 많은 유사성을 드러낸다. 공연에 참여하는 각각의 참여자가 자동 형성적 피드백 고리를 함께 규정할 뿐 아니라 그에 의해 규정되는 것과 마찬가지로, 주체가 이행하는 의미 생성 과정에서도 유사한 일이 벌어진다. 예컨대 그것이 재현의 질서를 따른다면, 그러니까 의도대로 지각하고 그에 상응하는 의미를 생성한다면, 주체는 항상 의미 생성 과정을 규정하는 것이다. 반대로 주체가 그의 의식 속에 부르지 않았는데도 막을 수 없이 느낌, 상상, 생각 등이 떠오른다면, 즉 연상에 자신을 맡긴다면 그에 의해 규정되는 것이다. 주체는 의미 생성 과정에 능동적으로도 수동적으로도 참여한다. 이때 주체는 자율적이지도 않고, 거대한 힘에 의해 이끌려가지도 않는다. 이러한 대립은 더 이상 유지될 수 없다.

이러한 진술과 함께 피할 수 없는 질문이 제기되는데, 이것은 사실 이 장을 시작할 때부터 필자의 머릿속에 계속 머물렀던 생각이다. 즉 이러한 주체는 일종의 해석적 주체인가 하는 문제다. 다시 말해 공연을 이해하기 위한 의미를 생성하는 주체는 누구인가? 공연을 실제로 이해했는지, 공연 중에 이해하고자 하는 모든 시도는 실패로 돌아갈 수밖에 없음을 확인하는 과정이 아닌지는 상관없다. 이러한 문제를 설명하기 위해 이 장에서 필자가 논의한 의미 생성 과정은 그것이 해석학적 미학의 패러다임에 속하는지를 살펴보며 재검토되어야 한다.[17]

17) 해석학적 미학에 대한 개념은 Erika Fischer-Lichte, *Bedeutung —Probleme einer semiotischen Hermeneutik und Ästhetik* 참조.

4. 공연을 이해할 수 있는가?

공연에서 의미 생성 과정은 일반적으로 관객이 공연에 거리를 둔 상태에서 이행되는 것이 아니라, 참여자로서 공연 속에 포함된 상태에서 이루어진다고 여겨진다. 1960년대 이후에만 그랬던 것은 아니다. 참여자가 '내적으로' 공연과 거리를 유지한 채 지루해하며 의자에 등을 기대고 눈을 감는다거나 혹은 큰 소리로 조롱하듯 공연에 대해 거리 두기를 적극적으로 표현하는 것 역시 공연에 참여하는 것이다. 다시 말해서, 그 관객은 피드백 고리의 자동 형성성에 참여한 것이다. 그 공간에 머무는 한, 관객은 공연에 참여하지 않을 수 없다. 그림을 감상할 때나 시를 읽을 때 유지하는 거리감은 공연에서 허용되지 않는다.

관객이 ― 그림을 보듯 ― 공연을 전체로서 바라보고, 자신이 인식한 각각의 연극적 요소를 전체에 관련시키는 것은 공연이 이루어지는 동안에는 가능하지 않다. 또한 관객은 책을 넘기듯 공연을 이전으로 혹은 다음으로 돌릴 수 없다. 관객은 항상 새롭게 생성되는 각각의 요소를 이미 나타났거나 아니면 자신이 기억하는 것과의 상관성 속에서 지각한다. 이것은 같은 공연을 다시 관람하더라도 마찬가지다. 왜냐하면 공연은 피드백 고리의 자동 형성성 속에서 매번 다르게 이행되기 때문이며, 전적으로 같은 연출이 진행된다 해도 관객이 정확히 같은 공연을 보는 것이 아니기 때문이다. 이런 맥락에서 공연과 연출의 구분은 풀어야 할 새로운 과제다. 관객이 공연에서 의미를 생성하는 가장 중요한 조건은 바로 자신이 스스로 이해하고자 하는 과정의 일부인 동시에 생산자라는 특이성에 있다.

이 조건은 공연이 종료되어야 없어진다. 이때 비로소 관객은 각자가 지각한 세부 사항을 기억하여 전체에 연관시키고, 모든 요소를 서로 연관시켜 볼 수 있다. 이러한 방법을 통해 관객은 공연을 이해하거나 이해하지 못하게 된다. 하지만 공연이 끝난 뒤 공연에 대해 후차적으로 이해하려는 행위는 더 이상 미학적인 과정의 일부가 아니다. 미학적 과정은 공연과 함께 끝난다. 공연 뒤에 그것을 이해하려는 시도는 공연 중에 일어나는 실질적인 미학적 경험에 포함되지 않는다. 미학적 경험은 단지 공연 중에만 가능하다. 이러한 시도를 다른 종류의 미학적 경험을 위한 전제로 볼 수는 있다. 가령 이미 이루어진 미학적 경험이 다음 공연에서는 어떻게 체험되는가와 같은 것이다. 다시 말해 여기에서 필자가 논의하려는 것은 의미 생성 과정이 과연 해석학적 과정인가 하는 문제다.

예를 들면, '상징'과 '알레고리' 사이를 오가면서 우리는 무엇을 이해할 수 있으며, 이 개념들에 의해 어떤 이해 과정이 이루어지는가? 지각되는 대상물(육체, 움직임, 사물, 색채, 소리 등) 그 자체는 지각 행위를 통해 지각 주체와 지각 대상 사이에 특이한 '융합 현상'을 낳는다. 물론 이것을 가다머Hans-Georg Gadamer의 지평의 융합과 혼동해서는 안 된다.

메를로-퐁티가 표현한 것처럼 지각하는 사람은 시선을 통해 사물을 더 듬어 찾고, 어루만진다. 펠릭스 루커르트의 연극 공연에서처럼 실제로 타인의 육체 접촉으로 공연이 시작되는 것이다. 소리, 빛, 냄새는 지각 행위를 하는 사람의 몸으로 들어와 영향을 끼치고 그를 변환시킨다. 그렇다면 지각 주체는 자신이 바라보는 사물, 흡입하는 냄새, 흉곽을 울리는 소리, 눈부시게 만드는 빛이 공간 속에서 팽창하는 것을 이해한다고 말할 수 있을까? 결코 그럴 수 없다. 주체는 지각 행위에서 일어나는 이 모든 것을 오히려 현상적 존재로 경험한다.[18] 다시 말해, 관객은 지각된 것으로부터 신체적 자극을 받는다. 하지만 관객은 그것을 '이해하지' 못한다. 미학 이론이 재차 강조하는 것처럼 물질성이 전면에 나타나 지각 주체의 이목을 사로잡을 때, 이해는 한계에 부딪히고 극단적 의문까지 제기된다. 바로 지금이 그런 경우다.[19] 가장 주된 원인은 여기서 물질성, 기표, 기의가 하나가 되고, 이를 통해 있을 수 있는 모든 의미의 '해독'을 불가능하게 만들기 때문이다. 의미는 물질성에서 분리될 수 없고 하나의 개념으로 파악될 수 없다. 의미는 대상의 물질적 출현과 훨씬 유사하다.

이러한 대상의 지각이 지각 주체에게 촉발할 수 있는 다양한 연상들은 반응으로 볼 수 있다. 이 반응은 이해하려는 시도가 아니라, 대상의 출현 자체에 기인하는 일종의 도발에 대한 응답이다. 물론 바로 그 순간에 왜 그러한 연상이 일어났는지 이해하려고 시도할 수는 있다. 이런

---

18) 한편, 자기 지시성에 대한 인식을 이해라고 명명할 수 있다.

19) 이 문제에 관해서는 Jacques Derrida, "Restitutionen," *Die Wahrheit in der Malerei*, Wien 1992, pp. 301~442; Christoph Menke, *Die Souveränität der Kunst*, Frankfurt a. M. 1988 참조.

맥락에서 관객은 특정한 연상에서 자기를 이해하려는 해석학적 시도를 할 수 있고, 지각 대상이 자신의 개인적 정체성의 구성에 어떤 역할을 했는지, 자신의 개인사에 어떤 역할을 했는지 등에 대해 답을 얻으려고 노력할 수 있다. 인지와 지각은 공연을 이해하기 위해서가 아니라 자신의 삶을 이해하기 위해 작동한다.[20] 하지만 이러한 시도는 곧 실패할 확률이 높다. 새로운 현상이 — 설사 처음에는 단지 부차적이라 할지라도 — 공간 속에 나타나고 인지되며, 자신과 자신의 삶을 사유하는 관객의 관심을 다시 공연으로 돌려놓기 때문이다.

'상징'과 '알레고리' 사이를, 그리고 자기 연관성과 연상 사이를 오가며 완성되는 의미화 과정은 공연 이해를 목적으로 하는 해석학적 과정으로 결코 자리매김할 수 없다. 이미 설명한 바와 같이, 의미화 과정은 피드백 고리의 자동 형성성에 개입하며, 이를 통해 공연 형성에 참여하는 과정인 것이다.

여기서 완전히 다른 문제가 제기된다. 바로 지각의 다층적 안정성에 관한 것으로, 재현의 질서로부터 현존의 질서로, 또 그 반대로 갑작스럽고 사전에 예견할 수 없던 지각의 급변이 일어나는 것이다. 물론 지각하는 관객이 재현의 질서를 따름으로써 의미를 생성하는 동시에 해석학적 과정을 수행한다는 점은 인정할 수 있다. 만약에 관객이 자신이 만든 의미로 극적 인물을 구성하고 허구 세계를 만들어내고 상징 질서를 설계한다면, 이는 특정한 조건에 전적으로 적합한 인물, 허구 세계, 상징 질서에 대해 이해하려는 시도라고 말할 수 있다. 관객은 전체를 조

---

20) 자기 이해와 타자 이해의 해석학에 대해서는 Alfred Lorenzer, *Kritik des psycho-analytischen Symbolbegriffs*, Frankfurt a. M. 1970; Alfred Lorenzer, *Zur Begründung einer materialistischen Sozialisationstheorie*, Frankfurt a. M. 1972 참조.

망할 수 없기 때문에, 관객이 그 인물을 구성하는 동안에는 단지 자신이 구성한 만큼만 그 인물을 이해할 수 있다. 인물에 대한 관객의 임시적 이해는 단지 하나의 가설로서 지속적인 인물의 구성을 위해 작동한다. 그 인물을 연기하는 배우가 이제까지의 가설에 역행하는 구현 과정을 이행한다면, 관객은 인물을 재구성할 것이다. 그리고 재구성된 인물에 대한 가설을 계속 새로 구성할 것이며, 이러한 과정은 공연이 끝날 때까지 이어진다.[21] 허구적 세계와 다른 상징 질서에 대한 의미 구축도 이와 마찬가지다. 이러한 한도에서 우리는 관객이 함께 구성하는 미학적 경험의 일부를 해석학적 과정이라고 부를 수 있다.

그런데 이러한 과정에 대한 필자의 설명은 매우 중요한 관점을 도외시했다. 그것은 바로 지각의 급변이다. 지각은 재현의 질서에서 현존의 질서로 갑작스럽게 넘어간다. 연극적 요소의 출현은 그것 자체가 현상학적 존재로 지각되고, 지각하는 사람을 신체적으로 자극한다. 인물, 허구 세계, 상징 질서의 구성 과정이 돌연히 중단되는 대신 지각하는 주체와 지각된 객체 사이가 '서로 녹아든다.' 그리고 그 결과로 지각하는 사람에게 일련의 연상 작용이 폭풍처럼 쏟아지거나 자신의 개인사를 성찰하기 시작한다. 그러다 어느 순간에 지각 현상이 갑작스럽게 다시 재현의 질서로 건너뛰게 되면, 지각하는 사람은 인물 구성을 지속할 수 없게 된다. 왜냐하면 그는 그 지점에서 갑자기 떨어져 나왔기 때문이다. 오히려 그 사람은 **싫든 좋든** 자신이 기억하는 무언가 다른 지점에서

21) 이 과정에 대해서는 Erika Fischer-Lichte, *Semiotik des Theaters*, Bd. 3, *Die Aufführung als Text*, Tübingen 1983, 제4판, 1999 참조. 무엇보다 다음 장을 참고하라. "1.4. Hermeneutik des theatralischen Textes," pp. 54~68; "2. Verfahren der Bedeutungs- und Sinnkonstitution," pp. 69~118.

다시 시작하게 된다. 따라서 해석학적 과정으로 이행되는 이러한 의미 생성의 시도는 실로 시지푸스의 노동과 같다.

지각의 급변이 일어나면, 지각하는 사람은 불안정한 상태에 빠지게 된다. 여기서 미학적 경험은 불안정의 경험으로 각인되는데, 이것은 그를 '이도 저도 아닌' 두 개의 질서에 처하게 만든다. 이 두 질서 중 어떤 것도 의도적으로 항상적 안정 상태로 이끌 수 없다. 물론 지각하는 사람은 이러한 경험이 신체적으로 흥분하게 하고 자극하는 현상으로 공간에 나타나기도 전에, 불안정한 상태와 그로 인해 일어나는 역치성의 경험을 성찰할 수 있다. 관객이 부분적으로 이행하는 해석학적 과정은, 그 관객의 지각이 언제 재현의 질서를 따르든지 간에 미학적 경험에서는 중요하지 않다. 이것은 이해를 위한 시도로 파악되기보다 사이의 관계나 역치성, 불안정성, 일어날 일에 대한 예측 불가능성의 경험으로 파악된다. 이러한 맥락에서 관객의 상태를 고려해야 한다. 만약 이해 과정의 실패로 근본적으로 좌절의 경험을 하게 되면, 이러한 불안정성은 오히려 일종의 위기로 경험될 것이다.

특정한 미학적 경험은 지각 행위에서, 그리고 지각 행위를 통해 촉발되는 감정을 관찰할 때 나타난다. 이미 살펴보았듯이 그것은 의미로서, 다른 사람이 분명히 지각할 수 있게 표출되든 어떤 행동을 유발하는 동인이든, 피드백 고리에 자주 혹은 결정적으로 개입할 수 있다. 필자는 이를 금기가 깨지는 행위, 행동 양식, 현상을 지각할 때 나타나는 감정을 예로 들어 설명했다. 금기가 깨지는 것은 관객에게 위기로 경험된다. 이미 제1장에서 설명한 바와 같이, 「토마스의 입술」의 경우 관객은 갑자기 이제까지 유효했던 관습, 원칙, 틀, 안전성이 무효화되는 상황에 처하게 되었다. 그전까지 관객의 역할은 연극 공연장이나 갤러리에서 관찰하거나 관극하는 것이었다. 비록 무대에 있는 인물(예를 들어 오셀로)이 다른 사람(이 경우 데스데모나)를 죽인다 해도 말이다. 왜냐하면 관객은 이를 단지 '연기된' 살해로 간주하기 때문이다. 즉 데스데모나 역을 맡은 여배우는 오셀로 역의 배우와 마찬가지로, 공연이 끝난 뒤 커튼 앞에 서서 인사를 하고 박수를 받게 될 것임을 알기 때문이다. 이와 반대로 만약 일상에서 누군가 다른 사람을 다치게 하면, 자신의 육체와 생명이 위험에 빠지지 않는 한도 내에서 우리는 당장 개입할 것이다.

아브라모비치의 공연에서 관객은 어떤 원칙을 적용해야 하는가? 이 예술가는 자해와 고문을 아무렇지 않게 지속하려 했다. 만약 이 예술가가 이러한 행위를 공공장소에서 행했다면, 아마도 관객은 주저하지 않고 즉시 개입했을 것이다. 그런데 여기서는 어떤가? 예술가가 계획과 의도를 가지고 이행하는 행위에 대해 존중이 요구되는 것은 아닌가? 사람들이 그 예술가의 '작품'을 망치는 위험을 감수한 것은 아닌가? 다른 한편으로 예술가가 스스로에게 상처를 입히는 것을 조용히 바라보는 것이 휴머니즘의 법칙에 상응하는가? 아브라모비치는 관객에게 관음증 환자의 역할을 맡기려 했는가? 아니면 관객을 시험하고 싶었는가? 관객이 다가와서 자신의 고통을 끝내주기까지 얼마나 더 행위해야 하는지 알고 싶었던 걸까? 여기서 무엇이 유효한가?

금기를 깨는 아브라모비치의 행위는 관객을 극단적으로 "이도 저도 아닌" 상황에 처하게 했는데, 같은 의미에서 관객은 위기 상황에 처했다. 그러한 위기는 앞에서 필자가 제시한 질문들을 관객이 숙고하고 자신이 처한 환경을 이해하는 것으로 극복되지 않는다. 오히려 관객은 모든 이해와 성찰을 넘어서는, 이해하려는 어떠한 시도도 불가능한 강렬한 감정으로 반응한다. 미학적 경험이란 조용한 심사숙고나 명상으로는 감당할 수 없는 위기의 경험인 것이다.

그러면 이러한 상황에서 관객은 어떻게 역치성을 벗어나는가? 또 다른 역치성에 빠지는 것인가? 이미 언급했듯이 감정은 특정 행동에 대한 충동을 불러일으킬 만큼 강렬하다. 만약 이러한 충동을 느낀 주체가 이 감정에 따르지 않는다면, 그는 그 상황에 발목 잡힌 듯한 느낌에 사로잡힐 것이다. 그는 자유 공간이나 놀이 공간을 사용하고 위기에 대응할 수 있는 새로운 질서를 세우는 대신, 계속해서 경계선 위에 존재할 것이다. 이와 반대로, 행위 충동에 따라 아브라모비치를 얼음 위에서 끌어내린 관객들은 새로운 질서를 창조했다. 그들은 미학적 영역과 윤리적 영역이라는 이분법을 제거하고, 그 사이를 새롭게 연결했다. 여기서 미학적인 것은 행위에 대한 압박을 경감하는 대신 오히려 행동력을 요구했다. 감정에 의해 촉발된 관객의 행위는 그 상황을 새롭게 정의하고 이로써 위기를 극복했다. 물론 예술가의 의도를 알지 못한 채 지금까지와는 다르게 퍼포먼스를 끝내버렸지만 말이다. 이것은 상황에 대한 성찰도, 위기를 극복하고자 하는 이해의 시도도 아니다. 그것은 감정의 충동에서 시작된 행동이다. 해석학적 과정은 여기서 어떤 역할도 하지 않았다.

이번 장에서 설명한 의미 생성 과정은 해석학적 과정으로 이행되지 않았다. 여기서 공연은 이해하는 것이 아니라, 특정한 경험을 가능하게 하는 것이었다. 물론 해석학적 과정은 부분적으로 미학적 경험에 합치된다. 그럼에도 종국에는 주변적인 것으로 머문다. 필자가 소개한 공연들은 이해하는 게 아니라 경험하는 것이다. 그것은 해석학적 미학의 패러다임에 속하지 않는다.

공연이 끝나고 나면, 공연을 이해하기 위해 의도적인 노력을 할 수 있다. 그러나 그런 종류의 시도는 더 이상 미학적 경험이 아니다. 관객은 미학적 경험을 하는 동시에 공연의 의미를 재구성하지 못한다. 후차적으로 공연의 이해를 시도하는 사람은 그것을 아주 개인적인 방식으로 이행한다. 그 방식에는 크게 두 가지가 있다. 첫째, 이러한 이해의 시도는 회상, 그리고 기억력과 밀접하게 연관된다. 공연이 끝난 뒤 후차적으로 공연을 이해하려면, 우선 그것을 기억해야 한다. 둘째, 이러한 과정은 언어적으로 이행된다. 그런데 공연 중에 생성되는 의미는 대부분 비언어적이다. 즉 공연을 나중에 이해하고자 하는 사람은, 그 공연의 비언어적인 의미를 기억하고 언어적으로 '번역'해야만 한다. 분명히 여기에는 불가능할 정도로 어려운 부분도 존재한다.

공연을 추후에 이해하는 데는 무엇보다 에피소드적 기억력과 어의적인 기억력이 중요하다.[22] 에피소드적 기억력은 무대 공간의 디테일을 떠올리고, 공간에서 배우의 위치와 어느 순간의 움직임, 삽입된 음악, 그 멜로디와 리듬, 무대 위를 비추고 배우들을 물들이는 조명의 특수한 방식, 말과 행동의 리듬 사이의 조화 혹은 부조화 등을 떠올리는 것이다. 에피소드적 기억력은 공연에서 나타나는 수많은 현상을 기억하게 한다.

---

22) Daniel L. Schacter, *Wir sind Erinnerung. Gedächtnis und Persönlichkeit*, Reinbek bei Hamburg 1999 참조. 샥터는 기억을 세 가지로 구분한다. "**에피소드적** 기억은 개인의 과거로부터 특정한 사건을 기억하는 것이다. **어의적** 기억은 연상과 개념의 광범위한 망으로서 우리의 일반적인 세계 지식에 토대를 둔다. **작업** 기억은 우리가 일상에서 해야 하는 많은 활동을 이행하고 끝내는 대처 능력을 배우게 해준다"(p. 222). 작업 기억 개념은 자전거 타기, 수영하기, 춤추기, 테니스 치기, 그네 타기 등 새로운 기계적 **패턴**을 배우는 데 도움을 주는 기억력을 말한다. 작업 기억은 반복적 연습으로 형성된다. 이 기억은 소위 몸의 기억으로 불리며, 배우나 행위자에게 중요하다. 공연을 나중에 이해하고자 하는 사람에게 이 기억력은 오히려 주변적 역할을 수행한다. 예컨대 필자가 한 행위자의 움직임을 생생하게 재구성하려 할 때 작업 기억은 매우 주변적인 역할을 한다. 따라서 필자는 작업 기억에 대해서는 더 언급하지 않을 것이다.

반면에 어의적 기억력은 모든 언어적 의미 ─ 무대에서 발화된 단어에서부터 공연 중에 떠오른 생각과 해석까지 ─ 를 기억하는 것이다. 여기에는 공연 중에 이루어진 번역도 포함된다. 가령 필자가 특정한 색깔을 붉은색으로 보고, 어떤 움직임을 갑작스럽다고 느끼고, 어떤 분위기를 섬뜩하게 보는 것은 이 붉은색의 뉘앙스와 특정한 움직임, 특별한 느낌에 대한 에피소드적 기억이 떠올랐기 때문이다. 이것은 내가 어떤 공간이나 특정한 디테일로 분위기를 창출하는 공간에 들어섰을 때 의식된다. 원칙적으로 어의적 기억력과 에피소드적 기억력은 상호작용하고 서로를 지원한다. 그래서 공연 과정에서 구성되는 행위의 진행과 언어적 의미는 그에 상응하는 구체적 사건이나 디테일을 기억하는 에피소드적 기억력을 자극한다. 필자가 여기에서 언급한 공연들은 주로 행동의 논리나 인과관계에 따라 이루어지지 않기 때문에 공연이 끝난 뒤 이해하고자 할 때는 에피소드적 기억력이 특히 중요한 비중을 차지한다. 제각각 파편적으로 기억되는 공연의 현상은 새로운 상관관계를 찾게 되고, 따라서 완전히 새로운 맥락에서 관계가 형성된다.

그러나 여기에서 우리는 다른 문제를 살펴보아야 한다. 기억에 관한 최근의 연구는 일상의 경험에 근거한 우리의 기억은 많은 측면에서 '신뢰할 수 없다'고 간주한다. 기억은 과거의 파편을 충실히 저장하는 창고역할을 하지 않는다. 기억하는 행위는 상황이나 맥락에 따라 과거를 새롭고 달리 이해한다. 심지어 기억은 한 번도 겪은 적이 없는, 엉뚱한 사건마저 생생하게 되살리기도 한다.[23] 게다가 그것은 특정한 과거를 떠올리는 것을 차단하기도 한다. 이러한 우리 기억력의 '결함'은 공연을 반

---

23) 같은 곳 참조.

복해서 본다고 해도 해결되지 않는다. 우선 관객은 공연을 다시 볼 때마다, 지금까지 무엇을 잊었고 무엇을 기억하고 있었는지도 부차적으로 생각하면서 본다. 둘째로, 처음 공연을 봤을 때 기억했던 것이 다음 공연을 볼 때 지각에 영향을 미치고 변화를 야기한다. 공연을 처음 보았을 때 느낀 신선함은 떨어질 것이며, 관객에게 지각되는 대상도 처음과는 다르게 지각될 것이다. 결론적으로 공연은 볼 때마다 매번 다르게 지각되고 다르게 기억되는, 매번 다른 공연인 것이다.[24]

공연이 끝난 뒤 후차적으로 이루어지는 이해의 첫째 조건인 기억의 소환은, 물론 그것이 '맞고' '틀린' 이해의 문제가 아니라 하더라도, 문제점은 있다. 둘째 조건인 언어화 과정도 마찬가지다. 반복해서 강조했듯이 지각 주체가 공연에서 생성하거나 부분적으로는 나중에 기억해낸 수많은 의미는 언어적 의미와 동일시할 수 없다. 비언어적인 생각, 이미지, 환상, 그리고 기억이나 심정, 감성, 감정은 그 육체적 표출로서 의식되는데, 이것은 언어적으로 '번역'되기가 매우 어렵다. 왜냐하면 언어적 기호는 항상 관계나 연관성을 생성하는 추상적인 능력이기 때문이다. 우리가 지각하는 구체적인 몸, 사물, 소리, 빛의 특별한 현상적 존재는 공연 뒤에 — 혹은 공연 중에 — 주체가 개념화하려는 순간 이미 사라지고 없다. 언어적으로 아무리 정확히 설명하더라도 그것은 실패할 수밖에 없다. 언어적 설명을 듣고 읽는 사람으로서는 지각된 것으로부터 벗어나 전혀 상상도 할 수 없는 방식으로 변형된 상상이 촉발될 뿐이다.

---

24) 공연에 있어서 기억의 문제에 관해서는 Christel Weiler, "Am Ende/Geschichte. Anmerkungen zur theatralen Historiographie und zur Zeitlichkeit theaterwissenschaftlicher Arbeit," Erika Fischer-Lichte, Doris Kolesch & Christel Weiler(eds.), *TRANSFORMATIONEN*, pp. 43~56 참조.

에피소드적 기억력에 의해서는 매우 제한적인 언어적 설명만이 이루어진다. 이와 반대로 어의적 기억력은 **그 자체가** 언어로 구성되어 있고, 그로 인해 언어적으로 파악된다. 물론 여기에서도 언어적 한계에 의해 특정한 왜곡이 생긴다는 사실을 간과해서는 안 된다. 다시 말해, 어떤 개념과 설명을 떠올리게 하는 어의적 기억력은 모두 이미 공연 중에 일어나는 번역 과정에서 기인한 것이다.

이해하고자 하는 모든 시도는, 비록 매번 성공하지는 못할지언정 언어의 한계를 넘으려 한다. 언어는 그 자체의 물질성을 가진 특정한 매체이며, 고유의 원칙을 가진 기호 체계이기 때문이다. 언어가 설명의 토대가 되면, 그 서술 과정은 독자적으로 이루어진다. 이 서술 과정은 스스로 역동성을 발전시키는데, 이러한 역동성은 기억된 지각 대상에 어느 정도 가까워지게 하지만, 그 대상과 똑같이 진행되지는 않는다. 모든 언어적 설명, 모든 해석은, 짧게 말해 후차적으로 공연을 이해하려는 모든 시도는 텍스트를 창출한다. 이 텍스트는 자신의 규칙을 따르고, 그 생산 과정에서 독립적이며, 그럼으로써 공연에 대한 최초의 기억에서 점점 멀어져간다. 공연을 후차적으로 이해하려는 시도는 결국 그 자체로 이해되고자 하는 고유의 텍스트를 생산한다.[25] 그러나 이런 방식으로는 공연을 후차적으로 이해할 수 없다.

---

25) Barbara Gronau, "Zeitfluß und Spur—Kunstbeschreibung in der Theaterwissenschaft zwischen Erinnerung und Imagination," Haiko Wandhoff(ed.), *Ekphrasis. Kunstbeschreibung und virtuelle Räume im medialen Wandel*, Berlin 2004 참조.

제6장

사건으로서의 공연

19세기에서 20세기로 넘어가는 시기에 연극은 '다시' 축제가 되어야 한다고 페터 베렌스Peter Behrens와 게오르크 푹스가 주장했을 때, 그리고 그 후에 막스 헤르만이 다양한 참여자 — 행위자와 관객 — 로 구성된 "연극-축제Theater-Fest"에서 '연극의 원형적 의미'를 되찾아야 한다고 선언했을 때, 이 이론가들은 공연의 사건성을 인식하고 있었던 것이다. 그들은 이 사건성에서 연극만이 지닌 특수한 미학의 토대를 마련했다. 그리고 작품을 중심으로 파악하는 기존 미학의 낡은 신념에 맞서 자신의 입장을 밝히고 새로운 예술학적 관점의 미학적 논의의 장을 열었다.

오랫동안 이론가들의 생각에는 작품, 작품의 창조자, 위대한 예술가, 천재 같은 개념이 중심에 자리 잡고 있었다. 여기서 작품의 생산은 은유적으로 신의 천지창조와 같은 의미로 이해되고 기술되었다. 마치 신이 세상을 완결된 작품으로 완벽하게 창조했듯이 예술가도 자신의 작품을 완벽하게 창조한다는 것이다. 그리고 거룩하고 영원한 진실이 신이 만든 작품에 숨어 있다가 언젠가 현현되어 읽히리라고 믿은 것처럼, 예술가의 작품도 진실을 숨긴 채 간직한다고 생각했다. 또한 작품에 몰입한 채 인내심을 가지고 의미를 해독하려는 자에게는 그 노력의 대가로 인식이 주어진다고 생각했다. 18세기 말에 천재에 대한 우상화가 시작되면서, 예술가는 진실이 숨어 있는 자율적 작품을 창출하는 자율적 주체로 정확히 자리매김했다. 예술작품이란 하이데거Martin Heidegger가 말한 바와 같이 진실의 보고다. 즉 작품 안에 진실이 있다는 전제는 헤겔G. W. F. Hegel에서 아도르노까지 이어지는 철학적 미학에서 나타난다. 니체와 같은 특수한 경우는 물론 예외다. 이러한 생각은 고전 작품에 대한 가다머의 인식에도 각인되었다. 비록 가다머가 제시한 해석학에서는 이 전제가 잘 들어맞지 않기는 하지만 말이다.

이러한 작품의 진실성에 대한 요구는 구조주의 미학과 수용미학에서는 상대적인 것이 되었을 뿐 아니라 거부되기까지 했다. 그러나 미학적 성찰에서는 작품의 중심적 위상을 그대로 두었다. 왜냐하면 만약 수용자를 공동의 창조자로 인정하든, 수용자를 작품 수용 과정에서 가장 먼저 작품의 의미를 드러내는 사람으로 설명하든, 모든 미학적 성찰은 작품과 연계되어 있기 때문이다. 수용자는 작품을 보고 자신의 해석적 분석을 이행한다. 작품은 '사물'로서 만들어졌으며 그 물성은 사라지지 않는다. 수용자가 자기 자신인 채로 머무르든, 벽에 붙여놓은 신문 조각이 누렇게 변하는 것처럼 시간에 따라 변화하든 상관없이 작품은 인공물로 존재한다. 조각상, 기념물, 악보 같은 인공물은 다양한 수용자들과 다양한 시간에, 특히 텍스트와 악보의 경우 다양한 공간에서 접근 가능하다. 인공물의 수용자는 삶의 과정 중에 반복적으로 같은 작품으로 돌아와서 새로운 고유성이나 가능성을 발견하고, 낱낱의 요소들을 서로 혹은 특별한 텍스트적 구조와 연관시키고, 새로운 작품의 의미를 생성할 수 있다. 이런 의미에서 작품의 수용자는 한 작품과 평생 대화한다.

베른이나 푹스, 헤르만은 작품 개념에 대한 권위 있고 오랜 전통의 역사적 관점에서 벗어나 사건 개념을 주장했는데, 이것은 흡사 성물 절취로 보인다(물론 우리가 이미 확인한 것처럼, 그들이 작품 개념과 완전히 결별하지 못한 채 그것을 반복적으로 이용했지만 말이다). 성물 절취란 바로 이러한 의미다. 작품과 예술성은 기본적으로 충족되어야 하는 두 가지 전제조건으로 여겨지는데, 연극에서는 둘 다 존재하지 않더라도 타협 없이 연극은 예술이라고 고집하는 것이다. 즉 그들은 인공물을 찰나적이고 일회적이며 반복할 수 없는 사건으로 대체했다. 또한 생산자와 수용자의 근본적인 분리도 무효화하거나 상대적인 것으로 보았다. 작품미학, 생산미학, 수용미학은 생산자와 수용자가 분리되어 있다는 전제를 토대로 한다. 그러므로 그들의 잣대와 범주는 논리적으로 합당하게 공연에 바로 적용되지 못한다. 따라서 공연의 예술성과 특수한 미학성은 공연의 사건성에서 생성되어야 했다.

19세기에서 20세기로 넘어가는 시기에 ─ 새로운 학문으로서 ─ 새로운 연극을 시작하기 위해 몇몇 이론가가 주장한 내용은 1960년대 이후의 연극과 퍼포먼스아트 공연에서는 명백한 **필수조건**이 되었다. 행위예술과 퍼포먼스아트가 생성되는 동인 중 하나는 바로 작품에 대한 개별 예술가의 단호한 의지가 아니라 **지금**에 대한 의지에 근거한다. 다시 말해 시장에서 팔 수 있는 인공물이나 상품이 아니라, 어느 누구도 매입할 수 없고 귀중품처럼 응접실에 전시할 수도 없는 찰나적인 사건인 것이다. 사건의 찰나성, 일회성, 그리고 반복 불가능성은 바로 그 내용 자체가 되었다.

공연의 매체성, 물질성, 기호성에 관한 연구에서 나타났듯이 공연은 그 모든 세세한 부분까지 사건성으로 각인되어 있다. 공연 전체뿐 아니라, 각각의 요소들도 바로 피드백 고리의 자동 형성성 속에서 이루어진다. 이렇게 공연의 물질성은 인공물로서 혹은 인공물 안에서 생겨나지 않는다. 오히려 육체성, 공간성, 소리성이 수행적으로 나타나는 과정에서 사건성이 일어난다. 행위자의 현존, 사물의 엑스터시, 분위기, 에너지의 순환은 지각, 감정, 상상, 생각에서 의미가 발생하는 것과 같은 방식으로 일어난다. 관객의 행위는 지각한 것에 대한 반응으로 일어나고, 행위자의 행위 역시 행위자 자신이 지각한, 즉 보고 듣고 느꼈던 행동 양식이나 관객의 행위에 대한 반응으로 일어난다. 공연의 미학성은 이러한 사건성을 본질적 특질로 한다.

사건성을 더 자세히 설명하고 정의하기 위해 필자는 지금까지 해온 대로 기존에 확립된 개념, 즉 하이데거나 데리다Jacques Derrida 혹은 리오타르Jean-François Lyotard의 개념에서 출발하지 않고 그 대신 이미 연구했던 공연들에 이를 적용해보려 한다. 그러니까 필자는 공연의 매체성, 물질성, 기호성에 관한 지금까지의 연구 결과를 토대로 1960년대 이후 공연의 특수한 미학성을 파악해볼 것이다. 무엇보다 공연의 사건성에 직접적으로 연결되어 있으며, 의심할 여지 없이 그 특수한 미학성에서 중요한 세 가지 복합적 관념을 추려냈다. 첫번째는 바로 공연이 이루어지게 하는 피드백 고리의 자동 형성성과 창발 현상이다. 두번째는 대립 관계를 해소하거나 불안정하게 만드는 것이다. 세번째는 공연의 참여자가 겪게 되는 역치적 상태와 이에 연관된 변환이다. 이러한 세 가지 복합적 관념을 자세히 고찰하는 것은 공연의 특수한 미학성을 인식하는 데 큰 도움이 될 것이다.

1. 자동 형성성과 창발성

　제3장에서 살펴보았듯이 공연은 행위자와 관객의 행위와 행동 양식에서 나오는 자동 형성적 피드백 고리에 근거해 생성된다. 수용자마다 제각기 다르게 해석할 수 있으나 본래의 물질성은 변하지 않는 독립적 작품을, 독립적 주체인 예술가가 생산한다는 관념은 여기서 이미 결별했다. 설사 많은 관객의 의식 속에서는 그렇지 않았다 하더라도 말이다.

　이러한 결론은 여러 가지 의문을 제기한다. 과연 이러한 방식으로 행위자와 관객을 하나로 취급해도 되는가? 관객이 공연에 최상으로 반응할 수 있도록 하는 것이 공연 과정을 준비하고 연출을 하는 예술가의 역할로 평가되어야 하지 않는가? 그러면 어떻게 위에서 주장한 자율적 주체로서의 예술가상의 결별과 1960년대 후반부터 스스로 전능하다고 생각하는 연출가의 독단에 대한 불만을 조화시킬 수 있는가?

　필자는 우선 이러한 질문에 답하기 위해, 단 한 명의 예술가가 등장하는 퍼포먼스아트 공연과 여러 명의 연출가, 무대 디자이너, 작곡가,

배우, 음악가 등이 공동으로 준비하는 연극 공연을 구분하려 한다.

퍼포먼스 예술가는 퍼포먼스에서 타자들에게 자신을 내맡기는 특수한 상황을 창출한다. 보이스가 사흘 동안 코요테 한 마리와 함께 지냈을 때, 아브라모비치가 다른 이의 폭력에 자신의 몸을 노출시키거나 뱀에 휘감겼을 때, 이 예술가들은 가능한 틀 안에서 공연 과정을 통제하고 조정하기를 스스로 포기한 것이다. 오히려 그들은 예측하기 어렵거나 거의 예측 불가능한 상황을 창출했다. 이러한 전개는 예술가에게만 달린 문제가 아니라 항상 다른 이에게, 대부분의 경우 관객에게, 그게 아니면 동물에게 달려 있는 문제였다. 그 말은 예술가는 자기 자신뿐 아니라 타자에 의해 형성된 상황에 스스로를 내맡겼다는 것이다. 예술가는 공연 과정 중에 자신이 이행한 행위의 중요성을 관찰자인 관객이 인식하기를 요구했다. 관객은 예술가를 위해서라도 스스로 이 공연에 대한 일종의 책임이 있음을 정확하게 인식했다. 코요테나 뱀은 자칫 당사자인 예술가에게 매우 위험한 결과를 초래할 수 있었다. 동물이 어떻게 행동할지는 아무도 예측할 수 없기 때문이다. 아브라모비치가 통행자 중 한 무리를 선택해서 행위를 이행하고 지속시킨 것도 매우 위험하게 보였다. 모든 참여자, 일차적으로는 예술가와 관객이 이 상황에 적절하게 대처해야 했다.

물론 모든 상황은 예술가가 창출한 것이다. 관객이 잘못된 행동을 했을 때 이에 대해 무거운 책임을 져야 하는 것도 예술가였다. 그럼에도 여기서 예술가가 다른 사람, 즉 관객에게 의존적인가? 또 연출가가 촉발한 상황이 아니라, 퍼포먼스 참여자에 의해 발생한 상황도 역시 연출가가 책임을 져야 한다면 이것은 얼마나 구속력이 있는가?

예술가의 새로운 자기 이해가 표현된 것이 바로 이러한 퍼포먼스들이었다. 그들은 더 이상 신적인 작품을 창출하는 것이 아니라 실험의 기수로서, 자신과 타자를 내맡기는 특수한 상황을 창출한다. 예술가 선택한 시간에 공연을 끝내는 것은 단지 예정일 뿐으로, 공연이 정시에 마칠지 아닐지는 슐링엔지프의 사례가 보여주듯 불확실하다.

일반적으로 공연 준비는 극장에서 집중적으로 하면 몇 주가 걸리고, 어떤 때는 몇 달이 소요되기까지 한다. 공연 준비는 공연 그 자체와는 분명히 구별되어야 한다. 가령 어떤 연극적 요소가 어떤 형태로, 어느 시점에, 어느 위치에서 이루어져야 하는지에 대한 준비는 어느 정도는 중요한 역할을 한다. 이를 통해서 공연에서 관객의 지각을 위한 매우 중요한 지시가 이루어진다. 설사 마지막 결정권이 연출가에게 있다 하더라도, 혼자 작품을 생성하는 작가와 비교할 수 없다. 공연에서는 아이디어를 내고 여러 가지 제안을 하는 다른 예술가, 기술자, 수공업자가 연습 과정과 연출의 총체적 과정에 부분적으로 참여한다.[1] 그러나 일반적으로 공연 전에 무엇이 논의되고 정해지고 계획되었는가와 무관하게 공연 중에 실제로 드러난 것만이 피드백 고리의 자동 형성성에서 유효성을 갖는다.

일반적으로 연출가가 공연에 참여하지는 않기 때문에, 연출가는 배우나 무대 기술자 혹은 무대 작업자와 같이 직접적으로 자동 형성적 피드백 고리에 개입할 수 없다. 물론 관객으로서는 가능하다. 연출가는 관객으로서의 자신의 경험에 비추어 공연을 마친 뒤에 연출적 변화를 줄 수 있고, 다음 공연을 위해 다른 과제를 낼 수도 있다. 하지만 공연 자체에 대해서는 아무것도 조종할 수 없다. 배우, 기술자, 무대 작업자가

---

1) 제5장에서 설명한 연출 개념을 참고하라.

피드백 고리의 자동 형성성에 지속적으로 개입하는 반면 ─ 사전에 계획한 것과 다른 방식으로 전개할 수 있다 ─ 배우로서나 관객으로서 공연에 참여하지 못한 연출가는 배제되어 있다. 즉 연출가가 공연의 사건성에 영향을 끼친다는 것은, 공연이 이루어지는 동안에는 절대 불가능하다.

필자가 지금까지 소개한 연극 공연은 모든 참여자가 노출되고 다양한 방법으로 이용되는 특정 상황을 창출하는 연출로서의 퍼포먼스와 비교할 만하다. 바로 여기서도 우리는 매번 다른 반응을 불러일으키는 실험적 행위들과 연계되어 있다. 관객 참여를 위한 셰크너의 과제, 프랑크푸르트 전차 차고에서 이행한 슐레프의 공간 구성, 그리고 카스토르프의 비디오 기술 도입이 그 예다.

1960년대 이후 공연들이 역할 바꾸기, 공동체 형성 등을 통해 공연에 영향을 미치는 피드백 고리의 자동 형성성에 주목하면서, 동시에 새로운 예술가상 ─ 혹은 새로운 인간상, 새로운 사회상 ─ 이 나타나게 되었다. 물론 이것이 실제로 사회에 퍼져나갔는지는 의문이지만 말이다. 자동 형성적 피드백 고리의 작용은 자율적 주체라는 관념을 부정한다. 이 주체는 다른 이를 규정할 뿐 아니라 다른 이에게 규정된다. 이것은 고유의 자유의지에 따라 주체적으로 무엇을 하고 무엇을 안 할지 판단하는 주체, 그리고 다른 사람으로부터 독립적이고, 외부의 '행동 지시'로부터 벗어나 자유롭게 원하는 대로 자신을 구상할 수 있는 주체 개념과 모순된다. 이 주체 개념은 타인에 의해 규정되어 자신의 행동에 아무런 책임을 지지 않아도 되는, 전적인 타자의 인간상과도 모순된다. 행위자와 관객의 역할 바꾸기와 같이 겉으로 분명하게 드러나고 지각 가능한 피드백 고리의 자동 형성성은 모든 참여자에게 공연 과정에서 다른 이의 행위와 행동 양식에 영향을 끼치고 다른 이로부터 영향을 받는 주체, 즉 자율적이지도 않고 타인에게 규정되지도 않는 주체에 대한 가능성을 연다. 자신이 혼자 촉발한 것은 아니지만 자신이 처하게 된 상황에 대해 책임을 지는 주체에 대한 가능성을 여는 것이다. 이것은 미학적 경험의 본질적인 요소를 나타내며, 피드백 고리의 자동 형성성에 의해 가능하다.

피드백 고리는 끊임없이 새롭게 떠오르고 계획하거나 예측할 수 없는 요소들을 통합시켜야 하는, 스스로 구성하고 편성되는 시스템이다. 계획하거나 예측할 수 없는 요소들이란 연기자에게는 무엇보다 자신의 행동 양식과 행위, 그리고 그에 대한 스스로의 반응과 동료 배우들의 반응, 부분적으로는 무대 위에서의 예상치 못한 사건들, 즉 갑자기 무언가에 걸려 넘어진다거나 조명 기기가 떨어진다거나 소품을 잘못 들고 나온다거나 같이 나온 동물이 돌발 행동을 한다거나 —카트린 앙게러를 문 원숭이, 사과를 떨어뜨린 말, 갑자기 짖으며 객석으로 뛰어든 개— 하는 것들이다. 반대로 관객의 시각에서 피드백 고리의 자동 형성성에 관여하는 요소들은 모두 창발하는 현상이다. 왜냐하면 공연에서 나타나는 현상의 출현과 사라짐은 이해 가능하거나 특정한 의미에서 예측 가능한 행위의 논리나 심리적 논리에 따라 작동되지 않고 인과적 관계도 따르지 않으며, 타임 브래킷이나 리듬의 패턴, 우연의 작동 등에 달려 있기 때문이다. 따라서 관객은 다른 관객의 행위나 그들 스스로의 반응을 예측할 수 없다. 모든 것은 관객에게 창발로 나타난다.

이러한 사실은 공연을 지각하는 데 계속해서 영향을 미친다. 특정한 —잘 알려진— 행동의 인과성과 인물 심리의 논리가 유지되는 한, 지각에는 특정한 선택 원칙이 주어진다. 다시 말해, 관객은 공간 안에서 일어나는 모든 것에 주목하는 것이 아니라 줄거리를 따라가고 인물의 행위를 이해하는 데 도움이 되는 것에만 주목한다. 만약 그런 종류의 선택 원칙이 없어지면, 오늘날 자주 이야기되는 주목의 경제성[2]이 일상에서처럼 공연에서도 다른 기준에 따라 구성되어야 할 것이다. 이러한 기준에는 가령 현상의 강도, 편차, 혹은 놀랍거나 눈에 띄는 정도가 포함된다.[3]

그러나 이러한 기준을 지금까지 분석한 공연에 응용한다면, 상당한 어려움에 처하게 될 것이다. 왜냐하면 공연 속에서 나타나는 현상에는 원칙적으로 최소한 한 가지, 혹은 더 많은 기준이 적용되기 때문이다. 현상의 강도에 관한 기준을 예로 들면 배우의 현존, 사물의 엑스터시, 분위기가 현존과 엑스터시에 상당한 수준으로 관여하다. 그래서 강한 현존 콘셉트는 행위자의 신체적 출현이 공간을 점유하게 하고, 관객이 이에 주목하지 않을 수 없도록 강요한다. 현존하는 배우는 모두가 몸으로 느낄 수 있는 에너지를 자신과 관객에게 자유롭게 투입한다. 사물의 엑스터시에서 이 에너지는 사물에 갇혀 있지 않다. 오히려 이 에너지는 사물로부터 나와 드러나고, 특별한 방식으로 현재적으로 나타나 관객의 시선을 사로잡는다. 이것은 소위 사물의 이차적 특성의 관점에서 색채, 냄새, 소리라는 특별한 방식으로 나타난다. 사물의 엑스터시와 배우의 현존을 통해 조성되는 분위기는 특정한 강도로 지각된다. 분위기는 그를 감싸고, 그는 분위기 속에 빠지며, 분위기는 빛, 소리, 냄새로

2) 이에 관해서는 Georg Frank, *Ökonomie der Aufmerksamkeit*, München 1998 참조.
3) 이 기준에 대해서는 Walter Seitter, "Aufmerksamkeitskorrelate auf der Ebene der Erscheinungen," Aleida Assmann & Jan Assmann(eds.), *Aufmerksamkeiten. Archäologie der literarischen Kommunikation*, München 2002, pp. 171~82 참조.

지각하는 자의 육체에 침투한다.

필자가 앞서 제시한 바와 같이, 1960년대 이후의 연극과 퍼포먼스아트 공연에서는 배우를 현존하게 하고 사물의 엑스터시가 나타나게 하며 짙은 분위기를 생산하는 많은 전략이 있었다. 이것이 부분적 경험이 아니라, 공연 내내 지속되는 경험임은 명백했다. 가령 슐레프의「스포츠 작품」에서 45분간의 합창은 높은 강도로 진행되었는데, 이 강도는 모든 시간을 통틀어 유지되었을 뿐 아니라 시간이 지날수록 더 강화되었다. 강도의 측면에서 보면 공연은 오랜 시간 동안 혹은 전체 공연이 지속되는 내내 관객에게 매우 높은 강도의 주목을 요구한다.

편차 혹은 놀라움의 기준 역시 거의 일관되게 적용할 수 있다. 이 공연들은 시간적 순서를 타임 브래킷이나 리듬으로 구성하기 때문에 편차는 그 주요 원리가 된다. 타임 브래킷을 통해 행위의 시작과 끝을 매번 다르게 정할 수 있다. 그리고 리듬은 바로 이러한 편차에 따라 정해진다. 어떤 반복일지라도 실제로 정확히 똑같이 반복되지는 않기 때문이다. 윌슨이「무릎 놀이Knee plays」에서 일본의 '노'에서 차용한 걸음걸이를 활용한 것이나「유럽을 끝장내라!」에서 합창을 다양한 방식으로 한 것, 혹은「고맙습니다」를 각 절마다 반 음씩 높게 부른 것이 그 사례다. 이 공연들의 주된 특징은 우리가 일상에서 흔히 지나치는, '거의 보지 못하는' 지점까지 관객의 시선을 주목시키는 것이다. 여기서는 편차가 관심의 초점이다. 공연은 무언가가 도입되고, 잠시 후에 그것이 다시 변주되어 나타남으로써 리듬을 얻는다. 다시 말해, 관객은 공연에서 일반적으로 차이를 기대하며, 그럼에도 **이렇게**까지는 기대하지 않았던 편차를 보고 놀랄 준비가 되어 있는 것이다. 편차와 놀라움은 공연을 관통하는 주된 원리로 작용한다. 이것은 관객의 주목을 끌기 위한 특별한 도전인 것이다.

마지막으로 눈에 띄게 하는, 즉 주목하게 하는 기준에 대해 생각해보자. 공연에서 많은 현상을 찾아볼 수 있는데, 가령 자해 퍼포먼스의 경우에는 일상에서도 주목을 받을 것이다. 이것은 예술가의 행위가 일상 세계에서 엄청난 주목을 끌 뿐 아니라 사건이라는 틀에서도 센세이션을 불러일으키며 관객의 시선을 사로잡는다는 데서 비롯된다. 연극과 퍼포먼스의 틀에서도 이런 자해 행위는 의심할 여지 없이 눈에 띄는 현상이다. 또한 지금까지 확인한 바와 같이, 공연에 참여하는 동물도 지속적으로 눈에 띄게 하는 현상에 속한다. 뱀, 코요테, 원숭이, 아프리카 부엉이, 타란툴라 등과 같이 동물원에서 관심을 끄는 야생동물뿐 아니라 개, 고양이, 말, 카나리아, 물고기같이 일상에서 자주 볼 수 있는 애완동물도 마찬가지다. 다른 한편 공연은 평범한 것을 눈에 띄게 하는 데도 성공했다. 만약 배우의 현존이 관객에게 체현 상태로 눈에 띄게 되면, 혹은 일상적인 석탄 난로가 그 자체로 관객의 시선을 사로잡으면, 혹은 잘 알려진 멜로디가 관객을 완전히 흡인할 수 있다면, 이는 아서 단토가 일상의 신성화라고 이야기했던 것이 나타난 것이다. 즉 일상적 평범함이 미화되어 매우 특별하게 눈에 들어온 것이다. 무엇보다 공연에서 현존의 질서로부터 재현의 질서로, 또 그 반대로 관객의 지각이 바뀌는 것도 눈에 띄는 현상이다. 공연예술이 드러나는 모든 것을 눈에 띄게 만드는 일임은 명백하다. 모든 것이 예측 불가능하고, 눈에 띄고 놀랍기 때문이다.

시선의 주목을 유발하는 세 가지 기준은 필자가 앞서 살펴본 공연에서 간간이 혹은 지속적으로 나타났다. 말하자면, 이는 주목의 경제성에 대한 이야기가 아니다. 오히려 우리는 주목의 과잉, 무절제, 값비싼

자원의 '소모'에 직면해 있다. 이것은 자신의 행동뿐 아니라 타인──다른 배우 및 관객──의 태도와 행동에 점점 더 주의를 기울일 것으로 기대되는 배우에게만 해당되지 않는다. 이것은 공간 안에 나타나는 모든 것에 주목하는 관객에게도 해당된다. 여기서 염두에 두어야 할 것은 바로 주목의 경제성을 지닌 관객이 항상 모든 것에 지속적으로 주목하지는 않는다는 점이다. 주목도가 높아지는 것은 이따금씩 나타나는 일일 뿐이다. 배우와 관객은 다른 사람뿐 아니라 자신의 몸에도 시선을 집중하기 때문이다.

만약 우리가 주목 개념을 발터 세이터Walter Seitter의 정의대로 "어떤 사물이나 내용을 상대적으로 강하게 의식하는 것"[4]으로 규정하고, 나아가 초르다스의 이론에 따라 "심리학적 정의에서 일반적으로 사용하는 것보다 더 신체적이고 공감각적인 참여"를 포괄하는 것으로 파악한다면, "주목의 신체적 방식은 다른 이의 체화된 현존을 포함한 주변 환경에 몸으로 참여하는 정교한 문화적 방식"[5]이라고 할 수 있다. 그러면 이 '소모'의 깊은 의미가 해명된다. 주목도가 점점 높아지는 상태는 지각 주체에게 특정한 체현을 경험하게 한다. 체현이 공연에서 이루어지는 미학적 경험의 또 다른 구성 요소임은 의심할 여지가 없다.

주목도가 점점 높아지는 상태는 공연에서의 창발 현상이 관객에게 영향을 미치거나 요구하는 것처럼 사실상 비일상적이고 비범한 상황이다. 그러나 창발성과 피드백 고리의 자동 형성성이 불러일으키는 경험은 우리가 일상에서 하는 경험과 흡사하다. 그 경험 탓에 우리는 우

---

4) 같은 책, p. 171.
5) Thomas J. Csórdas, "Somatic Modes of Attention," *Cultural Anthropology 8*, 1993, pp. 135~56, p. 138.

리 자신이 겪는 사건과 그 과정으로부터 자유로워질 수 없다. 즉 우리는 그것을 어느 정도까지는 규정할 수 있고, 또 그것에 의해 규정된다. 여기에는 일상적이고 평범한 경험, 나아가 통속적인 경험까지도 포함된다. 또한 우리는 일상적 삶과 사회적, 정치적 맥락에서, 그리고 역사의 발전 속에서 계획된 것도, 예상할 수 있었던 것도 아닌 사건이 일어나며, 그 사건이 완전히 다른 방향으로 선회할 수 있음을 반복해서 경험한다. 그러나 왜 갑자기 다른 방향으로 선회하는지에 대해서는, 그 이유를 찾고 있지만 확실히 알 수 없다. 또한 일상에서 우리는 누군가에게서 매우 특별한 분위기가 흘러나와 다른 이에게 전달되는 경우를 접하게 된다. 만약 그 사람이 사회적으로나 정치적으로 눈에 띄는 지위에 있다면 우리는 그 인물의 카리스마가 무엇인지 설명하지도 못하면서 그 사람을 카리스마적이라고 말한다. 마지막 사례를 들자면, 우리는 일상에서도 사물의 엑스터시를 경험한다. 이것은 눈에 잘 띄지 않지만 지각하는 사람에게는 어떤 이유에서든 매우 특별한 가치를 지닌다. 그렇다. 바로 아우라를 받아들이는 것이다.

여기서 우리는 누구나 한 번쯤은 해본 경험, 하지만 공적인 담론에서는 제외된 경험을 이야기하고 있다. 이 담론이 계몽주의에 의해 규정되는 한, 이러한 경험은 받아들여지지 않는다. 이러한 경험의 표현은 그 담론이 잘못된 전제에 기초한다는 점을 폭로하고 그에 맞선다. 그 전제는 자율적 주체로서의 인간은 자기 운명의 주인이라는 것이다. 인간은 자신이 포함된 과정에 대해 이성적으로 계획할 수 있고, 그에 따라 자신의 계획을 실현할 수 있다. 만약 ─ 우주에 혹은 문화 속에 ─ 새로운 현상이 일어나더라도, 거기에는 항상 설득력 있는 설명이 부여되었다. 그리고 새로운 것이 세상에 나타날 때는 대부분 계획적인 행동의 결과

로 나타났다. 모든 인간은 동일하기 때문에 카리스마적인 인간은 있을
수 없다. 카리스마가 나타나는 것은 배우처럼 특정한 기술이나 방법 —
'트릭' — 을 알고 있어서 카리스마적 인상을 줄 수 있는 경우뿐이다. 그
리고 사물의 아우라는 병적인 마음 상태에서 나온다. 사물은 특정한
목적을 위해 존재하는데, 이 목적을 이루는가 이루지 못하는가에 따라
그것은 관리되거나 처분될 수 있다. 이를 벗어나 사물이 인간에게 영향
을 주는 법은 없다.

계몽주의 담론뿐 아니라, 주체가 전적으로 탈중심화된 상태에 있다
고 간주하는 포스트모더니즘도 이러한 경험에 대립하는 관점을 갖는
다. 무언가를 함께 규정할 수 있다는 생각은 단순한 환상으로 치부된
다. 그 대신 주체는, 언어나 문화적 각인처럼 추상적 실체에 의해 행동
하는 객체로 나타난다. 예컨대, 주체가 언어로 말하는 것이 아니라 언어
에 의해 말해지는 것이다. 살의 신체로 존재하면서 육체를 소유한다는
변증법이 여기서는 망상으로 여겨진다. 오히려 육체는 문화적 각인을
위한 수동적인 표면으로 생각된다. 또한 모든 것이 임의적이고 모든 경
험은 근본적으로 주체의 구성물로 설명되기 때문에 다른 사람의 경험
을 카리스마적 성격으로, 사물에 대한 경험을 아우라로 구성하는 주체
가 없다고는 할 수 없다.

계몽주의 담론은 이러한 일상의 경험을 계몽 이전 사유의 유산이자
잔재이며, 종교적 혹은 마법적 의식이나 다름없다고 비난한다. 이는 통
제할 수 없는 신비로운 힘과 능력으로 간주되며, 인간은 그에 영향을 끼
치지 못한다. 그래서 인간은 자신이 관여한 과정에서 그 힘에 의해 규정
될 수밖에 없다. 나아가 이 힘은 새롭고 불가해한 현상을 갑작스럽게 유
발하며 어느 인물을 카리스마적으로, 어느 사물을 아우라가 있게 나타

나게 한다.

한편, 포스트모더니즘 담론에서는 일상의 경험을 환상과 망상이라고 비난했는데, 여기에는 한편으로는 자율적 주체 개념과 같은 계몽주의적 콘셉트가 작용하며, 다른 한편으로는 주술적 세계에 대한 낭만적 생각이 지속적으로 영향을 미친다.

두 담론 모두 일상의 경험을 평가절하한다. 이와 반대로 1960년대 이후 연극과 퍼포먼스아트 공연은 창발성과 피드백 고리의 자동 형성성을 통해 일상의 경험을 명예회복하고 매우 높이 평가하고자 한다. 일상의 경험을 미학적 경험의 구성 요소로 변신시키는 것은 점점 주목도가 높아지는 비일상적 상태다.

2. 무너지는 대립성

다시 기억해보자. 오스틴은 가장 먼저 진술적-수행적이라는 개념쌍을 도입하고, 이 개념을 통해 수행문은 진술문과 달리 자기 지시적이며 현실 구성적인 언어 행위를 의미한다고 설명한 다음, 자신의 이분법적 구분이 적절하지 않음을 보여주었다. 오스틴의 이러한 접근 방법은 수행적인 것이 대립적인 개념들을 무너뜨리고, 지빌레 크래머가 지적하듯이 "총체적인 것으로서의 이분법적 개념 체계를 불안정하게 하는"[6] 역동적 작용을 한다는 의구심을 품게 했다.

이러한 의구심은 공연 연구를 통해 더욱 뒷받침되었다. 이미 살펴봤듯이 예술과 현실, 주체와 객체, 육체와 영혼, 동물과 사람, 기표와 기의처럼 우리 문화에서 이분법적으로 이해되는 주요한 개념쌍은 그 명확

---

6) Sybille Kräemer & Marco Stahlhut, "Das 'Performative' als Thema der Sprach- und Kulturphilosophie," p. 56.

성을 잃고 움직이며 흔들리기 시작하고 나아가 그 이분법이 완전히 붕괴될지도 모른다. 그렇다면 이러한 역동성은 공연의 사건성을 어떻게 구성하는가? 또한 공연의 미학성에는 어떤 영향을 끼치는가?

고대부터 예술과 현실의 구분은 예술 이론에서 매우 근본적인 문제였다. 예술 이론은 역사적으로 끊임없이 이러한 구분으로부터 예술작품을 개념화하고 정의했다. 이러한 정의는 각각의 예술작품에 대한 가치 평가의 기초가 되었고, 작품의 미학성을 위한 기준으로 간주되고 명명되며 응용되었다. 예술을 현실의 모방으로 이해해야 하는가, 혹은 반대로 예술작품 속에서만 발견될 수 있는 특유의 현실, 즉 예술이 **고유한** 현실을 창조한다고 이해해야 하는가에 대한 아무런 고려 없이, 예술과 현실의 근본적인 차이는 아무런 문제 제기도 없이 예술의 전제로 간주됐다. 그런데 여기서 예술작품을 ― 아주 특별하다 하더라도 ― 많은 사물들 중 하나의 '사물'로 간주하고, 따라서 예술작품을 마치 인간이 만든 숟가락, 책상, 집처럼 객관적 현실에 귀속시킨다는 것은 놀라운 일이다. 이것은 현실을 주어진 것의 총체로 간주하는가, 혹은 내가 지각하는 것이나 내 주관적인 지각의 구조로 간주하는가 하는 문제와는 무관하게 적용된다. 하지만 예술작품은 일상적 사용을 위해 창조되는 어떤 것이 아니라는 점에서 인간이 만든 사물과 구분된다. 우리가 집에 살고, 책상 앞에 앉고, 숟가락으로 수프를 먹을 수 있는 반면에, 예술작품은 ― 장식의 목적 이외에는 ― 결코 일상에 적절하게 사용될 수 없다. 과거에 혹은 다른 문화에서 예술은 문화적, 종교적, 정치적 재현의 맥락에 따라 규정되었지만, 예술의 독립 선언 이후 예술작품은 점차 모든 삶과 세계의 맥락에서 벗어나기 시작했다. 그러나 경제적인 속박에서는 결코 벗어날 수 없었다. 도자기나 증기기관 생산자와 다를 바 없이 예술가에게도 작품의 값이 지불되었다. 18세기 말까지는 작품 주문자가 예술작품이라는 상품의 가치를 규정한 반면, 19세기 이후에는 이러한 임무가 시장에 주어졌다.

예술과 현실의 분리에 대한 사회적 인식은 예술가를 인기 없는 작품에 대한 추궁으로부터 보호했고, 동시에 검열로부터 작품을 해방시켰다. 예술의 자율성은 모든 일상적 사용과 소비의 맥락에서 작품을 분리시키고, 일종의 성배와 같은 진실을 위한 고귀한 그릇으로 미화시켰다. 뿐만 아니라, 예술 스스로 거의 우상 숭배의 상태로 올라서며 점차 교회 안에서 경배를 받는 것처럼 유사 종교의 지위를 얻게 되었다. 나아가 예술의 자율성이란 작품의 진리가 결코 작품이 말하거나 보이는 곳에 있는 것이 아니라 무엇보다 그 이면에 놓여 있음을, 말하자면 작품의 깊은 곳에 숨겨져 있음을 의미한다. 예술작품은 결코 그것이 보여주는 것을 말하지 않는다. 예술작품을 정치적 혹은 도덕적 선언으로 오해하면 안 된다. 비록 처음 볼 때 전복과 혁명을 불러일으키거나, 살해, 강간, 절도를 찬양하거나, 신을 비방하고 나체를 보여준다 해도 예술은 신성모독이나 포르노그래피일 수 없다. 왜냐하면 예술작품은 무언가 아주 다른 것을 의미하기 때문이다. 예술작품은 전복과 혁명이 일어나고, 절도, 신성모독, 포르노그래피가 다반사인 현실과는 완전히 단절된다. 예술의 자율성은 예술과 현실의 근본적인 차이를 전제로 하며, 예술은 이러한 차이를 요구하고 또 주장한다.

예술에 대한 이와 같은 주장에 대해 1960년대 이후의 퍼포먼스아트와 연극 공연에서는 맹렬하게 이의가 제기되었다. 예술작품은 보여주고 말하는 것이 아니라는 주장은 수용되지 않았다. 왜냐하면 그들에게 예술작품은 자기 지시적이고, 현실을 구성하는 행위를 항상 수행하기 때문이다. 아브라모비치가 와인 잔을 깨 손에서 피가 흐르기 시작했을 때, 이것은 그녀가 와인 잔을 손으로 깨서 손에서 피가 흐르기 시작한 다는 것을 의미했다. 이러한 행동은 깨진 잔과 피 흘리는 손이라는 실제 의 현실을 구성하고 만든다. 이러한 관점으로는 공연에서의 예술과 현 실 사이에 어떤 결정적인 차이도 확인할 수 없다. 공연에서 행해지고 보 여지는 모든 것은 행해지고 보여지는 것을 의미하고, 그에 상응하는 현 실을 만든다.

모든 공연은 자기 지시적이고 현실 구성적이다. 햄릿을 공연하는 배 우가 무대 위를 가로질러 지나갔을 때, 이것이 의미하는 것은 무대에 선 배우가 걸어갔다는 것이고, 발걸음이라는 현실을 구성한다. 배우는 걸 어가는 척하지 않는다. 그 배우는 실제로 걸어가고, 그럼으로써 현실을 변화시킨다. 이러한 사실은 발걸음이 경우에 따라서는 무언가 다른 것 을 의미할 수도 있다는 전제를 마련한다. 예를 들면, 햄릿의 발걸음은 거트루드의 방으로 가는 것이다. 막스 헤르만이 말했듯이, 우리는 연 극 공연에서 항상 '실제 인간'과 '실제 공간'을 맞닥뜨린다. 배우가 공간 속에서, 공간을 통해서 움직이면, 그는 실제로 공간 속 몸의 위치를 바 꾸며, 그와 함께 수행적 공간을 변화시킨다. 공연에서 물질성의 수행적 창출이 가져오는 결과는, 공연 속에 나타나는 모든 것은 그것이 무수한 의미를 지닌다 하더라도 실제로 일어난다는 것이다.

예술과 현실의 대립은 미학적인 것 대 사회적인 것, 미학적인 것 대 정치적인 것, 미학적인 것 대 윤리적인 것과 같은 이분법적 개념쌍을 연 속적으로 생성했다. 이미 보여준 바와 같이, 1960년대 이후의 모든 공 연에서 이러한 대립성은 보란 듯이 붕괴되었다. 무엇보다 역할 바꾸기와 공동체 형성은 공연이란 항상 사회적 상황이자 친교의 형식이라는 것을 드러냈다. 공연 중에 행위자와 관객 사이에서, 그리고 관객들 사이에서 일어나는 일은 항상 특수한 사회적 과정으로서 이행되고 특정한 현실을 구성한다. 이러한 과정은 관계의 교섭이 일어나고 위치를 규정하는 데 권력이 작동하는 정치적 과정으로 변형된다. 개개인 혹은 집단이 특정한 지위, 행동 방식, 행위, 나아가 신념까지 강요하려 하는 곳에서는 언제나 정치적 과정을 마주하게 된다. 제임스 그리피스가 「코뮌」에서 미라이 마을 주민을 재현하기 위해 관객에게 원 안에 들어오기를 요구했을 때, 이것은 정치적 행위였다. 슐링엔지프가 「기회 2000」에서 특정한 행동을 한 누군가를 내쫓으며 위협했을 때, 이것은 정치적 행위였다. 「두 아메린디언의 방문」에서 '믿지 않는 사람들'이 믿는 사람들을 조롱하며, 그들의 생각이 틀렸음을 드러내려 했을 때도 정치적 행위였다. 이것은 특히 무언가를 '통제할 수 없게' 될 때, 다른 사람들이 주어진 놀이에 동참하지 않음으로써 무언가 실패할 때 명확하게 드러난다. 가령 관객들이 원 안에 들어오는 것을 거부했을 때, 혹은 슐링엔지프로부터 위협을 받은 관객이 다른 이와 연대했을 때, 혹은 믿지 않는 사람들에 맞서 저항했을 때 말이다. 미학적인 것과 정치적인 것의 대립은 이 경우에, 그리고 다른 경우에도 더 이상 성립되지 않는다. 예술가가 선별한 구성, 그들이 창조한 상황, 그리고 스스로 혹은 다른 이에 의해 노출된 상황은 항상 미학적인 동시에 정치적인 것이다. 정치적인 것과 미학적인 것을 분리하거나 서로 상반되게 하는 것은 불가능하다.

실러는 만하임에서의 그 유명한 '독일귀족사회모임' 선거 전 연설에서, 극장이 "다른 그 어떤 공공시설보다 〔……〕 실질적인 지혜의 학교이자 시민에게 삶의 길을 제시하는 나침반, 인간 영혼의 비밀스러운 통로를 향한 틀림없는 열쇠"[7]라고 하면서 연극을 도덕적인 기관으로 규정했다. 브레히트도 "친애하는 관객 여러분. 자, 스스로 결론을 찾으십시오!
/ 선인이 거기 있을 거예요. 반드시, 반드시, 반드시!"⁸⁾라고 하며, 무대
위에서 진행되는 문제에 대해 관객 스스로 해결책을 발견해야 한다고
말했다. 하지만 이 두 사람은 연극을 행동의 부담이 없는 공간으로 간
주했다. 관객이 공연 속에서 개입하는 것이 아니라 극장 밖의 사회적,
정치적 관계 속에서 개입해야 한다는 것이다. 공연은 관객을 이미지로
흔들어 깨우고, 사회적, 정치적 상황을 성찰하도록 인도함으로써 사회
적, 정치적 현실에 대해 관객이 행동하게 만들어야 한다고 피력했다. 여
기서 미학적인 것은 윤리적인 것과도 대립적으로 개념화되었다. 이러한
대립은 1960년대 이후의 연극과 퍼포먼스아트의 많은 공연을 보면 설득
력이 없다. 여기서 관객은 항상 결정을 내리고 행동해야 하는 어떤 교묘
한 상황에 처하게 된다. 관객은 발생하는 상황에 어쨌든 책임을 져야 한
다. 예술가만 책임을 지는 것이 아니다.

　이러한 관계는 지난 여러 해 동안 뒤바뀐 것처럼 보인다. '실제 삶'에
서 인간은 점점 더 관객처럼 행동한다. 어떤 폭력 행위를 목격하더라
도—휴대폰으로 경찰을 부르는 것 말고는—자신이 개입하거나 조치
를 취할 필요가 없다고 느끼는 것이다. 이와 반대로 예술가들은 공연에
서 관객을 단지 가만히 관찰하는 데 머물지 않고 스스로 개입하고 행동
해야 하는 상황에 빠뜨리며, 관객 스스로 그렇게 해야 한다고 느끼게
만든다. 예술가가 목숨을 건 위험한 상황을 감수하는 것을 보여줌으로

7) Friedrich Schiller, "Was kann eine gute stehende Schaubühne eigentlich wirken?"
　(1784), *Schillers Werke*, Nationalausgabe, Bd. 20, Weimar 1962, pp. 87~100, p. 95.
8) Bertolt Brecht, *Der gute Mensch von Sezuan*, in *Gesammelte Werke*, Frankfurt a. M.
　1967, Bd. 2, p. 1607.

써, 관객은 스스로 결정하고 행동해야 한다는 책임을 느끼게 된다.

이러한 공연에서 미학적인 것은 윤리적인 것 없이는 생각할 수 없다. 여기서 윤리적인 것은 미학적인 것의 결정적 차원이 되어버린다. 그렇기 때문에 1960년대 이후의 연극과 퍼포먼스아트 공연이 그러한 도전을 했던 것이다. 이 공연들은 미학적인 것과 윤리적인 것의 상관관계를 근본적으로 다시 생각하게 하고, 극단적으로 새롭게 개념화하도록 요구한다.

지금까지 연구한 공연들이 다양한 선언과 형식을 통해 예술과 현실의 대립을 무너뜨리고자 한 사실에서, 그러한 공연들이 예술과 현실의 차이를 더 이상 허락하지 않고 예술과 현실을 동일시하며, 예술의 자율성 개념에 이의를 제기하거나 심지어 그것을 근본적으로 부정하기도 한다고 결론 내릴 수 있을까? 그러나 이러한 결론을 내리기 전에, 예술가가 의도적으로, 예술적 수단을 통해─어느 정도는 까다로운 준비와 수개월의 연습 과정을 거쳐─일상적인 삶과 비슷한 상황을 조성하지만, 이것은 일종의 실험 상황임을 고려해야 한다. 실험 상황을 일상적 삶과 동일시할 수 없는 것처럼─비록 그로부터 인간 행위에 대해 깨우침을 얻는다 해도─우리는 일상적 삶과 예술 공연도 동일시할 수 없다. 그러나 일상의 삶과 예술적인 공연이 여러 측면에서 상당히 다를지라도 이 둘 사이에는 아무런 대립성이 없다.

이러한 분석에 따르면, 예술의 자율성 개념은 사실상 다시 한 번 검증되어야 한다. 앞에서 분석한 공연들은 미학적인 것과 비미학적인 것이 정반대된다고 주장하는 이분법적 개념쌍으로는 적절하게 설명될 수 없다. 그것들은 미학적인 것이 동시에 사회적인 것, 정치적인 것, 윤리적인 것이라고 확언한다. 이분법적으로 형성된 개념들은 이러한 범주가 엄격히 구분되어야 한다고 주장하는데 여기서는 너무나 당연한 것처럼, 마치 혼자서는 존재할 수 없는 것처럼 함께 존재한다. 하나는 항상 상반된 것, 모순된 다른 하나다. 이것이 바로 공연에서 미학적 경험의 특성을 이루는 것이다. 공연에서 각각의 '대립성,' 다른 것—사회적인 것, 정치적인 것, 윤리적인 것 — 을 매우 신기하게, 혹은 마법처럼 변신시킬 수 있는 것이 바로 미학적인 것이다. 미학적인 것은 비미학적인 것과 함께 녹아들며, 둘 사이의 경계를 넘어선다. 예술의 자율성이 공연에서 자기 성찰의 대상이 되고, 또 예술과 현실, 미학적인 것과 비미학적인 것 사이의 대립성이 무너진다. 이러한 대립성의 붕괴와 융합은 공연에서 이행된 예술의 자율성에 대한 성찰로 이해되며, 이것은 예술의 자율성을 극단적으로 재검토하게 한다.

공연이 예술 대 현실, 미학적인 것 대 비미학적인 것 같은 이분법적 개념쌍들을 무너지게 하는 동안, 즉 붕괴가 야기되는 동안 공연이 예술-사건이 될 가능성의 조건을 숙고하게 된다. 이제 공연은 예술-사건이 되어 그와 관련된 이분법적 개념들을 붕괴하는 데 그치지 않고, 완전히 다른 이분법적 개념쌍들을 움직이기 시작한다. 거기에는 고대부터 서양 문화의 핵심을 이루는 주체/객체, 몸/정신, 기호/의미와 같은 것들이 포함된다. 만약에 이러한 것들이 붕괴하거나 최소한 서로 간의 넘나들기가 시작된다면 어떤 일이 일어날까?

여기서 '이것 아니면 저것'이라는 양자택일이 무너지고, '이것뿐 아니라 저것도'라는 생각이 드러난다. 자동 형성적 피드백 고리에서 모든 참여자는 항상 주체인 **동시에** 객체다. 참여자는 공연의 진행에 새로운 전환점을 가져오고, 자신과 다른 이들에게 일어나는 일을 규정한다. 동시에 참여자는 다른 이들이 가져온 변화 과정에 의해 규정된다. 이것은 특히 역할 바꾸기와 모든 종류의 관객 참여에서, 참여자의 지각이라는 측면에서 두드러지게 나타난다. 나타나는 것은 참여자의 지각 대상이 된다. 관객은 이러한 관점에서 지각의 주체이자 지각된 객체다. 지각된 것은 지각하는 자를 다양한 방법으로 자극할 수 있다. 그것은 지각하는 자의 육체적 경계를 무너뜨리고 냄새, 소리, 빛으로 그의 몸에 침투한다. 관객은 원하든 원하지 않든 냄새를 맡는다. 다른 사람, 배우 혹은 가수가 내는 소리가 흉곽에 공명한다. 지각하는 자와 지각되는 것 사이에 끊임없는 교환이 일어난다. 여기서 주체와 객체의 차이는 어떤 경우에도 철학과 정신사가 이야기해온 근본적인 대립성을 드러내지 않는다. 오히려 자동 형성적 피드백 고리는 주체와 객체 사이의 지각과 마찬가지로 둘 사이를 계속해서 오간다. '주체'와 '객체'는 더 이상 대립성을 형성하지 않고 단지 지각하는 자와 지각되는 것의 다양한 상태 혹은 위치를 표시하는데, 이것은 연속해서 일어나거나 일부는 동시에 일어날 수 있다. 일상에서의 지각도 같은 경우다. 하지만 공연을 볼 때처럼 특히 주의를 기울일 때만 이를 의식할 수 있다. 지각 행위 속에서 우리는 적극적으로 지각하는 사람으로서 자신을 경험하고, 동시에 지각된 것들로부터 자극받으면서 주체이자 객체가 된다.

공연은 육체와 정신의 대립성에 대해서는 훨씬 더 급진적이다. 공연은 육체와 정신의 이분법이 잘 들어맞지 않게 할 뿐 아니라, 완전히 무효화하기도 한다. 공연은 행위자의 육체와 의미를 드러낼 수 있는 체현 과정으로 이루어진다. 필자는 18세기 말 이후 체현이라는 단어를 무언가 통용되는 것, 주어진 것을 표현하는 의미로 사용한 것과 반대로, 즉 두-세계-이론이 제시한 것과 다르게, 생산 과정으로 규정하고자 한다. 이에 따르면 정신은 육체의 대립적 개념이 아니다. 정신은 육체에서 그 존재 근거를 찾고, 육체를 통해 생겨나 체현으로 나타나고, 무엇보다 현존의 현상 속에 보여진다. 현존의 현상은 육체와 정신의 이분법이 인간을 설명하는 데 완전히 부적합한 도구임을 보여준다.

실러는 평범한 인간을 실제로 육체와 정신의 대립, 감각적인 자연과 이성의 대립이라는 관점에서 설명한다. 이와 반대로 이상적 인간은 서로 싸우는 듯한 이 두 힘을 화해시키고 균형을 잡으려 한다고 설명한다. 그러나 역사적으로 보면 이것은 예술에서만 가능하다. 예술 안에서는 질료적 본능과 형태적 본능이 놀이 본능과 화합하기 때문이다. 다음은 『인간의 미학적 교육에 관한 편지』(1795)에서 자주 인용되는 문장이다. "인간은 미적인 것과 오로지 유희만을 해야 한다. 인간은 오로지 미적인 것과만 유희해야 한다. 왜냐하면 〔……〕 인간은 오로지 인간이라는 단어의 완전한 의미 속에서만 유희하기 때문이며, 그리고 그가 유희하는 곳에서만 인간은 완전한 인간이기 때문이다."[9] 실러는 이러한 대립성이 오로지 예술에서 상쇄된다고 강조한다. 예술은 인간을 일시적일지라도 인간 '개념'을 충족시키는 미학적 상태로 대체시킬 수 있기 때문에 가치가 있다. 그 속에서 육체와 정신, 인간의 감각적인 자연과 이성, 질료적 본능과 형태적 본능이 서로 화합된다.

위와 같은 부언이 정확히 강조하는 것은 체현으로서의 인간 개념은 실러에 의해 추구된 대립적인 것의 화해와 같지 않고, 헤겔의 지양 개념과도 같지 않다는 것이다. 정신이 인간의 신체 속에 살아 있는 기관으로 주어진 것이라고 진술하기 때문이다. 이것은 멀리 있는 이상을 나타내

---

9) Friedrich Schiller, "Briefe über die ästhetische Erziehung des Menschen," *Schillers Werke*, Nationalausgabe, Bd. 20, Weimar 1962, pp. 309~412, p. 359.

는 것이 아니라 평범한 인간을 설명한다. 그리하여 공연에서는 비록 현존의 현상 속에서 변형될지라도, 평범한 인간이 나타난다. 이러한 '평범한' 것을 인식하게 하고, 의식 속에 고양시키는 것이 바로 현존이다.

이러한 인간 개념은 인간과 동물의 대립성마저 상대화한다. 보이스가 코요테와 일종의 에너지적인 대화를 나누고, 아브라모비치가 에너지의 흐름에 따라 뱀과 소통한다고 했을 때, 즉 인간과 동물 둘 다를 에너지 생산자로 전제한다면, 이러한 근본적인 대립성은 점진적인 차이로 변화할 수 있다. 물론 둘 사이에 차이는 있지만, 근본적인 대립은 아니다. 이것 역시 공연의 중요한 지점이다.

지금까지의 연구 과정에서 살펴봤듯이 공연에서는 많은 이분법적 개념쌍들이 더 이상 유지되지 않고 무너진다. 그중에서 필자는 기표 대 기의에 관해 고찰하고자 한다. 이 개념쌍은 공연에서 매우 다른 두 가지 방식으로 작용한다. 첫째, 공연은 그 속에 뚜렷하게 나타나는 자기 지시성 속에서 기표와 기의 사이의 대립뿐 아니라 그 어떤 차이도 부정한다. 지각된 것은 지각 행위 속에서 나타나는 무언가를 의미한다. 둘째, 공연에서 대립성은 여전히 강화되는 것으로 보인다. 연상의 경우처럼 하나의 기표에 다수의 기의가 따라오면, 각각의 기표는 임의의 객체, 임의의 다른 기표를 의미할 수 있다. 여기서 간과해서 안 되는 사실은 이러한 대립성의 '강화'가 바로 부정성 속에서 그 토대를 마련한다는 것이다. 왜냐면 여기서는 '이것 아니면 저것'이라는 양자택일이 아니라 '이것뿐 아니라 저것도'가 적용되기 때문이다. 방금 지각된 현상은 지각 행위로 나타나는 무언가를 의미하기 때문에, 그것은 각각 임의의 다른 것을 의미할 수 있다. 이와 함께 기의와 기표의 대립성도 한 기표에 대해 일대일로 적용되던 기의의 확고한 질서를 부정한다.

이렇게 이분법적 개념쌍을 무효화시키는 공연은 대립성을 무너뜨리고, 어떤 하나가 다른 어떤 것으로 드러날 수 있는 현실을 구성한다. 그 현실이란 불확실성, 불투명함, 모호함, 과도기, 그리고 탈경계의 현실이다. 공연의 현실은 이분법적인 개념이 형성되도록 내버려두지 않는다. 공연이 일상의 경험을 기초로 하는 한, 공연을 통해 평범한 것이 주목받고 변형되어 드러나는 한, 다음과 같은 의문이 제기된다. 이분법적 개념이 공연을 설명하기에 부적절하다면, 비미학적 현실을 설명하기 위해서는 적합한 인식적 도구가 될 수 있는가.[10] 우리가 현실을 파악하고 설명하는 데 익숙해진 이분법적 개념의 도식적 체계가 불안정해짐으로써, 그러한 이분법이 일상의 경험에 모순되는 현실을 구성한다는 의심이 커질 수 있다. 이분법적 개념쌍은 '이것뿐 아니라 저것도'라는 생각이 더 적합한 곳에, '이것 아니면 저것'이라는 양자택일을 주장하고 요구한다. 따라서 이분법적 개념쌍은 현실 인식과 설명을 위한 도구로도, 우리의 행위와 행동 방식을 조정하기 위한 도구로도 적합하지 않다. 만약 공연이 삶에 근접해져 예측하거나 가늠할 수 없는 것이 되고, 마치 삶처럼 된다면, 이러한 척도는 공연에 적용하지 못할 뿐 아니라 삶에 대한 인식과 설명을 위해서도 아무런 유효성이 없게 될 것이다.

---

10) 미학적 현실과 비미학적 현실의 차이는 수행성의 미학이 붕괴시키는 이분법에 속한다. 공연은 이 두 현실 모두에 포함된다.

3. 역치성과 변환

대립성이 무너져서 어떤 것이 동시에 다른 어떤 것으로 존재할 수 있게 되면, 우리는 특정한 상태에서 다른 상태로 넘어가는 경계에 주목하게 된다. 이것은 대립되는 것들 사이의 공간, 즉 그 틈 사이의 중간 공간을 연다. 이제 사이는 가장 선호되는 범주로 부상한다. 반복해 말하지만, 공연을 통해 이루어지는 미학적 경험은 그것을 통과하는 이들에게 변환을 야기하는 문지방 경험으로 설명할 수 있다. 수행성의 미학을 위해서는 이러한 미학적 경험이 매우 중요하다. 왜냐하면 이것은 직접적으로 공연의 사건성과 관련되기 때문이다.

여기서 중심이 되는 역치성Liminalität[11]이라는 개념은 예술 이론이나 철학적 미학에서 나온 것이 아니라 제의 연구에서 비롯된 개념이다. 이 개념은 셰크너와 함께 긴밀하게 작업해온 빅터 터너가 아르놀드 방주네

---

11) (옮긴이) 일반적으로 영어 발음 그대로 리미널리티liminality로 번역되기도 하는 개념이다.

프의 작업을 바탕으로 만든 것이다. 방주네프는『통과의례』(1909)에서 다양한 민족지학적 자료를 제시하며, 제의는 고도로 상징적인 의미가 축적된 경계 경험과 통과 경험에 관련된다고 설명했다. 통과의례는 세 단계로 구성된다.

1. 분리 단계: 변환하려는 사람은 일상의 삶에서 분리되고 사회적 환경으로부터 소외된다.

2. 문지방 혹은 변환 단계: 변환하는 사람은 가능한 모든 영역의 '사이' 상태로 들어가는데, 이것은 그 사람에게 완전히 새롭고 부분적으로 혼란을 야기하는 경험을 하게 한다.

3. 통합 단계: 변환된 사람이 다시 사회에 수용되고, 그 속에서 새로운 상태, 변화된 정체성이 받아들여진다.

방주네프에 따르면 이 구조는 다양한 문화에서 관찰되었다. 이 구조는 우선 그 내용에서 문화마다 특수한 차이가 난다. 빅터 터너는 문지방 단계가 만들어지는 상태를 역치성(라틴어로 limen이며 문지방 단계로 해석된다)의 상태라고 명시했다. 더 정확하게 말하면, 불안정한 중간 존재의 상태로서 "사이 상태는 법, 관례, 풍습, 의례에 의해 지정되고 배치되는 위치"[12]를 말한다. 그는 문지방 단계가 문화적 실험과 혁신을 위한 놀이 공간을 어떻게 제시했는지 설명하면서 "역치성을 통해서 새로운 연기법, 새로운 상징의 조합이 실험되거나 폐기되거나 수용되었다"라고 말한다.[13] 터너에 따르면 문지방 단계가 이끄는 변화는 원칙적으로 제의에 참여하는 자의 사회적 위상은 물론 전체 사회와 관련된다. 개

---

12) Victor Turner, *The Ritual Process. Structure and Anti-Structure*, p. 95.
13) Victor Turner, "Variations on a Theme of Liminality," Sally F. Moore & Barbara C. Myerhoff(eds.), *Secular Rites*, Assen 1977, pp. 36~57, p. 40.

인적 차원에서 이것은 사내아이가 군인으로 변환되고, 미혼 남녀가 부부가 되고, 환자가 건강해지는 것 등이다. 터너는 전체 사회의 관점에서 제의를 특정 집단의 쇄신과 공동체 확립을 위한 수단으로 규정했다. 여기에서 터너는 무엇보다 제의의 두 가지 메커니즘을 본다. 첫번째로, 제의 속에서 **공동체**communitas가 생성되는 순간을 들며, 이것을 개개인을 분리하는 경계를 없애는 상승된 공동체 감각으로 설명했다. 두번째는 특정한 상징의 사용으로, 이것은 복잡하거나 모호한 의미를 매개하며, 관객과 마찬가지로 행위자에게 다양한 해석이 가능한 틀을 제공한다.

이 이론을 수용하는 동시에 비판하는 우르술라 라오Ursula Rao와 클라우스-페터 쾨핑Klaus-Peter Köpping은 한편으로는 제의의 다의성을, 다른 한편으로는 제의의 특별한 수행성과 공연적 성격을 강조한다. 그들은 제의의 사건성을 '어떤 영향력이 주어진' '변환적 행위'로 규정하는데, 이것은 "모든 행위와 의미의 맥락, 그리고 모든 틀과 그것을 구성하는 요소들과 인간을 어떤 관점으로든 **변환하게** 하며, 이를 통해 인물과 상징이 새로운 상황으로서의 위상을 형성할 수 있는"[14] 힘을 발휘한다. 이와 상응하게 그들은 문지방 단계가 참여자의 사회적 위상의 변화를 이끌 뿐 아니라, 현실을 인지하고 지각하는 데에도 '어떤 관점이든 간에' 변환을 이끈다고 여겼다.

필자가 연극과 퍼포먼스아트 공연을 통해 할 수 있는 미학적 경험을 문지방 경험이라고 명명한다고 해서, 예술적인 공연을 제의와 동일시

---

14) Ursula Rao & Klaus-Peter Köpping, "Die 'performative Wende': Leben—Ritual—Theater," Klaus-Peter Köpping & Ursula Rao(eds.), *Im Rausch des Rituals. Gestaltung und Transformation der Wirklichkeit in körperlicher Performanz*, Münster/Hamburg/London, 2000, pp. 1~31, p. 10.

하는 것은 아니다. 그러나 아직 예술과 제의를 명확하게 구분하는 기준은 찾기 어렵다. 아브라모비치, 보이스, 니치, 셰크너, 슐레프 등이 보여준 예술적인 공연은 그러한 예술과 제의의 경계에 대해 지속적으로 의문을 제기했고, 그 경계를 약화시켰다. 예술적인 공연과 제의적인 공연 모두 섬세한 연출을 하고, 둘 다 대본이 있고 연습을 하며 즉흥적인 창조도 한다. 그리고 둘 다 현실을 구성하고 관객을 즐겁게 한다. 행위자나 관객 모두 그들의 역할이 변화될 가능성이 있다. 그 외에도 "이것은 연극 공연이다" 혹은 "이것은 제의다"라는 일반적인 틀은 적용하기 어렵다. 왜냐하면 지금까지 보았듯이 그것은 각각의 참여자들— 관객과 행위자—에 의해 약화될 수 있기 때문이다. 물론 차이는 있다. 제의에서 참여자는 문지방 경험을 통해 사회적 위상이 변하거나 공적으로 인정받는 정체성을 획득하는 반면에, 예술 공연의 미학적 경험에서는 그러한 경우가 매우 드물다.

필자는 앞서 여러 사례를 통해 언제 어떻게 역치성의 상태가 발생하는지 반복적으로 보여줌으로써 그 속에 놓인 사람의 변환 가능성을 제시했다. 뒤돌아보면 무엇보다 역치성 경험을 낳는 요소로 두 가지를 들수 있다. 바로 자동 형성성과 창발성, 그리고 대립성의 붕괴다. 이러한 요소에 의해 이루어지는 경험은 항상 문지방 경험이다.

참여자들을 문지방 상태로 빠지게 하는 것은 무엇보다 예술과 현실의 대립성의 붕괴, 나아가 이러한 현상에 의해 생성된 모든 대립성의 붕괴다. 이것은 특히 자해 퍼포먼스에서 잘 나타난다. 자해 퍼포먼스는 그동안 아무런 문제 제기 없이 유지되어온 원칙과 규범을 폐기하고—자해하는 예술가를 비롯해—모든 참여자를 극단적으로 '이도 저도 아닌' 상태로 빠뜨렸다. 이 상황에서 순수한 '미학적' 행위는 관음증, 학대음란증 등으로 나아갈 가능성이 있고, 윤리적인 행위는 예술가의 의도에 반하는 결과를 초래할 위험이 있다. 이러한 퍼포먼스들은 관객을 위기 상태로 몰고 갔는데, 관객은 이 위기를 극복하기 위해 일반적으로 인정되는 행동 양식을 따를 수 없었다. 기존에 유효하던 기준은 여기서 적용되지 않았고, 새로운 것은 아직 구성되지 않았다. 관객은 역치적 상태에 빠졌고, 문지방 단계에 놓였다. 이러한 위기는, 새로운 행위 기준을 찾고 시험해봄으로써 극복할 수 있다. 물론 실패의 위험도 도사리고 있지만 말이다.

이러한 상황은 셰크너, 카스토르프, 혹은 슐링엔지프가 연출한 공연에서나 코코 푸스코와 기예르모 고메즈-페냐의 퍼포먼스 등에서 자주 발생한다. 다시 말해서 끊임없이 미학적인 것 대 사회적인 것, 미학적인 것 대 정치적인 것의 대립성을 붕괴시키는 공연에서 빈번히 발생한다. 셰크너가 '놀이' 속에서 관객의 위상을 관객과 참여자 사이에서 이리저리 움직이게 한 반면, 카스토르프는 그 위에 불안정성을 덮어씌웠다. 관객은 이 상황에서 관객으로 행동해야 할지, 아니면 행위자로서 행동해야 할지, 사건에 대해 보이지 않는 관찰자로 따라가야 할지, 아니면 스스로 관찰 대상이 된 것인지 모르는 불안정한 상태에 처했다. 또한 관객은 무대 위의 극적 인물을 보고 있는지, 아니면 역할에서 빠져나와 자기 고유의 이름을 가진 배우, 즉 프랑크, 헨드리크 아른스트, 푼틸라 혹은 미하엘 비텐보른이라는 배우를 욕하고 위협하고 있는 것인지 알 수 없었다. 관객이 '허구' 세계와 마주하고 있는지 혹은 '현실' 속에서 움직이고 있는지, 그도 아니면 허구 세계에서 스스로 허구적 인물이 되어 움직이고 있는지도 알 수 없었다. 여기서는 정확하게 꿰뚫어볼 수 없는 관객과의 놀이가 이루어진다. 이 놀이는 관객을 역치적 상태에 빠지게 하며, 이 상황에서 관객은 스스로 유희적으로 참여할 수 있었다.

슐링엔지프도 유사한 놀이를 했는데, 물론 유희적이라기보다는 훨씬 잔인한 것에 가까웠다. 그는 관객에게 확신을 줄 수 있는 기본적인 토대를 완전히 제거해버렸다. 즉 관객이 어떤 종류의 문화적 퍼포먼스에 참여하며, 어떤 틀을 선택해야 하는지, 어떤 원칙, 규범, 그리고 행위 기준에 맞추어 행동해야 하는지 결정할 수 없게 했다. 관객은 극도로 불안한 상태에 처하게 되고, 그것을 스스로 극복해야만 했다. 슐링엔지프는 어떤 경우에도 선의를 가진 '샤먼'으로 행동하지 않았다. 즉 세계와 자기 자신을 새로운 방법으로 지각하고 새로운 방향성을 찾도록 돕기 위해 소란과 동요 속으로 관객을 이끈 것이 아니었다. 각각의 관객은 위기 극복을 위한 시도가 공연에서 다시 새로운 역치적 상황을 발생시키고, 새로운 위기를 만들어내더라도 스스로 행동해야만 했다.

이분법적 개념쌍은 세계를 기술하기 위한 도구일 뿐 아니라 우리의 행위와 행동 방식을 규제하는 것이므로 그것의 불안정성, 그것의 붕괴는 세계에 대한 지각, 자기 자신과 낯선 것에 대한 지각을 불안정하게 할 뿐 아니라 우리의 행동을 이끄는 원칙과 규범을 흔든다. 이 개념쌍을 통해 다양한 틀을 추론해낼 수 있다. "이것은 연극/예술이다" 혹은 "이것은 사회적 혹은 정치적 상황이다"와 같은 것 말이다. 이러한 틀은 자신이 마주한 상황에 적합한 행동이 무엇인지 가이드라인을 제시한다. 공연이 상반되거나 상이한 틀과 충돌하게 되면, 관객은 모든 원칙, 규범, 질서 **사이에** 놓이게 된다. 많은 사람이 이런 상황은 '예술적'이지 않다고 말한다. 가령 2000년에 이루어진 빈 축제의 행사 주관자는 관객의 반응에 실망한 나머지 슐링엔지프의 「오스트리아를 사랑해주세요!」의 참여자들에게 "이것은 예술입니다!"라고 적힌 전단지를 나누어주었다. 하나의 '적절한' 반응, 끼어들어 간섭하는 것이 아닌 '미학적' 행동을 가능하게 하기 위해 분명한 경계가 필요하다고 여긴 것이다. 그러나 무엇이 이러한 종류의 사건에 '적절한' 반응인가? 이것은 미학적 행동과 윤리적 행동 사이의 경계와 관련해 관객과 통행자를 시험해보기 위해 구축한 실험이었다. 말할 것도 없이 슐링엔지프는 이 전단지를 다시 회수해야 했다.

'이도 저도 아닌' 상태, 위기의 경험은 무엇보다 물리적, 에너지적, 감정적, 운동적 상태의 변화인 육체적인 변환으로 경험된다. 이러한 육체적 변화를 의식하면 문지방 상태, 심지어 위기의 형태로 유도될 수 있다. 특히 지각 주체가 공간 속에 갑자기 나타난 현상을 지각하는 행위를 통해 강한 감정과 느낌이 촉발된다. 마치 「줄리오 체사레」에서 죽기 직전의 부서질 것 같은 육체를 바라보는 순간 생성되는 연민, 두려움, 공포와 같은 감정이다. 혹은 각 절마다 반 음씩 높여가며 "고맙습니다"라고 했을 때 일어난 폭발적인 웃음도 마찬가지다. 이미 확인한 바와 같이, 강한 감정은 행위 충동을, 즉 행위자가 새로운 위상을 획득하고 새로운 규범을 세우고 실험하게 하며, 어떤 것에 개입하는 행동을 불러일으킬 수 있다. 수행성의 미학에서 감정의 생산과 역치적 상태의 발생은 따로 분리하여 생각할 수 없다.

문지방 경험과 같이, 공연에서의 미학적 경험은 결국 자동 형성적 피드백 고리의 작용과 영향력에 기인한다. 역치적 상황은 돌발성의 경험, 주체와 객체 사이의 지속적인 상호 넘나들기의 경험으로 생겨난다. 정확히 말하면 모든 전환은 경계선 넘나들기와 문지방 상황으로 이해할 수 있다. 경계선 넘나들기, '문지방'을 통과하는 과정은 결과를 예측할 수 없는 불안정한 상황을 창출하는데, 이러한 상황에는 예기치 못한 실패의 위험이 도사리고 있을 수도 있고, 운 좋게 변환에 성공할 가능성도 있다. 앞서 분석한 공연에서도 경계선 넘나들기는 눈치채지 못할 정도로 서서히 일어나는 경우보다 특별히 강조해야 할 정도로 갑자기 일어나는 경우가 더 많았다. 이러한 의미에서 자동 형성적 피드백 고리는 일종의 경계선 넘나들기의 연속으로 이해하고 설명할 수 있으며, 높은 역치성의 잠재성을 수반한다.

아주 특별한 종류의 경계선 넘나들기는 공연의 시작과 끝, 자동 형성적 피드백 고리가 형성되기 시작하는 지점과 중단되는 지점에 나타난다. 여기서 살펴본 공연들은 대부분 전통적인 극장 건물에서 공연되지 않았고, 그런 곳에서 공연되었다 하더라도 기존의 관습과 원칙을 따르지 않았다. 이런 상황에서 일상적 세계로부터 공연으로의 경계선 넘기, 관객 스스로 익숙한 환경에서 분리되어 공연으로 들어오기, 즉 시민에서 관객으로의 변환은 매우 어렵게 일어난다. 공연이 끝나거나 관객이 중간에 퇴장하는 것과 같은 경계선 넘나들기는 매우 뚜렷한 표시를 남긴다.

셰크너는 방주네프가 설명한 분리 단계와 통합 단계에 따라, 두 가지 경계선 넘기를 고안했다. 특수한 입장 의식(누구나 혼자서 매우 어두운 통로를 지나 연극 공간으로 들어가야 했다)과 특정한 통합 의식(뉴욕 거리를 모두 함께 행진했다)이 그것이다. 이들 각각은 특히 위험한 단계, 즉 관객에서 참여자로의 변환과 공연 속 경험으로 인한 통합에서 사회 속으로의 변환이라는 경계선 넘기를 안전하게 수행하도록 보장했다. 이와 함께 전체 공연이 문지방 단계와 변화의 단계로 나타났다.

루커르트의 「시크릿 서비스」에서 일상으로부터 분리되어 공연으로의 경계선 넘기는 다음과 같이 이루어졌다. 그룹의 한 구성원이 눈가리

개를 한 관객의 손을 잡고 공연장 안으로 이끈다. 그들은 함께 실제 문턱을 넘어선 다음 — 제의에서 자주 나타나는 탈의脫衣 의식처럼 — 옷을 벗는다. 옷을 벗었다가 다시 입는 행위는 일상적인 생활권에서의 분리와 재통합을 상징한다. 공연에서 일상으로의 경계선 넘기는 역순으로 이루어졌다. 참여자는 공연 공간에서 바깥으로 인도되었고, 안대를 벗고 다시 자신의 옷을 입는다. 여기서도 안전한 경계선 넘기가 가장 중요했음이 명백했다. 왜냐하면 이 공연 중에 일어난 행위들은, 관객으로 와서 '눈먼 사람'으로 변환된 참여자에게 가장 비일상적이고 극단적으로 혼란스러운 경험을 유발하는 것을 목적으로 했기 때문이다. 이 경우에도 경계선 넘기로 이행되고 나타난 중간 상태들은 그 공연을 문지방 단계와 변환의 단계로 특징지었다.

이와 반대로 카스토르프는 「트레인스포팅」에서 완전히 다르게 접근했다. 관객은 로비에서 어느 극장 직원으로부터 인사를 받고 어느 문 앞에서 기다리도록 지시를 받았다. 한 무리의 관객이 모이자 그들은 직원의 안내를 받아 미로처럼 복잡한 통로를 지나 계단을 오르내리다 공연장으로 들어섰다. 관객들은 무대로 난 좁은 문을 통해 한 사람씩 입장했다. 잠시 후 관객은 자신이 극장의 무대 위에 서 있다는 것을 알아차렸다. 그들은 희미한 불빛에 눈이 적응된 뒤에야, 무대 뒤에 놓인 객석을 발견하고 자리에 앉을 수 있었다. 먼저 도착해서 자리에 앉은 관객은 긴 시간 동안 새로 도착한 관객이 무대에 걸려 넘어질 뻔하는 것을 지켜보았는데, 이들에게는 경계선 넘기가 완료되었는지, 즉 이미 공연이 시작되었는지 아니면 아직 문지방 위에 머물고 있는지 확신할 수 없었다. 이를 통해서 경계 넘기 원리를 포함한 불확실성은 더욱 커져갔다. 경계 넘기는 일종의 방향성을 잃은 단계, 극단적인 역치적 상황으로 느껴졌다. 이것은 공연에서 빠져나오는 경계 넘기에서도 마찬가지였다. 배우들이 무대 위로 계속해서 다시 돌아와, 가려고 하는 관객을 붙잡고 공연에 대해 이야기했기 때문이다. 그 이후에는 여자 배우들이 매우 예의바르게 모든 관객의 손등에 이별의 입맞춤을 하며 인사했다. 결국 그 공간을 떠나는 관객은 공연이 끝났는지 아닌지 확신할 수 없었다. 이것은 마지막 관객이 그 공간을 떠날 때까지 이루어졌다. 관객이 로비에 들어선 순간부터 그곳을 떠날 때까지 이루어진 모든 일은 문지방 단계, 변환의 단계로 느껴졌다.

극단적인 사례는 아브라모비치와 울레이의 공연「측정할 수 없는 것」에서 발견된다. 이 퍼포먼스에서 관객은 박물관의 두 공간 사이를 잇는 문턱에 나체 상태로 서 있는 두 명의 예술가 사이를 한 사람씩 지나 통과했다. 문지방을 밟아 통과하고 그곳을 다시 떠나는 것, 다시 말해서 경계 넘기 자체가 공연이었다. 공연이 문지방 단계와 변환 단계를 거치는 것이라고 이 공연보다 더 정확하게 설명해주는 것은 없을 것이다.

공연을 생산하는 동시에 역치성을 생성하는 것은 피드백 고리의 자동 형성성이다. 역치성은 자동 형성성과 깊이 연관되며, 사건성을 나타나게 한다. 자동 형성적 피드백 고리는 ─ 비록 관객이 이 과정에서 이행한 경험이 일상 경험과 일치하더라도 ─ 관객 자신의 원칙과 규범으로 이루어진 일상적인 환경을 낯설게 한다. 이때 관객이 어떻게 새로운 방향성을 가질 수 있는지는 그 누구도 제시해주지 않는다. 이 상태는 흥미로울 수도 있고, 고통스럽게 느껴질 수도 있다.

관객에게 일어나는 변환은 대부분 일시적이다. 그것은 공연이 이루어지는 동안이나 공연 중에서도 한정된 시공간에만 일어난다. 이때 그들에게는 심리적, 감정적, 에너지적, 운동적 몸 상태의 변화가 일어난다. 뿐만 아니라 관객에서 행위자로 실질적 위상이 변화하거나 공동체가 형성되기도 한다. 자기 자신, 세계, 타자에 대한 지각이 불안정해지는 경험이나 기존의 규칙과 질서의 상실에 대한 경험이 그와 관련된 주체에게 새로운 방향성, 현실 세계와 자기 자신에 대한 지각을 새로운 방향으로 유도할 수 있는가, 그리고 이러한 의미에서 변환은 지속될 수 있는가는 각각의 경우에 따라 다르게 결정될 것이다. 관객은 공연장을 떠난 후에 자신의 일시적인 불안정성을 무의미하다거나 근거 없다고 간주하고, 이전의 가치 질서로 돌아가기를 원할 수 있다. 또한 관객은 공연 이후에도 여전히 오랜 시간을 혼란스러워 하다가 한참 뒤에 새로운 사유와 성찰을 통해서 새로운 방향성에 도달할 수도 있다. 두 경우 모두 관객이 공연 참여를 통해서 문지방 경험을 했다는 사실에는 변함이 없다. 앞서 살펴봤듯이, 공연에서의 문지방 경험은 제의의 문지방 경험과 두 가지 기준에서 차이가 있다. 첫째, 지속성(불가역성)이며 둘째, 사회적 인정으로, 이 둘은 제의적 경험에만 해당된다.

미학적 경험은 비일상적인 사건을 통해서뿐 아니라, 일상적인 것의 지각을 통해서도 나타날 수 있다. 필자는 공연에서의 경험이 관객의 일상 경험과 어느 정도 일치한다고 여러 맥락에서 설명했다. 비록 이러한 경험들은 공식적인 담론에서 제외되고 있지만 말이다. 극히 평범한 육체, 행동, 움직임, 사물, 소리, 냄새를 지각한다 해도, 그것은 매우 비범하고 신성화된 상태로 나타날 수도 있다. 그렇다. 일상적인 것을 눈에 띄게 하는 것은 ──케이지가 「침묵」에서 소위 침묵을 듣게 한 것처럼── 바로 공연의 고유한 특성이다. 일상적인 것이 눈에 띄게 되면, 대립성은 붕괴하고 사물은 반대되는 것으로 변화한다. 그러면 관객은 현실을 '마법화된 것'으로 체험하게 된다. 관객을 역치적 상태에 빠뜨리고 변환을 겪게 하는 것이 바로 이 마법화다.

제7장

세계의 재마법화

공연에서 일어나는 현상은 한마디로 세계의 재마법화[1]이며, 공연에 참여한 사람들의 변신이라고 요약할 수 있다. 행위자와 관객의 신체적 공동 현존, 물질성의 수행적 창출, 의미의 창발과 같은 변환 과정을 가능하게 하고 영향력을 미치는 것은 바로 공연의 사건성이다. 1960년대 이후 연극과 퍼포먼스아트는 이러한 사건성의 생성 조건 및 그와 연관된 변환 과정을 전면적으로 드러내고, 그와 유희하고, 그에 대해 성찰하는 특성을 지닌다. 그 결과 우리는 이러한 조건들이 시대와 방식을 불문하고 일반적 의미에서 공연을 가능하게 한다는 점을 날카롭게 인식했다. 여기서 전개한 수행성의 미학은 이러한 사실들과 연관된다.

위와 같은 수행성의 미학 이론이 정당성을 얻는 과정에서 이 이론의 한계 짓기와 확장까지 이루어졌다. 일반적으로 수행성의 미학은 전통적

---

1) (옮긴이) 원어는 Wiederverzauberung으로 세계의 재주술화로도 번역 가능하다.

인 작품미학, 생산미학, 수용미학이라는 범주에 들어가지 **않는다**. 예술화 과정을 '작품' '생산' '수용'이라는 개념으로 파악해 기술할 때는 수행성의 미학으로 대체하여 기술하거나 설명할 절대적 당위성이 없다. 설사 이러한 개념에 수행성의 미학을 보완하면 많은 가능성이 생긴다 하더라도 말이다. 수행성의 미학은 '작품' '생산' '수용'이라는 개념과 결코 부합하지 않으며, 그 예술화 과정은 '작품미학' '생산미학' '수용미학'의 틀에 적용할 경우 매우 부적절하거나 왜곡된 형태로 나타나게 된다.

1960년대 이후의 '비非연극적인' 예술은──1900년부터 1930년 사이의 역사적인 전위예술 운동이 그랬듯이──공연 방식을 우선하는 경향이 있었다. 나아가 수행적 전환 이후 예술의 전개를 살펴보면, 수행성의 미학은 연극뿐 아니라 모든 예술 분야에 급속히 퍼져나갔다.

수행성의 미학은 공연 개념에 기초하기 때문에, 이 이론은 예술적인 공연을 넘어서 다른 종류의 공연까지 확장되어 적용되어야 한다고 주장되었다. 1960년대 이후 한편으로는 수행적 전환, 다른 한편으로는 새로운 매체의 보급과 함께 우리의 문화 속에는 새로운 종류의 공연들이 풍성하게 생겨났다. 이는 특히 정치, 스포츠, 스펙터클과 축제 문화의 영역 속에서 형성되었다. 이러한 공연은 예술이기를 주장하지 않는다. 그렇지만 이러한 공연은 우리 삶의 연극화와 미학화의 새로운 가능성으로, 세계의 재마법화의 방법이자 수단으로 열리고 지각된다.[2] 수행

2) 이러한 전개 과정에서 반대의 결론은 내릴 수 없다. 마치 계몽 시대에 일어난 세계의 비마법화 과정과 공연의 후퇴, 퇴보가 연결되거나 한 것처럼 말이다. 물론 19세기는 공개 처형과 같은 특정한 공연들로부터 작별을 했지만 서커스, 인종 전시, 식민지의 노획물 전시, 스트립쇼와 같은 새로운 장르의 공연들이 생성되었다(백화점 같은 쇼핑몰도 어느 정도는 이에 해당한다). 이것은 교육적이고 교훈적인 기능, 아니면 계몽의 과정을 통해 상실되었던 것에 대한 보완으로, 암묵적으로 받아들여졌다. 이 공연에 참여했던 사람들이 이들을 각기 다

성의 미학은 이러한 모든 공연들에 적용될 수 있어야 하며, 미학적인 것과 비미학적인 것, 예술적인 것과 비예술적인 것의 지속적으로 변화하는 관계에 대해 논의하기에 매우 적합한 틀로 보인다. 그리고 이러한 연관성 속에서 오늘날 예술의 자율성에 대해 재질문해야 한다.

지금까지의 연구 과정에서, 특히 공연의 사건성에 대해 다룬 마지막 장에서 필자는 명백하게 세계의 재마법화 및 공연 참여자들의 변신 과정과 밀접한 관계가 있는 두 개의 개념을 반복해서 사용했다. 의심할 바 없이 수행성의 미학에서 근본적인 이 두 개념에 대해 설명하지 않은 채 말이다. 19세기에 탄생한 이 두 개념은 생겨난 직후부터 여러 변화를 겪어왔다. 1970년대까지 이 두 개념은 아주 다양한 이유로 좁은 범위에서만 사용되었다. 연출 개념이 오직 연극 개념에 국한되어 사용되는 동안, 미학적 경험이라는 개념의 발전과 관련된 전통은 제2차 세계대전이 일어나면서 급작스럽게 중단됐다. 1970년대 들어서야 철학적 미학(특히 뤼디거 부브너Rüdiger Bubner의 철학적 미학)과 새로 형성된 수용미학이 이 전통에 다시 연결되었고, 수용되는 작품과 수용 주체의 특정한 관계와 관련해서 개념 발전이 있었다. 이와 달리 연출 개념은 ―1970년대에 선구자들이 등장한 이후―1980년대에야 비로소 특수한 연극 개념을 벗어나 보편적인 미학적 개념으로 확장되었다. 이후 미학 개념으로서의 연출은 오늘날까지 하락하지 않는 호경기를 누리고 있다.

이 두 개념이 수행적 전환의 흐름 속에서, 혹은 1960년대 후반부터 1970년대 초반까지 다시 집중적으로 재정의되었다는 점과 그 후로 폭

양하게 체험했을 것임은 미루어 짐작할 수 있다. 인종 전시에 대해서는 Peter Altenberg 외, *Ashantee*(1898), Berlin 1987 참조.

넓게 사용되었다는 점은 결코 우연의 일치가 아니다. 수행적 전환은 각각의 예술 사이뿐 아니라, 예술과 비예술의 경계를 허무는 데 기여했기 때문이다. 따라서 한편으로는 다양한 예술에 적용되며, 다른 한편으로는 비예술적인 현상과 과정 속의 미학적인 것을 파악할 수 있는 개념이 필요해졌다. 여기에 연출과 미학적 경험은 매우 적합했다. '연출'은 오늘날 다양한 예술뿐 아니라, 일상적 삶과 세계의 연극화와 미학화의 모든 과정을 포함하는 비예술적인 공연에도 사용될 수 있다. '미학적 경험'은 다양한 예술이 가져다주는 경험만이 아니라 패션, 디자인, 화장품, 광고, 스포츠, 도시 및 정원 계획, 그리고 자연까지, 미학적 기능이 있는 모든 현상과 과정에 대한 특수한 경험을 포함한다.

작품 개념에 생산과 수용 개념이 수반된다면, 사건성의 개념은 미학적 과정에서의 연출과 미학적 경험이라는 개념으로 보완될 수 있다. 이 세 가지 개념이 수행성의 미학의 개념적인 토대를 이룬다. 필자는 수행성의 미학의 지평과 기능에 대해 전반적으로 논의하기 전에, 이미 자주 언급했으나 아직 정확히 설명되지 않은 개념인 '연출'과 '미학적 경험'에 대해 먼저 기술하고자 한다.

1. '연출'

연출이라는 개념은 19세기에야 비로소 자리 잡았지만, 사실 그 개념화 과정은 고대부터 시작되었다. 말하자면, 연출은 공연이 개최되는 곳에는 항상 존재했다. 많은 사람들이 참여하는 공연은 준비가 필요하다. 더러 세심하고 까다로운 예비 작업이 필요한 경우도 있다. 아테네에서는 디오니소스 신을 기리는 폴리스의 가장 크고 대표적인 축제의 일부로 비극 공연이 이루어졌다. 권위 있는 출처에 따르면, 축제 준비에는 여러 달이 소요되었다. 원칙적으로 공연의 책임은 텍스트를 쓰고 합창단, 무용수, 배우와 함께 그들이 맡은 역할을 연습하는 한 사람의 손에 달려 있었다(하지만 재정적 후원은 그가 아니라 부유한 아테네 귀족이 맡았다). 특별히 시간과 에너지가 많이 소모되는 것은 합창단을 맡은 시민들과 작업 — 춤추고 노래하기 — 하는 것이었다. 대표적으로 아이스킬로스, 소포클레스, 에우리피데스 등의 공연 책임자들은 준비 과정에 무엇보다 큰 관심과 수고를 기울였다. 즉 세심하게 연출 과정에 임했다. 비극 경연에서 반복적인 승리를 획득한 성공적인 연극인은 폴리스의 공공 사회에서 엄청난 명성을 얻고 커다란 존경을 받았다. 성공적인 시인/연출가는 동료 시민으로부터 높은 명예를 부여받았고, 중요한 정치적, 군사적 관직에 선출되었다. 소포클레스의 경우 (처음 참여한 해인) 기원전 468년부터 (세상을 떠난 해인) 기원전 406년까지 비극 경연에서 20번 승리했고, 기원전 443년과 그 이듬해에는 헬로노테미아이 Hellenotamiae(재무관)라는 관직에 올랐다. 심지어 기원전 441년부터 439년까지는 페리클레스Perikles와 함께 사모스 섬과의 전쟁 전략을 세웠는데, 이는 「안티고네Antigone」 공연의 획기적인 성공 때문에 가능했다. 기원전 428년 소포클레스는 투키디데스Thucydides와 함께 다시 전술을 세웠고, 기원전 411년에는 마침내 국가최고위원Proboulos으로 선정되었다. 아주 인상적이게도 영향력 있는 공연을 만들어내는 연출 전략의 전개 능력이 정치적, 군사적 관리의 힘의 행사에서 가장 핵심적 역량으로 작용한 것이다.

공연은 연출 없이는 생각할 수 없다. 그럼에도 이 개념은 19세기까지 특별한 전문용어가 아니었다. 독일어로 이 개념은 19세기 초에 도입되었다. 아우구스트 레발트August Lewald는 소논문 「무대로 옮기기In die Szene setzen」(1837)에서 연출 개념을 다음과 같이 설명했다.

근래에 '무대로 옮기기'라는 표현이 독일 연극에 도입되었다. 나는 이 표현을 1818년 가을에 빈에서 처음 들었는데, 그 당시는 이를 어떻게 받아들여야 할지 몰랐다. 거리에서 만난 카를 브룸Carl Blum 씨는 나에게 새 발레 작품 「알리네Aline」를 무대로 옮길 때까지 빈에 머물 것이라고 말했다. 그 말은 '제공하다' '상연하다'보다 확실히 우아하게 들렸다. 우

리가 프랑스인들에게 이 어휘를 들여온 것은 명백하다. 프랑스인은 '미장
센la mise en scène'이라고 한다. 이 말뜻은 '무대로 옮기기'인데, 우리에게
는 아직 일반적이지 않다.[3]

소논문의 출판을 준비하는 과정에서 레발트는 주석을 첨가한다. "최
근에는 연출이라는 말이 더 인기가 있다." 레발트는 이 개념을 더 자세
히 정의하려 했다. "'무대로 옮기기'란 희곡 작품을 부족함 없이 풍부하
게 밖으로 표현해내는 것이다. 이는 외적인 수단으로 작가의 의도를 보
완하고, 극적 효과를 강화하기 위한 것이다."[4] 이 개념은 문학적인 연극
과 관련되며 두-세계-이론이라는 맥락에서 발생했다. 물론 레발트는 18
세기의 이론가들이 목표로 한 것처럼, 언어적 기호를 연극적 기호로 표
현하고 전달한다는 뜻의 '번역' 과정만을 염두에 둔 것은 아니다. 오히
려 그는 무대 위에 볼 수 있는 무언가를, 즉 문학 텍스트로서의 드라마
가 언어적으로 부여하는 것이자 결국 상상력에 의해 환영 속에서만 존
재하는 것을 드러내야 한다고 주장했다.

　레발트가 설명했듯이 '무대로 옮기기'/'연출' 개념은 프랑스에서 도입
된 것이다.[5] '미장센'이 사용되었다는 증거는 1800년 이후에야 나타났
고, 1835년 이후에 더 자주 쓰이게 됐다. 미장센은 "희곡 작품을 재현

---

3) August Lewald, "In die Szene setzen," Klaus Lazarowicz & Christopher Balme(eds.),
　　Texte zur Theorie des Theaters, Stuttgart 1991, pp. 306~11, pp. 306 이하.
4) 같은 책, p. 306.
5) 이미 1660년에 "mettre quelqu'un, quelque chose sur la scène"이라는 관용구가 프랑스
　　시민들 사이에서 자리 잡았다. 물론 뜻은 완전히 다른데, 이것은 '누군가에게 혹은 문학적
　　이거나 예술적 작품에' 가령 '회화 작품'에 '자리를 할당하다'라는 의미이다. 이것은 18세기 말
　　에 'mettre sur scène(무대 위에 놓다)'으로 대체된다. 이에 대해서는 디드로가 「살롱Salons」
　　(1765)에서 회화와 관련해 언급한 데서 그 증거를 찾을 수 있다.

된 상태로 만들기 위한 배치"[6]라는 의미로, 또는 "(드라마 텍스트를) 스펙터클로 변환하기"[7]라는 의미로 사용된다. 같은 시기에 "무대 위에 놓다"라는 표현이 그에 상응하게 바뀐다. 또한 이러한 용어들은 문학적 연극과 관련된다. 이 용어는 이미 주어진 문학적 텍스트로서의 드라마를 일차 텍스트로 보고, 이것이 미장센이라는 특별한 과정 속에서 공연으로 변환된다고 간주한다. 이러한 생각은 변환 과정이 당연하고 간단하게 이행되는 것이 아니며, 따라서 특정한 표현 전략이 필요함을 사람들이 점차 의식한 데서 비롯되었다.

그러니까 '미장센'/'연출'이라는 개념은 연극에 매우 근본적인 변화가 예고된 시기에 생겨났다. 연출가의 지위가 구성자에서 예술가로, 그러니까 본래 공연이라는 '예술작품'의 창조자로 상승한 것이다. 괴테도 바이마르 궁중극장 재직 시절(1791~1817), 이미 많은 측면에서 새로운 연출의 기능을 의식했다. 그는 배우들이 작품의 전체 내용과 주어진 역할의 특성을 파악하도록 하는 대본 읽기 시간을 도입했다(그전까지 배우는 단지 자신이 맡은 역할밖에 몰랐다). 괴테는 화가와 무대 배경에 대해 자세하게 이야기했고, 소품이나 의상 색깔과 배경 색깔을 맞추었다. 그리고 배우의 동선과 자세를 정했고, 대사와 몸짓, 움직임, 낭송을 연습했으며, '어울리는' 음악을 선택했다. 이러한 작업들은 레발트의 소논문과 1846년에 출판된 『일반 연극 사전Allgemeine Theater-Lexicon』에서 '무대화Inscenesetzen'라는 키워드 아래, 연출가의 과제로 열거되었다.[8] 그

---

6) *Französisches etymologisches Wörterbuch*, BD. 11, Basel 1964, p. 294.

7) *Dictionnaire historique de la langue française*, Bd. 2, Paris 1994, p. 1892.

8) *Allgemeine Theater-Lexicon oder Encyclopädie alles Wissenswerthen für Bühnenkünstler, Dilettanten und Theaterfreunde*, K. Herloßsohn & H. Marggraff 외 (eds.), 3. Bd., 개정판, Altenburg/Leipzig 1846, p. 284 참조.

러나 이러한 의미에서 바이마르 궁중극장은 원칙이라기보다 예외였다. "인원과 물질의 배치는 드라마 작품의 표현에서 가장 중요한 것이 되었다"라고 『일반 연극 사전』에서 설명한 대로, 이러한 작업은 1840년대에야 비로소 연출가의 과제가 되었다. 바로 이 시기에 연출가의 이름이 연극 전단에 인쇄되기 시작했다.

1840년대에는 '무대화'라는 행위가 예술적이고 그에 상응하게 미학적 과정으로 간주할 수 있는가. 아니면 순수한 기술적 과제일 뿐인가의 여부를 두고 아직 의견의 일치를 보지 못했다. 레발트와 『일반 연극 사전』은 둘 다 이 작업은 지식과 능력의 다양성을 전제로 하며, 여러 장르의 예술 — 시학, 연기술, 회화, 음악 — 과 연관될 뿐 아니라 '시대착오를 피하기 위해'[9] 다양한 역사적 건축 양식과 의상에 관련된 지식까지 필요로 한다고 강조했다. 이렇듯 레발트가 '무대화'를 대단히 복잡한 일로 묘사하기는 했지만, 무대의 중요성은 충분히 고려되지 않았고 그는 이 작업을 어떤 예술적 행위로도 여기지 않았다. 프란츠 폰 아카츠Franz von Akáts는 「미학과 경제학의 관점에서 본 장면의 예술」(1841)에서 '장면의 예술'을 '배치와 내부 장식'과 '생동감의 배열'로 구분하고, 연출을 회화적 예술 아래 포함시켰다. 왜냐하면 연출은 '이미지를 통한 미학적 관념의 표현'을 의도하기 때문이다. 아카츠는 연출 행위에 엄밀하게 '고유한 어떤 것의 창조'라는 위상을 부여했다.[10] 여기서 아카츠는 단지 기술로만 이해되던 장면의 예술을 두-세계-이론의 관점에서 설명한다. 즉 한편에는 미학적 관념의 세계가 있고, 다른 한편에는 연출을 통해 이

---

9) August Lewald, "In die Szene setzen," p. 308.

10) Franz von Akáts, *Kunst der Scenik in ästhetischer und ökonomischer Hinsicht*, Wien 1841, p. IV.

세계를 드러내고, 장면의 무대화를 가능하게 하는 이미지의 세계가 있다는 것이다. 19세기를 거치는 동안 연출 개념은 이전부터 있던 것, '다른 곳'에 존재하는 것—문학 텍스트로서의 드라마 혹은 미학적 관념의 제국—의 출현을 의미했다. 그러나 그것은 감각을 명료하게 드러내는 것이 아니라, 상상이나 생각의 '형태'를 취한다. 이것을 출현시키는 것이 연출의 과제이며 기능이다. 따라서 연출은 표현 전략인 것이다.

이러한 기본적인 개념 규정은 19세기에서 20세기로 넘어가는 변혁기에 연출이 예술적인 행위로 지위가 상승했을 때, 그리고 더 이상 문학적 텍스트로서의 드라마와 관련되지 않게 됐을 때야 비로소 이루어졌다. 역사적 전위예술 운동은 연극을 문학에서 벗어난 독립적 예술 형태라고 설명했다. 에드워드 고든 크레이그는 『연극예술에 관하여On the Art of the Theatre』(1905)에서 다음과 같이 규정한다.

〔······〕 연극예술은 연기술만도 아니고, 연극 작품만도 아니며, 장면도, 춤도 아니다. 연극예술은 각각의 영역이 공존하는 요소들의 총합이다. 이러한 예술은 연기술의 정신이라 할 수 있는 행위, 작품의 토대를 형성하는 언어, 무대의 영혼이라 할 수 있는 선과 색, 그리고 춤의 본질인 리듬으로 구성된다.[11]

따라서 공연은 문학적 텍스트의 변형이 아니라, 가장 작은 구성 요소부터 선택, 결합, 제시를 함으로써 이루어지는 것이다. 연출가는 "〔······〕 움직임, 언어, 선, 색과 리듬의 사용을 지배할 줄 아는 예술

---

11) Edward Gordon Craig, *Über die Kunst des Theaters*, p. 101.

가로서"[12] 이러한 절차를 이행한다. 이와 함께 로타어 슈라이어Lothar Schreyer는 「무대예술작품」(1916)이라는 논문에서 공연을 '독립적인 예술작품'으로, 연극을 '독립적인 예술'로 규정했다.[13] 무대로 옮기는 연출가의 행위는 창조적인 일로 상향되었다. 연출의 과제는 레발트가 썼듯이 "〔……〕 풍부하게 밖으로 표현해내는 것이다. 〔……〕 작가의 의도를 보완하고, 극적 효과를 강화하기 위한 것이다." 크레이그가 연출은 '볼 수 없는 것'[14]을 보게 만들어야 한다고 주장할 때, 그것은 그가 두-세계-이론에 근거를 두고 있는 듯한 인상을 준다. 마치 연출이 '다른 어딘가에' 있는 것, '볼 수 없는 것의 제국에 있는' 어떤 것을 드러내야 한다는 주장처럼 들리는 것이다. 그러나 크레이그의 다른 진술은 이러한 추론이 맞지 않음을 시사한다. 그는 다음과 같이 말한다.

인간이 아직 주인이 되지 못한 것이 있다. 인간이 현재 꿈꿀 수 없는 것, 그러나 인간이 가까이 다가오기를 진심으로 기다렸던 바로 그것, 볼 수 없으나 현존하는 어떤 것, 압도적인 매력에 빠르게 물러설 준비가 되어 있고, 지구를 벗어나 모든 천체를 누비기 위하여 적절한 사람에게 다가가기를 소망하며 기다리는 것, 바로 그것은 움직임이다.[15]

연출의 과제는 움직임을 드러내고 현재화하는 것이다. 움직임은 항상 현재적이지만 자주 '보이지 않게' 머문다. 만약 연출이 이것을 현상으로

---

12) 같은 책, p. 106.

13) Lothar Schreyer, "Das Bühnenkunstwerk," *Der Sturm* 7, 5 August 1916, pp. 50~51, p. 50.

14) Edward Gordon Craig, *Über die Kunst des Theaters*, p. 45.

15) 같은 곳.

드러나게 한다면, 이는 연출을 통해 움직임 그 자체가 드러나 보인다는 뜻이다. 『일반 연극 사전』이나 레발트가, 그리고 아카츠 역시 연출의 관건은 다른 무언가를 현상적으로 드러내는 것, 볼 수 있게 표현하는 것이라 말했다면, 크레이그는 무언가를 그 자체로 스스로 드러나게 하기 위해 예술적이고 기술적인 모든 수단을 투입하는 것이 연출이라고 규정했다. 다시 말하자면, 크레이그에게 연출은 대상뿐 아니라 '압도하는 듯한 마법'을 지각하게 하는 것이다. 그러니까 지각하는 사람의 세계를 '마법화시키는' 어떤 것이다. 이런 의미에서 연출은 재현의 전략이 아니라 생성의 전략이다. 연출은 그것이 보여주는 그 자체의 현재성을 드러낸다.

이처럼 연출에 관한 새로운 정의가 등장했지만, 매우 오랫동안―부분적으로는 오늘날까지―레발트가 이미 제시했던 개념이 다양한 수정과 변화를 거치며 유지되었다. 20세기에는 연출이 예술적 행위로 간주되었음에도 말이다. 자크 코포Jacques Copeau는 『프랑스 백과사전 Encyclopédie Française』(파리, 1936)의 감독과 연출에 관한 글에서 이들을 "예술적이고 기술적인 과정의 총체로서, 텍스트를 작성한 저자, 즉 순수하게 정신적이고 숨겨진 존재로부터 현실로, 즉 현재의 연극적 현존으로 넘겨주는 것"[16]이라고 규정했다. 이로써 텍스트는 과거의 것, '정신적인' 것으로서, 연출 과정을 통해 감각적 현실로 변환되어 육체적 현존으로 나타나는 것으로 규정된다.

이러한 규정―그리고 그에 내포된 두-세계-이론의 유효성―에 따라 볼프강 이저는 미학적 개념에서 인류학적 개념으로 연출 개념을 확

---

16) Klaus Lazarowicz & Christopher Balme(eds.), *Texte zur Theorie des Theaters*, p. 341.

대했다. 이것은 인간이 자기 자신에 대해 갖는 거리를 설명한 헬무트 플레스너의 이론을 바탕으로 한 것이다. 이저에 의하면, 연출은 "현재가 될 수 없는 것을 드러내는 것이다." 결과적으로 연출은 다음과 같다.

　어떤 것을 〔……〕 연출을 통해 드러나게 해야 한다. 이렇게 앞에 내놓은 것은 결코 완전하게 연출되지 않는다. 앞에 내놓은 것이 어떤 것 그 자체가 되기 때문이다. 달리 말하면, 연출은 존재하지 않는 어떤 것에 기대어 산다. 연출을 통해서 물질화된 모든 것은 부재하는 것에 복무하기 때문이고, 이것은 존재하는 어떤 것은 현재화되지만 스스로 현재에 이르러서는 안 된다는 뜻이다.[17]

　제4장에서 언급했듯이 연출이라는 개념은 1960년대 말과 1970년대 이후에야 본격적으로 다뤄졌는데, 이 개념은 '과거의 것'이나 두-세계-이론을 참조하지 않는다. 연출은 ── 크레이그가 말한 바와 같이 ── 생성 전략으로 개념화된다. 만약 예술적, 기술적 수단이 다음과 같이 작동하면, 즉 배우를 현존으로, 사물을 엑스터시로서 현상적으로 드러나게 하고, 그럼으로써 관객이 현상학적인 존재에 주목하도록 하면, 그러니까 현상적 존재 자체가 눈에 띤다면, 그렇다면 이것은 배우의 신체 혹은 사물이 다른 무언가를 드러내는 것이 아니라 자기 스스로를 순간적인 현재성 속에서 드러내는 것이다. 배우/행위자는 현존을 창출하고, 그들이 생성한 현존 속에서 관객에게 자신을 드러낸다. 인간과 사물이

---

17) Wolfgang Iser, *Das Fiktive und das Imaginäre. Perspektiven einer literarischen Anthropologie*, Frankfurt a. M. 1991, pp. 505, 511.

스스로를 현존으로 드러내면, 세계는 마법이 부려진 것처럼 보인다. 다시 말하면, 마법과 같은 변신은 본질적으로 자기 지시성, 이해하려는 노력으로부터의 해방, 인간과 사물의 '고유 의미'의 현시에서 생성된다.

연출은 물질성의 수행적 창출 방식을 시험하고 결정하는—공연 이후 자주 달라지기도 한다—과정이다. 이런 맥락에서 연출은 의도를 가진 과정이라 할 수 있는데, 다양한 전략—무작위 연산까지—을 통해 구성 요소들을 수행적으로 나타나게 한다. 즉 구성 요소들이 공연의 어떤 시점, 공간의 어떤 지점에 나타나는지를 지정하고 공간에서 어떻게 움직이고, 경우에 따라 그 공간을 어떻게 변화시키는지, 그리고 어떤 시점에 공간에서 사라져야 하는지를 결정하는 게 연출이다. 연출은 언제, 어디서, 무엇이, 어떻게 관객 앞에 나타나야 하는지를 정하는 전략들을 점진적으로 발전시키고 시험하는 과정이라고 기술할 수 있다. 사실상 연출은 생성 전략으로 규정할 수 있다. 이 전략에 따라 공연에서 현존의 출현이 특정한 시간적 순서나 특정한 공간적 좌표 속에서 찰나적으로 떠오르고 행동으로 드러나며 현재에 제시된다.

이 과정은 마르틴 젤이 최근에 제시한 연출 개념에 가장 잘 들어맞는다. 젤은 연출에 대해 다음과 같이 정의한다. "현재에 대한 연출이다. 연출은 지금 여기에 일어나고 있는 것의 현재성을 눈에 띄게 만들고 출현시키는 것이다. 현재는 다름 아닌 바로 현재이기 때문에, 누구나 가까이 다가갈 수 있지만 완전히 파악할 수는 없다."[18] 연출은 현재를 나타나게 한다. 여기서 젤은 예술적인 연출과 비예술적인 연출의 중요한 차이점

---

18) Martin Seel, "Inszenieren als Erscheinenlassen. Thesen über die Reichweite eines Begriffs," Josef Früchtl & Jörg Zimmermann(eds.), *Ästhetik der Inszenierung*, p. 53.

을 간파한다. 예술적인 연출에 대한 젤의 설명은 제4장에서 한 필자의 설명과 일치한다. 연출은 "특별한 의미에서의 프리젠테이션이다. 연출은 어떤 특별한 현재를 만들지 않는다. 연출은 현재를 상연한다. 〔······〕 연출은 현존을 **생산**할 뿐 아니라 현존을 **상연**한다. 〔······〕 이는 인간 삶의 무상한 현재 **그 자체다**. 연출은 그것이 드러내는 것, 바로 그것이다."[19]

젤은 연출에 대해 "의도적으로 도입하거나 수행하는 감각적 과정"이며, 이것은 **"관객 앞에서 상연된다"**[20]라고 명확하게 언급했다. 하지만 젤은 연출과 공연을 구분하지 않는다. 젤은 공연의 준비와 공연의 콘셉트 설정을 공연 그 자체와 하나로 섞어버린다. "이는 인간 삶의 무상한 현재 **그 자체다**. 연출은 그것이 드러내는 것, 바로 그것이다"라는 젤의 설명은 필자의 관점으로는 공연에 더 어울리지, 연출에 맞는 말은 아니다. 필자는 이 자리에서 연출과 공연의 차이를 한 번 더 명확히 설명하려 한다.

앞서 인용한 연출 개념에서는 연출과 공연을 구분하지 않으며, 계획하고 설정한 것이 매 저녁마다 정확하게 똑같이 반복된다고 전제하는 듯하다. 그리하여 공연에서 비롯되는 자동 형성적 피드백 고리의 작용은 여기서 자취를 감추고 말았다. 젤이 명확히 언급했듯이, 자동 형성적 피드백 고리의 지각이라는 관점에서 보면 연출은 관객이 실행하는 것이다. 다시 말해 연출 과정은 연출과 공연이 다르다는 점에 기초하는데, 이것은 관객의 지각과 그에 대한 관객의 반응이 공연을 이루는 배우와 관객의 신체적 공동 현존을 가능케 한다는 통찰에 기인한다. 연출

---

19) 같은 책, pp. 58 이하. 예술적인 연출과 비예술적인 연출의 중요한 차이점에 대해서는 이 장의 3절을 참고하라.
20) 같은 책, p. 50.

과정이 이러한 전제를 고려하는 한, 그 개념을 정의할 때도 반드시 이를 고려해야 마땅하다.

따라서 앞 장에서 했던 제안으로 다시 돌아가고자 한다. 연출 과정은 물질성의 창출이 어떻게 수행적으로 이루어져야 하는지를 시험하고 탐구하고 확정하면서, 행위자와 관객이 자신을 내맡기는 특수한 상황을 만든다. 여기서의 특별한 상황은 원칙적으로 사전에 예측할 수 없고, 관객이 대면하고 그에 배우가 반응하는, 열린 상황이다. 다시 말해 연출 과정은 계획되거나 연출되지 않은 것, 사전에 예측할 수 없는 것이 공연에서 일어나게 하기 위해 자유 공간과 놀이 공간을 연다. 비록 많은 예술적 연출 혹은 비예술적 연출이 이러한 자유 공간과 놀이 공간을 가능한 한 제한하고자 하더라도 말이다. 연극사와 문화사를 보면, 공연이 계획대로 진행되지 않고, 참여자들이 그들에게 주어진 자유 공간과 놀이 공간을 이용해 의도한 것과 다른 방향으로 나아간 사례가 수없이 발견된다.

필자는 연출을 공연의 물질성을 수행적으로 나타나게 하는 전략의 계획, 시험, 확정 과정으로 정의한다. 그에 따라 한편으로는 물질적 요소들이 현재의 현상적 존재 속에 나타나며, 다른 한편으로는 계획되고 연출되지 않은 행위나 행동 방식, 사건이 자유 공간과 놀이 공간을 연다. 연출은 공연과 피드백 고리의 자동 형성성을 위해 중요하고 결정적인 방향을 제시한다. 그럼에도 연출은 공연의 전개 과정이나 자동 형성적 과정을 정확히 규정하거나 사전에 예측하고 통제할 수 없다. 이런 점에서 연출 개념은 항상 스스로의 한계에 대한 성찰을 내포하고 있다.

그런데 모든 참여자가 그 한계를 항상 명료하게 인식하지는 않는다. 만약 공연 도중에 조명 기기가 바닥에 떨어졌다면, 관객은 원칙적으로 실수가 일어났다고, 사전에 계획되거나 예측할 수 없었던, 연출되지 않은 일이 일어났다고 생각할 것이다. 그러나 공연을 두번째 본 경우, 조명 기기가 똑같은 시간에 다시 떨어지는 것을 목격한다면 그제야 그것이 연출된 사건임을 깨닫게 될 것이다. 또한 일정한 시간 간격을 두고 큰 소리로 다소 익살스러운 발언을 하는 관객이 10열에 앉아 있고, 배우가 매번 그에 훌륭하게 반응해준다면 관객은 그 사람이 맡은 역할을 연기하는 배우라고 간주할 것이다. 그러다 공연을 두번째로 보게 된다면 배우로 잘못 판단한 그 사람을 헛되이 찾을 것이고 그때서야 지난번에 본 것은 '즉흥적인' 관객의 반응이었음을, 연출가가 계획하거나 연출한 것이 아님을 — 물론 배우의 재치 있는 반응도 마찬가지로 계획한 것이 아님을 — 알게 될 것이다. 이와 반대로 조명 기기가 떨어진 첫번째 사례의 경우 배우들은 이것이 연출된 사건이었음을 정확히 알았을 것이다. 두번째 사례의 경우 배우들은 그러한 행위가 어느 관객이 의도한 것인지 아니면 익명의 동료가 행한 것인지 완전히 확신할 수 없었을 것이다. 이처럼 연출의 경계는 항상 참여 주체의 지각에 따라 설정된다.

여기서 제안한 연출 개념은 사건성 개념과 밀접한 연관이 있다. 무언가 일어날 수 있는 상황을 설계하는 것이 연출이다. 사건 개념을 강조하는 사람들이 주장하는 것처럼, 왜 사건미학이 연출미학과 호환될 수 없는지는 설득력이 부족하다. 연출이라는 단어를 입에 올릴 때, 그들의 낮은 목소리에서 나오는 혐오의 낌새를 간과할 수 없다. 그 속에는 1960년대와 1970년대에 있었던 예술사와 예술 이론에 관한 논쟁의 흔적이 여전히 스며들어 있다. 예컨대 마이클 프라이드Michael Fried는 자신의 글에서 '연극' '연극적인' '연극성'이라는 개념을 연출 과정을 지시하는 부정적 개념으로 사용하며, '객관성' '흡수' '진실성'이라는 긍정적 개념과 연결시켜 대립되는 개념쌍으로 묶었다. 1960년대에 프라이드는 미국 전위예술 2세대의 수용 문제를 논의하면서 작품의 토대가 되는 현상학적 특성에 집중했다. 이러한 맥락에서 프라이드는 **'연극을 극복하기 위하여'** '객관성'을 촉구했다.[21] 연출로서의 연극성은 객관적 예술을 정의하는 데 따르는 위기를 의미했다.

18세기 프랑스 회화에 관한 저서인 『흡수와 연극성: 회화와 디드로 시대의 관찰자*Absorption and Theatricality. Painting and Beholder in the Age of Diderot*』(버클리, 1980)에서 프라이드는 다른 사람의 지각에 주목하여 수행되는 연출을 부정적으로 바라본다. 이러한 맥락에서 그는 '연극적' 이라는 개념을 회화 속에서 볼 수 있는 인물에 응용했다. 강한 색채로 표현된 회화 속 인물의 몸짓은 화가가 그들의 초상을 그리고 있다는 사실을 알고 있는 듯 보인다. 프라이드는 이를 연극적이라고 표현했다. 프라이드에게 그런 인물의 행동 양상은 '연출된 것'처럼 보였다. 따라서 그는 이러한 인물의 몸짓을 좀더 흡수된 행동 — 놀거나 일할 때처럼 — 을 하면서 화가가 자신들을 관찰하고 있다는 사실을 의식하지 못하는 인물보다 가치가 덜하다고 평가했다.

이것은 명백하게 대립되는 개념쌍, 즉 진실성 대 연출성의 문제로, 우리가 지금까지 논의해온 공연들에서 이미 붕괴되었다. 예기치 않은 일, 예측할 수 없는 사건이 발생할 수 있는 자유 공간과 놀이 공간을 창조하는 것이 연출이다. 만약 사건 개념을 강하게 대변하는 자들이 오늘날 사건미학을 연출미학과 대립시키고자 한다면, 그들의 사건미학은 예술

---

21) Michael Fried, "Art and Objecthood," Gregory Battock(ed.), *Minimal Art*, New York 1969, pp. 116~47, p. 139.

을 신성화하려는 잔류로, 그리고 예술을 유사종교로 개념화하는 것으로 의심받게 될 것이다. 이것은 신적인 것, 절대적이고 경외적인 대상과 예술이 만날 때 발생하는 문제다.[22] 이러한 생각은 이미 논했듯이 수행성의 미학에서는 발 디딜 자리가 없다. 수행성의 미학에서는 사건미학과 연출미학이 서로 분리될 수 없이 연결되어 있다.

여기까지 전개된 '연출'의 개념 규정에는 여전히 매우 근본적인 내용이 빠져 있는데, 이는 필자가 앞 장에서 이미 설명한 것이다. 즉 연출이란 자극을 주고 시선을 유도하는 특정한 전략을 설계하는 것이다. 연출은 특정한 방식으로 공연의 물질성이 수행적으로 드러나게 하기 위해, 그리고 이렇게 나타나는 요소들이 관객의 주목을 끌고, 동시에 그것이 지각 행위를 유도하도록 관여한다. 연출의 영향력은 다음과 같다. 연출은 나타나는 것, 나타나지 않는 것, 일상적인 것을 눈에 띄게 하고, 그럼으로써 그 형태를 변형시킨다. 다른 한편으로는 지각하는 사람이 지각 행위를 하면서 움직임, 빛, 색채, 소리, 냄새 등이 자신에게 작용하고 또 변환시키는 것을 의식하게 한다. 이런 의미에서 연출을 세계의 재마법화 ──그리고 공연 참여자들의 변신 ── 를 목표로 하는 방법으로 규정하고 기술할 수 있다.

또한 이러한 관점에서 필자가 연출과 공연의 관계에 대해서 일반적으로 설명했던 것은 유효하다. 연출은 관객의 시선을 어떤 특정한 요소에 집중하도록 유도하는 것을 목표로 한다. 하지만 모든 관객을 실제로 조정하거나 통제할 수는 없다. 연출이 의도한 것과 공연에서 실질적으로 일어나는 것도 자주 일치하지 않는다. 이것은 선택된 연출 전략이 적

---

22) 이에 대해서는 Dieter Mersch, *Aura und Ereignis*, Frankfurt a. M. 2002 참조.

합하지 않아서가 아니다. 그 연출 전략이 적합한지는 같은 연출로 이루어진 그전의 공연을 통해서 확인할 수 있다. 그럼에도 공연의 영향력이 약해지는 상황이 벌어질 수 있다. 헤르만이 진술하듯 "둔감한 관객"이 다수를 이루면, 그들은 연출 전략의 영향력에 무감각해지도록 다른 관객도 '전염'시킨다. 연출은 이러한 세계의 재마법화가 모든 공연에서 모든 관객에게 이루어지도록 통제하거나 보장하지 못한다. 연출의 성공은——연출 전략이 아무리 뛰어나고 경험적으로 충만한 효과로 이루어지더라도——결국 창발 현상으로 보이기 때문이다.

이렇게 전개된 연출의 개념 규정은 필자의 관점에서는 예술적인 연출과 비예술적인 연출 모두에 유효하다. 즉 연극이나 퍼포먼스아트 연출뿐 아니라 전시, 설치, 콘서트, 심지어 제의, 축제, 스펙터클, 스포츠 경기, 정치적 집회 등의 연출에도 해당된다. 연출 개념은 거의 대부분 공연의 미학적 차원에 적용된다. 미학적 범주 안에서 연출은 아주 특별한, 이제까지 논의되지 않은 의미도 포함하여 지속적으로 지각 개념과 관련된다.

연출로 지각되었는가 아닌가의 기준에 따라 연출을 구분할 수 있다. 예술적인 연출은 대부분 연출된 것으로 지각되는 조건 아래에서 그 영향력을 행사하는 반면——슐링엔지프의 경우에는 이러한 조건이 결국 성공하지 못한다——이러한 전제는 다른 종류의 연출에는 해당되지 않는다. 만약 한 산책자가 영국식 정원을 혹은 대화 상대의 섬세하게 연출된 행위를 '자연스럽게' 느낀다면, 그들은 그 풍경이나 행위를 연출 전략에 따른 것으로 지각하기는 해도 연출된 것으로 지각하지는 않는다. 말하자면, 여기서 연출은 연출된 것으로 지각되지 않음으로써 영향력을 발휘한다. 진실성에 대한 인상은 매우 섬세한 연출의 결과로 발생한다. 그 외에도 사회적 삶 속에는 환경, 현상, 행동의 연출이 아무런 문제 없이 당연한 것으로 지각되고 감탄하게 되는 수많은 상황들이 있다. 이로 인해 연출의 영향력을 잃지 않고 오히려 이러한 조건 아래 그 영향력을 훨씬 크게 발휘할 수도 있다. 여기서 알 수 있는 사실은, 연출이 연출로 지각되는지 아닌지에 대한 기준은 예술적인 연출인지 아닌지를 구분하는 데 적합하지 않다는 것이다. 필자는 젤이 지적하듯 다른 기준들을 만들 필요가 있는지에 관해서 이 장의 마지막 절에서 논의할 것이다. 이미 논의한 바와 같이, 이 두 경우 모두 연출 과정으로서 세계의 재마법화를 목표로 한다.

2. '미학적 경험'

세계의 재마법화가 성공하기 위해서는 연출만이 아니라 관객에게 변환을 가져오는 관객의 특별한 지각 역시 필요하다. 필자는 앞 장에서 1960년대 말 연극과 퍼포먼스 공연에서의 미학적 경험을 문지방 경험, 역치성의 경험으로 규정했다. 이 경험은 변환을 이끌거나 이미 그 자체가 변환을 겪은 것으로, 이러한 종류의 미학적 경험이 수행성의 미학에서 핵심적이라고 주장했다. 그리고 필자는 이러한 미학은 모든 공연에 유효하다고 선언했는데, 여기에서 문지방 경험으로서의 미학적 경험 규정이 다른 시대의—혹은 전혀 다른 문화의—연극 공연에도, 나아가 미학적 기능을 수행하는 모든 종류의 비예술적인 공연에도 유효한가 하는 질문이 제기될 수 있다.

관객과 배우가 공연에서 하는 경험을 논의하는 텍스트는 서구 문화에서는 고대 그리스 시대 이후에, 인도 문화에서는 1~3세기 이후에 이미 존재했다. 미학적 경험이라는 개념은 예술의 자율성을 설명하는 과정에서, 혹은 그 결과로 형성되었음에도 어떻게 이 개념이 서구와 인도 문화의 미학 이론이나 미학적 성찰의 초기에 공연을 매개로 나타났는가 하는, 경험의 특별한 성질에 관한 질문은 남아 있다. 고대 서구와 인도 문화에서는 아리스토텔레스의 카타르시스Katharsis나 인도의 연극 교본인 『나티야샤스트라Natyashastra』 속의 라사rasa와 같은 개념이 각기 다르게 형성되었다. 따라서 이러한 개념이나 성찰이 문지방 경험으로서 미학적 경험의 정의와 양립 가능한지 아래에서 살펴보고자 한다. 미학적 경험에 대한 정의는 굉장히 다르지만, 대표적인 관련 작품과 작가의 연극 공연이 변환의 잠재력을 지니고 있고, 공연 참여자—배우와 관객—의 변화를 이끌어내는 과정을 보여준다는 점을 주목할 만하다.

아리스토텔레스가 『시학』에서 비극의 영향력을 그리스어로 엘레오스Eleos와 포보스Phobos, 즉 연민과 두려움의 감정으로 설명했을 때, 그는 보통이 아닌 감정 상태를 강조한 것이다. 이 상태는 공연 속에서 공연을 통해 촉발된 것으로, 육체적으로 표출되고 그에 영향을 받은 사람을 변화시킨다. 비극적 연극의 목표를 규정하기 위해 아리스토텔레스가 도입한 개념은 위에서 언급한 카타르시스, 즉 감정의 정화인데 그 기원이 바로 원형적 제의, 무엇보다 치유 의식에 있음을 부정할 수 없다. 정념의 감정이 관객을 역치적 상태로 빠지게 하는 반면에, 카타르시스는 변환을 이끈다. 비극 공연에서 일어나는 경험, 카타르시스의 경험은 역치성과 변환의 경험이다.[23] 카타르시스 개념은 공연의 미학적 경험과 관련한 논의에, 특히 영향미학이 종언을 고한 18세기 말까지 중요한 영향

---

23) Elizabeth S. Belfiore, *Tragic Pleasures. Aristotle on Plot and Emotion*, Princeton 1992: Fortunat Hoessly, *Katharsis. Reinigung als Heilverfahren. Studien zum Ritual der archaischen und klassischen Zeit*, Göttingen 2001 참조.

을 미쳤다.

이에 필적하는 영향력을 행사한 다른 개념은 『나티야사스트라』에서 발전한 라사다. 이 '연극 교본'은 공연을 통해 무용수/배우는 물론 관객에게 촉발되는 특별한 종류의 경험에 중점을 둔다. 라사는 번역하기 어려운 개념이다. 이 개념은 독일어로 '맛' '즙' 혹은 '감정 상태'라는 용어로 번역되며, 영어로는 '정서' '미학적 환희' 혹은 '감정적 의식'으로 번역 가능하다. 라사는 여덟 가지로 구분되는데―관능적인 라사 혹은 영웅적인 라사 등―이것은 모든 인간에게 전제된 특정한 존재 방식, 그리고 이와 관련된 정서적 기질과 일치한다. 라사는 몸짓, 의상, 음악 등을 통해 공연이 관객과 배우에게 불러일으키는 것으로, 기질을 실제의 신체-영혼 상태로 유도한다. 이런 점에서 라사 개념은 역치성과 변환 경험의 한도 내에서 이루어진다.[24]

고대 말기의 교부, 중세, 그리고 근대 초창기의 연극 적대자는 연극 관람이 영혼 구제를 위험하게 만든다고 경고했다. 이와 반대로 1609년 에는 황제의 주치의가 연극 관람을 권장하며, 희극 관람을 하면 "편안해지고 마음이 넓어지며 점차 정상으로 돌아오게"[25] 된다고 그 이유를 피력한 적이 있다. 어쨌든 그들은 공연의 변환적 잠재력을 의도적이든 아니든 간파하고 있었다. 변환의 위험이나 기회가 공연의 매체적 조건

---

24) L. Bansat-Brudon, *Poétique du théâtre indien: Lecture du Natyashastra*, Paris 1992: Edwin Gerow, "Rasa as a category. What are the limits of its applications?," Rachel van Baumer & James Brandon(eds.), *Sanskrit Drama in Performance*, Honolulu 1981, pp. 226~57: J. L. Masson & M. V. Patwardhan, *Aesthetic rapture―The Rasadhy-ya of Natyasastra*, Poona 1970: Richard Schechner, "Rasaesthetics," *TDR*, vol. 45, no. 3(T171), Fall 2001, pp. 27~50 참조.

25) Willi Flemming, *Barockdrama*, Bd. 3, *Das Schauspiel der Wanderbühne*, 제2판, Hildesheim 1965, p. 14에서 인용.

속에, 다시 말해 배우와 관객의 신체적 공동 현존 속에 존재한다는 점은 흥미로운 일이다. 무엇보다 변환은 배우가 자신의 몸을 이용하는 방식에 의해 촉발된다. 그래서 대부 프란시스쿠스 랑은 17세기 예수회 연극이 관객에게 영향을 미치기 위해 발전시킨 중요한 규칙을 요약한 『연극 무대론』에서 다음과 같이 기술했다. "무대에서 발화하는 배우의 연기술이 강하면 강할수록, 생동감이 넘칠수록, 시선을 더욱 사로잡을수록, 관객에게 더 강하게 영향을 미친다. 감각은 사물의 현상이 감정의 방으로 들어가는 영혼의 문이다."[26]

이러한 견해의 근저에는 관객에게 감정을 촉발하는 것은 바로 연기술을 통해서 배우의 몸에 일어나는 감정의 지각이라는 생각이 깔려 있는데, 이는 18세기 이후까지 유효하다. 헨리 홈은 1762년에 출판된 『비평의 원리』에서 "표정과 몸짓은 〔……〕 마음으로 가는 지름길"[27]을 연다고 했고, 1792년 요한 게오르크 술처Johann Georg Sulzer는 『예술 일반 이론Allgemeine Theorie der schönen Künste』에서 "인간은 다른 어떤 환경보다 공공 극장에서 더 살아 있다는 인상과 느낌을 받는다. 〔……〕 세상의 어떤 것도 수많은 사람들이 단번에 지각하는 감정보다 더 전염성 있고 더 강력하게 영향을 끼치는 것은 없다"[28]라고 설파했다. 그것은 배우의 육체로 받아들인 느낌이 지각을 통해 관객의 육체로 전이하는 **전염**의 과정이다. 이를 통해서 공연의 잠재력이 발휘된다. '전염'이라는 표현은 바로 '고전적인' 역치적 상태이며, 건강에서 병으로 가는 과정의 사

---

26) P. Franciscus Lang, *Abhandlung über die Schauspielkunst*, Alexander Rudin(ed. & trans.), München 1975, p. 200.

27) Henry Home, *Grundsätze der Kritik*, p. 582.

28) Johann Georg Sulzer, *Allgemeine Theorie der schönen Künste*, Bd. 4, 제2판, Leipzig 1794, p. 254.

이 상태다. '감정의 전염'은 공연이 지닌 변환적인 힘을 증명한다. 루소는 이러한 변환적인, 관객의 정체성에 위협을 주는 연극의 힘을 저주했다. 왜냐하면 "극장에서 겪게 되는 지속적인 감정의 격앙"은 관객을 "무기력하거나 약하게" 만들고 관객이 "자신의 격정을 누를 수 없도록" 만들기 때문이다.[29] 그러니까 관객을 붕 뜬 듯한 문지방 상태에 빠지게 하며 이를 통해서 관객은 제정신을 잃을 수도 있다는 것이다. 이와 반대로 디드로, 레싱, 리히텐베르크Georg Christoph Lichtenberg, 엥겔을 비롯한 수많은 18세기 이론가들은, 연극 공연이 지닌 변환의 힘과 능력을 높이 평가했다. "어떤 시대든 불행한 자는 다른 인물이나 형상보다 더 감동적으로 다가오며, 자신의 일로 받아들이게 한다."[30] 이것은 레싱이 니콜라이에게 보낸 편지의 한 구절인데, 여기서 그는 연극의 변환적 능력을 구체적으로 입증했다.

18세기에서 19세기에 이르는 전환기에 예술의 자율성이 상정되고 미학적인 것, 미학적 경험과 같은 개념이 전개되고 발전되며, 나아가 영향 미학의 종언이 이루어지면서 연극을 변환적 퍼포먼스로 이해하는 것은 점차 시대에 뒤떨어진 것으로 간주되었고 주변화되었다. 물론 이런 생각은 교양연극을 보면, 완전히 사라지지는 않은 것 같다. 괴테나 실러가 이러한 생각을 다양하게 변주하며 발전시켰듯이, 특히 괴테의 『빌헬름 마이스터』나 실러의 『인간의 미학적 교육에 관한 편지』를 보면 알 수 있듯이 말이다. 실러의 책에서 중요한 개념인 놀이는 "이도 저도 아닌

---

29) Jean-Jacques Rousseau, "Brief an Herrn d'Alembert über seinen Artikel 'Genf' im VII. Band der Encyclopädie und insbesondere über seinen Plan, ein Schauspielhaus in dieser Stadt zu errichten," p. 391.

30) 1756년 11월 니콜라이에게 보낸 레싱의 편지. Gotthold Ephraim Lessing, *Werke*, Herbert G. Göpfert(ed.), 8 Bde., München 1970~79, Bd. 4, p. 163 참조.

상태"와 문지방 경험의 의미로 읽힌다. 왜냐하면 놀이를 통해서──소재 충동과 형식 충동, 즉 감각적 본성과 이성적 본성이 분리되어 끊임없이 대립하는──일상적 인간은 임시로, 다시 말해 '놀이,' 미학적 경험이 지속되는 동안에는 이 둘이 서로 화합한 이상적 인간으로 변화하기 때문이다.

19세기 초에 연극 공연에서 지각을 신체적 전염 과정으로 여기던 생각은 유효성을 상실했다. 그 자리에는 이제 감정이입 개념이 도입되었다.[31] 감정이입 개념은 연극 공연의 변환적 힘에 대한 생각과 결코 모순되지 않는다. 감정이입, 특히 공연 과정에서 이루어지는 다양한 인물들에 대한 감정이입은 새로운 역할과 정체성을 잠정적으로 위임받거나 수행해보는 것으로 파악되며, 이러한 의미에서 문지방 경험으로 이해되기 때문이다. 그러나 감정이입을 주장하는 이론가들은 그렇게 개념화하지 않았다. 프리드리히 테오도어 피셔는 『미학Ästhetik』(1846~58)에서 이 개념을 '대여적 관조'[32]로, 이후에 집필한 논문 「상징」(1887)에서는 '영혼 대여 행위'[33]로 정의했다. 피셔의 아들인 로베르트는 이러한 행위를 다음과 같이 설명한다. "내 속의 영혼, 감각적인 내가 사물의 **내면**으로 전달되고, 그 사물의 형태적 성격은 내면으로부터 느껴진다."[34] 영혼 대여 행위를 통해 관조하는 주체의 변화 가능성은 여기서 고려되지 않는 듯하지만 그럼에도 이 정의를 범주에서 제외시킨 것은 아니다. 그러나

---

31) 감정이입 개념은 Martin Fontius, "Einfühlung/Empathie/Identifikation," Karlheinz Barck(ed.), *Ästhetische Grundbegriffe*, Bd. 2, Stuttgart 2001, pp. 121~42 참조.
32) 프리드리히 테오도어 피셔의 말. 같은 책, p. 130에서 인용.
33) Friedrich Theodor Vischer, *Kritische Gänge*, Bd. 4, p. 435.
34) Robert Vischer, "Der ästhetische Akt und die reine Form"(1874), *Drei Schriften zum ästhetischen Formproblem*, Halle 1927, pp. 45~54, p. 48.

감정이 지각 가능한 육체적 표현이어야 한다고 보는 데는 냉정한 비판이 따른다. 이는 1870년대 어느 유명한 도시 안내자가 파리의 포르트 생마르탱 극장에 대해 다음과 같이 지적한 데서도 알 수 있다. "19세기 중반에도 여전히 너무나 단순한 사람들이 있습니다. 이들은 무대에서 비극적 상황에 빠진 여자 주인공이 배신자에게 속아 넘어가는 것을 보고 눈물을 멈추지 못합니다. 마음을 다 줄 것 같은 노동자들의 오열, 그 소시민성을 경험하게 될 뿐입니다. 이러한 연극은 관람하지 마십시오."[35]

19세기에 완전히 사라지지 않고 대체로 주변화되었던 변환적 퍼포먼스로서의 연극에 관한 사고는 19세기에서 20세기까지 이어지는 수행적 전환, 그리고 몸 문화의 선언과 함께 공연에 관한 이론적 담론으로 되돌아왔다. 니체는 『음악의 정신에서 비극의 탄생』(1872)에서 "디오니소스의 재탄생에 관한 희망"[36]이란 "오늘날 개인화의 종말로 인지할 수 있다"[37]라고 말했고, 그 이듬해에 영향미학의 생리를 재구성하기 시작했다. 게오르크 푹스는 이러한 니체를 확실히 본받아, 연극이 부르주아적 개인을 '새로운' 초인으로 변화시켜야 한다고 주장했다. 그는 이 변화의 가능성이 18세기 말의 이론가처럼 배우와 관객의 신체적 공동 현존에서 주어진다고 보았다. 이러한 공동 현존은 배우의 리듬감 있는 움직임이 관객에게 전달되어 '황홀경 상태'에 빠지게 만들 가능성을 열기 때문이다.

---

35) Paul Véron, *Paris s'amuse*, Paris 1874.

36) Friedrich Nietzsche, *Die Geburt der Tragödie aus dem Geiste der Musik*, in: *Sämtliche Werke*, Kritische Studienausgabe in 15 Bänden, Giorgio Colli & Mazzino Montinari (eds.), München 1988, Bd. 1, pp. 9~156, p. 72.

37) 이에 관해서는 Helmut Pfotenhauer, *Kunst als Physiologie. Nietzsches ästhetische Theorie und literarische Produktion*, Stuttgart 1985 참조.

우리의 맥락에서 볼 때, 푹스가 연극 공연의 변환적 잠재력을, 변환적 힘을 가졌다고 이제 막 이론적으로 밝혀진 공연 장르—제의—에 연결시킴으로써 연극 담론을 다시 이끌어나간다는 점은 매우 흥미롭다. 이미 설명한 대로 세기의 전환기에 제의는 바로 변환적 퍼포먼스의 전형으로 자리 잡았다. 겉보기에 19세기에 잃어버렸던 변환의 잠재력을 연극 공연이 회복한다면, 결과적으로 연극 공연은 제의의 패러다임에서 그 방향을 정하고, 제의가 불러오는 경험—문지방 경험—을 가능하게 해야 한다.

이러한 생각은 또한 연극의 급격한 변화에 관한 아르토의 성찰에 기초한다. 아르토는 다른 목표를 가지고 있었지만, 푹스와 유사하게 동시대 유럽 문화에 대한 비판에서 출발한다. 아르토는 르네상스가 남긴 지배적이고 인간 존재에게 극도로 파괴적이며 삶에 대한 그릇된 견해를 가져오는 것 중에서 특히 로고스 중심주의, 합리주의, 개인주의를 꼽는다.[38] 이를 극복하기 위해서는 연극이 선-이성적, 선-합리적, 선-개인적인 근원을 서구인에게 접하게 해야 한다. 연극은 관객에게 '트랜스 상태'[39]—즉 '전통적인' 문지방 경험—을 생성시키고, 관객의 무의식에 직접적으로 영향을 끼침으로써 "의식하게 하고, 모든 것을 주도하고 이끄는 [……] 특정한 지배적 힘을 획득"[40]하게 해야 한다. 연극 공연은 관객에게 엑소시즘, **통과의례**를 실행하는 '마법적 제의'로 변신해야 한다. 또한 연극 공연은 문명화로 인해 심하게 뒤틀린 서구인을 치유해야 한

---

38) Antonin Artaud, *Die Tarahumaras. Revolutionäre Botschaften*, München 1975, p. 164 참조.

39) Antonin Artaud, *Das Theater und sein Double*, Frankfurt a. M. 1979, p. 88.

40) 같은 책, p. 85.

다. 이것은 관객에게 '삶'과 '인간'[41]을 회복시킴으로써 가능하다. 이때의 인간은 '다양한 감정과 성격을 지닌 심리적 인간' 또는 '법에 순종하고, 종교와 계율에 얽매인 사회적 인간'이 아니라, '총체적 인간'[42]을 말한다. 아르토는 연극 공연은 문지방 상태를 목표로 한다고 거듭 반복한다. "흑사병처럼 연극은 죽음이나 치유로 끝나는 위기다."[43] 흑사병 이미지와 더불어 아르토는 다른 오래된 개념을 자신의 연극 담론에 가져오는데, 그것은 바로 전염이라는 개념이다. "무엇보다 중요한 것은 연극은 흑사병과 같은 광란이며, 이것은 전염된다는 점이다."[44] 이것은 '전염'으로서 관객의 '영혼'뿐 아니라, 몸에 직접적으로 영향을 끼치고 그 상태를 변화시킨다.[45]

19세기에 연극은 자율적 예술로서 문학적 연극, 교육적 연극, 그리고 감정이입의 연극으로 전해져왔지만, 푹스나 특히 아르토는 이들이 변이의 힘을 지니지 않았다고 간주했다. 변이의 힘을 되찾기 위해 연극은 제의가 되어야 했다. 제의로서의 연극이란 변신의 힘과 영향력을 지닌 연극이다. 이는 18세기 말까지 연극 적대자나 옹호자 모두 인정한 것이다. 그로토프스키, 니치, 셰크너의 이른바 제의적 연극뿐 아니라, 1960년대 이후의 수많은 연극과 퍼포먼스아트 공연이 이러한 공연의 변환적

41) Antonin Artaud, *Die Tarahumaras. Revolutionäre Botschaften*, p. 167.
42) Antonin Artaud, *Das Theater und sein Double*, p. 132.
43) 같은 책, p. 34.
44) 같은 책, p. 29.
45) 아르토의 연극 개념에 대해서는 다음 책을 참고하라. Doris Kolesch, "Der magische Atem des Theaters. Ritual und Revolte bei Antonin Artaud," Franz Norbert Mennemeier & Erika Fischer-Lichte(eds.), *Drama und Theater der europäischen Avantgarde*, Tübingen/Basel 1994, pp. 231~54; Doris Kolesch, "'Listen to the radio': Artauds Radio-Stimme(n)," *FORUM MODERNES THEATER*, Bd. 14, H. 2, 1999, pp. 115~43.

잠재력을 반복적으로 강조하고 주목했다. 연극을 변환적인 퍼포먼스로 바라보는 사고가 연극 담론으로 되돌아오는 와중에 공연에서의 특별한 경험 — 역치성의 경험 — 을 제의적 경험이라고 명명하는 것은 어떤 새로운 인식도 줄 수 없을 뿐 아니라, 필자가 여기서 언급한 공연을 오히려 비생산적으로 보이게 했다. 이렇게 해서 미학적 경험이라는 개념에 이의를 제기하고, 이에 걸맞게 이 개념을 재정의할 시간이 된 것이다.

이 짧은 역사적 설명이 보여준 것처럼, 고대부터 18세기까지, 그리고 20세기에도 연극 이론가나 실무자가 연극을 변환적 퍼포먼스로 간주하는 것이 지배적이었다 하더라도, 연극 공연이 변환적 잠재성을 펼치려면 특수한 역사적, 문화적, 미학적 조건이 같이 고려되고 구별되어야 한다. 모든 시대에 관객은 제 집을 떠나서 공연이 시작하는 장소로 가는데, 공연 장소와 가는 길의 상황이 일상생활을 낯설게 보고 거리를 두게 한다. 그런데 관객이 일상생활을 낯설게 보고 새로운 경험을 하며 변환을 일으키는 데 필요한 인물, 이야기, 장면적 수단, 연출 전략은 저마다 다르다.[46] 1800년대에 지각하는 사람의 형식적 합목적성을 가리키는 '아무런 관심 없이 단지 마음에 든다'는 이론은 그 가능성의 조건을 다음과 같이 표현했다. 즉 관객이 일상생활에서 떨어져 나와 "어떠한 관심 **없이**, 의미나 이성에 대한 관심 **없이** [……] 단지 박수만을 강요받는"[47] 경험을 했다. 이것은 일상의 경우와 마찬가지로 바로 변환 작용이라고 볼 수 있다. 필자는 이와 연관해서, 예술의 자율성을 주장하는 미

---

46) 여기에는 변환Transformation 개념이 매번 매우 다양한 종류의 변화를 의미한다는 문제가 있다. 따라서 변환 개념만을 적용해서는 특정한 종류의 변화를 구별할 수 **없다**.

47) Immanuel Kant, *Werke in zehn Bänden*, Bd. 8: *Kritik der Urteilskraft*, Wilhelm Weischedel(ed.), Darmstadt 1975, p. 287.

학이 근본적으로 새로운 종류의 문지방 경험, 전통적인 제의에서 촉발되는 경험과는 본질적으로 차이가 있는 문지방 경험을 설명하기 위해 미학적 경험이라는 개념을 발전시켰다고까지 주장하려 한다. "아무런 관심 없이 단지 마음에 든다는 것"은 주체가 예술작품 ─ 혹은 자연 ─ 을 지각할 때 느끼는 것으로, 스스로 자유로운 주체성을 경험할 가능성을 열어준다.

20세기에서 21세기로의 전환기는 완전히 다른 조건으로 둘러싸여 있다. 삶이 지속적으로 미학화되는 우리 시대의 놀이 문화와 이벤트 문화라는 조건 아래에서는 '아무런 관심 없이 단지 마음에 든다는 것'은, 주체를 문지방 상태로 이끄는 데 적합한 감각이 아닌 듯 보인다. 대신 그것은 '의미'나 '이성'의 혼란을 필요로 한다. 흥분, 틀의 충돌, 그리고 자신과 타인, 세계에 대한 지각의 불안정화, 즉 위기의 촉발이 문지방 상태를 유발하는 데 훨씬 더 적합한 듯 보인다. 이것은 극도로 혼란스러운 경험이라서 이를 경험한 사람을 변환으로 유도하기 때문이다.

지금까지 거듭 확인했듯이, 연극 공연은 연출될 뿐만 아니라 원칙적으로 문지방 경험을 촉발한다. 역치적 상태가 저마다 다르게 규정되고, 매번 다른 수단이 투입된다 해도 말이다. 의도된 물질성의 수행적 창출로서의 연극 공연의 연출은 세계의 재마법화를 목표로 하고, 문지방 경험으로서의 미학적 경험은 공연 참여자들의 변화를 추구한다. 따라서 변화는 수행성의 미학의 기초적인 범주로 규정할 수 있다.

이제 연극은 주로 변화적 퍼포먼스로 간주되고, 이에 따라 연극 공연에 변환의 힘이 주어진다는 것이 분명해졌다. 그러면 다른 종류의 공연은 어떠한가? 제의, 축제, 스펙터클, 스포츠 경기, 정치 집회는 어떤 종류의 경험을 가능하게 하는가? 몇몇 공연 장르(문화적 퍼포먼스)만을 열거하자면, 역사적 전위예술가들은 연극을 이러한 장르로 변신시키려 했다. 그러나 역사적 전위예술가들이 이 장르를 새로운 연극 공연을 위한 모델로 이해했고 주장했던 이유가 이 공연 장르 속에서 세기의 전환기에 되찾고자 했던 변환적 힘을 발견했기 때문이라고 하는 편이 더 적절한 생각은 아닐까? 그들은 이 공연 장르 속에서 모든 참여자를 문지방 상태로 빠지게 하는 힘을 인식하지 않았을까? 역사적 전위예술가들이 목표로 한 새로운 영향미학은 의심할 여지 없이 그러한 방향성을 제시한다. 연극을 제의나 축제로 변환시켜야 한다고 높은 목소리로 거듭 요청한 데는 연극에서 새로운 형식의 공동체를 시험하고자 하는 소망이 있었기 때문이다. 그들이 관심을 둔 것은 바로 공동체를 만들고 강화하고 유지하는 제의와 축제의 기능이었다. 이는 정치 집회에도 똑같이 적용할 수 있다. 여기서도 특정한 정치적 공동체가 생성되거나 인정되는데 이는 특정한 행위나 경험을 공동으로 이행함으로써 이루어졌다. 한편 서커스나 스포츠의 경우, 예이젠시테인의 말을 빌리자면 '감각을 강화하는 목욕'과 같은 작용을 의도했으며, 관객에게 의미를 전달하는 대신 경탄과 경악, 공포, 충격을 불러일으킴으로써 관객에게 신체적으로 직접 영향을 미치고자 했다. 여기서 뚜렷이 강조된 문지방 경험은 첫째, 개인이 공동체 구성원으로 변하는 과정으로 사회적 변화와 관계된다. 둘째, 신체의 —생리학적, 감정적— 변화와 관계된다. 따라서 연극 공연은 그 영향력에 있어서 다른 공연 장르와 비슷해져야 했다.

우리의 맥락에서는 연극 공연과 다른 공연 장르의 관계에 대한 역사적인 연구가 비록 문화역사적 관점에서 흥미로울지라도, 핵심은 아니다. 오히려 우리는 수행성의 미학의 측면에서, 1960년대 이후 발전한 연극과 공연예술을 더 참조하고, 예술적인 공연과 비예술적인 공연이 수행적 전환 이후에 어떻게 전개되었는가를 우선적으로 물어야 한다. 다시 말해 오늘날 축제, 스포츠 경기, 다양한 정치 행사와 다른 공연의 경험이 여기서 문지방 경험으로 규정된 미학적 경험과 구분되어야 하는가, 아니면 이러한 경험 역시 문지방 경험으로 보아야 하며 나아가 미학적 경험이라는 개념 아래 포함시켜야 하는가를 우선적으로 물어야 한다.

반복해서 지적했듯이, 1990년대 수행적 전환 이후에 우리는 새로운 종류의 공연뿐 아니라 전반적으로 비예술적인 공연의 미학화, 연극화를 항시 접하고 있다. 이러한 발전은 예술적인 공연과 비예술적인 공연의 경계를 흐릿하게 만들거나 아예 허물기까지 했다. 이런 현상은 공적인 공간에서 개최되는 축제에서 특히 눈에 띈다. 러브 퍼레이드Love Parade, 크리스토퍼 스트리트 데이Christopher Street Day, 리우 카니발은 공적인 공간에서 행진과 퍼레이드를 할 뿐 아니라 이러한 공적 공간을 역치적 공간으로 전이시킨다. 그렇다면 전통적인 극장 건물을 벗어나 다양한 공적인 공간에서 장소 특정적으로 작업하는 연극 공연—가령 코너스톤 극단 혹은 오늘의 위생학 그룹 등의 공연—과 축제의 경계는 어디인가? 연극 공연과 축제는 공적인 공간을 역치적이고 과도기적인 공간으로 변환시킬 뿐 아니라 일상의 시간을 과도기적인 시간으로 변환시킨다. 그럼으로써 참여자들은 문지방 경험을 하게 된다.[48] 공

---

48) 현대적 축제에 대해서는 다음을 참고하라. Klaus-Peter Köpping, "Fest," Christoph Wulf(ed.), *Der Mensch. Handbuch Historische Anthropologie*, Weinheim/Basel 1997, pp. 1048~65; Joachim Küchenhoff, "Das Fest und die Grenzen des Ich—Begrenzung und Entgrenzung im 'vom Gesetz gebotenen Exzeß'," Walter Haug & Rainer Warning (eds.), *Politik und Hermeneutik XIV*, München 1989, pp. 99~119; Wolfgang Lipp, "Feste heute: Animation, Partizipation und Happening," *Drama Kultur*, Berlin 1994,

연 분야에서는 지난 몇 해 동안 도시-연출이 점점 확산되면서, 오늘 날 연극 공연과 축제가 눈에 띄게 가까워지고 있다. 제10회 '도쿠멘타 Documenta'는 카셀이라는 도시 전체를 거대한 전시 공간이자 공연 공간, 축제 공간으로 활용했으며, 연극 공연 프로그램이 특수한 방식으로 이 행되었다. 그중에는 퍼포먼스 그룹 갑 스쿼드Gob Squad가 전차역에서 펼 친「15분의 동의15 minutes to comply」혹은 하이너 괴벨스가 대교 밑에 서 선보인「뱀에 물려 죽은 남자의 풍경Landschaft mit dem von der Schlange getöteten Mann」등이 포함된다.[49] 이탈리아 그룹인 티아트로 포틀라크 Teatro Potlach는 10년 동안 이런 식의 도시-연출을「보이지 않는 도시들 Citta invisibile」이라는 이름으로 파라 사비나, 파르파, 클라겐푸르트, 몰 타, 카디프에서 진행했다. 가령 파라 사비나에서는 그 도시 거주자들이 지하실과 정원을 세계 각국에서 온 연극예술가들에게 2주 동안 빌려주 었다. 그리고 예술가들은 이탈로 칼비노Italo Calvino의 소설『보이지 않 는 도시들Die unsichtbaren Städte』에 대해 상상한 대로 이 도시의 집들을 변형시켰다. 이렇게 변형된 도시가 대중에게 공개되었다. 그렇다면 이것 은 축제인가, 연극 공연인가? 이러한 질문에 우리는 결코 분명하게 대 답할 수 없다. 그러나 둘 중 무엇이든 간에 도시의 사적인 공간들은 그 곳을 방문하는 모든 이들에게 문지방 경험의 가능성을 여는 특수하게 형상화된 공간으로 변환되었다.[50]

---

pp. 523~47.

49) 이 공연에 대해서는 Christel Weiler, "Heiner Goebbels *Landschaft mit dem von der Schlange getöteten Mann*," *Theater der Zeit*, Sept./Okt. 1997. Spezial "Theaterskizzen zur Dokumenta X," pp. XIII~XVI 참조.

50) Christian Horn, Sandra Umathum, Matthias Warstat, "Auswählen und Versäumen. Wahrnehmungsmodi zwischen Fernsehen und Theater," Erika Fischer-Lichte,

현대 축제가 연극 공연과 비슷해지면서 공연들은 일시적으로 공동체를 형성할 수 있게 되었고 특별한 경우에는 축제가 이루어지는 기간 내내 공동체를 형성해 공연이 끝날 때까지 유지된 반면, 동시대의 정치 행사들은 일반적으로 공연 기간을 넘어서서 지속적인 공동체로 존속하거나 강화되곤 한다. 옛 시절 정치 행사는 미학화와 연극화를 통해 이런 기능을 실현했는데, 특히 분명하게 정치적 축제로 읽을 수 있었던 것은 16세기와 17세기의 궁중 축제, 프랑스 혁명의 축제, 혹은 1920년대 노동운동의 축제다.[51] 그런데 더 놀라운 점은, 오늘날에는 많은 정치 행사의 연극화에 한탄하며 이것을 우리 정치 문화가 하락하는 혐오스러운 원인이라고 공개적으로 비난한다는 사실이다. 1998년 4월 독일 사회민주당의 라이프치히 전당대회에서, 조명 사용계획서가 실수로 언론의 손에 들어갔을 때, 폭풍 같은 악의와 분노가 행사 개최자에게 퍼부어졌다. 많은 신문이 전당대회가 연출된 이벤트였다고 비판하면서 그 증거로 이 계획서를 자세하게 인용했다. 일간지 『쥐드도이치 차이퉁 Süddeutschen Zeitung』의 헤리베르트 프란틀 Heribert Prantl 정치부장은 이러한 비판을 "인간이 소도구로 악용되는 데 따른 알러지적 반응"[52]이라고 설명했다. 우리는 동시대 독일 정치에서 연출 — 특히 언론을 위한

Christian Horn, Sandra Umathum & Matthias Warstat(eds.), *Wahrnehmung und Medialität*(=*Theatralität*, Bd. 3), Tübingen/Basel 2001, pp. 143~58.

51) Christian Horn, *Der aufgeführte Staat. Zur Theatralität höfischer Repräsentation unter Kurfürst Johann Georg II. von Sachsen*, Tübingen/Basel 2004; Inge Baxmann, *Die Feste der Französischen Revolution*, Weinheim/Basel 1989; Matthias Warstat, *Theatrale Gemeinschaften. Zur Festkultur der Arbeiterbewegung 1918~1933*, Tübingen/Basel 2004 참조.

52) Heribert Prantl, "Wir denken zu sehr in PR-Kategorien," *Sage & Schreibe* 9/1998, pp. 44~45(Interview with R. Schatz), p. 45.

연출——이 무의미한 역할을 수행하지 않는다는 것을 이미 잘 알고 있다. 예를 들어 헬무트 콜과 프랑수아 미테랑François Mitterand이 베르동이라는 전쟁터에서 선보인 연출이나 클라우스 퇴퍼Klaus Toepfer가 환경부 장관 시절 라인 강을 수영해서 건넌 사실이 이를 증명한다. 하지만 전당대회의 연출은 정치를 미국식으로 갖고 노는 방법이라고 간주된다. 여기서 이런 종류의 공연이 항상 연출을 요구한다는 사실은 간과된다. 전당대회의 과정과 구성은, 감정과 공동 경험을 통해 우리의 감정을 특별하게 고무시킬 뿐 아니라 승부욕을 일으켜 특정한 정치적 공동체를 형성하는 데 초점을 맞춘다. 이 전당대회는 게르하르트 슈뢰더Gerhard Schröder와 오스카어 라퐁텐Oskar Lafontaine의 입장으로 시작되었다. 그들은 두 팔을 흔들며, 행진곡 용도로 작곡된 찬가에 맞춰 입장했다. 설렘, 신념, 승리의 확신과 같은 감정을 표현한 이 찬가는 강한 정서적 영향력을 지니고 있었다. 이는 참석한 대표단의 표정을 보면 알 수 있었다. 또한 이 찬가는 뛰어난 인물처럼 행동하는 대표단의 몸의 언어를 북돋웠고, 그들의 태도가 다른 이들에게 전해지게 했다. 이런 의미에서 그것은 '전염되는 듯'했다. 전당대회의 나머지 진행 또한 대표단을 승리의 의지에 찬 공동체로 변환시키는 것을 목표로 했다.[53]

사회민주당의 라이프치히 전당대회에서 일어난 일은 다른 정치 행사에서도 **약간 수정해서** 적용 가능하다. 이들은 공동의 몸짓, 행동, 경험을 통해 공동체를 형성하며, 이 공동체는 행사가 끝나도 지속된다.[54] 이

---

53) Carsten Brosda & Christian Schicha, "Politikvermittlung als Event Marketing," Erika Fischer-Lichte 외(eds.), *Performativität und Ereignis* (=*Theatralität*, Bd. 4), Tübingen/Basel 2003, pp. 319~38에서 인용.

54) 이에 대해서는 Thomas Meyer & Martina Kampmann, *Politik als Theater. Die neue Macht der Darstellungskunst*, Berlin 1998; Herfried Münkler, "Die Theatralisierung

것은 정치 행사가 연극 공연과 구분되는 점이다.

그러나 슐링엔지프의 공연 「기회 2000」은 어떠했는가? 이러한 구분이 작동하지 않음을 보여주지 않았는가? 「기회 2000」의 기획은 정치 정당의 창립이 아닌가? 겉보기에 그렇지 않았는가? 여기서도 공연이 끝나고 지속적인 공동체를 형성하는 것으로 보인다. 무엇보다 연극 공연과 정치 공연의 구분을 계속 지우고 미미하게 하며, 그 차이에 대해 근본적인 불안감을 일으키는 듯했다. 한편, 공연이 끝나고 지속적인 공동체를 형성하는 게 정치 행사에서도 점점 더 어려워지는 것이 관찰된다. 여기서도 바티모[55]의 의미에서 미학적 공동체가 나타나는 듯하다.

스포츠 경기에서도 부분적으로 공동체의 형성과 인정이 일어나는 경우가 있다. 개인에서 팬클럽 회원으로의 변환이다. 다 함께 외치는 구호, 공동으로 수행하는 몸짓과 행동, 공동으로 경험하는 강한 감정은 특정 축구팀의 팬을 팬클럽 회원으로 변환시키고, 국제 축구 경기에서는 단순한 축구 팬을 국가 공동체의 구성원으로 변화시킨다. 물론 어느 정도 감정적이고 정체성과 관련한 관계는 ─ 특정한 축구팀이나 국가 대표팀과 연관해서 ─ 원칙적으로 이미 경기 전에 존재했다. 하지만 경기를 통해서만 비로소 인정과 강화 속에 저마다의 공동체가 탄생하는 것이다.

축구 경기는 선수와 관중에게 특히 강한 감정을 촉발하는 공연 유형이다. 경기장을 둘러싼 관중과 필드 위에서 활동하는 선수 사이에는 고

---

der Politik," Josef Früchtl & Jörg Zimmermann(eds.), *Ästhetik der Inszenierung*, pp. 144~63; Hans George Soeffner & Dirk Tänzler(eds.), *Figurative Politik. Zur Performanz der Macht in der modernen Gesellschaft*, Opladen, 2002 참조.

55) Gianni Vattimo, *Die transparente Gesselschaft* 참조.

도로 강화된 에너지의 장이 형성되는 것처럼 보인다. 반복되는 관중의 폭발적인 반응에서 거의 참을 수 없는 긴장이 생겨난다. 감정적 비상사태, 공동체의 형성, 축제나 스포츠 경기에 특징적인 질서와 무질서의 역설은 모든 참여자들을 극단적인 **이도 저도 아닌** 상태로 바꿔놓고, 문지방 경험을 일으킨다.

스포츠 경기는 전투의 원리에 근거하기 때문에, 모든 행위자와 관객이 속하는 하나의 큰 공동체를 형성할 수 없으며 오히려 적대적인 공동체가 생성된다. 누가 한 공동체에 속하면, 동시에 다른 공동체로부터 제외된다. 따라서 이 공동체들은 공통의 경험과 공동으로 수행하는 행동에 의해 형성되고 강화될 뿐 아니라 상대편**을 향한** 감정과 행동을 통해서도 자주 형성된다. 많은 국제 경기에서 볼 수 있듯이 경기 중이나 경기 직후 일어나는 폭력은 언제나 폭력이 일어날 수 있는 축제와 마찬가지로 단지 질서와 무질서의 역설에만 기인하지 않는다. 이것은 공동체란 다른 공동체의 구성원에게 폭력을 행사하는 것으로 자신의 공동체성을 강화한다는 데 근거한다. 두 경우 모두 ── 축구와 축제에서(혹은 아헨에서 개최된 보이스의 예술적 공연 「내가 보기엔 쇼핑 사절이야! 갈색 십자가, 기름덩어리의 모서리, 기름덩어리 모서리의 견본」에서처럼) ── 폭력은 역치적 상태에서 일어나며, 이를 통해 특별한 문지방 경험이 가능해진다.

축구 경기나 다른 단체 경기에서 두드러지는 공동체 형성이라는 측면은 ── 경기자 공동체는 이를 지지하는 관중 공동체에 따라 그때그때 달라진다 ── 다른 스포츠 행사에서는 아무런 역할도 하지 않거나 매우 적은 역할만을 한다. 피겨스케이팅, 체조, 그리고 달리기, 높이뛰기, 멀리뛰기 같은 여러 육상 종목은 관중에게 ── 원형경기장에서 펼쳐지는 예술과 유사하게 ─ 스펙터클로 지각된다. 관객에게 우선적으로 야기되는 감정은 선수의 훌륭한 성과에 대한 놀라움과 경탄이다. 동시에 관객은 젊고 아름답고 강하고 숙련된 몸 ─ 소치에타스 라파엘로 산치오 그룹이 보여준 나이와 병, 노쇠함, 죽음을 상징하는 몸과는 반대로 ─ 에 대해 주로 긍정적인 감정을 느낀다. 운동선수들이 공간 안에서 어떻게 공간을 가로지르며 움직이는지 관찰함으로써 관객은 그 움직임 속에서 또 그 움직임과 함께 새롭고도 아름다운 세계의 창출을 지각한다. 이 세계는 젊음, 아름다움, 에로티시즘, 건강, 공정함, 투쟁욕, 승부욕으로 정의된다. 짧게 말하면, 여기서 우리는 약한 콘셉트의, 그리고 대개는 강한 콘셉트의 현존의 세계를 확인할 수 있다. 이 세계는 일상 세계를 벗어나 완전히 새로운 경험을 하게 하는 능력과 힘의 원리가 지배한다.[56]

축제든 정치 행사든 혹은 스포츠 경기든, 우리는 문지방 경험의 가능성을 여는 공연을 다루는 것이다. 공연이 일반적으로 피드백 고리의 자동 형성성에 의해 이루어지고, 앞서 말했듯 이 자동 형성성은 관객과 배우의 신체적 공동 현존에 기인하며, 역치성을 형성한다는 점을 생각하면 이 사실은 전혀 놀랍지 않다. 필자는 미학적 경험을 문지방 경험으로 규정하는 한편으로 공연의 모든 장르에 문지방 경험을 열 수 있는 가능성이 있다고 했다. 그러나 모든 종류의 문지방 경험이 미학적 경험이라는 범주에 포함된다는 것은 결코 아니다. 필자는 지금까지 그 과정이 목적 자체인 문지방 경험을 미학적 경험이라고 논증하고, '다른' 목

---

56) 스포츠 행사에 관해서는 Gunter Gebauer, *Sport in der Gesellschaft der Spektakels*, Sankt Augustin 2002 참조.

적을 위한 과정으로 이용되는 문지방 경험을 비미학적 경험이라고 규정했다. 다른 목적이란 사회적으로 인정되는 지위 변화, 승자와 패자의 생성, 공동체 형성, 권력 투쟁의 정당화, 사회적 책무의 생성, 오락 등이다. 말하자면, 미학적 경험은 문지방을 넘는 경험이자 변신 과정을 통과하는 경험인 반면, 비미학적 경험에서의 문지방 경험은 무언가를 **향한** 경계선 넘기이며, 이것 혹은 저것 **속에서의** 변환이다.

바로 알 수 있는 것은, 이러한 차이는 예술적 공연과 비예술적 공연을 구분하기 위한 기준이 아니라는 사실이다. 미학적 경험과 비미학적 경험은 똑같은 공연 속에서도 서로 바뀔 수 있기 때문이다. 그것은 관객 저마다의 지각에 달려 있다. 즉 관객이 역치적 상태에 집중하며 자신의 지각을 그에 내맡기는지 혹은 관객이 그 상황을 특정한 목적을 위한 과도기로 보는지 여부에 달려 있다. 「토마스의 입술」에서는 2002년 독일 대 브라질의 월드컵 결승전과 마찬가지로, 관객의 지각이 시시각각 변할 수 있다.

이런 맥락에서 우리는 예술가가 예술과 비예술, 미학과 비미학의 경계를 넘어서 있으며, 그 경계를 흐릿하게 만들거나 허물기도 하는 존재라는 사실을 간과해서는 안 된다. 이들은 관객이 판단하기 어렵거나 아예 판단 불가능한 상황을 창출한다. 즉 문지방 경험 그 자체를 목적으로 삼아야 할지, 목적을 가진 행위와 연관해 판단이 필요한 상황으로 간주해야 할지 어렵게 만든다. 그럼에도 불구하고 이것은 미학적 경험이다. 즉 비예술적인 문지방 경험을 구성하고 상황에 따라 그것을 통합시키기도 하는 문지방 경험이다.

다른 한편으로 축제, 정치 행사, 스포츠 경기는 ── 무엇보다 올림픽 경기에서 관찰할 수 있듯이 ── 문지방 경험에 집중할 다양한 가능성을 내재하며, 역치적 상태를 목표로 한다. 이것은 비예술적인 공연들의 미학화와 연극화에 대해 ─반쯤은 경시하듯 ─말했을 때 그러하다. 예술적 공연과 비예술적 공연을 구분하는 기준은, 이미 말했듯이 특별한 종류의 문지방 경험으로서의 미학적 경험과 그 밖의 다른 문지방 경험에 대한 구분에 적합하지 않다. 오늘날 예술적인 공연이 경계를 넘어서고 허물고자 한다면, 바로 이런 점을 염두에 두어야 한다. 모든 종류의 공연에서 경험은 미학적 경험과 비미학적 경험 사이를 이리저리 오간다. 예술적인 공연과 비예술적인 공연의 차이가 미학적 경험 여부에 달려 있다는 점은 이제까지 필자가 분석한 바에 따르면 매우 의심스럽다. 아브라모비치의 퍼포먼스나 슐링엔지프의 연출도 그러한 가정에 부합하지 않는다. 그러면 어떻게 예술적 공연과 비예술적 공연을 구분할 수 있는가? 그리고 이 둘이 단계적으로 혹은 부분적으로만 구분된다고 한다면, 과연 예술의 자율성을 주장할 수 있는가?

3. 예술과 삶

연출이나 미학적 경험이라는 개념에는 기본적으로 예술적 공연과 비예술적 공연을 구분하는 기준이 없다. 비록 젤이 예술적 연출은 현존을 생성할 뿐 아니라 상연하는 것을 특징으로 한다고 말했지만 말이다. 하지만 스포츠 연출에도 똑같은 이야기를 적용할 수 있다. 여기에서도 현존은 창출될 뿐 아니라 상연되기도 했다. 즉 현존으로 제시된 것이다. 결론적으로 미학적 경험은 예술적인 공연뿐 아니라 비예술적인 공연에서도 일어난다.

리하르트 슈스터만Richard Shusterman은 그의 모든 저술에서 예술을 비예술과 근본적으로 구분하기 위한 본질주의적 예술 정의를 시종 거부해왔는데, 최근에 그는 "충분한 주목을 받지 못한 예술의 어떤 특성을 강조하기 위한"[57] 해석학적 도구로서 예술을 정의하고자 시도했다.

---

57) Richard Shusterman, "Tatort: Kunst als Dramatisieren," Josef Früchtl & Jörg

예술을 극화로 이해하고 규정하는 그의 제안은 두 가지다. 하나는 "무대 위에 가져오거나 장면을 만들어내기," 다른 하나는 "경험과 행동을 더욱 생동감 있게 만들기"로, 일상적인 현실로부터 예술을 구분하는 것이다.[58] 그런데 오늘날 이것은 예술적 공연이든 비예술적 공연이든 모든 공연의 전형적인 특징이다. 축구 경기, 국회 회의, 법원 공판, 예배, 결혼식, 장례식, 그리고 다른 종류의 문화적 퍼포먼스도 이러한 의미에서 '극화'된 것이다. 이들은 특정 장면을 틀에 넣고 이에 맞지 않는 장면을 구분해내며, 경험과 행동을 더욱 생동감 있게 만든다. 여기에는 1950년대 말 밀턴 싱어Milton Singer가 만들어낸 **문화적 퍼포먼스**라는 개념이 근거가 되었을 것이다. 싱어는 문화적 퍼포먼스를 관찰 가능한 문화적 구조의 최소 단위로 규정하며, 문화적 퍼포먼스를 통해 특정한 문화의 자아상과 자기 이해가 표현되며, 이것은 그 구성원 앞에서나 다른 구성원 앞에서 상연된다고 규정했다.[59] 공연으로서의 문화적 퍼포먼스를 일상 세계 및 '익숙한 현실'로부터 구분시키는 것이 바로 '극화'다. 따라서 예술적 공연과 비예술적 공연을 가르는 기준을 계속해서 찾는 것은 무의미해 보인다.

이러한 기준이 없는 것처럼 보이지만, 흥미롭게도 니치의 양 도살 행위, 셰크너의 「디오니소스 69」, 보이스의 「코요테」, 다양한 자해 퍼포먼스, 슐레프의 「스포츠 작품」, 슐링엔지프의 「오스트리아를 사랑해주세요!」가 예술적 공연임을 인정하는 데는 아무런 어려움이 없어 보인다.

Zimmermann(eds.), *Ästhetik der Inszenierung*, pp. 126~43, p. 128.
58) 같은 책, p. 136.
59) Milton Singer, *Traditional India—Structure and Change*, Philadelphia 1959, pp. XII 이하 참조.

반면에 러브 퍼레이드는 축제로서, 사회민주당의 라이프치히 전당대회는 정치 집회로서, 올림픽 경기는 스포츠 이벤트로서 모두 비예술적인 공연 범주에 넣을 수 있다. 만약에 한편으로 예술적 공연과 비예술적 공연이 서로의 경계를 넘나들고, 다른 한편으로 비예술적 공연이 연극화와 미학화로 인해 점차 예술적 공연에 근접해진다고 한다면, 예술적 공연과 비예술적 공연의 구분은 근본적으로 불가능하게 된다. 그럼에도 이 둘을 구분하려는 시도가 계속 나타났다. 연출 전략 때문에 공연 장르를 의심하게 된 참여자이든, 2000년 빈 축제 주간에 일어난 것처럼 그 공연을 공공장소에서 우연히 지나가다 보게 된 참여자이든 간에, '적절한' 행동 지시를 제시하고자 했다. 여기서 이러한 범주화가 가능한 것은 오로지 그것이 특정한 제도에 속해 있기 때문이다. 일반적으로 공연이 예술이라는 제도 하에서 일어나면 예술적인 것으로 간주된다. 반면 공연이 정치나 스포츠, 법, 종교 등의 영역에서 일어나면 비예술적인 것으로 간주된다. 예술적 공연과 비예술적 공연의 구분에 있어서 결정적인 것은 각 공연의 특별한 사건성도, 공연이 내포한 연출 전략이나 공연에서 일어나는 미학적 경험도 아니다. 예술적 공연이냐 비예술적 공연이냐를 결정하는 것은 오히려 제도적 틀이다.

만약 예술가가 예술과 삶, 미학과 사회적, 정치적, 윤리적 영역의 경계를 넘어서고 지우고 파기하더라도, 그들이 주관하는 공연은 예술의 자율성에 대해 성찰할지언정 이를 무효화할 수는 없다. 결국 이것은 예술이라는 제도에 의해 보증되기 때문이다. 성상 파괴적인 예술가들의 몸짓이나 예술 제도를 파괴하는 것을 목표로 하는 모든 행위는 그럼에도 제도라는 틀에서 일어나고, 이를 통해 한계에 부딪힌다. 이런 점은 수행성의 미학에서도 다르지 않다.

이러한 제도는 예술이 자율성을 요구하는 과정에서, 그리고 그 결과로서 형성된다. 규범적인 미학과 연결되어 특정한 종교적, 도덕적인 목적을 성취하려는 영향미학의 자리에 자율성의 미학이 등장하는 것이다. 다시 말해 예술은 비예술적이고 사회적, 경제적 이해관계나 강요로부터 벗어나 자신만의 영역을 건설하고, 고유의 원칙과 규율에 따라 지속적으로 발전해야 한다. 여기서 우리가 잊지 말아야 할 것은 바로 이러한 자율성이 '더 높은' 목적을 위해 존재한다는 것인데, 바로 '교육'과 인간의 완성이다. 실러는 『인간의 미학적 교육에 관한 편지』에서, 그리고 바그너는 19세기에 발전시킨 자신의 총체 예술 이론에서 이러한 예술의 자율성이 지닌 '최종 목적'을 설득력 있게 설명했다. 예술의 자율성에서 핵심은 바로 '총체적' 인간의 '회복,' 역사적 세계와 시민사회에서 상실한 총체성의 '재획득'에 있다는 것이다. 이러한 목적은 예술이 그 자율성을 통해 진리에 대한 요구를 전하는 매개가 되었던 것과도 직접적으로 관련이 있다.

이처럼 예술에 중요한 의미가 부여되면서 예술작품의 창조자인 예술가, 비밀로 둘러싸인 천재적인 예술가에게만 모든 것을 맡길 수 없다고 생각하게 되었다. 이때부터 비평가, 이론가, 행정가, 검열관 등의 기관이 점점 증가하면서 예술의 자율성이 유지되는지 여부를 감시했다. 그들은 시민들이 자율적 예술을 '향유'함으로써 스스로를 형성해가는 것을 주목할 뿐 아니라, 더 중요하게는 예술적 본능이 그 숭고한 진실성과 총체성의 요구 속에 지엽적인 것에 빠지거나 정치, 종교, 도덕에 섞임으로써 불순해지지 않도록 돌봤다. 이렇게 위에서 언급한 모든 관계자가 같이 영향을 미침으로써 제도권 예술이 발생했고, 오늘날까지도 견고하게 존재하고 있다.

괴테와 실러에 의해 가장 먼저 공표되어, 그 이후 연극의 가장 대표적인 요청 사항이 된 관객의 형성 문제가 올바르게 되려면, 즉 연극이 관객의 인성 발전에 기여하려면, 우선 관객이 극장을 더 이상 사교적인 공간이 아니라 집중된 지각의 공간으로 받아들이도록 유도해야 한다. 이런 차원에서 19세기 전반기에 전국적으로 시행되었지만 결코 지켜지지 않은 극장법을 극장이 따라야 했고, 이 점에서 19세기 후반에 효과적인 방법이라 할 수 있는 객석의 소등이 이루어졌다. 그러나 이러한 노력에도 극장에는 경계선을 넘어서는 일이 자주 일어났다. 예컨대 오베르 Daniel François Esprit Auber가 브뤼셀에서 오페라 공연 「포르티치의 벙어리Die Stumme von Portici」를 진행하는 동안 소란이 일어났다고 보도되었다. 이 공연은 네덜란드에 대한 벨기에인의 독립심과 저항심을 불러일으켰고, 벨기에 국가의 성립에 영향을 끼쳤다. 이와 같은 큰 성과를 이루지 못했지만, 네스트로이가 속한 빈 민중극장 역시 같은 맥락에서 볼 수 있다. 네스트로이의 즉흥적 언어나 몸짓은 국가와 교회에 대한 모욕을 내포하고 있었고, 기존의 도덕적 기준마저도 공공연히 넘어섰다. 이 때문에 극장 경찰이 항상 대기하고 있다가 개입을 하거나 네스트로이에게 공연 중간에 벌금을 내도록 요구했다. 또한 필자가 다른 맥락에서 이미 언급한 하웁트만의 「해돋이」 첫 공연에서는, 어느 비평가에 따르면 극장 로비가 집회 장소로 돌변했다고 한다. 연극은 명백하게 교육적 기능에 따라 이상적으로 이행되지 않는다. 행위자로부터 관객에게 혹은 관객으로부터 다른 관객에게 퍼지는 자동 형성적 피드백 고리, 즉 '전염' 현상은 앞에서 언급한 모든 경우에 자율성이 주어진 진리와 교육에 대한 의무와 대립한다. 그리고 이것은 완전히 다른 종류의 생산과 수용 조건을 지닌 문학과 회화에 훨씬 더 일관되게 이행될 수 있었다.

20세기 초에 이루어진 전위예술 운동은 예술과 삶의 접근을 강조했고, 새로운 영향미학을 선포했다. 그들은 예술의 자율성이 주장하는 진실과 교육적 기능을 더 이상 믿을 수 없었고, 예술이 삶으로부터 완전히 분리되는 것을 예술의 죽음으로 이해했기 때문이다. 마르셀 뒤샹Marcel Duchamp은 자전거 바퀴, 포도주 병 선반, R. Mutt라고 서명된 변기를 박물관에 전시했다. '다다의 최고봉' 요하네스 바더Johannes Baader는 1918년 11월에 베를린 대성당에서 열린 오전 미사에서 궁정 성직자 드리얀더Dryander의 설교를 중지시켰으며, 1년 뒤 바이마르 의회 회의장에서 "녹색 시체Die grüne Leiche"라는 제목의 전단지를 뿌림으로써 회의를 방해했다. 거기에는 "우리는 바이마르를 폭파시킬 것이다. 베를린은 다다의 장소다"라고 적혀 있었다. 그 당시 그들은 1960년대 이후의 예술가들과 마찬가지로 예술적인 것과 비예술적인 것, 예술과 삶의 구분을 없애고자 했다. 하지만 이미 이 시점에 제도권 예술은 확고히 자리를 잡아 모든 제도권 예술과 예술의 자율성에 대한 공격은 빗나갔을 뿐 아니라 오히려 이러한 제도권 예술에 포섭되었다. 예술의 자율성이라는 소명 아래 바더나 40년 후의 헤르만 니치는 신성모독이라는 비난을 피할 수 있게 되었다.

예술의 자율성이 제도권 예술을 통해서 보장되는 한 수행성의 미학은 예술의 자율성에 대해 진지하게 문제의식을 제기할 수 없다. 이것을 무효화시키지 않는 한 말이다. 예술의 자율성이 예술을 모든 삶의 세계에서 떨어져 나와 있다는 것을 뜻한다면 1960년대 이후 많은 예술가는 실제로 이를 무효화시키기 시작했다. 그들은 예술을 경계선 넘기로 파악하고 작업했기 때문이다. 이미 확인했듯이 18세기 말 서구 사회에서 이루어진 예술과 비예술, 예술과 '현실,' 예술과 삶을 구분하던 경계가 이제는 점차 서로 넘나들게 되고 무너지고 백지화되었다. 연극 공연과 퍼포먼스아트만이 이러한 방향으로 나아간 것이 아니라, 다른 예술 공연, 특히 작품을 전시하기보다 오히려 공연하는 전시회 또한 그러했다. 이러한 예술의 가장 대표적인 사례는 그 유명한 도쿠멘타다. 기획자 카트리네 다비드Catherine David(도쿠멘타 제10회)와 오쿠이 엔조Okwui Enzor(도쿠멘타 제11회)는 이 도쿠멘타에서 재현하는 작품들은 "이 시대와 세계를 움직이고 변화시키는 현상에 대한 비평적인 이미지"[60]이며, 도쿠멘타는 "이론과 실제가 교차하는"[61] '플랫폼'으로 기능해야 한다고 말했다. '2002 세계 연극 축제'와 관련하여 쾰른의 루트비히 박물관에서 개최된 전시는 **나는 정치적임을 약속합니다. 예술에서의 수행성**'이라는 강령 같은 제목을 달았다. 이렇게 만들어진 전시 콘셉트에서 "연극, 예술, 세계라는 개념이 얼마나 모호해졌는지"[62]를 알 수 있다. 전시는 '새로운 형식의 상호성'을 야기하도록 설치되었다. 다시 말해 '관찰자와 사물 사이의 관계 형성이 아니라 관찰자와 공간'의 관계가 만들어졌고, "지각 과정에서 새로운 '우리'"가 탄생했다.[63] 이에 상응하게 여기서도 변환적 잠재력을 펼칠 수 있었다.

수행성의 미학은 경계를 벗어나는 예술을 목적으로 한다. 역사적으로 보면 18세기 말에 세워졌고, 그 후에도 고정불변하는 것으로 여겨졌

---

60) Catherine David, *Stand der Dinge*, Teil 1, Katalog Kunstwerke, Berlin 2000, o. S.

61) *Platform 1, Documenta XI: Democracy Unrealized*, Begleitheft, Kassel/Berlin 2001, o. S.

62) 마티아스 릴리엔탈Matthias Lilienthal이 쓴 카탈로그 서문. *I promise it's political. Performativität in der Kunst*, Köln, 2002, p. 5.

63) Irit Rogoff, "WIR. Kollektivitäten, Mutualitäten, Partizipationen," *I promise it's political*, Köln 2002(전시 카탈로그), pp. 52~60, p. 53.

고 극복하기 어려운 것처럼 보였던 경계선, 너무나 자연스러워서 마치 자연의 법칙처럼 여겨졌던 경계선—예술과 삶의 경계선, 고급문화와 대중문화의 경계선, 예술의 자율성 개념이 이질적인 서구 문화와 다른 문화 사이의 경계선—을 수행성의 미학은 넘어서고 이와 같은 경계의 개념을 다시 정의한다. 이제까지는 벽을 쌓고 분리하는 것, 원칙적인 구분이 예술을 규정하는 관점들로 중요시되었다면, 수행성의 미학은 넘어서기와 과도기의 측면을 강화한다. 경계는 서로 분리하는 것이 아니라 서로 연결되는 문지방이 된다. 연결할 수 없는 대립점들의 자리에 점진적인 차이가 대신 들어선다. 수행성의 미학은 지라르의 희생제의 이론이 말하는 것처럼 무조건적으로 폭력의 발발을 이끄는 탈구분의 프로젝트가 아니다. 오히려 이것은 융통성 없는 대립의 극복에 관한 것이고, 역동적인 차이로 이끄는 것이다. 우리는 이분법적으로 묶인 개념들을 따라 생각하는 데 익숙하다. 이분법적 개념쌍에 대해 세계를 탈마법화로 이끈 계몽주의 시대의 의식과 부응하며, 이를 통해 계몽 의식을 적절하게 기술할 수 있는 합리적인 접근 방식의 증거로 간주한다면, 이분법적 개념쌍을 와해시키고 '이것 아니면 저것' 대신에 '이것뿐 아니라 저것도'라는 논리를 따르는 수행성의 미학 프로젝트에 대해서는 18세기에 주어진 경계를, 넘나들 수 있는 문지방으로 만들고자 하는 세계의 재마법화에 대한 시도로 간주할 수 있다.

경계선뿐 아니라 문지방에도 특정한 위험이 잠재한다. 경계선을 침범하는 일은 자주 제한을 받아왔다. 경계선은 보호되고 감시되었으며 경계선 넘기가—예외적으로—가능한 경우에는 특정 규칙이나 법의 허가가 필요했다. 그리고 그 경계선을 허락 없이 넘어서려는 시도에 대해서는 처벌하고자 했다. 문지방 넘기에도 다양한 위험과 모험이 도사린다. 왜냐하면 문지방 너머에 무엇이 기다리는지, 어떠한 현상, 도전, 불안정성을 그곳에서 직면하게 될지 모르기 때문이다. 사람들이 문지방의 이편에 남겨둔 귀신들이 문지방의 저편에 잠복할 수 있다. 경계선과 문지방의 차이는 넘어서기의 위험성이라는 측면에서 규정되지 않는다. 그 차이는 오히려 내포된 의미, 그리고 연상의 개념으로 둘러싸인 정원庭園에 놓여 있다. 경계의 개념은 제외, 분리, 종착지 등의 의미를 더 많이 내포한다. 경계선에 도달한 사람은 더 이상 계속할 수 없고, 멈추며, 마지막에 이른다. 경계선은 분명한 차이를 표시한다. 경계선의 건너편에는 열망했던 것, 기다리며 소원했던 것, 자유, 낙원이 있거나 혐오, 두려움, 지옥이 있다. 법적인 경계를 넘어가려면 종종 복잡한 절차와 정당화 과정, 특정한 문서, 여권, 여행 허가증 등을 요구받는다. 불법적인 경계 넘기에는 위험하며 비밀스럽고 파괴적인 행위가 뒤따른다. 경계를 돌파하는 것에는 선동적, 혁명적, 영웅적 행위 혹은 외부의 적대적 공격과 습격이 따라온다.

문지방 개념에 내포된 의미는 완전히 다르다. 여기에는 금기의 낌새나 법에 의한 보호 같은 흔적이 없다. 경계가 넘어서기를 방어하는 반면, 문지방은 초대하는 듯하다. 하지만 사람들은 문지방 저편에서 무엇이 일어나는지를 알지 못하기 때문에, 어느 정도의 안전 대책과 보호 조치를 필요로 한다. 문지방은 종종 마력이 지배하는 재앙의 장소이기도 하다. 그 마력을 쫓아내려면, 그 재앙을 축복으로 변화시키려면 특별한 능력과 지식이 필요하다. 만약 문지방이 더럽혀졌다면, 그것은 경계선을 넘기 전에 정화되어야 한다. 모든 문지방과 연관된 장애 요소, 역경, 위험에도 불구하고, 문지방 통과는 올바른 방법으로 진행된다면 대부분 긍정적이다. 건강의 회복, 신들의 축복, 새로운 사회적 신분 혹은 값

비싼 물건의 소유나 대단한 능력, 비밀스러운 정보 등의 취득이 따라온다. 하지만 문지방을 넘어설 때 잘못된 방향으로 걷는다면, 그 문지방 넘기는 재앙으로 끝날 수 있다. 늪에 빠지거나 벼랑에서 떨어지고, 귀신이나 사나운 짐승에게 기습을 당하거나 광기에 몰리거나 죽음으로 몰리고, 칼에 찔리거나 물려 뜯기는 등 불운이 일어날 수 있다. 문지방은 고도의 양가성을 지닌다.

경계가 법과 연관된다면, 문지방은 마력과 연관된다. 경계가 다른 것을 배척하는 분계선으로 여겨진다면, 문지방은 모든 가능한 것이 발생하는 사이 공간으로 생각된다. 경계가 분리 작업을 진행하는 반면 문지방은 가능성, 권력, 그리고 변신의 장소를 드러낸다. 그러나 경계와 문지방의 구분이 지각의 문제임을 간과해서는 안 된다. 누군가에게는 넘을 수 없는 경계로 나타나는 것이 다른 이에게는 넘어섬으로 초대하는 문지방으로 지각된다. 또한 경계는 종종 넘어서기가 이루어질 때, 그러니까 문지방으로 사용될 때 처음으로 경험된다.

공연에서 창출되는 자동 형성적 피드백 고리는 무대와 객석, 행위자와 관객, 개인과 공동체, 예술과 삶 사이에 놓인 경계를 문지방으로 변화시킨다. 이미 우리가 살펴본 바와 같이 경계를 문지방으로 인식하게 하는 것은 특별한 연출 전략 덕분이다. 필자가 수행성의 미학이 경계를 넘어서는 예술을 목적으로 한다고 주장할 때, 이는 수행성의 미학이 경계를 문지방으로 변화시키는 것을 목표로 하며, 이로써 경계선 넘나들기의 예술, 문지방 통과의 예술을 목표로 한다는 의미다.

공연은 그 토대가 되는 문화인류학적 조건을 성찰하게 한다. 플레스너의 이론이 지적하는 것처럼, 인간은 자기 자신으로부터 거리를 두는 존재이기에 만약 인간이 다른 자신을 발견하려 한다면, 스스로 넘어서야 하는 문지방을 필요로 한다. 의식과 인식에 능한 생명체로서, 체현된 존재로서, 인간은 스스로 지속적으로 변하고, 문지방을 반복해서 넘어섬으로써 인간 자신이 될 수 있으며 스스로를 구성할 수 있다. 마치 공연이 인간에게 이것을 가능케 하고, 또 요구하는 것처럼 말이다. 이런 관점에서 단도직입적으로 말하자면, 공연은 삶 자체일 뿐 아니라, 삶의 모델로 볼 수 있다. 공연이 삶 자체라는 말은 공연이 참여자, 곧 행위자와 관객이 자신의 삶의 시간을 실제로 같이 보내고, 그들에게 새로운 것을 창출할 기회를 준다는 의미다. 삶의 모델은 공연이 이 과정을 특별한 집중과 관심 속에 이행하여, 결국 공연 참여자들의 관심이 공연 자체에 대한 관심으로 변하고, 그렇게 공연이 그들에게 지각되는 것을 말한다. 공연에서 현재 나타나고 사라지는 것은 우리의 삶이다.

이러한 표현은 테아트룸 비테 후만네theatrum vitae humanae[64]라는 오래된 은유를 떠오르게 한다. 이 말 속에는 연극이 인간 삶의 상징이며 모방이라는 뜻이 담겨져 있다. 공연은 인간의 삶처럼 현상적이고 사라진다. 따라서 공연은 이러한 특성에 대한 완전한 상징으로 나타날 수 있다. 공연은 이러한 방식으로 관객에게 삶의 무상함을 의식하게 한다. 그리고 그들을 현실적인 것에서 벗어나 신에 대한 믿음 속에 진리와 영원을 찾는 상태로 옮겨가게 한다. 테아트룸 비테 후만네의 은유는 기독교적인 세계상이라는 맥락에서 이해될 수 있다.

반대로 수행성의 미학은 환영이 아니라 인간과 사물의 드러남이며, 현상의 사라짐이 아니라 찰나성이다. 수행성의 미학은 인간적 삶의 표

---

64) (옮긴이) 테오도어 츠빙거Theodor Zwinger가 1565년에 쓴 세계 대백과사전의 제목이다. 여기서 연극을 뜻하는 라틴어 Theatrum이 메타포로서 제목에 쓰였다.

상과 모방으로서 공연을 드러내는 것이 아니라, 인간적 삶 그 자체이고 그 모델이다. 그것은 이 공연에서 존재하며 놀이하는 참여자 저마다의 삶이다. 말 그대로 현실이지 은유가 아니다. 예술은 공연보다 더 깊이 삶에 관여할 수 없고, 공연보다 더 가까이 삶에 접근할 수 없다.

　예술과 삶의 연결 속에서 이행되며, 수행성의 미학이 목표로 하는 세계의 재마법화는 17세기 종교적 세계관으로 후퇴하는 것으로 혹은 고대의 마법적인 관념으로 오해받을 수 있다. 왜냐하면 그러한 소망이 인간에게 힘이 되기도 했기 때문이다. 신에 의해 만들어져서 모든 것을 연결하는 비가시적 힘으로 이루어졌다고 여겨지고 세계 속에 내재한다고 생각되었던 마법은, 계몽 시기부터는 더 이상 불러올 수 없게 되었다. 또한 예술도 마법을 결코 다시 불러올 수 없고, 새로운 삶으로 일깨울 수 없다. 마법의 영원한 상실을 우리는 인정하고 나아가야 한다.

　그 대신 20세기 후반에 새로운 마법이 생겨났는데 매우 놀랍게도 이것은 '더 직접적인' 마법이다. 물론 이것을 계몽의 후예로 간주한다면 말이다. 이것은 바로 현대과학이다. 과학은 문화적, 기술적, 사회적 성장을 가능하게 했고, 계몽의 후예들을 자유롭게 했다. 현대과학은 점점 더 세계가 몸으로 느낄 수는 있지만 보거나 들을 수 없이 우리에게 영향을 끼치는 비가시적 힘으로 이뤄져 있다는 확신을 주었다. 자연과 사회에서 각각의 의도, 계획, 예측으로부터 벗어난 창발성이 나타난다. 모든 것은 모든 것과 연관되고, 나비의 날갯짓은 지구의 반대편에 회오리바람을 일으키거나 막을 수 있다. 사회는 — 무엇보다 지구화와 관련해서—계획한 변화가 불러올 수 있는 영향력에 대해 어떠한 믿을 만한 진술도 할 수 없지만, 그럼에도 행동해야 한다. '나'라는 존재는 프로이트의 의미에서 결코 자기 집의 주인이 아니다. 오히려 오늘날 뇌 연구의 선구자가 말하듯, 결정은 그것이 의식되기도 전에 오래전에 내려졌다. 그러니까 의식적인 의지와 지식을 벗어나는, 신비로운 힘이 인간 속에 존재한다는 것이다.

창발성에도, 인간과 자연에 나타나는 비가시적인 힘에도 마법의 힘은 없다. 이것은 오히려 더 이성적으로 설명된다. 하지만 이에 대한 처분권이 있는 것은 아니다. 계몽기 이전의 서구 사회에서 기도, 속죄, 품행의 변화 등을 통해 건강, 안녕, 추수를 보장하고, 전염병이나 우박, 전쟁을 피할 수 있다고 믿었던 것처럼, 이제 우리는 과학의 힘을 믿는다. 과학이 자주 그리고 거의 기도나 속죄와 비슷하게 충분치 않음이 증명되더라도 말이다. 유전자 연구나 뇌 연구와 같은 과학 발전이 이루어지면 이루어질수록, 또 그 결과가 극적일수록, 역설적으로 계몽이 성공시킨 환상―인간과 세계를 끝없이 완성해갈 수 있다는 환상―은 사라진다. 오늘날 카오스 이론과 미생물학과 같은 학문은 이런 의미에서 세계는 '마법'이며, 과학과 기술이 해낼 수 있는 것은 점점 더 적어지며, 마치 자동 형성적 피드백 고리가 공연에서 갑자기 일어나듯이 어찌 할 수 없는 상황이 벌어질 것―이것은 아마도 인간에게 유리할지도 모른다―이라는 인식을 항상 더 명료하게 드러냈다. 인간은 세계를 관통하여 작용하는 '보이지 않는 힘'이 인간에게 폭력을 행사하지 않도록 할 수 있다. 그리고 인간이 그 힘을 지배하고 규정하기를 시도한다면, 이와 동시에 인간은 그 보이지 않는 힘의 지배를 받고 그로부터 규정되어야만 한다.

이러한 인식은 물론 그 이전에 산발적으로 주장되기는 했지만 20세기 말에야 학문 영역에서 수용되고 자리 잡았다. 이러한 인식은 예술에서는 이미 1960년대 수행적 전환기부터 그 토대를 마련했다. 많은 학자들이 오랫동안 생각하지 못하거나 인정하려 하지 않은 것을, 그리고 오늘날 여전히 많은 학자들이 논쟁하는 점을, 예술가들은 수십 년 전부터 직관적으로 느꼈고 예술적인 행동으로 옮겼다. 그들의 행위, 퍼포먼스, 설치를 비롯한 다양한 공연은 신비하고 예측 불가능한 경험을 불러일으켰고 체험하게 했다. 이 두 그룹 모두 이 세계를 마법으로 경험하고 체험했다. 예술가들은 스스로를 변환 과정에 존재하며, 경계선을 넘는 존재로 인식했다.

수행성의 미학이 자기 지시성을 강조하고, 이해하려는 행위를 포기함으로써 세계의 재마법화를 경험하고 체험하게 했지만, 이를 계몽에 대한 저항적 경향으로 치부해서는 안 된다. 수행성의 미학은 계몽의 한계, 즉 이분법적 개념에 의존해 세계를 기술하고 지배하는 계몽의 한계를 드러냄으로써, 또한 인간을 체화된 정신으로 나타나게 함으로써 수행성의 미학 그 자체가 '새로운' 계몽임을 입증했다. 수행성의 미학은 모든 인간이 자기 자신 및 세계와 새로운 관계를 맺을 것을, '이것 아니면 저것'이 아니라 '이것뿐 아니라 저것도'에 의해 결정되는 새로운 관계를 맺을 것을 장려한다. 공연예술에서 그랬듯 이는 삶 속에서 수행되어야 한다.

참고문헌

Adorno, Theodor W., "Bürgerliche Oper," *Gesammelte Schriften*, Rolf Tiedemann, Gretel Adorno, Susan Buck-Morss & Klaus Schultz(eds.), Bd. 16, *Musikalische Schriften I-III*, Frankfurt a. M. 1978, pp. 24~39.

Akáts, Franz von, *Kunst der Scenik in ästhetischer und ökonomischer Hinsicht*, Wien 1841.

Albers, Irene, "Scheitern als Chance: Die Kunst des Krisenexperiments," Johannes Finke & Matthias Wulff, *Chance 2000. Die Dokumentation — Phänomen, Materialien, Chronologie*, Neuweiler 1998.

Altenburg, Detlef, "Das Phantom des Theaters. Zur Schauspielmusik im späten 18. und frühen 19. Jahrhundert," Hans-Peter Bayerdörfer(ed.), *Stimmen — Klänge — Töne. Synergien im szenischen Spiel(=Forum Modernes Theater 30)*, Tübingen 2002, pp. 183~208.

─────. "Von den Schubladen der Wissenschaft. Zur Schauspielmusik im klassisch-romantischen Zeitalter," Helen Geyer, Michael Berg & Matthias Tischer(eds.), *Denn in jenen Tränen lebt es. Festschrift Wolfgang Marggraf,* Weimar 1999, pp. 425~49.

─────. "Schauspielmusik," *Die Musik in Geschichte und Gegenwart,* 제 2판, Ludwig Finscher(ed.), Sachteil, Bd. 8, Kassel 외, 1998, pp. 1046~49.

Allgemeines Theater-Lexicon oder Encyclopädie alles Wissenswerthen für Bühnenkünstler, Dilettanten und Theaterfreunde. K. Herloßsohn, H. Marggraff 외(eds.), 3. Bd., 개정판, Altenburg/Leipzig 1846, Eintrag: "Inscenesetzen."

Ancelet-Hustache, Jeanne, "Les 'Vitae sororum' d'Unterlinden. Edition critique du manuscrit 508 de la bibliothèque de Colmar," *Archives d'histoire doctrinale et littéraire du Moyen Âge,* 1930, pp. 317~509.

Artaud, Antonin, *Die Tarahumaras. Revolutionäre Botschaften,* München 1975.

─────. *Das Theater und sein Double,* Frankfurt a. M. 1979.

Auslander, Philip, *Liveness—Performance in a mediatized culture,* London/New York 1999.

Austin, John L., "Performative Äußerungen," Joachim Schulte(ed. & trans.), *Gesammelte philosophische Aufsätze,* Stuttgart 1986, pp. 305~27.

─────. *Zur Theorie der Sprechakte*(How to do things with Words), Stuttgart 1979.

Baier, Gerold, *Rhythmus. Tanz in Körper und Gehirn,* Reinbek bei Hamburg 2001.

Bansat-Boudon, Lynde, *Poétique du théâtre indien: Lecture du*

Natyashastra, Paris 1992.

Barba, Eugenio, *Jenseits der schwimmenden Inseln. Reflexionen mit dem Odin Teatret. Theorie und Praxis des Freien Theaters*, Mit einem Postskript von Ferdinando Taviani, Reinbek bei Hamburg 1985.

————— & Nicola Savarese(eds.), *A Dictionary of Theatre Anthropology. The Secret Art of the Performer*, London/New York 1991, Einträge: "Energy," pp. 74~94, "Pre-expressivity," pp. 186~204.

Bateson, Gregory, "Eine Theorie des Spiels und der Phantasie"(1955), *Ökologie des Geistes. Anthropologische, psychologische, biologische und epistemologische Perspektiven*, Frankfurt a. M. 1985, pp. 241~61.

Baxmann, Inge, *Die Feste der Französischen Revolution*, Weinheim/ Basel 1989.

Beck, Julian, *The Life of the Theatre*, San Francisco 1972.

————— & Julia Malina, *Paradise Now*, New York 1971.

Becker, Peter von, "Die Sehnsucht nach dem Vollkommenen. Über Peter Stein, den Regisseur und sein Stück Theatergeschichte —zum sechzigsten Geburtstag," *Der Tagesspiegel*, Nr. 16, 1. Oktober 1997.

Belfiore, Elizabeth S., *Tragic Pleasures. Aristotle on Plot and Emotion*, Princeton 1992.

Bertaud, Émile, *Dictionnaire de spiritualité 3*, Paris 1957, Eintrag: "Discipline."

Benjamin, Walter, *Das Kunstwerk im Zeitalter seiner technischen Reproduzierbarkeit*, Frankfurt a. M. 1963.

—————, *Ursprung des deutschen Trauerspiels*, Rolf Tiedemann(ed.), Frankfurt a. M. 1972.

Biccari, Gaetano, *"Zuflucht des Geistes?" Konservativ-revolutionäre*, *faschistische und nationalistische Theaterdiskurse in Deutschland und Italien, 1900~1944*, Tübingen 2001.

Boenisch, Peter, "ElectrONic Bodies. Corpo-Realities in Contemporary Dance"(미출간된 독일어판).

Böhme, Gernot, *Atmosphäre. Essays zur neuen Ästhetik*, Frankfurt a. M. 1995.

Bormann, Hans-Friedrich & Gabriele Brandstetter, "An der Schwelle. Performance als Forschungslabor," Hanne Seitz(ed.), *Schreiben auf Wasser. Performative Verfahren in Kunst, Wissenschaft und Bildung*, Bonn 1999, pp. 45~55.

Brecht, Bertolt, *Der gute Mensch von Sezuan, Gesammelte Werke*, Frankfurt a. M. 1967, Bd. 2, pp. 1478~1607.

Brosda, Carsten & Christian Schicha, "Politikvermittlung als Event Marketing," Erika Fischer-Lichte 외(eds.), *Performativität und Ereignis*(=*Theatralität*, Bd. 4), Tübingen/Basel 2003, pp. 319~38.

Brüstle, Christa, "Performance/Performativität in der neuen Musik," Erika Fischer-Lichte & Christoph Wulf(eds.), *Theorien des Performativen*(=*Paragrana*, Bd. 10, H. 1), Berlin 2001, pp. 271~83.

Burden, Chris, *Beyond the Limits/Jenseits der Grenzen*, P. Noever(ed.), Wien 1996(오스트리아 응용미술관 전시 카탈로그).

———, *Chris Burden. A Twenty Years Survey*, New Port Beach 1988(뉴포트 하버 미술관 전시 카탈로그).

——— & Jan Butterfield, "Through the Night Softly," Gregory Battock & Robert Nikkas(eds.), *The Art of Performance. A Critical Anthology*, New York 1982, pp. 222~39.

Butler, Judith, *Gender Trouble*, New York 1990.

———, "Performative Acts and Gender Constitution: An Essay in

Phenomenology and Feminist Theory," Sue-Ellen Case(ed.),
   Performing Feminism. Feminist Critical Theory and Theatre,
   Baltimore/London 1990, pp. 270~82.

Carlson, Marvin, *Performance. A critical introduction,* London/New
   York 1996.

Carter, Huntly, *The Theatre of Max Reinhardt,* New York 1914.

Ciompi, Luc, *Die emotionalen Grundlagen des Denkens. Entwurf einer
   fraktalen Affektlogik,* Göttingen, 제2판, 1999.

Craig, Edward Gordon, "Der Schauspieler und die Über-Marionette,"
   Über die kunst des theaters, Berlin 1969, pp. 51~73.

─────, *Über die kunst des theaters,* Berlin 1969.

Csórdas, Thomas J.(ed.), *Embodiment and Experience. The existential
   ground of culture and self,* Cambridge 1994.

─────, "Somatic Modes of Attention," *Cultural Anthropology* 8, 1993, pp.
   135~56.

Damasio, Antonio R., *Ich fühle, also bin ich. Die Entschlüsselung des
   Bewußtseins,* München 2000.

Danto, Arthur, *Die Verklärung des Gewöhnlichen. Eine Philosophie der
   Kunst,* Frankfurt a. M. 1989.

David, Catherine, *Stand der Dinge,* Teil 1, Katalog Kunstwerke, Berlin
   2000.

Deleuze, Gilles & Félix Guattari, *Was ist Philosophie?,* Bernd Schwibs &
   Joseph Vogl(trans.), Frankfurt a. M. 1996.

Derrida, Jacques, "Restitutionen," *Die Wahrheit in der Malerei,* Wien
   1992, pp. 301~442.

Dictionnaire historique de la langue française, Bd. 2, Paris 1994,
   Eintrag: "mise en scène."

Diderot, Denis, "Brief über die Taubstummen," F. Bassenge(ed.),

Ästhetische Schriften, 2 Bde., Frankfurt a. M. 1968, Bd. 1, pp. 27~97.

Doble, Frank J., *The Voice of the Coyote*, Boston 1949.

Dobson, Michael, "A Dog at all Things. The Transformation of the Onstage Canine, 1550~1850," Alan Read(ed.), *Performance Research. On Animals*, vol. 5, no. 2, London 2000, pp. 116~24.

van Dülmen, Richard, *Theater des Schreckens. Gerichtspraxis und Strafrituale der frühen Neuzeit*, München 1988.

Durkheim, Emile, *Über soziale Arbeitsteilung. Studie über die Organisation höherer Gesellschaften*(1893, 제2판: 1903), Frankfurt a. M. 1988.

Eisenstein, Sergei M., "Montage der Attraktionen," Hans-Joachim Schlegel(ed.), *Schriften*, Bd. 1, München 1974, pp. 216~21.

Elias, Norbert, *Über den Prozeß der Zivilisation. Soziogenetische und psychogenetische Untersuchungen*, 2 Bde., Frankfurt a. M. 1976.

Engel, Johann Jakob, *Ideen zu einer Mimik*(1785/6), *Schriften*, Bd. 7/8, Berlin 1804.

Felman, Shoshana, *The Literary Speech Act. Don Juan with J. L. Austin or Seduction in Two Languages*, Ithaca/New York 1983.

Fischer-Lichte, Erika, "Grenzgänge und Tauschhandel. Auf dem Wege zu einer performativen Kultur," Uwe Wirth(ed.), *Performanz. Zwischen Sprachphilosophie und Kulturwissenschaften*, Frankfurt a. M. 2002, pp. 277~300.

———, "Die Allegorie als Paradigma einer Ästhetik der Avantgarde. Eine semiotische *re-lecture* von Walter Benjamins *Ursprung des deutschen Trauerspiels*," *Ästhetische Erfahrung. Das Semiotische und das Performative*, Tübingen/Basel 2001, pp. 121~37.

———, "*Rite de passage* im Spiel der Blicke," Kerstin Gernig(ed.), *Fremde*

Körper. Zur Konstruktion des Anderen im europäischen Diskurs,
Berlin 2001, pp. 297~315.

——, "Der Körper als Zeichen und als Erfahrung," *Theater im Prozeß
der Zivilisation*, Tübingen/Basel 2000, pp. 67~80.

——, "Verwandlung als ästhetische Kategorie. Zur Entwicklung einer
neuen Ästhetik des Performativen," Erika Fischer-Lichte 외(eds.),
Theater seit den sechziger Jahren, Tübingen/Basel 1998, pp.
21~91.

——, *Semiotik des Theaters*, Bd. 2, *Vom "künstlichen" zum "natürlichen"
Zeichen. Theater des Barock und der Aufklärung*, Tübingen 1983,
제3판: 1995.

——, *Semiotik des Theaters*, Bd. 3, *Die Aufführung als Text*, Tübingen
1983, 제4판: 1999.

——(ed.), *Das Drama und seine Inszenierung*, Tübingen 1983.

——, *Bedeutung —Probleme einer semiotischen Hermeneutik und
Ästhetik*, München 1979.

Flemming, Willi, *Barockdrama*, Bd. 3, *Das Schauspiel der
Wanderbühne*, 제2판, Hildesheim 1965.

Fontius, Martin, "Einfühlung/Empathie/Identifikation," Karlheinz
Barck(ed.), *Ästhetische Grundbegriffe*, Bd. 2, Stuttgart 2001, pp.
121~42.

Frank, Georg, *Ökonomie der Aufmerksamkeit*, München 1998.

Französisches etymologisches Wörterbuch, Basel 1964, Bd. 11, Eintrag:
"mise en scène."

Fried, Michael, "Art and Objecthood," Gregory Battock(ed.), *Minimal
Art*, New York 1969, pp. 116~47.

Fuchs, Georg, *Die Revolution des Theaters. Ergebnisse aus dem
Münchener Künstlertheater*, München/Leipzig 1909.

————, *Der Tanz*, Stuttgart 1906.

Furlong, William, *Audio Arts*, Leipzig 1992.

Fusco, Coco, "The Other History of Cultural Performance," *The Drama Review* 38, 1, Spring 1994, pp. 145~67.

Gallese, Vittorio & Alvin Goldman, "Mirror neurons and the simulation theory of mind-reading," *Trends in Cognitive Sciences*, vol. 2, no. 12, Dec. 1998, pp. 493~501.

Gebauer, Gunter, *Sport in der Gesellschaft des Spektakels*, Sankt Augustin 2002.

Gerow, Edwin, "Rasa as a category. What are the limits of its applications?," Rachel van Baumer & James Brandon(eds.), *Sanskrit Drama in Performance*, Honolulu 1981, pp. 226~57.

"Gespräch über Reinhardt mit Hugo von Hofmannsthal, Alfred Roller und Bruno Walter(1910)," Max Reinhardt, *Schriften. Briefe, Reden, Aufsätze, Interviews, Gespräche und Auszüge aus den Regiebüchern*, Hugo Fetting(ed.), Berlin 1974, pp. 380~84.

Girard, René, *Das Heilige und die Gewalt*(1972), Frankfurt a. M. 1992.

Goffman, Erving, *Rahmen-Analyse. Ein Versuch über die Organisation von Alltagserfahrungen*, Frankfurt a. M. 1977.

Goethe, Johann Wolfgang von, "Regeln für Schauspieler," *Sämtliche Werke in 18 Bänden*, Bd. 14, *Schriften zur Literatur*, Zürich 1977, pp. 72~90.

Gollomb, Joseph, "Sumurun," *New York City Call*, 4. Februar 1912.

Grimm, Jakob & Wilhelm Grimm(eds.), *Deutsches Wörterbuch*, München 1984, Bd. 25.

Gronau, Barbara, *Zur ästhetischen Erfahrung bei Joseph Beuys*, MA-Arbeit FU Berlin 2002.

————, "Zeitfluß und Spur—Kunstbeschreibung in der

Theaterwissenschaft zwischen Erinnerung und Imagination," Haiko Wandhoff(ed.), *Ekphrasis. Kunstbeschreibung und virtuelle Räume im medialen Wandel*, Berlin 2004.

Grotowski, Jerzy, *Für ein armes Theater*, Zürich 1986.

Hall, Edith(ed.), *Dionysus since 69: Greek Tragedy and the Public Imagination at the End of the Second Millenium*, Oxford 2003.

Helbling, Hanno, *Rhythmus. Ein Versuch*, Frankfurt a. M. 1999.

Herrmann, Max, "Das theatralische Raumerlebnis," *Bericht vom 4. Kongreß für Ästhetik und Allgemeine Kunstwissenschaft*, Berlin 1930.

―――, "Über die Aufgaben eines theaterwissenschaftlichen Instituts," (27. Juni 1920), Helmar Klier(ed.), *Theaterwissenschaft im deutschsprachigen Raum*, Darmstadt 1981, pp. 15~24.

―――, "Bühne und Drama," *Vossische Zeitung*, 30. Juli 1918 ―Antwort an Prof. Dr. Klaar.

―――, *Forschungen zur deutschen Theatergeschichte des Mittelalters und der Renaissance*, Berlin 1914. Teil II.

Hoessly, Fortunat, *Katharsis. Reinigung als Heilverfahren. Studien zum Ritual der archaischen und klassischen Zeit*, Göttingen 2001.

Home, Henry, *Grundsätze der Kritik*, Bd. 1, Leipzig 1772.

Horn, Christian, *Der aufgeführte Staat. Zur Theatralität höfischer Repräsentation unter Kurfürst Johann Georg II. von Sachsen*, Tübingen/Basel 2004.

―――, Sandra Umathum & Matthias Warstat, "Auswählen und Versäumen. Wahrnehmungsmodi zwischen Fernsehen und Theater," Erika Fischer-Lichte, Christian Horn, Sandra Umathum & Matthias Warstat(eds.), *Wahrnehmung und Medialität*(=*Theatralität*, Bd. 3), Tübingen/Basel 2001, pp.

143~58.

Hymes, Dell, "Breakthrough into Performance," Dan Ben-Amos & Kenneth S. Goldstein(eds.), *Folklore: Performance and Communication*, The Hague 1975, pp. 11~74.

Iser, Wolfgang, "Akte des Fingierens oder Was ist das Fiktive im fiktionalen Text?," Dieter Henrich & Wolfgang Iser(eds.), *Funktionen des Fiktiven*, München 1983, pp. 121~51.

——, *Das Fiktive und das Imaginäre. Perspektiven einer literarischen Anthropologie*, Frankfurt a. M. 1991.

Ivanov, Vjacheslav Vsevolodovich, *Einführung in die allgemeine Problematik der Semiotik*, Tübingen 1985.

Jacobsohn, Siegfried, *Das Jahr der Bühne*, Bd. 1, Berlin 1912.

——, *Die Schaubühne* 46, 17. November 1910.

Jaron, Norbert 외(eds.), *Berliner-Theater der Jahrhundertwende. Bühnengeschichte der Reichshauptstadt im Spiegel der Kritik(1889~1914)*, Tübingen 1986.

Johnson, Mark & George Lakoff, *Metaphors We Live By*, Chicago/London 1980.

Johnson, Mark, *The Body in the Mind. The Bodily Basis of Meaning, Imagination, and Reason*, Chicago/London 1992.

Kant, Immanuel, *Werke in zehn Bänden*, Bd. 8: *Kritik der Urteilskraft*, Wilhelm Weischedel(ed.), Darmstadt 1975.

Kappelhoff, Hermann, *Matrix der Gefühle. Das Kino, das Melodrama und das Theater der Empfindsamkeit*, Habil.-Schrift, FU Berlin 2002.

Kippenberg, Hans G., *Die Entdeckung der Religionsgeschichte, Religionswissenschaft und Moderne*, München 1997.

Klaar, Alfred, "Bühne und Drama. Zum Programm der deutschen

dramatischen Gesellschaft von Prof. Max Herrmann," *Vossische Zeitung*, 18. Juli 1918.

Kolesch, Doris, "Der magische Atem des Theaters. Ritual und Revolte bei Antonin Artaud," Franz Norbert Mennemeier & Erika Fischer-Lichte(eds.), *Drama und Theater der europäischen Avantgarde*, Tübingen/Basel 1994, pp. 231~54.

――, "'Listen to the radio': Artauds Radio-Stimme(n)," *FORUM MODERNES THEATER*, Bd. 14, H. 2, 1999, pp. 115~43.

Köpping, Klaus-Peter, "Fest," *Der Mensch. Handbuch Historische Anthropologie*, Christoph Wulf(ed.), Weinheim/Basel 1997, pp. 1048~65.

Kostelanetz, Richard, *Cage im Gespräch*, Köln 1989.

Krämer, Sybille & Marco Stahlhut, "Das 'Performativ' als Thema der Sprach- und Kulturphilosophie," Erika Fischer-Lichte & Christoph Wulf(eds.), *Theorien des Performativen* (=*Paragrana*, Bd. 10, H. 1), Berlin 2001, pp. 35~64.

Kramer, Mario, *Joseph Beuys 'Das Kapital Raum 1970~1977*,' Heidelberg 1992.

Kreuder, Friedemann, *Formen des Erinnerns im Theater Klaus Michael Grübers*, Berlin 2002.

Küchenhoff, Joachim, "Das Fest und die Grenzen des Ich ―Begrenzung und Entgrenzung im 'vom Gesetz gebotenen Exzeß'," Walter Haug & Rainer Warning(eds.), *Poetik und Hermeneutik XIV*, München 1989, pp. 99~119.

Lakoff, George, *Woman, Fire and Dangerous Things ―What Categories Reveal about the Mind*, Chicago/London 1987.

Lang, P. Franciscus, *Abhandlung über die Schauspielkunst*, Alexander Rudin(ed. & trans.), München 1975.

Largier, Niklaus, *Lob der peitsche. Eine Kulturgeschichte der Erregung*, München 2001.

Lazarowicz, Klaus & Christopher Balme(eds.), *Texte zur Theorie des Theaters*, Stuttgart 1991.

Lehmann, Hans-Thies, "Die Gegenwart des Theaters," Erika Fischer-Lichte, Doris Kolesch & Christel Weiler(eds.), *TRANSFORMATIONEN. Theater der neunziger Jahre*, Berlin 1999, pp. 13~26.

———, *Postdramatisches Theater*, Frankfurt a. M. 1999.

Lessing, Gotthold Ephraim, Brief an Nicolai von November 1756, Herbert G. Göpfert(ed.), *Werke*, 8 Bde., München 1970~79, Bd. 4.

Lewald, August, "In die Szene setzen," Klaus Lazarowicz & Christopher Balme(eds.), *Texte zur Theorie des Theaters*, Stuttgart 1991, pp. 306~11.

Lipp, Wolfgang, "Feste heute: Animation, Partizipation und Happening," *Drama Kultur*, Berlin 1994, pp. 523~47.

Lorenzer, Alfred, *Kritik des psychoanalytischen Symbolbegriffs*, Frankfurt a. M. 1970.

———, *Zur Begründung einer materialistischen Sozialisationstheorie*, Frankfurt a. M. 1972.

Luckert, Karl W., *Coyoteway. A Navajo Holyway Healing Ceremonial*, Tucson/Flagstaff 1979.

Marinetti, Filippo Tommaso, "Das Varietétheater," Umbro Apollonio(ed.), *Der Futurismus. Manifeste und Dokumente einer künstlerischen Revolution. 1909~1918*, Köln 1972, pp. 170~77.

Masson, Jeffrey & M. V. Patwardhan, *Aesthetic rapture —The Rasadhya of Natyasastra*, Poona 1970.

Maturana, Humberto R. & Francisco J. Varela, *Der Baum der Erkenntnis*.

Die biologische Wende des menschlichen Erkennens, Bern/
München 1987, 제2판, Bern/München/Wien 1989.

McKenzie, Jon, *Perform — or else. From discipline to performance*,
London/New York 2001.

Menke, Christoph, *Die Souveränität der Kunst*, Frankfurt a. M. 1988.

Merleau-Ponty, Maurice, *Das Sichtbare und das Unsichtbare*, München,
제2판, 1994.

Mersch, Dieter, *Aura und Ereignis*, Frankfurt a. M. 2002.

Meyer, Petra Maria, "Als das Theater aus dem Rahmen fiel," Erika Fischer-
Lichte 외(eds.), *Theater seit den sechziger Jahren*, Tübingen/Basel
1998, pp. 135~95.

Meyer, Thomas & Martina Kampmann, *Politik als Theater. Die neue
Macht der Darstellungskunst*, Berlin 1998.

Meyerhold, Vsevolod E., "Der Schauspieler der Zukunft und die
Biomechanik," *Vsevolod Meyerhold. Theaterarbeit 1917~1930*,
Rosemarie Tietze(ed.), München 1974, pp. 72~76.

———, "Rezension des Buches 'Aufzeichnungen eines Regisseurs' von A.
Ja. Tairov(1921/1922)," Rosemarie Tietze(ed.), *Vsevolod Meyerhold.
Theaterarbeit 1917~1930*, München 1974, pp. 63~72.

———, "Zur Geschichte und Technik des Theaters," *Schriften*, 2 Bde.,
Berlin 1979, Bd. 1.

Michaelis, Rolf, "Die Geburt des Rechtsstaates im Regen," *DIE ZEIT* 35,
1980. 10. 24.

Münkler, Herfried, "Die Theatralisierung der Politik," Josef Früchtl & Jörg
Zimmermann(eds.), *Ästhetik der Inszenierung*, Frankfurt a. M.
2001, pp. 144~63.

Münz, Rudolf, "'Theater — eine Leistung des Publikums und seiner
Diener.' Zu Max Herrmanns Vorstellungen von Theater," Erika

Fischer-Lichte 외(eds.), *Berliner Theater im 20. Jahrhundert*, Berlin 1998, pp. 43~52.

Nicole, Pierre, *Traité de la comédie et autres pièces d'un procès du théâtre*, Laurent Thirouin(ed.), Paris 1998.

Nietzsche, Friedrich, *Die Geburt der Tragödie aus dem Geiste der Musik*, in: *Sämtliche Werke*, Kritische Studienausgabe in 15 Bänden, Giorgio Colli & Mazzino Montinari(eds.), München 1988, Bd. 1, pp. 9~156.

Nitsch, Hermann, *Das Orgien —Mysterien —Theater. Die Partituren aller aufgeführten Aktionen 1960~1979*, Neapel/München/Wien 1979, Bd. 1.

Pfotenhauer, Helmut, *Kunst als Physiologie. Nietzsches ästhetische Theorie und literarische Produktion*, Stuttgart 1985.

Phelan, Peggy, *Unmarked: The Politics of Performance*, London/New York 1993.

Piscator, Erwin, *Zeittheater. "Das Politische Theater" und weitere Schriften von 1915 bis 1966*, Reinbek bei Hamburg 1986.

Plattform 1, Documenta 11: Democracy Unrealized, Begleitheft, Kassel/Berlin 2001.

Plessner, Helmuth, "Lachen und Weinen," Günter Dux(ed.), *Philosophische Anthropologie*, Frankfurt a. M. 1970, pp. 11~171.

———, "Zur Anthropologie des Schauspielers," Günter Dux, Odo Marquard & Elisabeth Ströker(eds.), *Gesammelte Schriften*, Frankfurt a. M. 1982, pp. 399~418.

Pluchart, François, "Risk as Practice of Thought," G. Battock & R. Nickas(eds.), *The Art of Performance. A Critical Anthology*, New York 1982, pp. 125~34.

Poizat, Michel, *The Angel's Cry. Beyond the pleasure principle in Opera*,

Arthur Denner(trans.), Ithaca/London 1992.

Prantl, Heribert, "Wir denken zu sehr in PR-Kategorien," *Sage & Schreibe* 9/1998, pp. 44~45(Interview mit R. Schatz).

Rao, Ursula & Klaus-Peter Köpping, "Die 'performative Wende': Leben —Ritual —Theater," Klaus-Peter Köpping & Ursula Rao(eds.), *Im Rausch des Rituals. Gestaltung und Transformation der Wirklichkeit in körperlicher Performanz,* Münster/Hamburg/London 2000, pp. 1~31.

Rapp, Uri, *Handeln und Zuschauen. Untersuchungen über den theatersoziologischen Aspekt in der menschlichen Interaktion,* Darmstadt/Neuwied 1973.

Reichard, August Ottokar(ed.), *Theater-Kalender auf das Jahr 1781,* Gotha 1781.

Rischbieter, Henning, "*EXPERIMENTA.* Theater und Publikum neu definiert," *Theater heute* 6, Juli 1966, pp. 8~17.

Risi, Clemens, "Die bewegende Sängerin. Zu stimmlichen und körperlichen Austauschprozessen in Opernaufführungen," Christa Brüstle & Albrecht Riethmüller(eds.), *Klang und Bewegung. Beiträge zu einer Grundkonstellation,* Aachen 2004.

――――, "Rhythmen der Aufführung. Kollidierende Rhythmen bei Steve Reich und Heiner Goebbels," Erika Fischer-Lichte, Clemens Risi & Jens Roselt(eds.), *Kunst der Aufführung —Aufführung der Kunst,* Berlin 2004.

Rogoff, Irit, "WIR. Kollektivitäten, Mutualitäten, Partizipationen," *I promise it's political. Performativität in der Kunst,* Köln 2002(전시 카탈로그), pp. 53~60.

Roselt, Jens, "*Big Brother —*Zur Theatralität eines Medienereignisses," Matthias Lilienthal & Claus Philipp(eds.), *Schlingensiefs*

AUSLÄNDER RAUS, Frankfurt a. M. 2000, pp. 70~78.

————, "Wo die Gefühle wohnen —zur Performativität von Räumen," Hajo Kurzenberger & Annemarie Matzke(eds.), *TheorieTheaterPraxis*, Berlin 2004.

Roth, Gerhard, *Fühlen, Denken, Handeln. Wie das Gehirn unser Verhalten steuert*, Frankfurt a. M. 2001.

Rosenthal, Rachel, "Performance and the Masochist Tradition," *High Performance*, Winter 1981/82.

Rousseau, Jean-Jacques, "Brief an Herrn d'Alembert über seinen Artikel 'Genf' im VII. Band der Encyclopädie und insbesondere über seinen Plan, ein Schauspielhaus in dieser Stadt zu errichten," Henning Ritter(ed.), *Schriften*, Bd. 1, München/Wien 1978, pp. 333~474.

Rühle, Günther, *Theater für die Republik*, 2 Bde., Frankfurt a. M. 1988, Bd. 2, 1926~1933.

Sainte Albine, Rémond de, "Auszug aus dem Schauspieler des Herrn Remond von Sainte Albine," Robert Boxberger(ed.), *Lessings Werke*, Berlin/Stuttgart 1883~1890, V.Teil: *Theatralische Bibliothek*, I.Teil, 1. Stück 1754, pp. 128~59.

Schacter, Daniel L., *Wir sind Erinnerung. Gedächtnis und Persönlichkeit*, Reinbek bei Hamburg 1999.

Schechner, Richard, *Dionysus in 69*, New York 1970.

————, *Environmental Theater*, New York 1973.

————, "Rasaesthetics," *TDR*, vol. 45, no. 3(T171), Fall 2001, pp. 27~50.

Scheibe, Johann Adolph, *Der Critische Musicus*, Leipzig 1745.

Schiller, Friedrich, "Was kann eine gute stehende Schaubühne eigentlich wirken?"(1784), *Schillers Werke*, Nationalausgabe, Bd. 20, Weimar 1962, pp. 87~100.

———, "Briefe über die ästhetische Erziehung des Menschen," *Schillers Werke*, Nationalausgabe, Bd. 20, Weimar 1962, pp. 309~412.

Schleef, Einar, *Droge Faust Parsifal*, Frankfurt a. M. 1997.

Schlösser, Rainer, "Vom kommenden Volksschauspiel," *Das Volk und seine Bühne*, Berlin 1935.

Schmidt, Friedrich Ludwig, *Denkwürdigkeiten des Schauspielers, Schauspieldichters und Schauspieldirectors Friedrich Ludwig Schmidt(1772~1841)*, Hermann Uhde(ed.), 2 Bde., Stuttgart 1878, Bd. 2.

Schmitz, Hermann, *System der Philosophie*, II, 1: *Der Leib*, Bonn 1965.

Schmitz-Emans, Monika, "Labyrinthbücher als Spielanleitungen," Erika Fischer-Lichte & Gertrud Lehnert(eds.), *[(v)er]SPIEL[en] Felder — Figuren —Regeln(=Paragrana*, Bd. 11, H. 1), Berlin 2002, pp. 179~207.

Schneede, Uwe M., *Joseph Beuys —Die Aktionen. Kommentiertes Werkverzeichnis mit fotografischer Dokumentation*, Ostfildern-Ruit bei Stuttgart 1994.

Schreyer, Lothar, "Das Bühnenkunstwerk," *Der Sturm* 7, 5, August 1916, pp. 50 이하.

Seel, Martin, *Ästhetik des Erscheinens*, München 2000.

———, "Inszenieren als Erscheinenlassen. Thesen über die Reichweite eines Begriffs," Josef Früchtl & Jörg Zimmermann(eds.), *Ästhetik der Inszenierung*, Frankfurt a. M. 2001, pp. 48~62.

Seitter, Walter, "Aufmerksamkeitskorrelate auf der Ebene der Erscheinungen," Aleida Assmann & Jan Assmann(eds.), *Aufmerksamkeiten. Archäologie der literarischen Kommunikation*, München 2002.

Shusterman, Richard, "Tatort: Kunst als Dramatisieren," Josef früchtl &

Jörg Zimmermann(eds.), *Ästhetik der Inszenierung*, Frankfurt a. M. 2001, pp. 126~43.

Simmel, Georg, "Zur Philosophie des Schauspielers," *Das individuelle Gesetz. Philosophische Exkurse*, Frankfurt a. M. 1968, pp. 75~95.

──, *Soziologie. Untersuchungen über die Form der Vergesellschaftung*, 제2판, München/Leipzig 1922.

Singer, Milton, *Traditional India ─ Structure and Change*, Philadelphia 1959.

Smith, William Robertson, *Lectures on the Religion of the Semites*, First Series: *The Fundamental Institutions*(Burnett Lectures 1888/89), London 1889, 제2판: 1894, 독일어판: *Die Religion der Semiten*(1899), Nachdruck Darmstadt 1967.

Soeffner, Hans Georg & Dirk Tänzler(eds.), *Figurative Politik. Zur Performanz der Macht in der modernen Gesellschaft*, Opladen 2002.

Stadler, Michael & Peter Kruse, "Visuelles Gedächtnis für Formen und das Problem der Bedeutungszuweisung in kognitiven Systemen," Siegfried J. Schmidt(ed.), *Gedächtnis. Probleme und Perspektiven der interdisziplinären Gedächtnisforschung*, Frankfurt a. M. 1991, pp. 250~66.

──, "Zur Emergenz psychischer Qualitäten. Das psychophysische Problem im Lichte der Selbstorganisationstheorie," Wolfgang Krohn & Günter Küppers(eds.), *Emergenz: Die Entstehung von Ordnung, Organisation und Bedeutung*, Frankfurt a. M. 1992, pp. 134~60.

Steinweg, Reiner, "Ein 'Theater der Zukunft.' Über die Arbeit von Angelus Novus am Beispiel von Brecht und Homer," *Falter*, 23, 1986.

Stephan, Achim, *Emergenz. Von der Unvorhersagbarkeit zur Selbstorganisation*, Dresden/München 1999.

――――, "Emergenz in kognitionsfähigen Systemen," Michael Pauen & Gerhard Roth(eds.), *Neurowissenschaften und Philosophie*, München 2001, pp. 123~54.

Stoss, Toni(ed.), *Marina Abramović Artist Body, Performances 1969~1997*, Mailand 1998.

Soussa, Ronald de, *Die Rationalität des Gefühls*, Frankfurt a. M. 1997.

Sulzer, Johann Georg, *Allgemeine Theorie der schönen Künste*, Bd. 4, 제2판, Leipzig 1794.

Tisdall, Caroline, *Joseph Beuys Coyote*, München, 제3판, 1988.

Turner, Victor, *The Ritual Process―Structure and Anti-Structure*, London 1969.

――――, "Variations on a Theme of Liminality," Sally F. Moore & Barbara C. Myerhoff(eds.), *Secular Rites*, Assen 1977, pp. 36~57.

Umathum, Sandra, *Der Zuschauer als Akteur. Untersuchungen am Beispiel von Christoph Schlingensiefs Chance 2000―Wahlkampfzirkus '98*, FU Berlin 1999.

Varela, Francisco J., Evan Thompson & Eleanor Rosch, *Der mittlere Weg der Erkenntnis―Der Brückenschlag zwischen wissenschaftlicher Theorie und menschlicher Erfahrung(The Embodied Mind)*, München 1996.

Vattimo, Gianni, *Die transparente Gesellschaft*, Wien 1992.

Véron, Paul, *Paris s'amuse*, Paris 1874.

Vielhaber, Gert, "Oedipus Komplex auf der Bühne," *DIE ZEIT*, 1947. 10. 2.

Vischer, Friedrich Theodor, "Das Symbol"(1887), Robert Vischer(ed.), *Kritische Gänge IV*, München 1922, pp. 420~56.

――――, *Ästhetik*(1846~58), Bd. 2, München 1922.

Vischer, Robert, "Der ästhetische Akt und die reine Form"(1874), *Drei Schriften zum ästhetischen Formproblem*, Halle 1927, pp. 45~54.

Vollmoeller, Carl, "Zur Entwicklungsgeschichte des Großen Hauses," *Das Gro e Schauspielhaus. Zur Eröffnung des Hauses*, Deutschen Theater Berlin(ed.), Berlin 1920, pp. 15~21.

Wägenbaur, Thomas(ed.), *Blinde Emergenz? Interdisziplinäre Beiträge zu Fragen kultureller Evolution*, Heidelberg 2000.

Warstat, Matthias, *Theatrale Gemeinschaften. Zur Festkultur der Arbeiterbewegung 1918~1933*, Tübingen/Basel 2004.

Weiler, Christel, "Haschen nach dem Vogelschwanz. Überlegungen zu den Grundlagen schauspielerischer Praxis," Christel Weiler & Hans-Thies Lehmann(eds.), *Szenarien von Theater (und) Wissenschaft*(=*Theater der Zeit*, Recherchen 15), Berlin 2003, pp. 204~14.

――, "Bilderloses Licht. *Mythos Europa* von Jörg Laue," *Theater der Zeit*, Mai/Juni 1999, pp. 48 이하.

――, "Am Ende/Geschichte. Anmerkungen zur theatralen Historiographie und zur Zeitlichkeit theaterwissenschaftlicher Arbeit," Erika Fischer-Lichte, Doris Kolesch & Christel Weiler(eds.), *TRANSFORMATIONEN. Theater der neunziger Jahre*, Berlin 1999, pp. 43~56.

――, "Heiner Goebbels *Landschaft mit dem von der Schlange getöteten Mann*," *Theater der Zeit*, Sept./Okt. 1997, Spezial "Theaterskizzen zur Dokumenta X," pp. XIII~XVI.

Wilson, Robert, *the CIVIL warS, a tree is best measured when it is down*, Frankfurt a. M. 1984.

Woll, Stefan, *Das Totaltheater. Ein Projekt von Walter Gropius und Erwin Piscator*(=*Schriften der Gesellschaft für Theatergeschichte e. V.*, Bd.

68), Berlin 1984.

Zellner, Leopold Alexander(ed.), *Blätter für Theater, Musik und Kunst*, Wien, 5. März 1861.

영화 및 기타

Burden, Chris, *Documentation of Selected Works 1971~1974*, Videoband(USA 1975), VHS, 34 Min. A. Wirths(ed.), Köln 1990(말 슈 F. Malsch와 쾰른 예술가협회의 공동작업).

Emmerling, Hans, Filmische Dokumentation zu Beuys' Aktion *Celtic+~~~*, Bemerkungen zu Arbeiten und Theorien von Joseph Beuys, Produktion des Saarländischen Rundfunks, Saarbrücken 1971, im: Medien-Archiv im Hamburger Bahnhof — Museum für Moderne Kunst, Berlin.

Klüser, Bernd, Filmische Dokumentation zu Beuys' Aktion *Celtic +~~~*, Schelemann & Klüser(eds.), München 1971, im: Medien-Archiv Hamburger Bahnhof — Museum für Moderne Kunst, Berlin.

Riewoldt, Otto, "Herrscher über Raum und Zeit. Das Theater Robert Wilsons," Feature vom Südfunk, 3. Juni 1987.

Wietz, Helmuth, *Joseph Beuys. I like America and America likes me*, Film-Dokumentation, Vertrieb René Block, Berlin 1974.

옮긴이 후기

『수행성의 미학』은 독일의 베를린 자유대학 연극학연구소 소장이었던 에리카 피셔-리히테의 *Ästhetik des Performativen*(2004)을 번역한 것이다. 이 책은 *The Transformative Power of Performance: A New Aesthetics*(2008)이라는 영역판으로 이미 한국에 잘 알려져 있는, 연극학 및 퍼포먼스 이론에서 빼놓을 수 없는 책이다.

피셔-리히테는 주로 미학, 예술 이론, 유럽의 연극사 및 문화사, 그리고 상호문화적 연극을 중심으로 연구와 저술 활동을 해왔다. 그녀의 학문적 스펙트럼은 기호학 이론을 기반으로 한 연극 기호학에서 시작해, 연극성에 관한 수많은 연구 및 프로젝트 들을 거쳐 수행성에 관한 미학 및 문화 이론으로 이어졌으며 이를 바탕으로 약 30권이 넘는 연구서를 펴냈다. 이러한 과정에서 피셔-리히테는 연극사를 문화사로 바라보고자 시도했다. 연극사를 정체성, 담론, 지각 및 몸의 역사로 바라본 것이다. 연극의 역사를 문학 텍스트 중심이 아니라 지각과 몸의 역사로 파악하는 이론적 흐름의 중심에는 바로 이 책『수행성의 미학』이 존재한다.

이 책에서 저자는 현대사회학의 창시자인 뒤르켐의 이론과 방주네프의 통과의례 이론, 그리고 제의를 변환적 퍼포먼스로 간주하는 문화인류학적 이론을 토대로 1960년대 이후의 동시대 연극, 퍼포먼스아트, 문화 현상을 분석하며, 이 시기의 예술은 더 이상 기존의 전통적인 생산 미학, 수용미학, 작품, 재현, 기호 같은 개념으로 설명할 수 없다고 주장한다. 그녀에 의하면 이 시기의 예술가들은 작품을 만드는 대신 사건을 일으켰다. 이 과정에서 주체와 객체, 물질과 기호를 이분법적으로 분리하는 기존의 미학적 사유가 아니라, 그 경계를 넘나드는 '수행성의 미학'이 작동한다고 주장하며 이를 체계화한다.

수행성이란 '자기를 지시하면서도 특정 현실을 구성하는 행위'이며, 그 핵심은 바로 특정 존재 상태와 상황에 처한 인간 혹은 지각 주체가 지각 대상과의 역치적 경험을 통해 변화한다는 것이다. 해서 수행성의 미학에 대한 분석은 '새로운 현실을 구성하게 하는 변환적 힘'의 정도와 기능에 따라 '강력한' 수행성과 '약한' 수행성까지 맥락에 따라 다양하게 그 기능의 정도를 분석할 수 있다. 옮긴이는 수행성의 미학을 논할 때 수행적이다, 수행성이 있다로 서술되는 것은 정확한 서술이 아니라고 본다. 어떤 맥락에서, 그리고 어떤 과정과 매체를 통해, 어떤 성질과 어느 정도의 변환을 불러일으킨 퍼포먼스인지, 어떤 변환적 성공과 실패를 구성했는지를 서술해야 한다고 본다. 지금의 대부분의 논의들은 수행성의 여부에 관한 언급들만 있어서 안타깝다. 이러한 측면에서『수행성의 미학』은 위에서 설명한 것처럼 사회 통합적 기능을 지닌 제의와 연극을 분리하지 않고, 그 관계성 속에서 1960년대 이후의 여러 예술이 지닌 변환적 잠재력을 파악한 것이다. 따라서 이 이론은 예술적 현상뿐만 아니라, 정치, 사회, 문화 등의 맥락에서 이루어지는 퍼포먼스 행위들, 나아가 삶과 예술을 넘나드는 현상과 경험도 포괄하며, 이들을 설득력 있게 설명할 수 있다.

그럼에도 불구하고 옮긴이는 이 책의 가장 핵심이자 미덕은 다양한 사례를 바탕으로 공연 분석을 위한 방법론을 제시하는 데 있다고 본다. 자기 자신을 드러내면서 어떤 새로운 현실을 구성하는 행위인 수행성의 중심에는 퍼포먼스, 즉 공연 개념이 자리 잡고 있다.

저자는 인간의 현상학적 지각 이론을 근거로 행위자와 관객의 신체적 공동 현존을 수행성의 미학의 기본 조건으로 내세우며 행위자와 관객의 역할 바꾸기, 공동체, 접촉, 라이브니스 등의 개념을 제시한다. 나아가 저자는 수행성의 미학의 가장 중요한 범주로서 물질성을 들며, 공연에서 나타나는 물질성의 수행적 창출 현상을 설명한다. 저자가 제시하는 육체성, 공간성, 소리성 등의 개념은 한국에서는 대부분 매우 제한적으로 혹은 이론적 배경 없이 사용되어왔다. 가령, '분위기'라는 용어는 비평적 텍스트에 빠짐없이 등장하면서도 미학적 개념이 아닌 일반 개념으로 사용되었다. 또한 공연의 공간과 시간의 연관성을 설명하는 데 매우 유용한 리듬 개념도 주로 박자와 관련되어 매우 제한적으로 사용되었다. 따라서 이들을 엄밀하게 규정하고 분석하고 있는 이 책의 논의를 특히 주목해볼 만하다고 생각한다.

기호성의 측면에서는 재현 개념 대신, 관객이 스스로 체험하고 자신의 맥락에 따라 다양하게 의미화하는 창발성 개념이 제시되며, 공연은 궁극적으로 이해의 대상이라기보다 지각과 체험의 대상으로 여겨진다. 이러한 미학 개념들은 행위자와 관객/참여자 사이에 이루어지는 자동 형성적 피드백 고리를 통해 역치성과 문지방 경험을 하게 되며, 이는 결국 공연의 사건성 개념으로 연결된다. 옮긴이는 사건성이란 퍼포먼스의 매체적 성격이기도 하지만 특히 물질성과 기호성이 같이 작동하는 것이며 미학성, 즉 '미학적 경험'과도 연결된다고 본다.

정리하자면 저자는 수행성의 미학을 설명하기 위해 물질성, 기호성, 매체성, 미학성이라는 범주를 사용한다. 이는 서로 분리되거나 연관되면서 특정 퍼포먼스를 범주적으로 설명하는 기준으로 작동하며, 현대 퍼포먼스 미학 이론의 체계를 이루는 데 일조한다.

이 책에서 제시된 다양한 개념들은 아직까지도 문학적 분석이나 주제 비평 중심으로 이루어진 한국의 동시대 연극 비평의 지평을 더욱 확장해주리라 기대된다. 또한 다양한 정치적, 문화적, 예술적 현상, 기존의 미학 이론으로 설명되지 않던 새로운 미학적 현상들도 이를 통해 잘 설명할 수 있다. 덧붙여 말하자면 놀랍게도 그 개념들은 한국의 전통연희들의 미학과 밀접하게 맞닿아 있다.

특히 예술과 사회문화를 통찰적이고 통합적으로 보기 위해 옮긴이는 특정 문화를 구성하는 데는 퍼포먼스뿐만 아니라 다른 범주나 요소도 함께 관찰되고 그 관계성 속에서 성찰되어야 한다는 점을 지적하고 싶다. 즉, 행위/퍼포먼스뿐만 아니라 텍스트/내러티브도 문화의 주된 구성 요소다. 서구의 문화사와 미학사가 텍스트 중심으로만 전개되어왔음에 대한 반성으로서 제기된 수행성의 미학이 매우 큰 가치를 지니며 매력적인 것은 분명하다. 그러나 이제는 한국에서 내러티브와 퍼포먼스가 서로 어떻게 녹아들며 새로운 문화를 창출할 것인가, 나아가 다양한 매체들이 어떠한 수행적 구성력과 정체성을 지니며 어떻게 연결되는가를 관찰해야 한다고 본다. 이를 위해서 수행성의 미학, 수행적 문화에 대한 개념 없이는 통합적이고 융합적 인식이 이루어질 수 없음은 당연하다.

마지막으로 감사의 말을 전한다. 이 책은 문학과지성사 최대연 편집자의 노고 없이는 나오지 못했을 것이다. 이 책에서 읽을 만한 한 문장이 있다면 오로지 그녀의 것이다. 좋은 지식과 담론의 생산은 결코 저자나 번역자에 의해서만 만들어지지 않는다는 걸 절실히 느꼈다. 그리고 무엇보다 오랫동안 이 책을 기다려주신 저자 피셔-리히테 선생님께 머리 숙여 감사드린다. 끝으로 이 책의 번역비는 베를린 자유대학의 특성화 연구 영역 "수행적 문화Sonderforschungbereich Kultur des Performativen"에서 연구비로 지원되었음을 밝힌다.

찾아보기(인명)

찾아보기(개념)